U0094590

欧洲帝国

THE
EUROPE
ILLUSION

Britain, France, Germany
and the Long History
of European Integration

帝国

从民族国家的崛起
到英国脱欧

STUART SWEENEY

［英］斯图尔特·斯威尼————著

李　勤————译

浙江人民出版社

图书在版编目（CIP）数据

欧洲帝国：从民族国家的崛起到英国脱欧 / （英）
斯图尔特·斯威尼著；李勤译. — 杭州：浙江人民出
版社，2024.1

书名原文：THE EUROPE ILLUSION: Britain, France,
Germany and the Long History of European
Integration

ISBN 978-7-213-11205-8

Ⅰ. ①欧… Ⅱ. ①斯… ②李… Ⅲ. ①欧洲—历史
Ⅳ. ①K500

中国国家版本馆 CIP 数据核字（2023）第 187641 号

浙江省版权局
著作权合同登记章
图字:11-2020-141号

欧洲帝国：从民族国家的崛起到英国脱欧
OUZHOU DIGUO : CONG MINZU GUOJIA DE JUEQI DAO YINGGUO TUOOU

[英]斯图尔特·斯威尼 著 李 勤 译

出版发行：浙江人民出版社（杭州市体育场路 347 号 邮编 310006）
　　　　　市场部电话:(0571)85061682　85176516
责任编辑：尚 婧 魏 力
策划编辑：孙汉果
营销编辑：陈雯怡 张紫懿 陈芊如
责任校对：马 玉
责任印务：幸天骄
封面设计：李 一
电脑制版：北京阳光旭日文化传播有限公司
印　　刷：杭州广育多莉印刷有限公司
开　　本：710 毫米 × 1000 毫米 1/16　　　　印　张：26
字　　数：346 千字　　　　　　　　　　　　插　页：4
版　　次：2024 年 1 月第 1 版　　　　　　　印　次：2024 年 1 月第 1 次印刷
书　　号：ISBN 978-7-213-11205-8
定　　价：128.00 元

如发现印装质量问题，影响阅读，请与市场部联系调换。

献给我已故的妻子琳内和我的父亲，

他们没能看到这本书问世。

还要献给我的孩子托马斯、

伊丽莎白和亚历山德拉，

没有他们就没有此书。

英国脱欧，民粹主义的异样还是怒火慢烧的反抗？

2016 年英国投票决定退出欧洲联盟（简称"欧盟"），这是《罗马条约》签署 59 年后第一次有国家做出这样的决定。在这 59 年中，欧盟的成员国从 6 个增加到 28 个。很多评论家认为，英国退出欧盟只是一次简单的民粹主义偶发事件，与唐纳德·特朗普当选美国总统类似。这种想法是非常不可取的。事实上，英国人民投票退出欧盟的原因有很多。"脱欧运动"缔结了一个原本不可能形成的联盟，它让英国中产阶级"疑欧派"、年长的工人阶级和反对移民的贫穷选民团结在一起。不同的英国选民表达了他们各自的担忧，但是他们的担忧集中在英国对本国边境、法律和金融的控制上。甚至于，整个欧洲一体化计划都遭到了英国人的质疑。有些英国人认为，与英国在 1973 年加入的更为直接坦率的欧洲关税同盟相比，欧洲一体化计划始终经历着"使命偏离"的过程。1992 年《马斯特里赫特条约》签订后，英国的超民族主义者似乎在更为谨慎的一体化主义者和不情愿成为欧洲人的英国人面前占了上风。

另一方面，英国参与欧盟事务时依旧迟钝麻木。值得注意的是，在 1979—2014 年的欧洲议会选举中，英国选民的投票率始终低迷，仅仅从 32% 增长到 36%。而且，随着欧盟推动成立经济与货币联盟（EMU），这一数字在 1999 年暴跌至 24%。在此期间，欧洲大陆似乎受到了英国"疑欧主义"的困扰，整个欧盟范围内的欧洲议会投票率从 62% 下降到 43%。

实际上，随着时间的推移，英国的"疑欧主义"越发尖锐。这要部分归咎于"精英"政客、公务员、新闻记者、学者和商人，他们认为，欧洲一体化议题的某些方面过于敏感，不适合公众讨论。相反，英国选民被要求跟随其他欧洲国家民众的步伐，朝欧盟前进，甚至要拿出更加积极的姿态。但是本书认为，对于例外论，要鼓励解释说明，而非谴责。在我看来，综观欧洲主要国家的历史，因各个国家具体情况不同，参与欧洲一体化的进程也要寻求不同的方法，而非一刀切。新闻记者和评论家们未能把握历史差异，故而无法理解欧洲一体化计划的复杂性。于是，英国脱欧被误认为一个民粹主义和种族主义的插曲，没人觉得它反映了欧洲国家特有的历史遗产，即鼓励各国在安全阀门内进行融合。

随着英国脱欧进程的推进，以及 2019 年 3 月前完成"退出协议"的最后期限临近，英国的特殊性显而易见。尽管欧盟的谈判立场强硬，而且脱欧预期将给英国带来经济损失，但是在英国民调中支持"离开"的呼声仍然出乎意料地强劲。那些要求进行"人民投票"（或是第二次公投）的人也坦承，这样的投票结果不确定性太强。最重要的是，有"天然的执政党"之称的英国保守党，在这个问题上分成了势均力敌的两派。同时，英国两大主要政党中的另一个政党——工党，也在努力达成一个统一的脱欧政策。事情为何会走到这一步？想要解开这个疑问，我们需要深入了解英国和其他地方的历史文化，尤其是政治。

自 1814 年以来，英国在欧洲的形象肯定是下滑了。圣西蒙伯爵写出《欧洲社会的重组》一书时，正值拿破仑战争结束，通过武力征服统一欧洲的方法已告失败。在美国独立战争（1775—1783）中担任约克城的法国炮兵队长的圣西蒙，督促英国和法国建立了一个联合议会。英国当时是世界大国，且自由传统气息浓厚，所以它向这个新立法机构派出的代表数量是法国的两倍。但是这种数量差异后来逐渐消失了，因为法国向商业和政治都已成熟的英国取了经。圣西蒙认为，当时的德国正在变成欧洲第三大国，它虽然在政治上还不成熟，但前景是光明的。德国邦国之一普鲁士和其他说德语的强国，将从英国和法国这两个古老的国家那里学会如何加入欧洲三大强国组成的团体。的确，有英国和法国做自己的高级伙伴，德国可能会避免一场查理一世或路易十六经历过的破坏性革命，这两位都是欧洲弑君革命的受害人。

圣西蒙清楚地认识到，在欧洲事务中，英国已经从主导者沦为边缘角色。在圣西蒙身后，到夏尔·戴高乐担任法国总统时期，英国已经变成了欧洲事务的旁观者。后来，在科尔任德国（联邦德国）总理、密特朗任法国总统时期，德、法两国关系亲密，英国的地位也一直没有改变。终于，到了默克尔时期，这位德国总理和欧洲其他国家的领导人将英国描述成了欧洲的"问题儿童"。简而言之，英国的发展下行让人们不得不重新审视这三个领导欧洲的国家。在了解这三国的发展过程后，我们慢慢理解了为什么英国会被排挤出或者说自愿退出欧洲强国之列。

法国和英国是成熟的统一民族国家。但是德国历史特殊，是否是"民族国家"颇具争议，因为德国直到1871年才实现统一。在此之前，它是德意志及其他国家（帝国）组成的神圣罗马帝国。从神圣罗马帝国时期一直到20世纪，我们所理解的"德国"的边境一直在变化。不过，圣西蒙和其他一些人都意识到，这个帝国中可能会发展出一股说德语的力量。1806年，拿破仑率领法国军队占领柏林，这个帝国崩溃了。但是，1871年俾斯麦的"小德意志"方案，部分重建了昔日的帝国。

尽管这个帝国里有人不说德语，但是排除讲德语的瑞士人、大匈牙利人以及东普鲁士人，1648年后，在这个由多个国家和城市组成的松散联邦里，说德语的人依然占了压倒性的优势。并入大普鲁士范围的勃兰登堡州崛起了强大的霍亨索伦家族，成为推动这个欧洲第三大国发展的动力。后来，在普鲁士基础上建立起来的德国，成了现代欧洲不逊于法国和英国的存在。英、法、德这三个不同的语言区一直在相互竞争、相互融合。

从更长远的时间维度来看，英、法、德这三个国家的关系，几乎代表了自 1648 年《威斯特发里亚和约》①重新划分欧洲版图之后的主要历史。而且，这也体现了欧洲一体化的趋势。但是，个别欧洲国家的历史和文化特殊性会阻挡这个趋势，由此我们可以预测并且应对英国脱欧这样的事情。简而言之，广义上的欧洲一体化是英、法、德这三个国家巩固加强外交、经济和文化联系而发展起来的。但是，这三个国家同时关系融洽的情况十分罕见。一般是其中两个国家寻求建立友好关系，而这样会损害第三个国家的利益，英国历史和欧洲历史都曾因此蒙上阴影。这就佐证了一个老生常谈的说法：两人是伴，三人不欢。

从欧洲三大强国的角度来讲述欧洲一体化的故事时，我们预设了这三个国家是最重要的。不可否认，如此突出英国、法国和德国的重要性，我们会冒着目的论的风险。不过，英国和法国是 1648 年之后发展起来的两大民族国家，而人口最多的德国语言区是从最早的联邦制实验中发展出的民族国家，所以，将注意力放在这三国上似乎是一个明智的选择。它们不仅仅是 20 世纪的欧洲强国，而且在法国国王亨利四世、贵格会教徒威廉·佩恩或圣西蒙本人设计的任何欧洲众议院中都能占据主导地位。

我们不用担心欧洲其他国家会被排除在外，因为从三个不同文化区的角度来综合审视欧洲是可控且深刻的。此外，它也不会阻碍我们在做比较时考虑包括西班牙、荷兰、意大利、俄罗斯在内的其他欧洲国家以及美国。比如，美国 1788 年生效的《联邦宪法》就激励或哄骗了很多致力于推动欧洲一体化的人。1778 年，英国在北美的 13 个殖民地与欧洲其他国

---

① 《威斯特发里亚和约》：结束 1618—1648 年 "三十年战争" 的和约。1648 年 10 月在威斯特发里亚签订。和约规定：德意志境内新教（路德宗、加尔文宗）和旧教（天主教）地位平等，各邦诸侯在其领地内享有内政、外交自主权；法国取得阿尔萨斯大部，并继续保有洛林的梅斯、土尔、凡尔登等地；瑞典获得西波美拉尼亚全部、东波美拉尼亚一部分、不来梅和维尔登两主教区，以及维斯马城。承认荷兰和瑞士独立。它加深了德意志的分裂割据局面。——译者注

家结成了反英同盟，此举是为了压制英国的海上力量和整个大英帝国的实力。在一些人看来，这表明了欧洲的立场。

如今欧洲再次面临挑战，读者们可以退一步来考虑问题，避免对英国脱欧做出恐慌性反应。毕竟，英国历史表明，英国人对有决策权的联邦组织或跨国组织会感到不安。确实，2016 年的英国全民公投，揭示了英国人在货币政策、人员流动和司法等领域对超民族主义的抗拒。最近，英国政客们都在讨论退出欧盟后是否应该留在欧盟单一市场或者欧洲关税同盟。但是，英国两大主要政党并未强烈反对脱欧。在 2017 年 6 月的大选中，工党和保守党获得了 1970 年以来占比最高的总选票（87.5%）。两党都在竞选活动中发表了"支持脱欧"的宣言，几乎没有为举行第二次公投留下余地。这使得英国很可能会离开欧盟（无论是"软脱欧"还是"硬脱欧"）。但是，这并没有改变欧洲一体化的趋势，它只是让欧洲的形势变得更加复杂和现实。

2017 年 3 月，欧洲三国集团中被孤立的英国，触发《里斯本条约》第 50 条，正式启动退出欧盟程序。此后，媒体对这场旷日持久的谈判进行了跟踪报道和评论。英国新闻界对脱欧运动主要倡导者的个人情况以及这件"离婚案"细节，进行了狂轰滥炸式的报道。但是，除了让-克洛德·容克（时任欧盟委员会主席）、米歇尔·巴尼耶（时任欧盟首席谈判代表，负责与英国就脱欧事宜展开谈判）、居伊·费尔霍夫施塔特（时任欧洲议会脱欧谈判代表）和其他的媒体宠儿，幕后谈判主要由英、法、德三国主导。因此，我们需要了解这三个国家的历史和文化背景，这样才能了解它们的谈判立场。所以，作为旁观者的英国人，无法理解法国对超民族主义的支持，除非他们能理解法国的历史及其对欧洲的持久抱负。同样地，德国的动机似乎出自天然的经济野心和守旧的官房主义 [①] 本能，其根源来自早期

---

① 一种重商主义的形式，强调促进国家福利状况，认为增加国家的货币财富就能增强国家的经济力量。
——译者注

联邦德国各邦的动态。

与此同时，德国也乐于让法国在外交和战略事务上发挥带头作用。可以理解，德国希望避免过度介入那些在 20 世纪里产生过灾难的领域。对比之下，英国推行源自约翰·穆勒和自由贸易传统的新自由主义议程，对所有的中央集权体系结构都视而不见。当然，现实要比上面这几句概述更加微妙和精彩。这些微妙之处，正是我们将要研究的。其实，主导谈判的是这些国家的意识形态和民族情感，而它们是由战争、经济、帝国和宗教等方面的经验决定的。

更通俗地说，欧洲一体化（及欧洲的分崩离析）的进程，正是通过这三个国家的历史展现出来的。而且，从欧洲人在过去的 1648—2018 年的 370 年里对变化和逆转做出的反应中，我们可以找出推动英国与欧洲建立更深层次联系的模式。事实上，战争、政治革命、宪法改革、工业革命、经济周期、去殖民化、移民、宗教问题和欧洲"其他势力"的挑战等，都使得这三个国家不得不进行合作。与此同时，欧洲各国都在竭力保持自己的独立性，避免与他国有制度性的联系。毕竟，战争的破坏性越来越大，而人们也提高了对经济的预期，多个欧洲国家经济崩溃，世俗主义成了一体化的影响因素。伴随着冷战和核战争的威胁，"其他势力"的威胁达到了可怕的程度。同时，欧洲担心自己的经济无法与其他经济体竞争，首先是美国，然后是日本（时间比较短暂），最近的则是中国。因此，在这些危险面前，三大国主导的欧洲一体化成了当务之急。在经济、贸易、外交和国防上，三大国一直在寻求达到质变的临界点。在此过程中，它们依靠的是欧洲国家的身份，无论是正式的还是非正式的。

这是一种长远的观点，但它是非正统的。很多学者以 1950 年的"莫内计划"为界，对欧洲历史做了一个时间上的划分。在他们的解读中，早期的特点是宏大的计划和哲学文本，而第二次世界大战后提供了有形的立法（基于条约）变化。但是，将通过协议实现一体化、通过正式制度安排促进一体化进行绝对区分，是有误导性的。毕竟，协议可以被撕毁和修改，倾向于一体化的机构（如国际联盟）可以不复存在，欧盟或是欧元区也可能会有成员国退出（例如英国和有潜在可能的希腊）。对欧洲人而言，一体化在不同时期和不同国家可能有截然不同的含义。例如，德国前总理安格拉·默克尔、法国总统埃马纽埃尔·马克龙强调，欧洲一体化的基础是"人员自由流动"，这一点已经通过近年来的条约修改实现了。对于像法国前总理白里安、法国前外长罗贝尔·舒曼、战后"欧洲之父"让·莫内、联邦德国首任总理康拉德·阿登纳这样的欧洲一体化主义者而言，这似乎是一个陌生的概念。同样地，对于早期的作家萨利、托马斯·佩恩和圣皮埃尔神父来说，这也的确是不可接受（并且不切实际）的。当然，由于现在欧洲申根区开放边境遭到异议，"人员自由流动"可能再次成为问题。

然而，对欧洲而言至关重要的是，法、英、德关系中再次出现的民族差异问题，正在威胁着欧洲一体化的深入。英国接受了自己常被提及的"半脱离"外交形象。英国似乎决心在不成文的宪法下采纳一种务实的、符合"常识"的方法建设国家。"老奸巨猾的英国"对欧洲大陆的"演绎"推理法、宏伟计划、《拿破仑法典》和联邦制度仍然持怀疑态度。与此同时，法国和德国的政治精英们努力通过货币、财政和政治联盟寻求深度的一体化。引人注目的是，2016 年的英国脱欧公投凸显了三大国之间同时保持亲密关系的困难性。英国试图就阻拦东欧移民举行谈判，但显然这一尝试在法、德两国方面得到的支持十分有限。法、德两国在挑战"人员自由流动"上都有所保留。法国行政长官们对变更欧盟条约深恶痛绝，他们的宪法和法规思想根深蒂固。同样地，德国的行政长官们依然畏惧撕毁规则，也许是因为想起了德国在 20 世纪上半叶的创伤。

但是，本书认为，英国脱欧不会破坏欧洲合众国的联邦梦。毕竟，这个联邦计划有着深厚的历史背景，其根源可以追溯到神圣罗马帝国、普鲁士领导的关税同盟，以及后来的德意志国家联合体。颇为讽刺的是，亚历山大·汉密尔顿、詹姆斯·麦迪逊和约翰·杰伊之所以在 1787—1788 年创作出了《联邦党人文集》，正是因为他们被英国在统一英格兰和苏格兰时的联邦制创新所打动；看到了奥地利在 17—18 世纪的苦苦挣扎后，他们对软弱无力的帝国机制印象不佳。

现今由 27 个国家组成的欧盟仍然会是一个强大的机构，还有很多国家等着加入。而且，随着英国的离开，欧盟内部非欧元区的比重大大降低了，剩下的 8 个非欧元国家可能会面对与欧洲中央银行（ECB）保持一致架构的压力。简而言之，建立欧洲合众国有着十分强劲的历史动力。正如欧洲央行行长马里奥·德拉吉的妙语一样：欧洲将"尽一切努力"让一体化计划继续下去。但是，如果读者们对 1648—2018 年的 370 年的漫长历史没有概念，那么他们就会被这些表面的趋势所迷惑。德拉吉在欧洲经济与货币联盟中使用的"巨型火箭筒"策略已经体现了欧洲一体化的稳健性，这是欧洲在几个世纪的联合史中积累的成果。过程中的挫折，让人们更加专注于团结统一。

事实上，欧盟剩下的"两大巨头"现在有机会主导欧洲一体化计划，可以不再受到英国"疑欧主义"的困扰。马克龙领导的法国可以继续影响欧盟的官僚文化，尤其是对欧盟委员会。法国的这一角色反映出，在过去，欧洲大陆的影响力才是首要的，在非洲和亚洲的殖民冒险永远是次要的。这一点和英国不同，英国的重中之重是贸易和海事。此外，法国的文化和社团主义可以在欧盟蓬勃发展，并控制全球化和新自由主义因撒切尔夫人带来的单一市场制度化。只要能确保自己是这些长远安排的架构师，法国就可以接受在经济主导国德国面前扮演辅助角色。

的确，本书揭示了欧洲人一直不愿意接受单一经济强国德国主导下的稳定，但是德国的经济霸权今天仍然因为虚弱的外交和军事受到掣肘。尤其是德国的武装力量一般，没有核武器，也没有联合国安理会席位。德国可以继续在"中欧"的俄罗斯及前军事盟友土耳其之间扮演传统的中间人角色，而且它现在还是大规模移民前往欧洲的通道。德国在这些地区的支点地位，使得法、德联盟能在欧洲重新发挥领导作用，欧洲一体化进程也不会被迫不及待的东欧人破坏。在众所周知的波兰与沙皇凯瑟琳大帝的决裂中，沙俄和德国牢固的历史联系帮助波兰巩固了其在中欧的特殊地位。

与此同时，随着法、德两大强国寻求欧盟伙伴国关系，英国只得在欧盟以外发挥作用。英国半脱离于欧盟正式框架外，却享受着慷慨的欧盟贸易协议，它可以充分利用自己在过去几个世纪里积累的帝国贸易经验，毕竟先前英国一直是欧盟的第二大经济体。英国以"资本主义绅士"做派，长期斡旋在美国促成的全球化与德国促成的欧盟社会市场之间。置身于欧盟之外的英国，能够继续走这样的居间路线，充分利用其自由、统一且务实的帝国历史经验。因而，这三个欧洲关键国家的一体化能够以更加可持续的方式继续下去，每个国家都会在历史特殊论中发挥自己的力量。但对英国而言，最终获得50多年前与迪安·艾奇逊（时任美国国务卿）一起竞争的地位并非易事。毕竟，法国和德国质疑英国是否有充当美国和欧洲之间桥梁的价值。本书一再讨论的欧洲历史表明，欧洲各国如果感觉到被逼入了绝境，或是寡不敌众，就会陷入集体不安，甚至最后会发生暴力。对待欧洲，不能过于乐观。

所以，欧洲投入的赌注已经到达了峰值。在此背景下，研究一波三折的英国脱欧谈判能带来一些启发。英国不得不在民族主义（边境控制与疏远欧盟法院）和自由贸易（单一市场与关税同盟成员身份）之间寻求平衡了。英国保守党和下议院内部很难就此达成共识。与此同时，欧盟已经展示出了其余27个成员国在面对英国这一"其他势力"时惊人的团结。的确，由于英国继续寻求与欧洲保持"半脱离"状态，被很多人视为远期目标的欧洲合众国再次激励了法国和德国。尤其是马克龙，已经欣然接受了为达成经济与货币联盟采取的进一步经济一体化措施。他提出了一个由欧盟各国共同承担的"欧元区预算"，不过德国担忧自己会在欧盟中扮演"最后贷款人"角色。默克尔可能无法在任期内看到最近有所缓和的法、德关系开花结果，但这再一次展现了法、德伙伴关系在经过一段长期发展后产生的力量。

一千多年前随着查理曼帝国的分裂而无疾而终的谋划，将因法、德的正式伙伴关系重启，但这不一定意味着欧洲一体化的政策和经济就会崩溃。有了稳固的欧洲基础，英国可能会与欧洲合众国建立有意义的关系。同样地，如果欧盟放弃欧洲经济与货币联盟而选择更为务实的政府间主义，这也不失为一种不同形式的欧洲一体化。这种一体化意味着组织安排更为宽松，但它的基础同样是厚重的历史与规模经济逻辑。

因此，得益于这三个国家丰富多彩的历史，以及它们之间随时间推移而演变的相互关系，我们试图总结出事情发展的方向。同时，我们必须警惕历史学家经常提出的警告：过去未必能够指引未来。

| 目录 |

第二章

从俾斯麦到英国脱欧：战争、政治和外交（1864—2018）// 051

第五章
从帝国种植园到布尔人和义和团：帝国、移民和欧洲（1648—1904）// 196

第一章

从神圣罗马帝国到德意志帝国：
战争、政治和外交（1648—1864）

在神圣罗马帝国、德意志帝国这两个主题上，我们将聚焦战争、政治和外交。这牵扯到欧洲在分分合合的不同时期里涌现的政治家、将军和哲学家们，以及由他们推动的事件。我们将证明，英、法、德三国间的利益交织已经达到了必须合作的程度，这意味着英国、法国和德国的外交已经制度化了。

17世纪中期，牛津大学的宿命论哲学家托马斯·霍布斯认为，在全欧洲范围内实现利维坦国家统一可能有助于欧洲的稳定。霍布斯也是英国内战时期的作家，并观察了欧洲以德国为主要战场的国际性战争——三十年战争。这些重大事件影响了他的观点。但在三十年战争这场灾难性的欧洲大战后，参战国达成了《威斯特发里亚和约》，避免出现一个独裁的泛欧君主。相反，为了欧洲暂时的和平，各国本着一定程度的宗教宽容做出了妥协。

这是在奥地利以外广大的德语国家里，中央集权政府与得到下放权力的天主教和新教诸侯们的无奈妥协。到了1678年，德国政治哲学家塞缪尔·冯·普芬道夫，将这个继威斯特发里亚王国之后的神圣罗马帝国描述为一个政治妥协的产物，甚至是"怪物"。它佯装成一个国家，却损害了各个德意志邦国的利益。普鲁士就是其中之一，尽管和信奉天主教的法国结成了盟友，它在战争期间受到了神圣罗马帝国和瑞典王国的劫掠，但是，战争为普鲁士提供了成长的平台，让它逐渐取代奥地利成了德语国家的核心。欧洲后来也因此演变出了"三国"均势，而这正是本书所要讨论的。

虽然神圣罗马帝国皇帝得到了土地，并欣然披上了宗教外衣，但是17世纪欧洲最强大的力量却是法国。本书行文采用的三国视角源于法国在欧洲内部与神圣罗马帝国的竞争，以及在欧洲外部与英国的较量。在接下来的数年中，这一局势展现出无比持久的生命力，尽管普鲁士逐渐取代奥地利成了德语世界的中心。的确，从古罗马政治家塞涅卡的修辞手法到基督教神圣的三位一体，"三"在西方文化中是一个重要的格局。但是，我们也将发现，三国集团三位一体的稳定是难以实现的。

俄罗斯：第四股力量

虽然法国、英国和普鲁士德国之间的动态是讲述欧洲战争与一体化的基础，但它也时常会受到其他强大力量的冲击，有时这种冲击甚至是毫不含糊的。尤其是俄罗斯，它从彼得大帝时期起在欧洲的战争与和平史中几乎无处不在。事实上，俄罗斯在欧洲权力地位上的优势，始于1721年它在大北方战争①中战胜瑞典。自那时起，身为欧亚国家的俄罗斯，使英国、法国和德国三大国之间的军事和战略平衡变得复杂起来，欧洲一体化进程也更加脆弱。此外，欧洲列强在不同时期或低估或高估了俄罗斯的军事实力，同样产生了不利于稳定的影响。俄罗斯帝国的地理距离和幅员让人难以看清它的军事、外交和经济实力。

---

① 大北方战争（1700—1721）：又称为第三次北方战争，是俄罗斯帝国为了夺取波罗的海出海口而与瑞典王国争霸的战争。——译者注

1648 年后的欧洲：三十年战争的遗产和"太阳王"

俄罗斯作为"第四股力量"将发挥重要作用，但在我们的欧洲故事里，法国才是核心。的确，早在 16 世纪，加尔文教徒亨利四世国王与英格兰的新教徒伊丽莎白一世女王在讨论建立联邦欧洲时成了朋友。对此，亨利四世的首席部长、第一代叙利公爵马克西米利安·德·贝蒂纳（胡格诺派）煽情地称，亨利四世和伊丽莎白一世"是设计这一体系的两位君主"，还"将法国君主和英国君主的利益联结成了不可分割的一体"。但到了 1593 年，亨利四世为了继承法国王位摒弃了加尔文教，排挤了他的新教盟友伊丽莎白一世，并宣布"为了巴黎，值得做一场弥撒"。为了统一自己的国家，这位法国国王选择了天主教，而不是更费力的欧洲大业或是对新教的忠诚。

法国在三十年战争这场意义重大的欧洲斗争中所扮演的角色，明显体现了务实主义（或机会主义）趋势。这次冲突源于哈布斯堡王朝皇帝对神圣罗马帝国的新教徒发起的攻击。但随着时间的推移，欧洲大陆上包括法国在内的所有强国都被拖入了这场宗教和领土的冲突中。斐迪南二世鼓动法国和欧洲北部所有的新教势力结盟，主要是瑞典、普鲁士、尼德兰联省，引发了天主教法国的极度反感。法国起初并非战争的焦点，仅仅是为瑞典的新教军队提供资金。但在 1635 年，法国对信奉天主教的西班牙宣战，并与主要竞争对手奥地利发生了全面冲突。至关重要的是，这场对抗代表着哈布斯堡王朝为了在欧洲实行天主教霸权发动最后一次可靠的尝试。法国当然也在欧洲寻求霸权地位；但是，人们认为，法国在与新教徒联手对抗天主教同伴和教皇中表现出了赤裸裸的投机主义。

三十年战争是一场真正的全欧洲范围的冲突。除了英国以外的所有主要国家都参与了这场战争。引人瞩目的是，英国国王詹姆士一世明智地拒绝了和新教徒同伴们一起对抗统治奥地利和西班牙的天主教哈布斯堡王朝。最终在1648年，战争带来的破坏促成了《威斯特发里亚和约》的签订，协议承诺欧洲的天主教徒和新教徒互相宽容忍耐，还要在分别以法国和奥地利为中心的两大"联邦"间实现权力的平衡，不论这种平衡会有多么不尽如人意。但在《威斯特发里亚和约》签署后，法国和西班牙这两大天主教势力为了巩固自己在欧洲的地位，继续交战了11年。最终，西班牙在欧洲的反改革运动中的领导地位，促使英国清教徒奥利弗·克伦威尔加入了法国的阵营。于是，三十年战争及其余波，终于影响到了欧洲全境。

后来，由于全面战争引发了大屠杀，《威斯特发里亚和约》体系允诺在欧洲进一步实现和平与一体化，尤其是在三大国之间。特别需要注意的是，三十年战争的激烈程度和持续时间碾碎了两个对立的联盟。奥地利接受了在欧洲不再能够杜绝改革的现实。宗教宽容必不可少。尽管西班牙哈布斯堡王朝仍然反对改革，但奥地利和欧洲中部还是进入了相对平稳的时期。我们将看到，在经济增长的支撑下，德意志各王国可以在这种平稳的局势下进行国家建设。在战争中士气受挫后，德国人的处境终于逐渐好转。奥地利毫无活力的中央权力也不再形成阻碍。

当《威斯特发里亚和约》订立时，年幼时就登上王位的法国波旁王朝国王路易十四只有10岁。至关重要的是，路易十四和波旁家族都深深沉浸在"君权神授"的想法中。这些观点和坚定的领导风格让他认为，法国作为欧洲的利维坦可以摆出更为霍布斯式的姿态。路易十四挑战了当时外交上的均势，追求法国在欧洲的主导地位。为了支撑自己的雄心壮志，他充分利用了法国的经济和人口。简而言之，这个"太阳王"的名言"朕即国家"与法国在欧洲的支配地位相吻合。路易十四可以对西班牙、尼德兰联省、德意志诸国发动战争。后来在1678年与荷兰人签订《奈梅亨和约》时，他的代表们协商出了对自己更为有利的条款，获得了新的领土。但是，在秉承着机会主义进行了三十年战争以及路易十四的一系列战争后，法国在欧洲背上了侵略者的骂名。的确，很多讲德语的欧洲人都将法国视为自己永久的敌人。毕竟在 17 世纪，位于欧洲地理中心位置的他们受到了法国政策的巨大影响，甚至延续到接下来的几个世纪中。

欧洲专制主义与宗教不包容：明显的分裂

为了追求成为欧洲巨头，路易十四投入法国的税收征战欧洲大陆。他既是法国的象征，也是唯一的权威。的确，早在 1666 年，他就简洁明了地给他眼中的专制主义下了定义。他宣称"国王是绝对的领主"，天生拥有所有财富的自由处置权，无论是教会财产还是世俗财产。因此，权力集中到了君主的手中，他的地位比法国第一等级与第二等级更高。和他形成鲜明对比的是他的劲敌哈布斯堡皇帝，后者统治的是一个松散的说德语的联邦。我们将会发现，在欧洲一体化的政治进程中，散漫的权力与联邦的权力之间的冲突频繁地分裂着欧洲。

但是，在路易十四时期的欧洲，关于中央集权与联邦制的晦涩争论是无关紧要的，英语、德语和法语世界之间的均势出现了问题。凭借着欧洲最多的人口以及最高产的农业，法国的专制主义占据了主导。经济影响力支撑了路易十四的扩张野心。与此同时，与法国在 1618—1648 年三十年战争中交战到筋疲力尽的宿敌哈布斯堡帝国，因为奥斯曼帝国的威胁而深受困扰。1683 年奥斯曼土耳其人围攻维也纳时，这种困扰到达了顶峰；路易十四则希望哈布斯堡王朝能被彻底击垮。

与此同时，英国查理二世复辟斯图亚特王朝后，沦为了路易十四统治下的"儿皇帝"。英国已经不复 1588 年击败西班牙无敌舰队时的都铎王朝风采了，它曾计划与路易十四的祖父亨利四世一起建立一个联邦欧洲。的确，在 1682 年，即查理二世去世的三年前，浮华的法国宫殿迁至凡尔赛，体现了"光荣革命"前法国和英国不平衡的力量对比。通过征服与控制，路易十四可以不受限制地推动独特的欧洲一体化。

路易十四没有促进欧洲不同的宗教信仰与不同的种族民众间的团结统一。这让加尔文派教徒在英格兰、苏格兰、尼德兰联省以及德国巩固了自己的地位，他们都对极权主义的法国国王路易十四极度不满。路易十四引发纷争的行为是在 1643 年继承了法国王位后对新教徒采取了激进的政策。在这样一个政治与宗教不团结且路易十四主宰着欧洲的时期，欧洲的合作空间很小。的确，与在高位时期统治大英帝国的查理五世相比，路易十四控制的领土面积较小。但到了 17 世纪后期，法国逐渐稳固了统一的专制国家地位，不像奥地利一样受到内部纷争与联邦制的困扰。

值得注意的是，路易十四的专制主义以及对法国霸权的追求，与其祖父亨利四世早前的欧洲愿景相去甚远。作为波旁王朝的第一位国王，亨利四世提出了建立一个欧洲"所有王国的联盟"的"宏伟计划"。他统治的将"不仅仅是法国，而是整个欧洲"，其手段也不是征服，而是宪制。他的欧洲宪法议案中提出要通过一个总理事会制衡专制主义。这个理事会代表了整个欧洲，包括法国的宿敌神圣罗马帝国皇帝以及教皇。这些安排的依据是"希腊古老的近邻同盟"模式。事实上，叙利公爵根据这样的"宏伟计划"预判会发生一场早期的外交革命。在法国出资的情况下，将成立一个横跨奥地利与西班牙的联盟。值得注意的是，信仰伊斯兰教的奥斯曼帝国被排除在亨利四世的庞大阵营外，对欧洲而言它依然是一个"他者"。

但到了 1688 年，亨利四世的孙子的做法实际上并不开明，更多的是赤裸裸的机会主义。路易十四与欧洲主要国家组建的"大同盟"进行了"九年战争"（1688—1697）。这一时期的法国彻底抛弃了整个基督教欧洲，甚至是自己的天主教伙伴；路易十四反而和土耳其苏丹成了盟友。于是，欧洲反对专制主义法国国王的势力联合在了一起。因此，在西班牙和萨伏依公国的支持下，信仰新教的尼德兰联省执政长官（当时也是英格兰国王威廉三世）和天主教徒的神圣罗马帝国皇帝利奥波德一世，领导了反法武装。在随后的战役中，法国的侵略和暴力行径给整个欧洲留下的多是痛苦，这一点在德国尤为明显。值得注意的是，法国在1689年恣意破坏德国的海德堡的行为，让德国人眼中的法国进一步妖魔化。

九年战争结束后，根据《里斯维克和约》（1697），路易十四拿下了阿尔萨斯，但交回了洛林。于是，位于德、法之间的"中间王国"阿尔萨斯、洛林就此分裂。此后，位于德、法边境的这两块敏感领土便多次易手。路易十四还被迫放弃了信仰天主教的英格兰斯图亚特王朝国王詹姆士二世，不情愿地承认信仰新教的奥兰治王朝的威廉为英格兰、苏格兰、爱尔兰国王。最后，英国、尼德兰联省和德国决定不惜一切代价将法军赶出佛兰德斯和莱茵地区。这些计划对英国人具有重大的象征意义。英国人促使低地国家维持中立，让法军（以及后来的德军）远离英吉利海峡的港口，这成了欧洲战争与和平史上反复出现的主题。它反映了英国人海洋性的超脱，这种心理让英国人不情愿接受欧洲人的身份。

威廉·佩恩以及早期英国的"联邦制"

《威斯特发里亚和约》试图围绕法国、奥地利及其盟国建立力量的平衡。对此，路易十四几乎是立即就发起了挑战。后来，法国大革命后的拿破仑、德国统一后的威廉二世、希特勒，又给欧洲和平带来了新的挑战，也促生了新的、相互敌对的欧洲联盟。但是，建立军事同盟并非是应对欧洲不稳定局势的唯一方式。思考欧洲和平与一体化的其他地区的人们，理智地考虑到了这样的和平所面临的危险。

例如，当路易十四在1693年向泛欧国家联盟发起挑战时，威廉·佩恩在欧洲地区倡导宪政进步，并出版了《通过建立欧洲议会，展望欧洲现在与未来的和平》。佩恩是早期的英国贵格教徒、散文家与商人，他现在最为人熟知的成就是建立了美国宾夕法尼亚州。作为属于英格兰圣公会的基督教徒，他熟知欧洲在政治和宗教上的分歧。事实上，他乐观地认为，由于九年战争中的流血和牺牲，以及爱尔兰对英格兰在 1688 年成为新教国家的忧虑，一场和平运动正在萌芽。为了倡导宽容，他仿照奥地利模式设计了一个联邦式的"帝国国家"，欧洲议会将依据"领土价值"按比例分配投票权和代表权。

因此，"德意志帝国"（神圣罗马帝国）派出 12 名代表，法国的代表数略少（10 名），西班牙也是 10 名，而英格兰仅有 6 名。其他更小的国家占据了剩下的名额，尤其是"土耳其人和莫斯科人"，虽然关于他们是否属于欧洲引起了争议。事实上，在佩恩的"帝国议会"计划中加入土耳其的穆斯林是为了保障和平，挽救基督教自宗教改革以来因数次宗教战争而被摧毁的声誉。包容可以避免破坏性的猜疑与不宽容。同样，四分之三以上的多数投票才能决定欧洲的多元化机制。这在消灭议案蓄意阻挠者的同时也保障了少数派的利益。简而言之，这些跨国的制度安排会比亨利四世的做法更具普适性，后者认为将奥斯曼帝国排除在统一的基督教欧洲之外并无不妥。当然，很久之后，欧洲的这一基督教身份在欧洲共同体内部尤为显著。事实上，自 20 世纪 50 年代以来，土耳其的成员身份频繁引发讨论，但是都遭到了基督教欧洲的阻拦。从这个意义上说，佩恩的观点是相当激进的。

有趣的是，佩恩在成员国问题上的实用主义观点，以及对欧洲外交的洞察力，都源于他自己的商业经验。他明白，欧洲最强大的国家（路易十四统治的法国）将会反对这样的联盟存在，因为它预计这样的安排会损害自身利益；但是，如果反对国的声音更为普遍，也不会有任何一国愿意凌驾于他国之上，所以法国应该会被迫加入联盟。不幸的是，这份自信并无根据。直到因军事失利以及无法承受财政负担而屈服前，法国一直奉行着单边主义。确实，之后的历史多次证明了劝说这个最强大的欧洲国家在战后接受类似的安排是非常棘手的。

让人沮丧的是，1693 年，佩恩低估了"太阳王"路易十四的专制主义。的确，人们很难相信一个英国贵格派殖民者会对法国人的想法产生重大影响，哪怕他曾经在德国生活数年，且在法国王庭工作过。佩恩影响的反而是后来的美国革命者，例如本杰明·富兰克林。但是，路易十四在18世纪早期遇到了新兴欧洲国家的抵抗。这让人们怀疑法国能否保持在欧洲的霸权地位，也佐证了佩恩的断言：没有一个国家的领袖能够永远支配欧洲的架构。尤其是复辟的威廉三世以及联合起来的"海上力量"的存在，让法国的孤立对路易十四这位波旁国王而言变得危险。他们发挥反抗力量的场合是在战斗中，而不是在欧洲议会的早期雏形中。事实上，欧洲人还要等待很久才能见到欧洲议会的出现。

联邦制下作为选帝侯 ① 的德国和英国

如果说《威斯特发里亚和约》体系在维持欧洲和平上表现得并不尽如人意，部分原因也是法国的权力没有得到制约。幸运的是，另外两国——英、德的发展进步解决了这个问题。它们的发展是有联系的，英国和德意志诸国通过王朝纽带联系在了一起。这有助于削弱法国的主导地位，但是英国和德意志诸国的力量也给维系欧洲和平带来了新的问题。1688年的"光荣革命"，对英国来说是一个转折点。人们认为，自此贵族接管了英国，夺取了亲法的斯图亚特王朝的权力，它意味着英国的国家实力得到了全面加强，也预示了英国将与威廉三世的荷兰合并为君合国，甚至一些人认为是荷兰接管了英国。随后，英国追随着荷兰伙伴的步伐建立了国家债务计划（1693）以及英格兰中央银行。这些举措维持了英国公共财政的偿付能力，让在18世纪多次与法国产生冲突的英国受益匪浅。对比之下，法国就没能像英国一样保证金融安全。

当时，随着荷兰联省逐渐丧失制造业能力，英国超越了它们的荷兰伙

---

① 选帝侯：神圣罗马帝国参与选举德意志国王的诸侯。——译者注

伴。阿姆斯特丹的经济中心地位被取代，意味着17世纪最强大的国家荷兰明显开始日薄西山。已经戴上英格兰王冠的荷兰执政——奥兰治亲王威廉，尤其关注荷兰地区竞争国的弱点。到了1707年，英格兰因为签署了与苏格兰的《联合法案》进一步增强了力量。英国国王与王庭站在了和法国王庭更加对等的位置上。事实上，由于汉诺威王朝的存在以及英国与重要的帝国国家荷兰的结盟，英国与法国的关系恢复到了接近亨利四世—伊丽莎白一世时期的状态，不复斯图亚特王朝时期的屈辱。

这场具有启示意义的英国"联合"鼓舞了18世纪80年代末期的美国联邦主义者，处于萌芽之中的美国与"反联邦主义"力量展开了较量。英格兰与苏格兰的联合给予了英国力量，苏格兰获得了下放的权力，英格兰的军事和财政实力则提供了支持。与此相反，美国人对神圣罗马帝国的联邦制不屑一顾，当时德意志诸国各行其是，联邦常常在战争中分裂，它们像独立国家一样运作，拥有各自的军队和政府。这对经济效率是有益的，德国的官房学派经济体现了这一点，但是，它并没有被美国开国元勋们接受。然而，1707年的英国模式，对很多效仿者而言又过于集权了。

在此时的英国王庭，汉诺威王朝成功地在安妮女王死后实现了王位的无缝衔接。这也促进了英国、奥地利和德国之间的友好关系。值得注意的是，在乔治一世于1714年登基后，英国国王成了神圣罗马帝国七位选帝侯之一，直到1806年神圣罗马帝国解体。因此，凭借着对苏格兰的控制权以及在神圣罗马帝国选举中的投票权，联邦制在18世纪开始渗透到英国的政治体制中。事实上，英国比德语世界领先一步为联邦制指明了宪政方向。

当英国从这些经济和政治变革中受益时，汉诺威王朝的统治也让英国社会中的英、德联系发展到了高潮，并一直持续到1917年。人们认为，这些联系在不同时期都将信奉新教的英国与德国联合了起来，一起对抗坚定信奉天主教（反联邦主义的）的法国。例如，在英国维多利亚女王的长期统治中，以及她与萨克森－科堡－哥达亲王阿尔伯特的婚姻期间，这些联系都具有重大的象征意义。可惜，维多利亚女王的外孙威廉二世，却是一个坚定的仇英者。与此同时，她的儿子爱德华七世也会打压亲法派。因此，到了 1917 年，正值第一次世界大战胶着时期，国王乔治五世颁布了王室法令，将家族姓氏从萨克森－科堡－哥达改为了温莎，仅仅依靠王室联系是无法将英国与普鲁士及其他更小的德意志诸国联合起来的。

的确，整个欧洲的王室家族之间都维持着王室友谊。正是因为这一点，英国和德意志各邦国有别于 1789 年后的法兰西共和国。事实上我们会发现，与现在相比，当时的欧洲各国更愿意选择君主制或共和制。

第二次百年战争

1712 年，乔治·弗里德里克·汉德尔离开汉诺威宫廷，前往英国为安妮女王作曲，之后又留下侍奉新国王乔治一世。值得注意的是，路易十四在位期间没有发生过类似的文化交流。伏尔泰和孟德斯鸠的确去了伦敦，但这也仅仅是为了在远处批判法国的专制主义。事实上，在欧洲进入 18 世纪后，英国与法国的对抗成了战争与外交的主旋律，取代了上个世纪法国与哈布斯堡王朝的对抗。所谓的"第二次百年战争"，大约从 1688 年奥兰治亲王威廉登上英国王位，持续到了 1815 年拿破仑的最终溃败。1716—1731 年有过一段插曲，当时的辉格党（执政党）和亲法的托利党（在野党）都支持建立英法同盟，但是最终结果并不如意。英、法两个欧洲大国之间的殖民斗争破坏了结盟进程。

事实上，在西班牙王位继承战争（1701—1713）中，英国对欧洲事务表现出了同样的半疏离态度，使得法国和德国一直倍感沮丧。英国用雇佣兵和贿赂对付他国，反映其对欧洲大陆的承诺是苍白无力的。事实上，到了 18 世纪初，伦敦金融城所宣传的一种严谨的财务文化在英国流行。伦敦严格审查开拓欧洲的花费，大兴军事力量遭到了冷遇。必须有迫在眉睫的国家安全威胁或有对英国商人的明显利好，英国才会参战。事实上，这个后来被拿破仑蔑称为"商贾之国"的国家已经占据了上风。相比之下，法国的支出都用于维持国家的威望，于是它到1789年便破产了。官房主义的法国与自由放任主义的英国之间的对比是一个更大的话题，我们将在讨论经济时对其加以探讨。

根据1713年的《乌得勒支和约》①，英国商讨出了承认新教地位的政治和解方案。这个和约巩固了欧洲力量之间的均势，这正是英国所希望看到的，同时英国也正式控制了与波旁王朝有争议的土地。但是第二年，仇法的汉诺威选帝侯继承了英国王位，成了乔治一世。他在伦敦抱怨《乌得勒支和约》没有惩罚侵略者法国。这位说德语的国王只会一点英语，他担心在《乌得勒支和约》"背叛了新教大业"后，法国会再次发动侵略战争。不过，随着汉诺威王朝掌权而出现的"辉格臻荣时代"（1715—1760），则接受了这个和平协议。辉格党人认为，英国已经取得了海上优势，而欧洲大陆国家却斗得不可开交。随着英国早期两党制政体的发展，英国因为与欧洲的隶属关系分化出了党派忠诚：辉格党人成了坚定的新教徒和亲德派，而高阶层的英格兰圣公会托利党人则对信奉天主教的法国展现出了同情。本书的第七章将详细讨论这些宗教差异。

诚然，到了18世纪中叶，英国政府与法语世界和德语世界结成的同盟，并不能证明欧洲的一体化。后来，斯图亚特家族的最后一位王位"觊觎者"查理王子带领信奉天主教的族人南下，在1745年最终抵达德比时，与他交战的是一位德国国王以及汉诺威王朝。得到法国支持的苏格兰人与汉诺威王朝的英格兰人的最终之战——卡洛登战役，是不列颠岛上的最后一次重大战役。

---

① 《乌得勒支和约》：结束西班牙王位继承战争的一系列和约。——译者注

"太阳王"之后对"永久和平"的长期等待

欧洲的均势在 1715 年路易十四去世后被彻底打破。路易十四是一个专制主义国王，战争于他如同职业一般，是他和国家（两者其实是同一回事）获得威望和荣耀的手段。他对与英国和德国建立实质性联盟并不感兴趣。他还拒绝了亨利四世和威廉·佩恩推行的建立欧洲联盟的"伟大计划"。1715 年后，由于连续多任法国国王的软弱，显然旨在抑制法国扩张的《乌得勒支和约》暴露了其对欧洲发展反应迟缓。如果没有路易十四的专制主义，英国、尼德兰联省以及法国可以组建一个三国联盟（1717）。

第二次百年战争中的这一插曲是一个罕见的例子，说明了英国的汉诺威王朝与法国的奥尔良家族的王室联系巩固了三大国之间的和谐局势。但是，法国和英国的敌对关系已经持续了太久，几十年来根深蒂固的战争舆论使得英国人普遍不欢迎与法国结盟。与之类似的情形也发生在拿破仑战争和世界大战期间，当时的舆论攻势在英国激发了民族主义倾向。实际上，这并非是亲法情绪的倾泻。正当权的辉格党人，反而将与法国的友谊视为打压竞争对手西班牙天主教波旁势力的一个机会。与此同时，罗伯特·沃尔波尔时期的亲法派——在野托利党人，支持对法国采取绥靖政策。因此，到了 18 世纪 20 年代，英国各派政治家都和一个意料之外的短暂联盟绑在了一起。简而言之，重新成为法国天敌的趋势，妨碍了英国对欧洲大陆施加影响力。

这种出于机会主义的短暂友好关系，与威廉·佩恩的理想主义的"欧洲现在与未来的和平"相差甚远。但是，其他不屈不挠、满腔热忱的欧洲人，也加入佩恩的斗争中。尤其是夏尔-伊雷尼·卡斯特·德·圣皮埃尔（1658—1743），这个法国耶稣会牧师、外交家和作家信奉"永久和平"的观念。亨利四世、佩恩在呼吁建立联合机构时也是秉承着这一理念。圣皮埃尔研究了哪些机构能够通过"一个常设仲裁机制"和司法审查来支持废除战争。到了1708年,这个法国神职人员开始执行他的和平蓝图。他也终身在改进这些理念。对他而言,欧洲外交在路易十四的一系列战争后形成的局面,不过是愤世嫉俗的现实政治;随后达成的双边协议同盟,都是暂时性的;相反,欧洲需要的是所有国家都签署的"基础性大联盟条款"。

引人注目的是,一些人在圣皮埃尔的作品中发现了后来的超民族主义蓝图,例如国际联盟和联合国。事实上,圣皮埃尔是第一个提出"欧洲联盟"一词的主要作家。一直到1992年签订的《马斯特里赫特条约》,欧洲才正式确认了这一称呼。不过,圣皮埃尔的确带来了切实的改变,而且,他还是乌得勒支和平谈判中的核心人物。后来到1738年时,他希望让乌得勒支的和平条约走得更远,而不仅仅是对法国专制主义的一个反击。他倡导建立一个议会,和亨利四世早期提出的类似。他的计划被详细地记录了下来,和早前的蓝图相当。他倡议的欧洲议会将由欧洲各国依据自己的财政收入按比例出资。但是,"永久和平"并非和平主义,相反,如果对手违背了自己的政策,成员国可以在获得75%的多数赞成的情况下进行干预。圣皮埃尔的跨国机构的开支,预计会因为军事成本的降低而大大增加,受到监管的裁军也可能随之而来。参加议会的国家将是"基督教国家"。值得注意的是,和贵格教徒佩恩不同,圣皮埃尔因耶稣会信仰拒绝奥斯曼土耳其加入自己的欧洲联盟雏形。这一具有倾向性的基督教联合会,更像是后来(由法国主导)的欧洲经济共同体、欧盟。

圣皮埃尔担忧参与的欧洲国家过多会让协议流产,因为"没有一个联盟或同盟可以在没有常设仲裁机构的情况下持久……除非欧洲主权国家联合起来,否则没有一个国家可以保证履行所有的承诺和协议"。他承认,自己倾向的超民族主义,即使欧洲各国意见不必统一,还需要两百年才能实现。在这个漫长的过程中,欧洲可能要长期忍受战争。讽刺的是,这一圣皮埃尔式想法，让欧洲在 1938 年走向其历史上最具灾难性的战争。不过，欧洲煤钢共同体（ECSC）的成立以及《罗马条约》的签署时间接近他的预期，这两点与他对欧洲和平建议想法的倡议非常相似。

普鲁士与三大国，或是五大国？

路易十四的专制主义让本不可能实现的欧洲联盟成立。这些机会主义下的友谊也许会带来几年的和平，但它远没有实现佩恩、圣皮埃尔以及后来康德的理想主义愿景。与此同时，俄罗斯作为一个新的"欧洲"国家开始进一步向北发展，尽管其发展速度相对落后，与中世纪封建主义的羁绊也较深。俄罗斯的上升势头将会让普鲁士以及后来的德国在三国集团中的角色变得复杂。此外，俄罗斯也象征着一块分裂的大陆上东、西方之间的文化与经济差异。

虽然封建主义大约于 1500 年就在欧洲正式消亡，但在彼得大帝统治下的俄罗斯，大贵族们依然拥有很多契约农奴。这种情况一直持续到 1861年，俄罗斯农奴们终于获得了自由，仅仅比美国黑奴获得解放早了 4 年。彼得大帝对封建制俄罗斯实现现代化没有什么贡献，但是他的军事行动为波罗的海边的新城圣彼得堡在欧洲获得了威望和地位。最令人印象深刻的是，在 1700—1721 年的大北方战争期间，彼得大帝指挥了一场战斗，击败了卡尔十二世统治下的日薄西山的瑞典王国。

在这次俄罗斯的地位提高之前，欧洲的势力均衡主要是围绕着三段核心竞争，它们是瓦卢瓦和波旁的法兰西—哈布斯堡帝国、之后的法兰西—荷兰（从 1672 年起）以及最后的英格兰—法兰西（在 1688 年的"光荣革命"后崛起）。奥斯曼人入侵巴尔干半岛威胁到罗马帝国，让欧洲局势复杂起来。与此同时，西班牙哈布斯堡王朝在低地国家的衰落也留下了有待填补的真空。但是，随着俄罗斯的崛起，普鲁士的领先已不明显，欧洲也因此走向了一个更加复杂的均势状态。到了 1914 年，能起决定作用的大国达到了五个。这个集团包括当时无所不在的俄罗斯、正在衰落的奥地利哈布斯堡王朝以及三大国（其中普鲁士在 1871 年逐渐演变成为德国）。

当然，主要通过这五大力量中的三国来讲述我们的欧洲一体化故事，可能会产生削弱奥地利、俄罗斯的作用的风险。尤其是，俄罗斯在 370 年的时间里都代表着最为持久的"其他力量"。同时，直到 1740 年，包括勃兰登堡－普鲁士在内的德语国家联邦帝国，都在奥地利的控制之下实行不同程度的自治。但在 1740 年后，德意志的力量明显转移到了普鲁士，它逐渐对奥地利发起了军事挑战，最终在 1866 年克拉洛韦之战中取得了决定性的胜利。奥地利、德国的关系在多数时候都是中立的，甚至是敌对的，只有在双方联盟的 1792—1795 年、1813—1815 年间有过短暂的缓和。尽管如此，在 1806 年之前，普鲁士和哈布斯堡王国都属于罗马帝国以及随后的德意志联邦（1815—1866）。简而言之，直到 1740 年，这个帝国一直代表着欧洲说德语的"第三大国"（包括普鲁士）。此后，日益独立的普鲁士"民族国家"成了更好的代表。事实上，在波兰被三次野蛮瓜分后，普鲁士使波兰管辖的人口和领土翻了一番。

到 1740 年时，普鲁士已经减弱了对奥地利的依赖，但是普鲁士想要和三国集团相提并论仍需进一步的发展。为此，弗里德里希二世（腓特烈大帝）采取了行动。事实证明，他在普鲁士进行的军事改革和彼得大帝在俄国实施的军事改革一样令人印象深刻。最为关键的是，早在 1740 年，即他戴上霍亨索伦家族王冠的那一年，他就大胆地吞并了西里西亚，挑战了奥地利在德语国家中的主导地位。对这两个最强大的德语国家而言，这是相对实力上的一次巨大改变。腓特烈在 1740 年的行动十分迅速，阻止了波兰国王、萨克森选帝侯奥古斯特统治西里西亚，否则勃兰登堡－普鲁士可能会遭到进一步的包围，从而加强奥地利的力量。这表明了欧洲王朝政治的神秘，世袭和非世袭的家族都在为有争议的王位竞争较量。我们将会看到，王朝统治依然是欧洲动荡不安的主要原因。

1740 年的西里西亚是一个重要的战略必争之地，但它并没有解决勃兰登堡－普鲁士复杂的地理位置问题，因为普鲁士的西部领土仍将和勃兰登堡分裂开，导致勃兰登堡无法与东普鲁士接壤。但是，西里西亚拥有 100 万人口，以纺织业为基础的经济始终维持着活力。除此之外，西里西亚令人印象深刻的运河及水运网络，提升了城市形象。西里西亚总共为奥地利哈布斯堡王朝贡献了后者总税收的足足四分之一。失去西里西亚给奥地利带来了巨大的财政影响。同时，普鲁士因 1648 年的《威斯特发里亚和约》而茁壮发展，尤其是军队逐渐壮大。弗里德里希二世在奥地利的眼皮下夺取了西里西亚，证明了帝国联邦制的衰败。同样地，奥地利中央权力的削弱也体现在了皇帝招揽盟友的失败上。当弗里德里希二世高歌猛进时，英国正忙于和西班牙的殖民战争，而沙俄的重心则放在了因沙皇继承权产生的内部争端上。

与此同时，弗里德里希二世在西里西亚如入无人之境。普鲁士人虽然主要是路德派教徒，但力求对新教徒和天主教徒不偏不倚。与此形成对比的是，罗马帝国对西里西亚占总人口三分之二的新教徒实施了迫害。事实上，宗教宽容是弗里德里希二世的"开明专制"的重要特征，奠定了他在欧洲"启蒙"中的地位。在西里西亚的例子中，或者扩大到整个强大的欧洲来说，宗教宽容让各国得以更加有效地运作。

西里西亚战事结束后，弗里德里希二世以此为挑战奥地利在德语国家中霸权的契机，加入了奥地利王位争夺战（1740—1748）。当时，他有能力与法国联手主张奥地利的王位，尽管波旁人也有自己的野心。到了 1748 年时，弗里德里希二世已经将普鲁士提升到了和奥地利一样的地位。至此我们可以看到，法国、英国与普鲁士的三方关系更加平衡。事实上，弗里德里希二世利用了这种三方均势：他与法国建立了军事联盟，又和正在不断扩张的大英帝国建立了紧密的联系。与此同时，考虑到法国与英国此时还是帝国竞争关系，法国也算是努力地与辉格党掌权的英国和解了。和以往一样，三大国间的任何联盟都显得不切实际，尤其是沙俄还在一旁挑拨离间、推波助澜。同时帝国神秘的组织架构也并不稳定，最明显的就是围绕着奥地利的王位产生了一系列的王室冲突。

欧洲及周边的均势

从《威斯特发里亚和约》时期开始，甚至可以说是自更早起，均势外交就是欧洲国家政权建设的核心。但是，三大国之间同时维持友谊是不可能实现的，因为他们在没有制衡的情况下都可以独自主宰欧洲。例如，威廉·佩恩的全欧洲"联盟"这一试验性目标都没有实现。三国的军事和经济实力加在一起将碾压奥地利、西班牙与尼德兰联省的总和，哪怕后者再加上沙俄也是如此。与此同时，普鲁士和沙俄的发展也给欧洲带来了不确定性，这两个秉持机会主义的"保守势力"结成了同盟来加快自己的崛起。随着时间的推移，这些保守势力很可能会和老牌的民族国家英国与法国产生冲突，英、法都拒绝让出自己在欧洲海域和陆地的"天赐"领导权。

这种不稳定性体现在了三大国间即将爆发的七年战争（1756—1763）上，有历史学家认为这是真正意义上的"第一次世界大战"。令人困惑的是，这场战争包含了两组对抗：一个是殖民竞争对手英国和法国的对抗，其范围广阔，甚至包括了美洲地区；另一个发生在德意志，普鲁士（在英国的资助下）组织了与法国、奥地利和沙俄的对抗。在后一组对抗下，欧洲各国对普鲁士在德意志的快速崛起发起了挑战，英国也控制着汉诺威选帝侯，于是便出现了所谓的"外交革命"的萌芽。1756年，根据在凡尔赛签订的一项防御性条约，奥地利哈布斯堡王朝和法国之间两百年的对抗局势发生了惊人的逆转。

奥地利、法国的外交革命的初衷是实现互惠互利。尤其是奥地利的女大公玛丽娅·特蕾莎希望为帝国赢回西里西亚。与此同时，法国认为自己与普鲁士在汉诺威问题上的冲突将会加剧与英国在欧洲以外地区的不快。最初玛丽娅·特蕾莎承诺会在所有的英法战争中保持中立，但实际上她的奥地利却和英国在相互对抗。此外，圣彼得堡的女沙皇伊丽莎白，也反对弗里德里希二世兼并处于沙俄的东欧影响范围圈内的西里西亚，并希望加入强大的法、奥集团。

法国和奥地利能搁置几个世纪以来的敌意，就表明了法国对大英帝国的发展速度是多么不安。法国认定脆弱的奥地利帝国不再是自己在欧洲的首要威胁。与此同时，法国在逐渐积累对英国的敌意。之后，英、法关系在路易十四执政晚期有所破冰，但英、法合作没能成功，1748 年的《亚琛和约》也不尽如人意。但是，18 世纪的欧洲力量已经发生了改变，经济发展和军事建设改变了欧洲的格局，英、法之间的对抗在表面上已经偃旗息鼓，欧洲的强国都准备好了建立非意识形态的务实联盟。于是，这样一个多极的世界里更有可能发生战争。外交联盟都是暂时性的，通过稳固的条约实施威慑也不再奏效。

英、法的大西洋主义，沙俄—普鲁士的"中欧"以及开明专制

我们将回到七年战争中去观察各大帝国。简单来说，英国在 1763 年取得胜利后，就期望在亚洲和美洲地区扩张自己的帝国。与此同时，法国反省了在欧洲和殖民地的失利。值得注意的是，在法国有很多人都在抱怨"外交革命"已经失败，人们都认为法国将英国视为敌人是一个错误，和奥地利的敌对冲突反而一直得不到解决。同样地，在欧洲和欧洲外同时进行的双线作战，对法国军队而言也是一个战略失误。法国希望在未来能避免这个问题再次发生。

法国维持了与奥地利的结盟，但是为此付出的代价和不确定的收益

导致了人们对波旁王朝和国内旧制度幻想的破灭。此外，这样的自省深思对提升英、法关系也毫无裨益，两国于 1778 年在美洲地区再次开战。事实上，两个宿敌之间的利益冲突在帝国竞争中过于明显，以至于想恢复 1716—1731 年的联盟关系是完全遥不可及的。到了 18 世纪末，两国在欧洲以外的地区都可以轻易地获得贸易声望和国家威信。欧洲领土上的冲突例如三十年战争和七年战争造成的伤亡人数，表明了欧洲竞争需要的人力和财力日益增长。我们将会发现，英、法在远离欧洲战场的地区进行的殖民地探险，将会让这两国联合起来。他们将进行殖民地交易，最终实现协议联盟。在那之前，法国作为一个顽固守旧的欧洲国家在拿破仑的统治下将注意力都放在了欧洲大陆上。这让法国与英国的雄心壮志更为契合，但在英国被不情不愿地卷入一场骇人听闻的大冲突之前，情况并非如此。

18 世纪末，英国和法国的殖民统治给普鲁士在欧洲广大地区留下了机会。腓特烈大帝同时面对着来自欧洲东面和西面的力量，但是他在向西看时发现了英国和法国过度的"自由主义"。在整个 19 世纪，普鲁士、沙俄的专制阶层都感受到了对这种外来意识形态的焦虑。中欧的封建主义野心，仍然是这两大"保守势力"的共同主题。来源于中世纪的普鲁士容克封建主义文化，使得普鲁士与英国的融合困难重重，尽管这两国都信奉新教，都有厌法情结，军事力量也能互补。世界第一工业大国英国的发展是由帝国主义驱动、土地革命助推的，这是普鲁士的容克文化不可接受的。英国颁布《1832 年改革法案》，以及在 1846 年废除保护贵族阶级的《谷物法》，都是为了消除容克文化所代表的封建主义残余。

正如前面所提到的，普鲁士同样也对英国的欧洲"身份"保持质疑。早在 1781 年，由于缺乏朋友，英国孤立无援，损失惨重。英国在美国境遇最糟的那一年，它在欧洲也被孤立了。之后，普鲁士和欧洲其他国家，都尽力避免陷入这样的外交处境。美国的灾难性损失也进一步佐证，战争带来的声望和财政损失在日益增长。事实上，美国的盟友法国经济损失惨重，但是英国恢复得很快。不过，无论是在欧洲大陆还是在欧洲之外的帝国，欧洲孤立论有害的教训丝毫没被忘记。后来，即便是像拿破仑这样的民族主义者，都不遗余力地试图将"联盟"的敌人变成自己忠诚的附庸。但事实上，强大的法国对被孤立的恐惧是一种消极反应，它和理想化的欧洲内部融合进程毫无关系。

德国以及反对"自由主义"英国的"保守势力"

到了 18 世纪晚期，帝国主义依然阻碍着欧洲的一体化进程。特别是，英国、法国把目光向西投到了大西洋地区，而普鲁士、俄国则在东欧看到了机会。因此，1772—1773 年，沙俄在同为"保守势力"的普鲁士和奥地利的支持下，带头对波兰进行了第一次分割。波兰丧失的领土达到了惊人的 30%。起初法国是反对这样大规模的领土侵占的，但是由于距离太远，也对此无能为力。波兰惨遭分割表明了当时欧洲外交的一个显著现象：欧洲列强会在东部和西部分别划分割裂欧洲。随后在 1793 年和 1795 年，当西欧将目光都集中到法国革命军身上时，波兰又接连被分割。事实上，女沙皇叶卡捷琳娜二世巧妙地宣称，18 世纪 90 年代的波兰革命者受到法国革命的启发，正在传播革命的"毒害思想"，必须对此进行遏制。简而言之，地处西欧的法国采取的政策在不经意间影响了东边的沙俄。

至关重要的是，划分（实则为暴力吞并）波兰让东欧的三个"专制主义"君主国走到了一起。它们之间的联系在 19 世纪"神圣同盟"建立后正式确立，让普鲁士进一步远离了法国和英国的自由主义。叶卡捷琳娜大帝的普鲁士背景让普鲁士对分裂"中欧"的执念更加执着。例如，叶卡捷琳娜在 1767 年颁布的《训令》将俄国定义成具有"欧洲的礼仪和习俗"的"欧洲国家"。与此同时，她在普鲁士的崇拜者弗里德里希二世，也在 1752 年和 1768 年的两份《政治遗嘱》中强调了"专制主义"的好处。对弗里德里希二世而言，君主统治的魅力比误入歧途的代议制政府能更加有效地运用"治国之道"。

普鲁士和沙俄的"开明专制"将这些国家带入了欧洲的"文人世界"。但是作为专制国家，它们对"自由的"欧洲继续视而不见。毕竟，弗里德里希二世和叶卡捷琳娜阅读狄德罗、伏尔泰和卢梭的作品，不能抵消东欧的王朝主义、封建主义和军国主义文化的影响。开明的独裁者要依靠古老的根基才能生存。当弗里德里希二世在哲学上接触伏尔泰时，他的军费来自对西里西亚征的税。后来欧洲不安分的军事力量，尤其是拿破仑和希特勒，复制了这种掠夺海外资源的做法。

相比之下，英国则利用早期工业化的成果为战争融资，通常的来源是一般税收、信贷。英国比东边的"开明君主"有更发达的政治经济。与此同时，虽然"自由主义"的英国和"开明专制"的普鲁士实行的是两种不同的政治模式，但是这两国在关键的七年战争中都有出色的表现，这场战争决定了 18 世纪中期欧洲的权力和地位格局。对于其他想要模仿出成功的政治经济体系的国家而言，这是个令人困惑的选择。增强经济和战略实力的最佳方法是什么，还有不确定性。欧洲各国即便有确立一个一体化平台的政治意愿，也难以实现。简而言之，即使此时"自由民主"获得了胜利，欧洲离福山的"历史的终结"仍相距甚远。

财富迅速逆转的趋势让事情变得复杂。事实上，1756—1763 年，受不同意识形态影响的普鲁士、英国，在参加早期的"世界大战"时展现了其军事实力和偿债能力。但是，不同治国模式的成功可能很快就会被颠覆。例如，在 18 世纪 70 年代，北美的英国议会模式就遇到了明显的困难。英国的殖民帝国暴露了风险，它可能会在远离家乡的地方制造出一个弗兰肯斯坦怪物 ①。在波士顿和费城，人们抗议缴税者没有代表权，体现了提供

---

① 弗兰肯斯坦，是英国小说家玛丽·雪莱的长篇小说《弗兰肯斯坦》中的主人公，此人是一个疯狂的科学家，因创造出了人造怪物而著名。——译者注

公平适度的政治权利面临着挑战。普鲁士保留了劫掠波兰和西里西亚的果实，而美国的殖民者们走上了自己独特的道路。

5000 千米外，英国被欧洲孤立

美国与英国的关系逆转，当然部分源于税收因素。由于英国背负着七年战争的财政负担，所以北美 13 个殖民地的殖民者将要承担一部分开支，其中包括支付给英国皇家海军的费用，以抵御竞争对手法国和西班牙帝国。与此同时，英国试图确定领土边界和财政责任。英、法在阿巴拉契亚山脉划了一道线，线外的地区据说归属于印度或者法国。于是，北美的殖民者们不但非常不满乔治三世在法国面前提供的保护，还为自己（适度）纳税却没有在威斯敏斯特的代表权而愤愤不平。因此，英国和马萨诸塞州之间形成了一道不可逾越的鸿沟。如亚当·斯密当时所观察到的那样，英国经营一个"正式帝国"的成本与其收到的回报不成比例。相比之下，直到 1857 年印度兵变，英国在亚洲的东印度公司模式几乎没有被质疑过。后来，这种通过一家特许经营公司来运营海外飞地的方式被抛弃了。相反，英国在自己的"第二帝国"采用了正式的帝国体制，由中央政府控制。

在 5000 千米外的地方参与美国独立战争，显然是对英国议会模式的挑战。英国试图将问题转嫁给一支由德国雇佣兵组成的民兵，让他们去和自己眼中的同胞作战。事实上，几个世纪前马基雅维利就曾发出警告，依赖外国雇佣兵是有缺陷的。这些被指派上阵的欧洲士兵并不是欧式军队：他们来自德意志诸国，在战场上搏杀的目的是薪酬，而不是维护欧洲对北美的控制。或许，英国在美国使用雇佣兵，应该与其在印度使用当地雇佣兵和在 20 世纪 40 年代空袭德国一起讨论。英国总是寻求降低在军事行动中的参与度，可以说是"半脱离"的状态。

1778 年，弗金斯将法国带入了美国独立战争，英国面对的殖民挑战就更加复杂了。此外，法国波旁王朝在 1761—1790 年达成的一个"家族契约"，引起了西班牙对大英帝国的敌对。但是，西班牙在是否帮助美国殖民者的问题上非常谨慎，担心自己在美洲的辖区也会发生叛乱。于是，欧洲的冲突再一次因为王室联盟——这一次是法国波旁王朝与西班牙——而一触即发。同样是在美国，同样是在 1778 年，欧洲各大帝国陷入了摇摆迟疑，不知道是应该在自己的帝国领域内给英国人一个教训，还是要维护欧洲在世界的主导地位。我们在讨论各大帝国以及欧洲联盟时，会考虑这些进退两难的窘境。

在美国独立战争中，英国外交失败了，英国皇家海军面对的是一支由法国、西班牙和尼德兰联省组成的强大的海军力量，后者还得到了叶卡捷琳娜大帝的"武装中立"的支持。但是，英国从外交孤立中学到了教训。正如路易十四早在 17 世纪晚期就发现的那样，即便是最强大的贸易军事大国，在面对欧洲各国力量的联合打击时也是举步维艰的。此外，由于遵循对抗性的《航海条例》实施了海上霸凌策略，英国疏远了荷兰和丹麦这样的天然盟友。同时，普鲁士也仍然对英国在之前的国际大战中的自私行为怀恨在心。英国在这场危机中没有朋友。

同时，为了挑战英国在欧洲以外的地位，法国也在 18 世纪 70 年代增加了海军的开支。荷兰海军和西班牙海军当时都和法国结成了同盟，所以英国皇家海军想将法国战舰限制在大西洋港口困难重重。事实上，英国没能控制北美东海岸附近的航线。在 1781 年关键的约克镇战役中，这一点严重削弱了英国的力量，当时其他的欧洲列强封锁了英国获得美国弹药和士兵的通道。1783 年缔结的《英美凡尔赛和约》让北美 13 个殖民地获得了独立，这对英国而言是一个耻辱的逆转，但对法国来说是一次胜利。英国将佛罗里达和米诺卡的领地输给了西班牙。

但是，对于英国来说，在约克城之难后，这份最终的和约要比原本预期达成的协议好得多。事实上，这些欧洲国家在美国独立战争中的输赢很难决断。法国成功地支持了北美 13 个殖民地的独立，但为此付出的巨大代价让公共财政陷入危机之中。法国税收不足，战争资金来自政府信贷。到了 18 世纪 80 年代，由于收成和土地税收情况都很糟糕，法国召开了三级会议旨在征收税款，并因此在 1789 年产生了严重的后果。与此同时，英国拯救了与前殖民地之间的贸易往来，在接下来的 100 多年里，北大西洋的贸易都由英、美主导。

这是亚当·斯密在攻击正式帝国时倡导的"非正式帝国"的一种形式。简而言之，到了 18 世纪，战争是全球性的、代价高昂的事情，战争带来的声望和胜利得不偿失。在 20 世纪之前，战争都是欧洲政府运行的主要开支，所以，为了维护国家的偿付能力，作战必须谨小慎微。欧洲的战争成本无论在欧洲内部还是外部都在逐渐增加，因此对力量均势的需求更加迫切。但是，欧洲经历多场战争之后才吸取了这个教训。

在英国康沃利斯勋爵于约克城惨败给美国乔治·华盛顿将军，以及法国拉斐特侯爵后，英国意识到在欧洲的孤立是不可持续的。英国托利党之前寻求在贸易中排除欧洲，但是英国和法国的竞争无处不在，必须通过在欧洲大陆上的外交胜利来解决。1778—1783 年，英国发现欧洲联盟在世界的任何一个地方都有重要意义，这就要求欧洲最终要以某种形式的一体化来巩固内部的联系。但是，英国精英阶层内部一直都因为欧洲的结盟和一体化而不安。尤其是托利党，从小威廉·皮特到约瑟夫·张伯伦，再到撒切尔夫人，都是如此。

英国、法国以及"微妙的"早期自由主义

正如我们所发现的，英、法的"自由主义"与神圣同盟保守的"独裁主义"之间的天然差异构成了欧洲历史的一部分，至少在 19 世纪晚期前都是如此。但是，这一差异被放大了，表明易北河两岸的哲学分歧是确实

存在的。举个例子，在18世纪90年代的法国，革命后的自由法国给拿破仑·波拿巴这位有着强烈感召力的军事领袖戴上了花环，歌功颂德。在很多方面，拿破仑与路易十四的相同点，都比其与启蒙运动中的卢梭的相同点要多。拿破仑的确清除了封建主义最后的残余，并按照功绩来任命军队和公务员系统的高级官员，但是他任人唯亲，让自己的亲属担任了欧洲几个王国的国王。而且，他是通过军事扩张来实现欧洲统一的。这导致很多法国人和雇佣兵生活在法国占领的土地上，和腓特烈大帝时期的"保守"普鲁士的情况非常相似。

与此同时，英国的经济和政治"自由主义"都不尽如人意。例如，在印度殖民地，1757年，罗伯特·克莱武打赢普拉西战役后，英国东印度公司在孟加拉获得了宝贵的包税权。从很多方面来看，在印度实行野蛮封建主义的大英帝国，比保守的东欧国家还要糟糕。殖民时期印度发生的饥荒灾难（"维多利亚大屠杀"）当然削弱了英国在道德和经济上的领导地位，更不用说19世纪40年代发生在爱尔兰的欧洲最严重的饥荒了。同样地，由于英国曼彻斯特十分依赖来自美国蓄奴州阿拉巴马州和路易斯安那州的长绒原棉，英国的"自由主义"采取了妥协态度。

西欧和东欧各国之间"自由"与"保守"的差异，比当时人们所承认的更加微妙。但是，认识这种差异十分重要，它限制了东、西欧一体化的机遇，不论是在经济上还是在政治上。我们将会看到，法国大革命留下的遗产是激进的启蒙主义情绪，这让法国很难成为"保守的"东欧国家的盟友。后来，普鲁士首相俾斯麦在英、法"自由主义"带来的腐化影响面前望而却步，他反对特许经营改革以及新闻自由。但在这些方面，法国和英国的自由主义与普鲁士在本质上并没有什么区别。与此同时，"自由"国家其实也不太平。拿破仑统治下的法国渴求欧洲领土，而罗伯特·克莱武时期的大英帝国则希望获得孟加拉的大片土地。在这两种情况下，"自由主义"扩张势力的方法都是通过征服新土地以及在新土地上征税。任何一个欧洲国家在决策中几乎都没有"永久和平"的意识。

事实上，到了19世纪初，在拿破仑战争和英国帝国扩张之后，贵格派的佩恩、耶稣会的圣皮埃尔或是路德派的康德所设想的"永久和平"，比任何时候都更难实现了。由于基督教文明已经疲惫不堪、支离破碎，联邦欧洲缺少一个统一的意识形态来巩固架构。事实上，在这个日益世俗化的欧洲，帝国逐渐遭到侵蚀，教皇的影响慢慢削弱，于是19世纪的"无神论"民族主义得到了自由。这也导致了更多的纷争。

法国大革命与反封建战争：不团结的欧洲联盟的诞生

在美国独立战争和法国大革命期间，英国和法国的关系得到了改善。美国独立战争表明战争成本日益攀升：法国和英国的国债融资需求是个沉重的负担。值得注意的是，英、法两国在1786年签署了关于贸易的《伊甸条约》。法国人十分关注英国不断壮大的制造业，它能提供更加可靠的税基，这是挣扎中的法国财政部极度渴望的。当时的政治形势也有利于自由贸易。托利党24岁的年轻首相小威廉·皮特，受到了斯密的自由贸易思想的影响；而在法国，我们将看到重农主义者减少了对官房主义观点的控制。皮特称自己是一个"独立的辉格党人"，但延续了托利党亲法保皇的传统。

可惜的是，《伊甸条约》的结果是有偏袒性的。最早进行工业革命的英国，在其他国家开始工业革命之前就积累了25年的制造业实力，英国制造业是以独特的规模经济模式运作的。所以，英国出口的产品大量涌入法国，法国产品却鲜少流向英国。与此同时，法国的农业歉收以及一场金融危机，最终导致了1789年的大革命。由于人们认为法国在美国革命中代价高昂却获益甚微，路易十四和部长们的地位被严重削弱了。此外，敌对的荷兰执政威廉五世在1788年复辟，让法国的外交处境更加恶化。随着英、法关系的再度紧张，普鲁士、尼德兰联省、英国组成了一个非正式的新教联盟。值得注意的是，宗教在极端情况下仍有足够的力量将欧洲各国凝聚在一起；但是，到了18世纪晚期，大多数联盟都是因为经济或是统治王朝的需要建立的。毫无疑问，250年前的改革热潮已经消退了。

到了1789年时，法国在经济和外交上遭到了削弱。但是，法国大革命在最初时期，即米拉波时期（1789—1791），引发了欧洲广泛的钦佩之情。封建主义的废除和专制主义的瓦解，预示着启蒙政府的诞生。它的愿景是在世俗意识形态下统一不同的国家。有说法称，法国的《人权宣言》作为关于启蒙思想和自然权利的宣言，对法国很多历史事件产生了巨大影响，这一点遭到了很多历史学家的质疑。但是，法国大革命充满了富有感染力的理想主义。之后，这种革命雏形在恐怖中结束，让很多欧洲启蒙思想家大失所望。例如，在英国，像华兹华斯这样的狂热者和埃德蒙·伯克这样的怀疑论者，一起谴责了大革命时期的法国。此外，欧洲君主和官员们还担心法国的秩序正在崩塌。这些情绪和对1919年俄国内战的担心类似，当时的欧洲列强们觉得有必要向布尔什维克的"无政府主义"发起挑战，因为后者已经威胁到了欧洲社会。

这种革命中的无序感，部分来源于消除封建主义残余的过程。虽然我们能看到，形式上的封建主义到1500年就停止了在欧洲大部分地区的发展，但是贵族阶级和僵化的社会结构在农村地区继续产生影响。事实上，反封建革命是泛欧洲地区的共同关注点。当法国革命军在1792年和1794年分别进入奥属尼德兰和尼德兰联省时，当地农民推翻了贵族地主。欧洲旧制度在此受到的打击让其他欧洲国家心生畏惧，尤其是埃德蒙·伯克的英国。但是，大多数欧洲国家政府在法国大革命面前都是自鸣得意的。1788年的普鲁士、尼德兰联省、英国三方联盟，恢复了人们对新教欧洲的信心。新教国家将法国赶出了低地国家，又组建了集团以抵抗沙俄叶卡捷琳娜二世的进一步侵略。事实上，由于1789年7月巴士底狱被攻陷，法国波旁王朝的盟友西班牙担心伊比利亚半岛会受到革命的影响；受到惊吓的西班牙，与宿敌英国结为了盟友。西班牙认为，革命中的法国已经抛弃了波旁王朝的反革命立场，反而支持了世俗主义。

随着法国大革命战争的蔓延，英国担心法国会从海上发起侵略。突然之间，英国的民意基调就变成了反法，似乎这个岛国因为无处不在的"入侵恐惧"而与欧洲大陆其他势力更加亲近。这种对英国海上安全的威胁，从英国南部海岸的圆形石造碉堡上可见一斑，这种威胁将英国从欧洲的分裂中拖了出来。于是，英国也乐于和欧洲其他势力一起联手对抗法国。随后，小威廉·皮特在1793—1796年组织了第一次反法同盟。与过去一样，英国军队节省开支，依靠来自德意志诸国的雇佣兵来控制局势。英国联合了普鲁士、奥地利、尼德兰联省、那不勒斯、西班牙、葡萄牙与沙俄，一起对抗法国大革命。引人注目的是，这是欧洲有史以来集结得最全面的军事联盟。面对着法国在意识形态及领土上的极大威胁，欧洲其他国家似乎有可能统一目标。然而，这个联盟是为了反对某些东西而成立的，欧洲并没有理想愿景。

对法国而言，与德意志各国和英国在革命及战争上的冲突，给法国人带来了一个独特的集体记忆，后来将被像戴高乐这样的法国民族主义者利用。

值得注意的是，自那之后的法国政治话语中，法国共和主义作为君主贵族制的激进替代品无处不在。事实上，法国在不同的时期一直寻求以共和原则来领导欧洲。在英国务实的宪法和（1918年、1945年两次世界大战战败后勉强发展起来的）德国共和主义中，是看不到法国这种激进的、鼓动人心的历史感的。

康德的欧洲联邦主义伦理观

到了1795年，欧洲思想家对当时世界形势的绝望或许得到了缓解。欧洲经历了普鲁士、奥地利和俄国对波兰的野蛮分割。与此同时，法国大革命中可怕的雅各宾时期，以及随后拿破仑在巴黎镇压反革命主义者，都给欧洲带来了创伤。随着欧洲瓦解之势的蔓延，普鲁士最著名的哲学家、政治思想家伊曼努尔·康德（1724—1804），督促欧洲联盟克制发动代价高昂的战争。在当时冲动的时代氛围中，康德不得不掩饰一下自己对这一目标的热忱。他谦虚地称自己是"政治理论家"和"学者"，任何"务实的政治家"都完全可以忽视他。

因为康德，欧洲不再将战争与绝对主义王权思想相提并论。他建议制定一部促进和平的共和宪法。他理解的共和国是行政权和立法权分离，但同时将权力集中在少数人手中的政治制度。这比任何民主政治都更接近开明君主弗里德里希二世的思想，但在这种制度下会出现"人人都想统治"的混乱情况。此外，共和国还会独特地传递出"自由"、"共同立法"以及"平等"理念。重要的是，当时参战需要"全体公民的同意"。于是，选民们会"考虑所有的灾难后果"，进而投票反对与他国的冲突。

相比之下，在专制主义君主政体下（例如路易十四的法国），"统治者不是同胞，而是国家的主人"，可能会为了冲突的"乐趣"而错误地选择战争。和圣皮埃尔一样，康德反对投机取巧地制定条约，更希望国家致力于长期和平，而且还要避免欧洲的王朝统治，因为通过联姻进行国家交易丝毫没有道理。与之相反，主权国家的"社会中，只有国家才能控制或处置个人"。康德对战争的厌恶有经济学依据。所有的战争都会产生国家债务，债务反过来又会损害国家安全，没有举债能力的国家可能会逃避"金融势力的危害"；有偿付能力的国家会避免战争专款，和平可能就会随之而来。当然，这是福利国家出现之前的情况，后来的政府借贷可能是出于社会目的而不是军事目的。

此外，康德认为一些"共和国"可能会促进和平文化观，建立"国家联邦"有了可能性。由这样一个"联邦"盖章的"合同"反过来又可以支持"合理"渗透独立国家。这将促使所有的国家逐渐加入"联邦"，进而实现"永久和平"。有了国内和国际体系来助力实现这一良好效果，人类将有望自由制定"道德目标"，包括"贸易精神"在内的现实优势很快就会出现。于是，各国将因为担心积累的财富被毁而不愿参加战争。这种想法后来激励了很多政治经济学家，包括理查德·科布登以及他的曼彻斯特学派。

康德支持法国大革命的初期目标，认为它们比专制主义更加开明。但是，法国大革命抛弃了他寻求的和平"联邦"。1804 年康德去世时，离普鲁士在耶拿被法国革命军羞辱只有两年时间了。但是，康德关于欧洲和平的政治观点，自那时起就影响了对一体化问题的思考。随着他作为形而上学思想家的声名逐渐显赫，他关于欧洲和联邦国际主义的思想也渗透到了欧洲思想界。事实上，欧洲的一体化主义者已经得到了政治圈和哲学圈诸多人士的支持，从伊曼努尔·康德到温斯顿·丘吉尔皆是如此，即使他们是否直接参与了欧洲一体化还有待商榷。

当然了，在康德的著作《永久和平论》一书中，似乎没有迹象表明欧洲格局受到了他的观点影响。事实上，法国已经十分接近康德所警告的"灭绝战争"了，在此状态下，庞大的军队会互相残杀，让"永久和平"只能存在于"全人类的巨大坟场"中。到了 1793 年 8 月，全民征兵制让法国拥有了一支庞大的陆军，拥有了制造巨大破坏的能力。因此，拿破仑得以早早地对不堪一击的欧洲抵抗势力发动一场"全面战争"。

新查理曼大帝拿破仑：全面战争与分化瓦解

欧洲抵抗势力包括陈腐的英国远征军，他们是在 1795 年从低地国家撤出的，未来的远征军也会经历一样的情况。事实上，如果说有什么能代表英国与欧洲的半脱离状态，那一定是资源匮乏、兵力不足的军队仓皇撤出欧洲的场景，1940 年敦刻尔克大撤退中勇敢的商船舰队也许最能唤起回忆。英国早先还曾努力遏制拿破仑在欧洲的革命军。当时的法国由于在欧洲率先实行了全民征兵制而壮大，这种做法反映了法国在欧洲采取的不脱离政策。法国在当时是一个拥有超过 75 万名士兵的"武装国家"。很明显这是一种"僵化"的征兵制，更接近普鲁士或沙俄的军国主义。事实上，在法国革命军于 1800—1813 年向战场派遣了 260 万名士兵后，"保守的"欧洲才正式确立了征兵制。沙俄直到 1874 年还只征召农奴，而当时全民征兵已经十分普遍了。

随着旷日持久的拿破仑战争持续下去，英国在 1798—1802 年发起了第二次反法同盟。英国寻求的是类似于它在七年战争中实行的政策，在欧洲大陆上要遏制法国，同时也试图凭借皇家海军在海上的霸权削弱法国在殖民地的地位。但事实证明，这些投机的欧洲联盟都是虚无缥缈的，英国的半独立式海战导致它在其他地区也遇到了很多挫折。英国的做法与其在欧洲大陆上的两个对手形成了鲜明对比，随着时间的推移，战争神话造成了很多文化差异。尤其对法国和普鲁士来说，派出庞大的陆军穿越整个大陆去参加耶拿战役和奥斯特利茨战役这样重要的欧洲战役，给国民留下了难忘的记忆。这与英国在海战中的迅捷和灵活形成了对比。在这样的背景下，英国海军将领霍雷肖·纳尔逊成了英国的军事英雄典型。1806 年纳尔逊的葬礼吸引了大批民众，甚至连威尔士王子都参加了，表现出王室对一位英格兰"平民"不同寻常的敬意。做勇敢的局外人、遏制野蛮的欧洲大陆军队，是英国人长久的自我认知。1940 年夏末的英国战役将再次体现这一点。或许在撒切尔夫人的退税谈判、约翰·梅杰退出《马斯特里赫特条约》，甚至在英国今天的脱欧谈判中也出现了类似的情况，即一个局外人不知不觉地改变了欧洲大陆事务。

在 1802 年订立《亚眠和约》后，拿破仑凭借着军队优势专注于征服欧洲，英国则在第二次反法同盟瓦解后遭到了孤立。此外，傲慢的英国皇家海军颁布的为人所憎的《航海条例》催生了支持拿破仑大陆体系的武装中立联盟，英国所有的对外贸易都遭到了抵制。英国的昔日盟友沙俄、丹麦、瑞典和普鲁士，都在拿破仑的压力下签署了相关协议。大陆体系将在拿破仑战争余期持续下去，进一步加深英国经济的孤立程度。

1802 年以后，由于接连在大陆战事中获胜，拿破仑获得了欧洲的霸权地位。1805 年在奥斯特利茨击败俄奥联军，以及 1806 年在耶拿羞辱普鲁士人，代表着霸权的巅峰。此时的英国，早已撤出了欧洲大陆。耶拿战役后，拿破仑象征性地瓦解了联邦制的神圣罗马帝国。事实上，这个从查理曼大帝统一法、德以来开始的，延续了 3000 年的帝国已经所剩无几了。拿破仑巩固了对德国和意大利的控制，并将自己的"统一的欧洲"扩大到了地中海和巴尔干地区。随后在 1807 年，他在提尔西特对老盟国实施了分而治之的策略。沙皇亚历山大一世被说服去强迫普鲁士交出三分之一的领土和一半的人口。简而言之，沙俄为普鲁士遭到拿破仑羞辱感到幸灾乐祸。拿破仑留下了与普鲁士的仇怨，法、德双方成了死敌。普鲁士不情愿地在第三次反法同盟中被推向了不可靠的前盟友英国。

第二次百年战争的结束和普鲁士的崛起

英国利用了拿破仑昔日欧洲盟友对其的怨恨。和过去一样，拿破仑选择在欧洲外围作战，这一次的地点是伊比利亚半岛。1807 年时拿破仑曾封锁了葡萄牙通往英国的港口，这限制和削弱了英国与葡萄牙的传统贸易。到了第二年，拿破仑铲除西班牙的波旁王朝和直接控制西班牙的举动，在伊比利亚半岛引发了人们对法国的反抗。英国的阿瑟·威尔斯利爵士也加入了战斗，率领一支规模不大的"远征军"在葡萄牙登陆，从那里他可以向比利牛斯山脉推进，最终从南面对法国形成威胁。英国在陆战中起到直接作用，指挥官是新受封的威灵顿子爵，他很快就晋升为伯爵，然后是侯爵，最后是公爵。第三次反法同盟中的英军，有了更加可靠的表现。然而，英国依然置身于主战场之外，避免了其他参战国受到的灾难性损失。

与此同时，拿破仑的所作所为激起了所有受欺凌国家的怨恨，他在整个欧洲激起了民族主义和宗教同情。值得注意的是，1809 年拿破仑吞并了教皇的辖境，将教皇庇护七世屈辱地软禁在枫丹白露，导致自己被梵蒂冈逐出教会。讽刺的是，这些颠覆性的措施在法国重新激发了天主教的活力，对整个欧洲的基督教文化都产生了深远的影响。同时，拿破仑哄骗两个讲德语的战败国德国和奥地利支持自己，还胁迫沙俄实行法国坚持的大陆封锁制度。令人惊讶的是，拿破仑引发的恐惧让土耳其和沙俄这对宿敌签署了一个旨在遏制法国的和约。在欧洲的外交中，与"敌人的敌人"联盟依然至关重要。

与此同时，欧洲经济的相互关联性使得外交逐渐变得微妙，在战场上使用蛮力已经远远不够了。例如，沙俄和英国关系并不亲密，但是拿破仑对英国商品的封锁损害了沙俄获得重要制造业产品的渠道，毕竟英国 40 年前就开始了世界上第一次工业革命，这使得沙俄和英国关系走近了。封锁制度同样也影响了法国：在拿破仑战争后期，法国因为收成欠佳需要从英国进口小麦，然而当时进口通道被封锁了。由于粮食短缺，法国国内反对拿破仑的人越来越多。简而言之，战场上的虚张声势只能带领这位极具军事才华的将军走到这里了，当时他周围都是被自己击败的人，却没有一个朋友。

英国一如既往地和最惨烈的战争保持着距离，任由其他国家自招损害。尤其是 1812 年，拿破仑的反俄同盟在沙俄最恶劣的冬季天气中宣告失败。最重要的是，在开始漫长的撤退前，他沦陷在莫斯科，停滞不前。在此过程中，他的 60 万大军可怕地减员到 4 万人。穷困的欧洲人民越发反感这些难以想象的军事伤亡，他们认为与教皇为敌的这支军队简直是在"反基督"。

英国的威灵顿子爵在萨拉曼卡（1812）和维托利亚（1813）取得了进

一步胜利。随后，英国和俄国将原本临时起意组成的第三次联合反法行动变成了对法国的钳制运动，分别从南边和北边发起，这导致1813年10月拿破仑在莱比锡的惨败。在这场"多国混战"中，普鲁士人、俄国人、奥地利人以及德意志盟军，一起组成了统一的中欧大军对抗拿破仑，还从波兰和意大利雇佣兵那里得到了额外的支持。值得注意的是，双方阵营中都有德国士兵，表明欧洲的德国民族主义依然处于萌芽阶段。1813年，讲德语的士兵忠诚度存疑，他们服务于出价最高的雇主。很明显，拿破仑队伍中许多撒克逊士兵在莱比锡当了逃兵，印证了马基雅维利关于雇佣兵不可靠的警告。在1815年的维也纳会议后，普鲁士和德意志的民族主义才开始发展，充满了德国作家和政治家的民族主义思想。

但是，欧洲的德语世界依然保留了老帝国的复杂性，很难说出三个可比的欧洲国家。1806年从神圣罗马帝国崛起的哈布斯堡奥地利帝国，在奥地利首相梅特涅的带领下，仍有足够的能力主持1814—1815年的维也纳和谈。反复无常的梅特涅，此后还努力地遏制普鲁士的复兴。从某种程度上说，普鲁士受到了英格兰甚至是战败国法国都不曾经历的限制打压。就好像英格兰还面对着一个敌视自己的苏格兰，总是在削弱英格兰在英语世界的统治地位，或是像勃艮第地区联合限制法国发展一样。

战场外的欧洲一体化发展依然落后。的确，到了1813年8月，英国、奥地利、普鲁士和沙俄联合起来对抗拿破仑的生存威胁。它们通过战争对抗拿破仑的欧洲一体化，很少有人明确支持按照佩恩、圣皮埃尔、康德或圣西蒙的线路建立国家宪法联盟。事实上，如果奥地利和普鲁士难以建起德语国家联盟，源于机会主义军事联盟的欧洲合众国早期理念就显然无法成熟。实际上，这个联盟成员唯一的共通之处就是对法国的畏惧。考虑到拿破仑战争期间欧洲遭受的灾难性伤亡损失，这些畏惧是有道理的。历史学家估计，欧洲损失了约500万人口，按比例来说这23年的冲突比1914—1918年的第一次世界大战还要残酷。然而，这也说明了欧洲在政治或外交上是多么不团结，直到 19 世纪早期，这种程度的暴力和破坏都无法促成稳定的、能和 1618—1648 年三十年战争期间出现的联盟相提并论的同盟组织。

拿破仑与再次出现的反英情绪

在三十年战争中，法国在新教和天主教的对抗中扮演了机会主义者的角色，但是，逐渐衰弱的改革让军队难以统一。除了英、法这样有老练的国家机器和殖民腹地的老牌民族国家，其他国家都缺少一致的目标。正如欧洲历史上常常出现的情况一样，一位魅力型领袖主导了历史进程，风采盖过了数百万其他参与者。此外，由于波兰和东欧事务的羁绊，易北河两岸任何关于"欧洲概念"的想法都支离破碎。最终，英国的半独立参与立场意味着英国资助的反拿破仑联盟不过是一个机会主义组织。

同时，拿破仑也没能在反英的旗号下实现欧洲团结。英国的《航海条例》彰显了大英帝国的傲慢，在 1812 年引发了其与美国短暂的战争，拿破仑试图利用这一点来巩固自己的帝国，显然他的说辞中会掺杂着反英的论调。例如，在 1809 年写给荷兰国王路易·波拿巴的信中，拿破仑提醒自己的这个弟弟（未来拿破仑三世的父亲），他是因为拿破仑亲自起草的宪法才登上荷兰王座的。兄弟二人本可以通过"对英格兰共同的敌意"将荷兰和法国团结在一起，但不可饶恕的是，路易·波拿巴违背了哥哥对英格兰的封锁令，背叛了自己的哥哥。拿破仑痛斥弟弟对英格兰的消极支持，认为这等于荷兰向法国宣战。

1814 年 2 月，拿破仑预见了自己的失败，两个月后他就要被流放到厄尔巴岛，于是他再次呼吁自己的宿敌奥地利皇帝弗朗西斯一世不要和英国联手对抗法国。毕竟"只要有一个法国人活着，他就宁死也不会屈膝投降做英格兰的奴隶，不让法国从强国名单上被抹去"。拿破仑强调了作家在欧洲知识分子界的重要作用，呼吁弗兰西斯一世不要支持"实现埃德蒙·伯克将法国从地图上抹去的梦想"。伯克对革命理念的抗拒以及对传统英国贵族权力的坚守，让他不被大革命时期的法国所接受。英格兰尽力避免"真正的"革命，伯克在英吉利海峡两岸也在为反动君主制发声。

简而言之，对拿破仑来说，使欧洲人民得以团结起来的文化和民族"相同性"，并不涉及背信弃义的英国人。英国人在革命战争甚至整个"第二次百年战争"期间始终是敌人，值得庆幸的是不会再有"第三次百年战争"了。英国和法国有时也会因为务实的协议结成同盟，但是，拿破仑的反英成见虽然极端，却表明了英、法关系永远不会亲密到推动欧洲一体化的程度。两国之间有太多的历史纠葛。

维也纳会议后：源于仇视的团结——圣西蒙和塔列朗的英法协定

《维也纳协议》在英国外交大臣卡斯尔雷、沙皇亚历山大一世以及奥地利首相梅特涅的斡旋下达成，这是一份旨在通过均势达成欧洲和平的蓝图。这项全面的安排，充分利用了欧洲在 1792—1815 年所遭受的骇人听闻的暴力。维也纳会议达成了某种意义上的统一，尽管原因是简单粗暴的恐法情绪。但是，维也纳会议的确为接下来一个世纪的相对和平打下了基础。与战火肆虐的 18 世纪相比，欧洲的军事伤亡人数大幅减少。

尽管政策制定者们仍难达成统一的意识形态，但是对欧洲一体化与欧洲文化的探索参与在大战后蓬勃发展。九年战争激发了威廉·佩恩的和平主义干预观点；阿贝·德·圣皮埃尔的思想出现在路易十四的法国战争之后；见证了普鲁士在七年战争中的可怕伤亡后，康德在拿破仑战争初期就开始写作；到 1814 年 10 月拿破仑战败并被流放到厄尔巴岛后、1815 年百日王朝建立前，圣西蒙伯爵提出了建立泛欧议会的计划。起初的计划中议会将有来自英国和后拿破仑法国的成员，这样的安排是一个理想化的法国—英国主导欧洲的愿景，它寻求将战争的创伤作为催化剂达成一段新的英、法友好关系，这也反映了圣西蒙对拿破仑革命理想的反感。

事实上，圣西蒙强调了这两个极其古老的民族国家一致的"自由主义原则"，呼吁他们停止自《威斯特发里亚和约》时期开始给欧洲带来创伤的无休止的战争。圣西蒙是早期的社会主义者，也是参加过美国革命的法国老兵。他认为，英国是借由圣公会的特殊神宠论以及党派贸易才得以从欧洲抽身的。在狩猎本能的驱使下，英国外交政策的驱动力进化为"全面统治"的野心。17世纪的英国没能利用自己血腥革命历史的教训，帮助法国避免有同样破坏性的1789年大革命，以及随后的革命战争带来的伤害。此外，英、法两国可以从自己的经验中吸取教训，帮助德国实现"重组"，从而让德意志诸国可以"在一个自由的政府的领导下重新统一"。假以时日，当德国实现了政治成熟，超越了普鲁士这样发展有限的国家，它也许能够派代表在欧洲议会中加入英、法阵营。

很多历史学家质疑这些欧洲作家对欧洲一体化进程产生的影响，毕竟很难证明这些知识分子直接影响了真实历史事件和决策者。如果文字作者本身是政治家、军事领袖或是最高决策者，例如拿破仑一世，那事情就非常明晰了。但以圣西蒙为例，他写下了关于欧洲议会的细节，但在将近150年的时间里都没有类似的设计实现。此外，在1814年，他还在英、法两国结束"第二次百年战争"后，倡议以英、法政教协议为基础建立一个统一的欧洲。但是，法国和德国在20世纪40年代末也想要完成类似的挑战。而且，即使后来又发生了七年战争、美国独立战争以及拿破仑战争，1716—1731年的英法同盟也没有被完全遗忘。

从18世纪80年代开始，塔列朗（1754—1838）开始支持英法联盟。他认为英国的商业精神启发了法国工业革命。他在法国是一个存在感十足的行政长官，纵跨了路易十六时期到路易·菲利普一世的奥尔良王朝，并在1815年当上了法国总理大臣。和伏尔泰（以及之后的圣西蒙）一样，他希望英国能够让法国恢复到革命前夕的旧体制。塔列朗支持 1786 年的自由贸易协议，拿破仑在 1800—1805 年写给乔治三世的求和信也被认为是出自他之手。后来，他也和圣西蒙一样，认为拿破仑的战败可以促进法国与战胜国英国在工业和政治上建立伙伴关系。事实上，他的确于 1815 年 1 月在维也纳签署了有利于法国的和平协议，还与英国和奥地利达成了秘密防御条约。

塔列朗的传记作者甚至夸赞他"通过新的外交革命建立了英、法的友好关系"。但是，由于随后拿破仑的百日王朝复辟，最终的《维也纳协议》对法国来说就不那么友好了，法国的边界退回 1790 年的水平，普鲁士也被提升为缓冲国；塔列朗与卡斯尔雷和梅特涅早前达成的协议，将"保守的"普鲁士和沙俄视为天生的敌人。因为维也纳的最终协议不如人意，塔列朗在法国失去了信任，并被立即免去了外交部部长的职务。此后他依然积极推动英法睦邻友好，后来又担任了法国驻英大使（1830—1834），并在此期间鼓励路易·菲利普一世亲英。

圣西蒙和塔列朗努力想要在英法友好的基础上建立一个新欧洲，过程十分艰难，但是，英国人在维也纳会议上努力地保护了法国。后来，丘吉尔在 1945 年的雅尔塔会议上，也是以类似的方式保护了战败的法国。1815年，卡斯尔雷和威灵顿子爵希望一个强大独立的法国能作为堡垒抵抗保守的君主国奥地利、普鲁士和沙俄。波旁王朝国王路易十八（在塔列朗推动下）的复辟，巩固了法国的这一角色。法国当时被视为类似英国的自由君主立宪政体。重要的是，路易十八接受了《拿破仑法典》，保证了新闻自由，保护了宗教宽容。他同意建立众议院并给予其征税权，不过仅限于全国最富有的 5 万人享有选举权。

但是，欧洲的自由主义体制依然处于初级阶段，甚至连英国在 1815 年都没有实现君主立宪制启蒙。由于拿破仑战争期间人们对于安全的恐慌，英国撤回了诸如人身保护权等基本权利。正如我们所见，"自由的"英国——

法国与"保守的"沙俄—普鲁士—奥地利之间的简单区别被夸大了。尽管如此，英、法两个自由大国之间的共同点，还是比三个保守派东欧国家的共同点要多，后者已经吞并了波兰。因此，这让人难以置信的英、法和解是能够建立长久和平的。但是，像《威斯特发里亚和约》和《乌得勒支和约》一样，想要实现康德的"永久和平"还有很长的路要走。这反而是平衡五大国力量的务实安排。它承认了当时仅仅为了"美丽的荣耀"而发动战争带来大规模的冲突和代价是不切实际的。事实上，一直到1914年之前，除了1853—1856年的克里米亚战争和东方问题引发的战火，各大国都在避免严重的对抗。这是某种意义上的统一，尽管是务实的统一而非意识形态上的统一。

在超过20年的反法舆论宣传后，英国将恐法情绪放到了一边。事实上，在20世纪20年代早期英国就做出了类似的选择，当时"绞死沙皇"的呼声已经平息，英国反对法国对德国进行过度的军事报复。1815年后，英国十分重视与法国对东方专制主义的共同敌意。这并非是英国和法国长久维系友谊的秘诀，不过是又一个因"敌人的敌人就是朋友"而建立起来的欧洲联盟。与此同时，英国宽恕之前战争的参与者也与其贸易意愿有关，毕竟1815年的法国和1918年的德国为英国出口商品提供了广阔的市场。

拿破仑阴影下的法、英、普鲁士 – 德意志民族主义

英国维多利亚时代（1837—1901）早期和中期开始了反对军事干预的文化。对政治家和商人而言，自由放任经济和帝国制提供了他们梦寐以求的财富和影响力。英国可以将自己置身于欧洲大事之外，因为它坚信还没有国家有能力破坏维也纳体系。因此，在1830年和1848年欧洲的激进起义中，英国保持了中立。随后，在意大利和德国的统一进程中，英国也缺

席了。甚至连克里米亚战争（1853—1856）和印度兵变（1857）带来的军事恐慌，都没能刺激英国安排像沙俄或普鲁士这样的卫成国家的军事开支。英国的精英们反而寻求通过科布登式自由贸易维系和平与稳定。

但是，情况对于英国的弱势群体来说就是另一番光景了。大多数人口在低收入的循环农业工作，或是挤在工业革命催生的工业污染小镇里。战后的经济萧条中，正是这群人在 1819 年的曼彻斯特的彼得卢惨案中奋起反抗。值得注意的是，弗里德里希·恩格斯在思考 19 世纪 40 年代曼彻斯特穷人的生活时观察了这些工人，引入了普鲁士贵族阶级的视角。英国工人阶级并不反对叛乱和抗议，这一点在 19 世纪 40 年代的宪章运动中尤为突出，但他们避免参加欧洲最激进的政治运动，如 1848 年的革命。的确，兵役制和移民带来的"安全阀"在 1848 年大英帝国抑制激进主义的过程中起了作用。英国的演变意味着宪法政治在英国比在法国和普鲁士 – 德国更加根深蒂固。这使得英国在 1945 年后加速的欧洲一体化面前更加胆怯。

对于法国和普鲁士 – 德国来说，1815 年之后的情况是不确定的，即使是精英阶层也是如此。法国发现，由于人口保持稳定但经济增长出现问题，自己在工业上已经落后于英国。复辟的波旁王朝路易十八面临着艰难挑战：法国边界回到了 1790 年的水平，拿破仑战争后期饱受羞辱，150 万名士兵的损失史无前例。此外，法国还背负着巨额战争赔款，面对着英国、普鲁士、奥地利和沙俄的四国联盟，而这个联盟的存在只是为了压制法国。简而言之，因为英国以自己的名义做出的一系列干涉，法国在 1815 年后就被视为一个恶棍国家了。事实上，法国在 19 世纪的大部分时间内都在努力与其他大国交朋友。到了 19 世纪 30 年代，在亲英派路易·菲利普的领导下，法国找到了和自由的英格兰的共同点：都是保守势力的对立面。但是，也正因此，法国于 1830 年爆发了七月革命，波旁王朝最终覆灭。

拿破仑引起了普鲁士对法国的本能厌恶，无论法国的体制是帝国、共和国还是王国，毕竟拿破仑战争羞辱了普鲁士。1806年的耶拿灾难代表着普鲁士国运的最低谷，腓特烈大帝在18世纪的辉煌成了遥远的记忆。同年，神圣罗马帝国的解体使奥地利失去了活力，衰弱的德意志诸国的边界都是由外国势力规划的。后来的费希特、赫德、黑格尔和施莱尔马赫的德国民族主义，就诞生于拿破仑战争带来的仇法情绪。德国民族主义在1848年革命前创造了惊人的文化和政治力量，后来因为法兰克福议会的失败受到了阻碍。

这种日益高涨的德国民族主义，与奥地利的联邦德国愿景是相悖的。梅特涅的新德语国家联邦的设计，促成了德意志联邦（1815—1866）的产生。这是一个比之前的神圣罗马帝国还要腐朽的制度安排。在梅特涅的指导下，各国同意安排一个缓冲国来对抗法国或沙俄入侵中欧。但是，德国并没有实现完全的统一，否则欧洲和平就可能受到威胁。与此同时，普鲁士、奥地利和其他较小的德意志国家达成了共同防御协议。这将维系德意志诸国的内部和平，让德国以外的其他势力接受奥地利而不是普鲁士的保护。

与此同时，法国波旁王朝的路易十八及其继承人查理十世（1824—1830年在位）接连复辟，这激发了精英阶级对革命的憎恶。一开始，在路易十八的统治下，被流放的极端保皇党贵族壮大了力量，他们对1789年后夺走了自己封建领土的人施以"白色恐怖"。路易十八与愤愤不平的极端保皇党贵族们保持了距离，但他的兄弟查理十世更保守，甚至更加专制。接着，法国重现了大革命前18世纪80年代的情景，在19世纪20年代晚期再次遇到了农业歉收。经济上的困难为波旁家族中的奥尔良"自由派"在1830年掌权铺平了道路。随后，奥尔良一支的路易·菲利普的统治，被称为"资产阶级君主政体"。银行家、律师和专业人士的繁荣发展，是以牺牲忠于波旁王室的贵族利益为代价的。此外，天主教失去了法国官方宗教的地位，世俗自由主义转而兴起。这是法国人生活中的一种反复出现的紧张对立关系，后文中我们还将讨论到。

然而，即使自由主义和商业占据了主导地位，许多法国人对1814—1815 年的波旁王朝复辟仍怀有怨恨。毕竟，拿破仑的大军已经在欧洲各大国的围剿下被征服了，外国列强利用法国的反动派势力反对拿破仑的革命理念。法国又一次保留了一些 1789 年的共和革命精神，鼓励做出改变的开放思想，而这正是英国欠缺的。事实上，法国对滑铁卢失利以及拿破仑衰败的认识，很像是普鲁士军国主义者在 1918 年 11 月停战后鼓吹的"暗箭伤人"理论。对比之下，法国和普鲁士在 1945 年都迎来了大失所望的结局，失败已成定局。1945 年，法国和德国在军事崩溃中步履蹒跚，但它们没有为不公的结果相互指责。因此，两国可以共同努力重新树立威望和合法性。

资产阶级革命，但通过工业实现统一还为时过早

在 1830 年，法国的重点合作伙伴是英国，而不是德意志诸国。由于法国国王亲英，英、法两国有望通过共同的自由文化实现实质上的友好关系。值得注意的是，塔列朗作为驻英大使对此是支持的。不幸的是，路易·菲利普对英式商业的热情让反自由主义的观点在欧洲其他地方发酵。例如，欧洲最活跃的保守派——奥地利的梅特涅，就将法国的自由主义与1789 年的革命热情联系在了一起。

英、法的自由主义无法在 19 世纪 30 年代统一欧洲。鼓励商业和贸易的工业革命，在法国才刚刚开始。农业国家沙俄、普鲁士和奥地利，基本上还没有进入工业革命。同时，英、法在欧洲封建制度和王朝制度现代化问题上达成的共识，受到了旧猜疑的阻碍。例如，1830—1841 年大多数时间都担任英国外交大臣的帕麦斯顿勋爵，并不信任反复无常的塔列朗。帕麦斯顿勋爵侮辱性地提议法国与英国一起加入枯燥无味的"四国联盟"，

削弱西班牙和葡萄牙的力量。这对于威慑欧洲三大保守国的"神圣联盟"而言起不到缓冲作用。事实上，西欧将缓慢地通过经济和贸易实现一体化。可以说，只有当20世纪50年代法国和德国共享了煤炭和钢铁资源，欧洲一体化才得以蓬勃发展，而那时英国早期的工业领先地位早已被超越。

早前法国1830年资产阶级革命在其他地方引起了反响，尤其是在比利时，一场新生的独立运动颠覆了荷兰皇家军队。1831年利奥波德一世加冕为比利时国王，欧洲列强为了在欧洲中心地区维持集体安宁，努力确保奥地利的独立国家地位。利奥波德可以被称为一个泛欧领导人，是"协调机制"的化身。后来在1914年，英国表示会保证比利时的"泛欧"角色，这导致了欧洲的瓦解，规模之大难以想象。在其他地方，路易·菲利普的资产阶级民族主义渗透到意大利各地。1831年，来自热那亚的朱塞佩·马志尼发起了"青年意大利"运动。他在给运动成员的指示中指出，意大利需要支持去反抗大国的欺凌，后者"通过对其他正义力量的征服、贪婪和嫉妒丑化了"民族主义。

然而，对"自由"的欧洲来说，马志尼的意大利自由主义和民族主义形象太过激进。正如我们所看到的，英国和法国的自由主义发展是落后的，有关特许经营权改革、工会权利、教育和社会福利的斗争还未开始。同时，拿破仑的军国主义阴影还笼罩着法国和欧洲。

1840年还发生了一件有象征意义的事：迫于拿破仑侄子路易－拿破仑·波拿巴的支持者的压力，路易·菲利普从圣赫勒拿带回了拿破仑的骨灰；随后，巴黎荣军院举行了一场爱国仪式，安置了骨灰。但是，拿破仑的陵墓直到1861年——路易－拿破仑·波拿巴已经宣布自己是拿破仑三世——才完工。公众在1840年纪念仪式上对拿破仑的敬爱，说明了人们对帝王的崇拜。与此同时，法国公民表达了对七月王朝的不满，因为它放弃了革命理想。

1848 年，欧洲的"转向失败"

尽管发生了革命和军事复仇，维也纳会议还是商讨了和平。欧洲内部的压力从五个大国焦头烂额地应对自由改革的呼声中可见一斑。雄心勃勃的资产阶级活动家，与焦虑的贵族相互斗争。工业革命的扩张迫使社会和经济发生了变化，进而助长了政治激进主义。例如，在英国，辉格党政府通过《1832 年改革法案》推动了资产阶级选举的有限改革。与此同时，在法国，"资产阶级君主政体"试图赋予中产阶级权力，并废除波旁王朝的旧制度。最后，德意志邦联在普鲁士的领导下，通过其著名的关税同盟建立了早期的"经济民族主义"。

随着欧洲旧制度逐渐式微，人们开始关心 19 世纪国家的基础。受到托马斯·马尔萨斯的启发，如何养活欧洲不断增长的人口成了一个突出的问题。马尔萨斯认为，人口增长速度将超过算术级增长的食物供给量，因为人口是几何级增长，这将导致饥饿和疾病，抑制人口增长。轮作、化肥、新的农业技术、机械和农业分工可能会减轻最悲观的预测者的担忧，但欧洲农业的进步远未能在整个大陆普及。尤为严重的是，19 世纪 40 年代中期，整个欧洲的粮食歉收和马铃薯枯萎病引起了很多地区民众的不满，不仅仅局限于奥尔良王朝的法国。

事实上，1840—1848 年，由于持续的歉收和外交上的倒退，法国产生了与 18 世纪 80 年代中期类似的不满情绪。此外，法国在 1840 年还受到了羞辱，当时国王路易·菲利浦支持穆罕默德·阿里反抗奥斯曼帝国在埃及的封建领主。英国支持奥斯曼帝国的中央政府"高门"（1923 年前奥斯曼帝国政府的正式名称），坚信即使是衰落的奥斯曼帝国也能维持动荡地区的稳定。此后，正如我们所见，埃及一直是英、法紧张关系的焦点。

此外，在 1840 年，一项旨在控制博斯普鲁斯海峡的四国协议将法国排除在外。更糟糕的是，法国人对 1815 年维也纳划定的莱茵河边界仍怀恨在心。法国在欧洲似乎被包围了，在帝国中也被边缘化了。和以往一样，法国人的焦虑刺激了普鲁士对法国的恐惧与厌恶。

随着欧洲临近 1848 年革命，三大国之间的关系变得十分紧张。工业革命未能实现政治或经济上的一体化。同样地，城市化和竞争性外贸所带来的社会和经济动荡，破坏了三大国之间的稳定。在这一背景下，35 年前还在企图主宰欧洲的法国，严重影响了欧洲的集体安全感。

1846 年，法国又一次经历了粮食歉收，巴黎爆发了共和党示威游行。到了 1848 年初，路易·菲利普被迫退位，让位给他的孙子。随后，法国各地爆发示威游行，共和党自由派人士和社会主义活动人士，纷纷要求建立新的共和国。工人协会和政治俱乐部的确在 1848 年法国革命中发挥了主导作用。随后发生了六月起义，留在巴黎的军事指挥们残酷地镇压起义。在普鲁士旁观的卡尔·马克思认为，法国会在席卷欧洲的 1848 年大革命中起带头作用，他相信巴黎的六月起义预示着无产阶级革命的到来。但事实令马克思失望，法国国民议会放弃了一个根本的方案，而是要求举行新的总统选举。1848 年 12 月，随着路易 - 拿破仑·波拿巴（1852 年称"拿破仑三世"）当选总统，法国放弃了进步变革。他建立了各方认可的第二共和国。也许只有这个选择了"亲王总统"头衔的拿破仑主义者，才能吸引到如此广泛的法国共和党人和爱国者。

马克思对 1848 年欧洲统一革命的乐观情绪没有持续太久。起初，政治激进主义在欧洲邻近国家之间蔓延，形成多米诺骨牌效应，预示着社会和政治的一体化。这种革命浪潮比 1789 年后极端事件促使欧洲君主国与革命国际化作斗争的情形还要明显。然而，1848 年的乐观主义很快就消失了，因为革命者夺取政权失败。事实上，正是欧洲各地的保守主义势力让欧洲有了统一的目标。正如布伦丹·西姆斯所言，"与自由主义者、社会主义者和共产党人所宣称的相反，反革命才是国际性的，而革命仍然是国家性的，甚至是地区性的"。

早前在艾伦·约翰·珀西瓦尔·泰勒的描述中，德国革命的失败是通过自由主义实现统一力量的"转向失败"。相比之下，其他历史学家认为，四分五裂的保守德意志国家在1848年被断然否定。无论如何，欧洲再次出现了"转向失败"的情况。直到19世纪中叶，城市居民和农村人口之间的核心分歧，自由主义思想和激进思想的碰撞，以及老生常谈的改革分歧，仍然无法弥合。德意志各国，尤其是马克思所在的普鲁士，见证了自由主义者、激进分子和民族主义者的革命热情。但是，这些群体的雄心壮志往往相互矛盾。欧洲正在经历社会主义、激进主义和民族主义的觉醒，其中甚至还有无政府主义的早期实验。工业革命孕育了各种未经试验的政治解决方案去应付社会的飞速变革。但是，出现如此多的选择时，政治一体化却不可能实现。这与20世纪50年代的情况形成了鲜明对比，当时欧洲的集体运动迅速取得了进展，尝试了多种激进的政治制度，显然其中不少都失败了。选择越少，政治关联性可能会越紧密。

普鲁士和其他德意志国家的激进分子，要求建立男性普选的共和党政府；同时，自由主义者要求建立一个全体德国人产生的议会，在君主立宪制下实现统一。这些分歧意味着，德国继法国之后也将放弃1848年革命。1848年初，海德堡初步建立了一个议会，宣布举行全德国人参与的选举，产生一个统一的德意志国民制宪议会。这个全德的"法兰克福议会"于1848年5月首次召开。它有自己的国旗和国歌，以此来激发自1806年普鲁士在耶拿被羞辱后孕育出来的民族主义情绪。然而，普鲁士和奥地利都不支持法兰克福议会。事实上，统一的德国是否包括奥地利还存在不确定性：鉴于没有一支效忠自己的军队，议会也难以将自己的意愿强加给"第三德国"。同样，它还有双重标准的诟病，与会代表们谴责波兰的民族主义起义，但这些起义是效仿法国、德国和奥地利－意大利的。由于问题越来越多，法兰克福议会在1849年年中垮台，使得反革命力量掌握了整个中欧地区。同年，马克思搬去了伦敦，在大英博物馆安静的阅览室里继续为全欧洲的革命而努力。

卡尔·马克思和弗里德里希·恩格斯1848年的《共产党宣言》在当时基本上被忽视了，他们的结论在某些读者看来似乎为时过早：

> 让统治阶级在共产主义革命面前发抖吧。无产者在这个革命中失去的只是锁链。他们获得的将是整个世界。

相反，法国、德国和奥地利却在努力筹建军队镇压国内抵抗并发动大国斗争。正如我们所发现的，1848年的革命实际上加强了欧洲的保守派政治势力。事实上，1848年获利最大的国家是专制独裁的沙俄。

一般来说，1848年的革命未能团结马克思所说的欧洲无产阶级。在欧洲的许多地区，工业革命一直难以爆发。工人阶级和工会在许多地区都处于萌芽状态。与此同时，18世纪以来出现在欧洲的"自由主义"，仍然难以成为统一的信条。法国、英国和普鲁士则是另一番光景，他们的特许经营权安排、宪法架构和革命的记忆是截然不同的。

一致对抗沙皇：英国、法国和普鲁士在克里米亚

沙俄给欧洲大国同时带来了威胁和机遇。法国人将沙俄视为贷款客户，所贷款项用于购买法国产品，可以为法国早期工业化融资。英国人则对沙俄争夺欧洲霸权持审慎态度。沙俄在1848年支持奥地利的独裁者残酷镇压匈牙利起义，进一步提高了英国的警惕。

从沙俄的角度来看，衰败的奥斯曼帝国带来了难题，尤其是当沙皇尼古拉斯一世要求承担起保护土耳其东正教基督徒的责任时，土耳其苏丹拒绝了；同时，路易-拿破仑声称有权保护圣地的拉丁族人。法国和沙俄处于直接竞争中。1853年7月，尼古拉斯一世亲自把控局面，入侵了黑海以

西的两个奥斯曼帝国成员国——摩尔多瓦和瓦拉几亚。这威胁到了德国和中欧，以及沙俄的主要敌对目标土耳其。

此时，共同面对沙俄威胁的欧洲团结一致，要么参加克里米亚战争，要么至少也宣布中立。维也纳和平协议精神在 40 年后仍然存在，尽管维也纳协议的目的是遏制法国，但它也能制衡包括沙俄在内的任何大国的越轨行为。更重要的是，1815 年后，由于在中亚地区的竞争以及印度周边的不安局势，英国与沙俄的紧张关系进一步恶化。与此同时，法国和普鲁士在自由主义革命失败后更容易受到外国势力的影响。事实上，在 1852 年通过全民公决建立了法兰西第二共和国后，路易－拿破仑试图与英国建立贸易关系，法国比沙俄对此更感兴趣。与此同时，普鲁士对昔日的保守派盟友沙俄非常冷漠。

事实上，英国、法国和普鲁士三个欧洲大国，都在竭尽所能地让沙俄这个欧洲人口最多的国家远离德国和邻近国家。甚至，连保守的奥地利也反对沙俄在 1853 年入侵多瑙河周边国家。因此，奥地利宣布在克里米亚战争中保持中立。对于在 1853—1856 年克里米亚战争中没有盟友的沙俄来说，在塞瓦斯托波尔战役惨遭围攻后最终战败不足为奇。英国、法国和普鲁士终于在欧洲战场上并肩作战，尽管普鲁士只是象征性地派出了一支部队，而且在战争的大部分时间里保持中立。但是，有启发意义的是，居然是沙俄让欧洲联合起来采取集体行动。20 世纪 40 年代末，苏联威胁西欧的情况，与之惊人地相似。

1854 年，英国、法国和普鲁士三个大国缘于机会主义采取了联合行动，联盟关系紧张。特别是，虽然英国在战争前运用了外交手段，但是法国在战场上有更多的士兵和更好的装备，而且从 1830 年被兼并的阿尔及利亚带回了经验。与此同时，英国在战争初期凭借其经济优势得以支撑远超他国的开支。英国使用的是典型的金融实力，而不是军事人力。

在拿破仑战争中起决定性作用的皇家海军，这次没有建树。事实上，欧洲列强仍然认为英国陆地力量虚弱，无法利用自己的工业实力。著名的皮埃尔·博斯凯将军是法国吞并阿尔及利亚的老兵，他强调了克里米亚战争中英国的这些缺点。在巴拉克拉瓦战役中目睹了英勇的"轻骑兵冲锋"后，博斯凯将军调侃说，虽然英国骑兵"气势恢宏"，但他们追求的却不是"战争"而是"疯狂"。这与英国军队是业余的、依赖法国专业精神的观点一致。即使在克里米亚战争之后，英国军队的预算也是节俭的：与所有政府一样，科布登和布莱特的小政府实施的自由放任政策，仍然限制着英国的军事开支。

英国首相威廉·格莱斯顿和他的"平衡预算"，代表了一个更加节俭的政府。与此同时，在普鲁士，俾斯麦和人们对普鲁士巨额的军队预算的热烈讨论，唤醒了腓特烈大帝及其卫戍型国家的遗产。英国未能跟上步伐，直到19世纪90年代，皇家海军的重炮战舰才让政治家们将注意力集中到了军事采购上。早前在德国的统一战争中，俾斯麦仍然对英国在欧洲的军事影响力持怀疑态度。正如我们所见，法国和德国将英国视为一个帝国力量，在世界上其他遥远的地方与之进行非接触斗争。1914年，正是这种看法的存在，造成了巨大损失。当时，德国军阀正在考虑执行入侵法国和比利时的施里芬计划①，对法国和沙俄感到不安，但在英国军队面前十分乐观，后者几年前曾远征南非，在资源不足的情况下勉强击败了当地的布尔农场主。简而言之，多年"半脱离"欧洲的英国，对德国没有威慑力。

---

① 施里芬计划：根据德意志帝国陆军元帅阿尔弗莱德·格拉夫·冯·施里芬的策划，为了应付来自德国东西两面的两个敌国——俄国与法国的夹攻，德国希望利用这两国总动员速度上的差异，在战争爆发时先以精兵在西线强攻法国，再全力投入东边对俄的战争。施里芬计划可以看成是日后的闪电战的雏形。——译者注

第二章

从俾斯麦到英国脱欧：
战争、政治和外交（1864－2018）

1853—1856 年克里米亚战争之后，英国恢复到"半脱离"欧洲的状态。与此同时，克里米亚战争的失败让沙俄这个"保守"帝国感受到了威胁。物伤其类，意大利和德国的民族主义得以自由地发展，法国则尽其可能地进行干预。欧洲民族主义的杰出代表是容克贵族奥托·冯·俾斯麦，他先后在 1864 年（同丹麦）、1866 年（同奥地利）和 1870—1871 年（同法国）巧妙地进行了他的统一战争。值得注意的是，他避免了后来发生在 1914 年的泛欧战争。俾斯麦机智地将逐渐衰弱的沙俄与中欧隔开。在维也纳支持"克里米亚联盟"对抗沙俄之后，沙俄脱离了奥地利，这使俾斯麦要做的事情变得更加容易。与此同时，有两副面孔的俾斯麦宣称支持沙俄镇压波兰的 1863 年叛乱。简而言之，沙俄被孤立了，无法掌握俾斯麦的真实意图。

展示了这种令人印象深刻的外交和军事智慧后，俾斯麦将德意志诸国统一为"小德意志"，奥地利被排除在外。在这一过程中，他放弃了神圣罗马帝国的残余部分，其复杂的邦联体系是欧洲 1000 多年来的一个重要特征。最后，欧洲有了三个完全成型的国家，欧洲的互通互联，甚至是深度的一体化，都可能会围绕着它们展开。但是，一个诞生于"铁与血"的统一的德国，将首先促使欧洲瓦解。

1871 年，英国出人意料地减弱了对西欧第一人口大国——德国崛起的担忧。然而，即使对不情愿的欧洲人来说，新兴民族国家德国的建立也肯定会改变英国在欧洲均势中的角色。事实上，英国已经恢复了对法国的忧虑，更加关注这个传统敌人。拿破仑三世的侵略性外交政策助推了这种局面。更确切地说，法国皇帝希望从 1866 年奥地利的战败和次年法国对卢森堡的王朝统治中获益。同样具有对抗性的是，法国于 1869 年在英国的眼皮底下获得了比利时的铁路特许经营权。英国的直接对外投资受到了挑战，而这恰恰是英国希望主导的领域。令人担忧的是，比利时领土包括了英吉利海峡，这加剧了英国对海上侵略的担忧。正如我们看到的那样，铁路特许经营权是欧洲各大帝国长期关注的问题。

趁英国和沙俄熟睡之际，法国在与意大利的冲突中采取了果断行动，这场冲突后来统一了意大利。1859 年，拿破仑三世与卡沃的撒丁王国共同对抗宿敌奥地利，并且因为自己的鼎力支持得到了尼斯和萨伏依作为奖励。此后，法国再也没有如此成功地影响过德国了。在 1864 年的丹麦战争中，打败丹麦的奥地利 - 普鲁士联军将冲突区域化，把法国排除在外。同样，法国在 1866 年因为墨西哥殖民事务分散了注意力，他们支持当地的革命，这让美国非常恼怒。最后，俾斯麦在 1871 年成功地孤立了拿破仑三世，在决定性的色当战役中击败了拿破仑三世的军队；10.4 万名法国人成了俘虏，皇帝本人也是其中之一。

德国和意大利各自的统一，虽然可能主要被视为民族主义事件，但对大国产生了重大的影响。毕竟，这两个欧洲国家的各自统一是某种程度上的一体化，让欧洲地图更加简洁。卡沃的撒丁王国在 1860 年和 1866 年经过一系列公民投票后逐渐扩张，最终在 1870 年吞并了罗马。与德国不同，这是一个新的单一国家，地区缺少下放的权力。但是，意大利的南北地区分歧影响了它的统一，这种分歧甚至在今天仍然存在。相比之下，在德国，1806 年拿破仑废除德意志帝国后各国变得团结，之后俾斯麦确立了中央集权的联邦制。至关重要的一点是，普鲁士严格有效地控制了"第三德国"，而奥地利的帝国联邦是松散的。

俾斯麦的统一方式影响了欧洲，尤其是整个欧洲都模仿普鲁士创建三年服役期的专业军队。同样，德国的男性普选和创新的社会福利政策，也是其他欧洲国家的典范。统一的德国再次展示了简单地区分"自由"和"保守"的欧洲带来的短处：德国表现出了两种倾向。后来在 1945 年后实现一体化的，也正是这个微妙的欧洲。那时，在法国和德国的基督教民主主义与社会主义，甚至是法国共产主义的融合中，欧洲将专制和自由放任的本能结合在了一起。

俾斯麦的外交艺术以及泛滥的联盟

1871 年的俾斯麦还没有实现德国统一的渴望，更不用说欧洲的统一了。他的社会政策和教育政策是先发制人的，目的是牵制社会民主党和激进分子。他无意为其他国家打造欧洲新国家的蓝图。事实上，无论是德国还是意大利的统一，都不能被认为是出于对欧洲和平与统一的渴望。甚至在某种程度上，反而是 1939—1945 年的大灾难触发了欧洲一体化的条件，这场灾难源于希特勒和墨索里尼在他们各自统一的国家肆无忌惮地奉行民族主义。

俾斯麦的普鲁士进化成统一的德国，是出于偶然，而非有意为之。这片帝国主义国家的大陆上产生了一个大国，它将为了统治地位而努力拼搏，旧的帝国则逐渐衰弱。俾斯麦以灵活的外交手段掩饰了这些挑战，但为此他必须口是心非、缔结虚假联盟，这些都削弱了德国。值得注意的是，到 19 世纪 70 年代中期，他推动英国夺取了埃及的控制权，取代了法、英的双重统治。与此同时，沙俄也有效控制了老对手奥斯曼帝国。到了19世纪80年代，俾斯麦开始鼓吹法国乔治·布朗热的军事冒险主义，后者在1871年后渴望重新唤醒法国的威望。在这个过程中，俾斯麦鼓吹布朗热破坏了任何法、俄联盟的可能。同样引起纷争的是，他不断宣扬法国可能入侵英国海岸，"战争在即"的恐慌激怒了英国。但是，这一招太过复杂和自作聪明了。这样的举动并不能加强英、法、德三大国之间的合作。

事实证明，俾斯麦的聪明没有持续下去。1889年，当德国皇帝威廉二世访问君士坦丁堡（伊斯坦布尔）时，俾斯麦宣称支持沙俄的这个对手控制进入黑海的通道，德、俄两国的协定关系破裂。这次外交逆转的次年，俾斯麦辞职。为了扭转德国的两面派形象，俾斯麦的继任者、德意志帝国宰相利奥·冯·卡普里维，最终放弃了关键的沙俄再保险条约。至此，德国被奥匈帝国之外的所有国家孤立了，而奥匈帝国是注定要灭亡的哈布斯堡君主制的最后化身。这意味着奥地利向统一的德国屈服了。这是德语国家的融合，而并非一次融合全欧洲的创举。当然，到1914年，欧洲德语国家的排他性合作，暴露出明显的缺点。奥地利将把自己的主要德语伙伴——德国，拖入塞尔维亚和沙俄的争端中，这场争端随后很快升级为全欧洲的战争。

俾斯麦是19世纪后半叶欧洲均势重构的中心人物。20世纪欧洲发生的一切，包括一体化进程的加速，都源于普鲁士贵族阶级的干预。甚至在有些人看来，专制主义和军国主义路线直接穿越了腓特烈大帝时期，通过俾斯麦抵达了希特勒。俾斯麦跨越了19世纪的大部分时间。巧合的是，维也纳议会就是在俾斯麦出生那年举行的。但在接下来的75年里，欧洲的均势已经变得面目全非，尤其是因为俾斯麦频频挑战一些大国的制度。然而，他在巩固德国统一的过程中似乎惊慌失措了，这一点让人意外。一个统一的德国在凡尔赛宫镜厅宣告成立后，俾斯麦似乎释放了一个经济和军事上的巨人，甚至是一个弗兰肯斯坦式的怪物。这一变化是深刻的，在整个欧洲都引起了反响。在东部，沙俄、奥地利和奥斯曼帝国的关系开始动荡。与此同时，德国的第二次工业革命也表明了英国和法国的经济相对衰退。此外，俾斯麦在普法战争中羞辱了法国，让它损失了阿尔萨斯－洛林并赔付了巨额的赔偿金。简而言之，德国与英国和法国的关系发生了变化，但并非好转。德国变成了一个格格不入的新恶棍国家，而此时法国则终于摆脱了拿破仑主义的阴影。

事实上，虽然法国仍然被英国视为主要威胁，但这种看法到了1870年开始改变。这为自克里米亚联盟以来，甚至可以说是自1715年以来的第一个英法协约奠定了基础。此外，英国、法国、德国三个大国中的两个大国结成联盟，留下一个局外人，这种模式直到20世纪都将反复出现。当然，俾斯麦并没有鼓励德国、法国和英国同时建立友谊。但是，五个雄心勃勃的、曾在维也纳会议上分裂欧洲的大国之间的外交是复杂的。工业化和帝国制度刺激了列强之间的竞争，使得人们怀疑西方外交进入一个更道义的层面是否会有变化。事实上，俾斯麦式的外交在其去世后仍被用来推动欧洲一体化的进程。最明显的是，没有比其更高的欧洲理想推动戴高乐在20世纪中叶一心一意地追求民族主义了；但是，在强大的一体化势头下，他加快了自己的进程。后来，赫尔穆特·科尔再次统一了德国，同意德国参与欧洲货币联盟，也为欧洲一体化提供了动力。

1890年，当俾斯麦下台时，德国支撑欧洲和平或统一的能力受到了削弱，尤其是由于铁血宰相留下的敌对情绪。俾斯麦统一的德国，努力通过沙俄与东方建立伙伴关系，或者通过"自由"派势力与西方建立伙伴关系。德国仍然在东顾西盼，但缺乏在任何一个集团发挥力量的外交平台。德国的工业成功和出口需求，让它必须与西方更加团结。但与此同时，毗连的边界和保守的本能，意味着它在东欧危机重重。德国很少有德语世界以外的朋友，于是它建设"大德国"来寻求安全感，主要对象是哈布斯堡王朝领土上的腐朽残余，以及不靠谱的盟友——新统一的意大利，它以前主要是哈布斯堡王朝的卫星国。在两次世界大战之后，德国会发现，即使是一个"大德国"，也无法给德国带来和平与繁荣。因此，德国在20世纪40年代末选择了西方，它需要的不仅仅是德语世界和它以前的附属国。柏林与法国实现了团结，代表新盎格鲁－撒克逊力量的美国提供了部分资助，马歇尔计划为法德友好提供了经济润滑剂。美国人在扮演这个角色时，展现出英国人永远无法做到的地理和经济上的超然。美国、德国、法国总是走得很近。然后，德国果断地拒绝了东方（苏联）。英国站在华盛顿的阵营中，但是拒绝发挥领导作用。这是西欧三大国自克里米亚战争以来，甚至可以说是在接近四个世纪里第一次形成统一战线。

1914年以前的军备竞赛和战略联盟

早些时候，随着欧洲相对和平的19世纪临近终结，围绕大国联盟的外交一体化格局逐渐形成。军事开支上涨和科技发展，使随之而来的军备竞赛更加危险。应对更高的风险需要长期规划和结盟。大国寻求相容的盟友是可以理解的，它们需要可靠和互补的军事伙伴。英国有皇家海军控制着海洋，本该也是一个有吸引力的结盟对象。尤其是在新一代的重炮战舰面前，现有的海军舰队变得过时了。英国海军可能无法独自打赢欧洲战争，但它可以通过保护补给路线和封锁敌人粮草为己方军队赢得战争优势。不幸的是，英国不可靠的名声已经传开。后来，斯大林抱怨说不愿与英国结盟；和之前的欧洲人一样，当时他不想"火中取栗"。然而到了19世纪末，英国需要一个陆上强国和自己的海上力量做互补。

与此同时，沙俄仍然是欧洲的"第四大国"。尽管1856年沙俄在克里米亚联盟那里吃了亏，还眼睁睁看着德国统一，但沙俄经济在人口和国内生产总值总量（非人均）上的绝对值，让其他国家不得不尊重它。沙俄拥有庞大的陆军和举足轻重的海军。因此，沙俄在和君士坦丁堡反复发生的冲突中得以占据主导地位。由于沙俄帝国规模庞大，人们很快就遗忘了它在1905年曾败给了日本，仅仅认为那是一次军事失利。相比之下，奥地利和土耳其似乎处于长期的衰退之中。意大利既没有经济实力，也没有外交实力，无法发挥决定性作用。军事力量薄弱的美国，在1917年之前一直置身于欧洲事务之外，尽管此时它已成为主要的制造业大国（哪怕在贸易方面略逊英国）。

英国寻找盟友的欲望愈加强烈，但沙俄仍然是其在欧洲和亚洲的主要敌人。由于沙俄修建了通往阿富汗边境的战略铁路，俄、英两国在中亚的紧张局势进一步加剧。1900年的法俄条约对英国来说是雪上加霜，根据该条约，如果英、俄爆发战争，法国必须将10万名士兵转移到英吉利海峡，帮助沙俄对抗英国。英、俄的对抗似乎最有可能在中国或通往印度的门户阿富汗爆发。与此同时，四国互相取悦对方，在外交活动的狂热中破坏与第三方的友谊。例如，英国乐见法、德对抗以维持欧洲的均势，而法国则劝阻俄、德建立友谊。此外，德国也在阻挠法国控制摩洛哥。我们将看到，摩洛哥局势恶化成了法、德之间危险的帝国冲突。随着军备竞赛的升级，各国的赌注越来越大，欧洲的解体已成定局。

后来发生的事件类似于法国和哈布斯堡王朝的外交革命。法、俄联盟的持续让两国通过殖民地交换达成了友好协议，我们将在第六章以欧洲帝国为背景来考虑这一点。更令人惊讶的是1907年形成的英、俄同盟，这是"敌人（德国）的敌人就是朋友"的又一次务实体现。签署了这一本不太可能达成的条约后，英、俄的相互敌意引发的各种争端都得到了解决，尤其是在波斯（今伊朗）、阿富汗等地。到了1909年，法德战争的阴影笼罩在摩洛哥上空，法、德匆忙签署了一项协议，将德国排除在摩洛哥事务之外，这种情况是多年来第一次出现。协议的性质是一项法、德贸易协定，但在产生实际效益方面作用甚微。事实上，刚不到两年，法、德就因为阿

加迪尔危机 [①] 再次在摩洛哥发生争执。

简而言之，三方协约和三方同盟的形成让欧洲在 1914 年陷入了战争，在以法、德为核心的整个对抗局势中，这种三方关系贯穿始终。毕竟，自 1806 年的耶拿战役以来，"中欧"或多或少地存在这种分裂。普鲁士和法国在这段时期里从未建立过真正意义上的联盟，无论是战时还是和平时期。即便是当沙俄在克里米亚战争中威胁到中欧和黑海的所有西方利益时，普鲁士在盟国一方的参与度也是微乎其微的。此后的德国统一战争，加剧了法、德间的紧张局势。拿破仑三世和俾斯麦都试图智取对方，而哈布斯堡王朝的势力则进一步衰弱。1871 年，在色当遭到羞辱和失去 1100 年前处于查理曼帝国中心地带的重要领土，让法国跌入了谷底。

欧洲的裂缝：查理曼帝国

到了 19 世纪 70 年代，在如何看待查理曼大帝的原始帝国这一老生常谈的问题上，法国和新统一的德国再次产生了观念冲突。这个古老的帝国究竟是法兰西人的还是日耳曼人的？俾斯麦选择以"第二帝国"命名查理曼大帝的继承国，就是这场历史冲突的醒目体现。艾伦·约翰·珀西瓦尔·泰勒 [②] 以其标志性的直率概括了这一欧洲关系中最棘手的问题：

尽管法、德在 1871 年后仍有可能建立友好关系，但它们之间的联盟从来就不是务实的政治组织，除非它们需要相互依赖或经历了巨大屈辱。1940 年法国惨败以及 1945 年德国败北后发生过这样的情况，但即便如此，当时的法、德同盟也形同虚设。

---

① 阿加迪尔危机：又称为"第二次摩洛哥危机"。1911 年 7 月 1 日，德国派出战舰抵达摩洛哥港口阿加迪尔，宣示德国在摩洛哥的利益。7 月 9 日，法、德两国开始谈判，最后达成协议，德国承认法国在摩洛哥的地位，法国则把法属刚果中南部及邻近地区转让给德国。在这场危机中，英国选择了支持法国，强化了英法协约。——译者注

② 泰勒（1906－1990）：20 世纪著名和具争议性的英国历史学家。最著名的代表作是《第二次世界大战的起源》，1961 年出版以来引起广泛争论，至今仍有很大影响。——译者注

20 世纪 40 年代末的文章还可以将 1945 年后的法、德和解形容为"虚假"，但从 2018 年的角度来看，我们应该更加包容。毕竟，修复法、德之间最脆弱的欧洲关系是欧洲的重要成就，它促进了战后的一体化进程。如果没有解决这个问题，想通过政治和经济上的相互联系推动一体化，那么进程将会更加缓慢。但是，仍有可能发生灾难性的逆转。

同时，在这一时期，很难将英、法关系形容为一贯紧密。它们的确有过合作的时期，共同的工业化和经济增长使它们走到了一起。在自由贸易协定、铁路等大型工业项目上的合作，以及在科学技术上的共同兴趣（在 20 世纪中期的大型展览和博览会中达到高潮），都对它们的友好起到了推动作用。同样，对对方文化怀有明显感情的领导人和君主，如塔莱兰德、路易·菲利普、拿破仑三世、克莱门索、罗素、爱德华七世，以及最重要的英国外交大臣爱德华·格雷爵士，使得英、法两国能够不断维系协约，并在 1904 年确定了关系制度化。与此同时，英、法这两个国家都对欧洲的三个保守派国家抱有怀疑，在不同的时代都将自己视为"欧洲病夫"君士坦丁堡的保护者。

事实上，英国在 1904 年加入协约国之前，长期担忧德国的海军野心。英国军队在代价高昂的 1899—1902 年第二次布尔战争中暴露的缺点，进一步加剧了英国的不安。在 19 世纪后期的大部分时间里，英国一直在欧洲寻找一个可靠的陆上强国。对英国来说，1907 年与欧洲最大的两支军队（法军和俄军）结盟是一个合理的举动。令人震撼的是，到了 1914 年，沙俄有 135.2 万名军人，法国有 91 万名军人；对比之下，德国的数量为 89.1 万名，英国只有区区 53.2 万名。军队规模的对比使协约国相信，德国会希望避免双线作战：德国的三方联盟十分脆弱，不独立的奥匈帝国和意大利被认为软弱且不可靠。为了巩固自己的联盟，德皇在东部寻求土耳其人的奥斯曼帝国的支持，以反抗后者的宿敌沙俄。德国认为土耳其人是可拉拢的，因为协约国已经放弃了对后者的传统保护，而且，英国和法国还支持意大利对土耳其宣战和在 1911 年入侵利比亚的土耳其殖民领土。

与此同时，德国担心随着沙俄在日俄战争后重组武装力量，三方协约国的优势会日渐增长。德国的结论是，它要么速战速决，要么就不要开战。简而言之，随着这一联盟体系发挥活力，以及国际军火的储备和战略铁路的闲置，英、法、德到1914年已经无法同时维系友谊。事实上，正如我们所看到的，维也纳会议之后没有任何共同的目标将英、法、德三国团结在一起，法、德关系仍然是欧洲外交的主要障碍。令人吃惊的是，英国甚至与敌人沙俄签署了军事同盟协议，这凸显了英国选择法国而不是德国是多么果断。为了克服德国的孤立，欧洲三大国只得将外部威胁视为对自己的共同威胁。1945年后，苏联和全能的美国激发了这种集体焦虑。但在1914年之前，没有一个国家被视为公敌。

与此同时，在欧洲和平的最后几日，英国的"不可靠盟友"的名声在1914年"七月危机"中起了作用。法国和沙俄希望英国向德国发出明确的警告：英国将与法国、沙俄一起参战震慑德国。然而，在英国，亲法的外交大臣爱德华·格雷争取英国内阁支持对德敌对行动的努力举步维艰。在英国内阁看来，1839年的比利时中立条约似乎承诺了比利时会得到大家的集体支持，尽管不一定是英国的支持。因此，英国向德国发出了一个模棱两可的信息。1914年8月1日，即沙俄进行军事动员的两三天后，德国向沙俄宣战；德国此时可能并不清楚，这一举动实际上意味着大英帝国将全力与它作战。

同样，正如我们所见，英国军队在规模和效率上完全被德国军队压制，只有法国和沙俄军队引起了关注，这促使德国制订了施里芬计划消灭它们。面对英国皇家海军，德国并没有制订可比的作战计划。无论大英帝国在"七月危机"的讨论中对德国施加了怎样的威慑，英国对欧洲表现出的矛盾情绪及其虚弱的陆军力量都削弱了它在欧洲的地位。

1914年8月，英国的半脱离政策成了世界上最糟糕的政策。法国和沙俄在得到了英国皇家海军和英国远征军的支持保证后，信心十足地开始了动员。与此同时，德国执行了施里芬计划，希望迅速击退法国以便将注意力集中在沙俄身上，但德国对英国并没有感到不安。

法、英、德之间的战争与和平

在现代史上，没有比第一次世界大战的起因更容易引起讨论的问题了。2014 年前后，即第一次世界大战爆发 100 周年之际，一系列出版物给欧洲四年"全面战争"中的转折点事件分配了单独或共同的责任，或者干脆免了责。例如，克里斯托弗·克拉克的《梦游者》调整了自 1961 年德国历史学家弗里茨·费舍尔的《德国在一战中的目标》出版以来一直占据主导地位的论点。当时正值柏林墙拔地而起之际，费舍尔的书震惊了德国。尤其是，费舍尔认为，德国制订的"九月计划"对战争难辞其咎，该计划在 1914 年得到了宰相贝特曼·霍尔维格的批准。

这份"九月计划"文件颇具争议，但它认为，德国的战争目标是采取一切必要的方法稳定霍亨索伦王朝和提高德国的世界地位，两个目标组合产生了爆炸性效果。德国制订"九月计划"时，法国在关键的马恩河战役中击退了入侵的德国军队，阻碍了施里芬计划的实施。根据费舍尔的解读，德国的战争目标是蚕食沙俄的西部边境，因此放过了非俄罗斯民族。加上法国在西边的压制，德国再次成为大国的机会便被扼杀了。在这种说法下，1914 年的情况不是因为敌对国家的联盟。事实相反，德国发动战争的意图十分明确，并在接下来四年多的时间里反复付诸行动。德国的反法情绪是开战的关键因素，这再次凸显了法、德关系需要修复。

最近，克里斯托弗·克拉克对第一次世界大战起因的看法让先前的解释再度进入视野，即第一次世界大战是在奥匈帝国和奥斯曼帝国衰落后造成的真空中缓慢酝酿而出现的。按照这种解释，第一次世界大战源于欧洲三大国加上沙俄为适应不断变化的均势所做的努力。一些历史学家认为，"九月计划"只不过是为意外事件添加理由，这场战争的根源还是外交无能。重要的是，这些争论不仅仅局限于晦涩难懂的学术争论。例如，在经济实力雄厚、统一的联邦德国，美国经济学家约翰·克拉克的边际生产力分配理论的相关著作，拥有了一群更高层次的读者。第二次世界大战结束70年后，德国认为是时候走出无情自责的论调了，这一点是可以理解的。

欧洲国家的战争目标：大相径庭的使命宣言

几个大国在1914年的使命宣言，展现了当时欧洲的互联性。事实上，英国和法国的战争目标显然是有局限的、不透明的。法国和英国的事态发展混乱且失控。尽管协约国支持开战，但这些国家早在几年前就消除了对德国的反感情绪，也就不会轻易做出破釜沉舟地参战的决定。

然而，1917—1920年担任法国总理的乔治·克里孟梭认为，法国在战争中的目标就是简单的"去赢"。后来，阿尔萨斯－洛林回归法国、比利时确定独立、帮助英国保护北海港口都成了战时的突出话题。然而，同盟国的存在缺乏明确理由。事实上，直到1916年英国才发表声明，称法国收复阿尔萨斯－洛林也是合法的战争目标。在这些使命说明中，很难看到欧洲对长期和平的渴望。后来，一个更加理想化的欧洲愿景将需要大西洋两岸的新"欧洲"国家参与。

各方对事件的反应，多数都缺乏对法国战争理论的深刻洞察力。德国袭击法国领土，激起了法国国内的愤怒。1915年初，法国成立了一个针对德国战争暴行的官方调查委员会，重点调查"德国佬"面前脆弱的妇女和儿童。学校里如火如荼地进行着舆论宣传，每一次新的同盟运动都得到了广泛的支持。同样，英国也在坚持不懈地宣传要反对德国的不当行为。在公共宣传活动中血淋淋地描述普鲁士士兵用刺刀杀害比利时婴儿，反映了当时"妖魔化"德国人的努力。简而言之，缺乏共同的目标让英、法两国对德国产生的更多的是恐惧，而不是友情。不幸的是，三大国之间的关系在战争期间是一个难以解决的历史遗留问题。尤其是在 1914—1918 年，部分领土被占领的法国，出现了怨恨和复仇的倾向。

由于没有联合议程，协约国努力为欧洲制订一个战后愿景。随着战争的继续，它们如从前一样对欧洲产生了长期设想。于是，后来就有了秘密条约，法国将兼并叙利亚和黎巴嫩，英国将控制美索不达米亚和巴勒斯坦，而沙俄和英国则按传统维持对波斯的瓜分。1918 年，伍德罗·威尔逊在考虑和平问题时试图弄清楚欧洲和中东的地图，这些秘密条约在这时被托洛茨基泄露给了世界。当然，这些协议与威尔逊所坚持的小国应该"自决"的原则背道而驰。简而言之，英、法在边境问题上没有统一的看法，正如战争的原因也没有真正的说法一样。在这个帝国剧场上演的不是欧洲一体化，更多的是欧洲民族主义以及对惩罚"德国佬"的期待。

尽管在暗中建立帝国，而且有着不同的战争目标，但是英、法联盟自 1915 年 11 月法国的阿里斯蒂德·白里安加入起得到了初步的巩固，他是当时的法国总理和外交部部长。这位法国社会党领袖与他的同僚相比，没有强烈的反德情绪。他致力于达成一个战后和解方案：需要加强法国的实力，并在政治和经济上限制德国，但也不能使德国破产。举个例子，即使阿尔萨斯-洛林重回法国，法国经济仍将继续依赖产自萨尔地区的德国煤炭。因此，白里安建议将吞并萨尔作为合理的战争目标。此外，战后他还寻求建立关税同盟，以打压德国的出口和工业实力。但在 1916—1917 年，白里安与英国的合作是艰难的，大约 13 年后他发表著名的《欧洲合众国备忘录》时也遇到了一样的情况。毕竟，尽管希望德国避免受惩，但英国早就一心想要压制德国的海军和殖民力量了。

虽然协约国就德国问题产生了冲突，但是德国在欧洲寻求的全面战争让它们一致认为必须打败德国。1917 年 4 月，面对德国肆无忌惮的潜艇攻击，美国总统威尔逊的回应是对德国宣战。当时，德国陆军将领埃里希·鲁登道夫制订了秘密的克罗伊茨纳赫计划，延续着 1914 年的雄心壮志，后来遭到费舍尔的批评。事实上，该计划增加了德国的兼并目标，包括库尔兰、立陶宛、波兰大部分地区，外加中非殖民地、海外海军基地、法国东北部的隆维－勃利耶、卢森堡、佛兰德斯的北海港口，还有比利时铁路的控制权。简而言之，鲁登道夫想要建立一个大幅扩张的德意志第二帝国，以此证明与协约国的长期双线作战是合理的。在俄国革命的鼓舞下，同时也是为了避免继续双线作战，鲁登道夫奋力坚持到了 1918 年 11 月。此后，作为著名的"暗箭伤人"理论的宣传者，鲁登道夫将德国休战归咎于叛徒和犹太人，拒绝承认军事失败，成为极端右翼政客的支持者。

1918 年 11 月停战后，英国希望德国为其扮演 150 年前腓特烈大帝时一样的角色：法国和俄国之间的缓冲区。因此，英国拒绝了白里安将萨尔煤田割让给法国的要求。很明显，英法协约的范围是有限的：一开始它是殖民交流的机制，最后却起了对抗德国直至其投降的作用；但在那之后，当欧洲之争和帝国之争似乎将重新点燃时，协约也难以继续维持英、法友谊了。

凡尔赛宫：法、英、德和解仍未实现，但美国被孤立

在 1919 年 1—6 月于凡尔赛宫召开的巴黎和会上，三个欧洲大国有不同的议程，会议的总主席是威尔逊总统。巴黎和会吸引了来自世界各个角落的代表们，他们宣扬推动民族主义、民族野心和战略野心，而威尔逊总统试图坚持自己的十四点计划①精神。美国人设计了国家联盟的跨国架构，英国和法国对此十分支持，但是德国、苏俄没有参与。

与此同时，克里孟梭领导下的法国，希望解除德国的武装，削弱德国的经济实力。阿尔萨斯－洛林被收复，协约国盟军占领了莱茵兰，法国得

---

① 十四点计划：1918 年 1 月 8 日，美国总统威尔逊在国会演说中提出了结束第一次世界大战的纲领及战后世界的蓝图，主要内容有十四点，故称为"十四点计划"。后因美国国会拒绝批准《凡尔赛和约》，不参加国际联盟，十四点计划宣告失败。——译者注

到了萨尔煤田。法国在 1945 年之后也会提出类似的要求，但它寻求的战后解决方案没有那么教条。法国在第二次世界大战中表现并不突出，而且它已决定从巴黎和会中吸取一些教训。

相比之下，英国希望看到一个更强大的德国从战争屠杀中崛起，尤其是要它成为对布尔什维克新威胁的缓冲。英、法两国在战后解决方案上最明显的冲突，表现在德国向协约国支付赔偿金的谈判中。认为英国在巴黎和会的影响力有限的看法，虽然普遍，但是将问题过于简单化了。英国的这一形象可能源于巴黎和会初级谈判代表约翰·梅纳德·凯恩斯的调解辞令。事实上，英国首相劳合·乔治说服威尔逊总统，德国应该向协约国盟军幸存者支付巨额战争抚恤金，从而使赔偿方案的规模扩大了一倍。

可以说，巴黎和会的主要问题是威尔逊总统对民族自决的理想主义执念，以及开启了"宣布战争非法"的做法。作为一名普林斯顿学者，威尔逊总统鼓励了不切实际的野心。这种乐观情绪影响了欧洲三大国和其他参加（或最终抵制）谈判的国家，包括意大利、日本、中国、奥地利、匈牙利和苏俄。考虑到人员的伤亡和造成的破坏，所有国家都在为其巨大损失寻找理由便不足为奇。这一点也适用于德国，许多德国人都赞同鲁登道夫的说法，即德国直到最后都没有战败。当德国军队仍然占领法国和比利时北部大部分地区时，签署停战协议毫无帮助。同样，德国在布列斯特－立托夫斯克（与苏俄）和布加勒斯特（与罗马尼亚）签订的慷慨条约，也让许多德国人难以完全承认失败的结局。

与 1945 年的情况不同，当苏联红军在 1918 年进入柏林确保德国投降时，没有协约国入侵德国。相反，德国军队当时在东边有秩序地撤退。1918 年初，布尔什维克在布列斯特－立托夫斯克向德国放弃了部分俄国领土（有 5500 万人口）：三分之一的农业用地，以及主要的钢铁和煤炭产能。在这种情况下，德国强烈反对签署《凡尔赛和约》的第 231 条接受战争的罪责和第 232 条承担赔偿责任补偿协约国损失。值得注意的是，作为国务卿签署停战协议，并在之后签署了《凡尔赛和约》的马蒂亚斯·埃茨贝格尔，于1921年在黑森林被一些退伍老兵刺杀，他们认为他是个叛徒。

法、德关系陷入了相互指责的泥潭。法国总理克里孟梭的工作重点是争取德国的赔偿，巩固法国对萨尔煤田的控制，并从德国手中夺走莱茵兰工业用地。如果这些都能真正实现的话，两次世界大战中间的20年可能是另一番光景。但随着1919年谈判的拖延，人们认为美国将加入国际联盟，英、美是可以对法国起到军事保障作用的。后来，在美国，参议院未能批准威尔逊总统的国际联盟提案，这意味着美国再次与欧洲事务隔绝。美国未能兑现对法国的军事保证，使法国只能依赖于摇摆不定的英国。然后，英国以美国放弃对法国的保证为借口，也放弃了自己的保证。

面对这么多的不安定因素，法国人对国际联盟的看法开始变得狭隘。在他们眼中，这个机构可以避免对《凡尔赛和约》的更多修改。除此之外，法国对联盟能否促成世界和平持怀疑态度。毕竟，联盟的制度安排是陈腐的，只有四个常任理事国（英国、法国、意大利和日本）外加四个临时成员国（此后有所增加）予以支持。日本、意大利在巴黎和会上被当作二流国家对待，它们的幻想破灭使国际联盟更加脆弱，这也使得联盟只能依赖于法国和英国间濒临破裂的合作。

失败的英法协约、跨民族主义、战争和分手赔偿

国际联盟依赖于英国和法国，德国成了被孤立的"第三大国"，将这种情况和1963年后的欧洲经济共同体组织进行对比，能带给我们一些启发。当时，英国被排除在外，法、德签署了《爱丽舍宫条约》，将欧共体的权力集中到了法国—联邦德国轴心上。1926年后，德国在早期的超民族主义探险中很快得到了加入联盟的机会。但是，德国在加入的同时也带着对国际主义、欧洲联邦制以及扩大联盟权力的怀疑。毕竟，联盟是一个由

其他大国设计的机构，德国加入时间较晚。最终，迫于将权力让渡给联盟
的压力，在经济紧张局势削弱了该机构作用的情况下，德国在 1933 年选择
退出联盟。同样，由于英国在 1973 年才加入欧洲经济共同体，此前它只能
在法、德体系下开展自己的工作，这也是不合适的。

20 世纪 20 年代初，民族主义阻碍了欧洲统一的进程。尤其是克里孟
梭向德国提出了令人震惊的 440 亿英镑的战争赔款，最终数字确定为 66
亿英镑。德国在 1918—1932 年间偿还了微不足道的 11 亿英镑，剩下的全
部违约。在战后就赔偿问题进行了一番讨价还价后，德国的大部分资金都
是从美国银行借来的。我们将看到，赔偿对德国经济的影响有限，但对心
理上的影响是毋庸置疑的。

观念一如既往地产生了重大影响。在 20 世纪 20 年代，德国人认为
贪婪的协约国在压榨自己，这是不公平的报复，并采取了相应的行动。毕
竟，德国是因为协约国的包围而被迫采取对抗的。例如，法国得到了萨尔
地区煤田的控制权，该地区被国际联盟托管，承诺在 15 年内举行全民投票
决定管辖权，然而到 1935 年举行全民公决时，纳粹德国的军事地位和经
济上的腾飞激励了大部分讲德语的萨尔地区选民加入希特勒的帝国。直到
1930 年，盟军占领者都管理着这片莱茵兰地区，《洛迦诺公约》让各欧洲
大国维持了这种局势，还限制了德国将该地区军事化。然而在 1936 年，希
特勒摆脱了这些限制，重新占领并武装了莱茵兰。

到了 20 世纪 30 年代中期，不尽如人意的欧洲局势并非与《凡尔赛和
约》的缺陷完全有关。凡尔赛谈判三位主要代表中的英、法，以及日内瓦
国际联盟的另外两个常任理事国意、日，可能会从该条约中受益。但是，
正如我们所看到的，英、法关系在 1918 年 11 月停战后迅速恶化。与欧洲
动荡的 20 世纪剩下的时间一样，这一现象的根源不仅仅是 1919 年在巴黎
经历的 6 个月，而且更多源于历史。我们描绘的英、法关系史上的紧张局
势，开始浮出水面。

具有讽刺意味的是，法国战时领导人克里孟梭被称为法国"最亲英的总理"。早在 1883 年，他就加入了以英国人为中心的法国科布登俱乐部。然而到了 1919 年，他和英国首相劳合·乔治都对在凡尔赛达成的协议持怀疑态度，他们认为国际联盟是象征性的，没有实际意义。与此同时，克里孟梭发现劳合·乔治是一个不可靠的盟友。他很快注意到，英国狭隘地重视殖民主义，这明显体现在奥斯曼帝国的分裂，以及英国在苏俄布尔什维克被孤立后在中亚和近东实行的机会主义。平心而论，克里孟梭对劳合·乔治的看法是基本准确的。英国视法国为殖民地的竞争对手，并寻求让德国从属自己，充当法国和苏俄之间的缓冲。但是，许多英国人仍然怀疑他们在 1914 年是否选错了开战对手，正如凯恩斯的《和平的经济后果》(1919)这样被翻译成 11 种语言、销量达 10 万册的出版物所描述的，让英国人担心法国对德国的报复是不合理的。

国际联盟艰难地应对着这些紧张局势。但破坏了《凡尔赛和约》的却是 1920 年威尔逊总统的选举失利，以及之后美国共和党人对国际联盟的抗拒。雪上加霜的是，协约国没有批准正式确立奥斯曼帝国重组计划的《色佛尔条约》。最后，土耳其在 1922 年对士麦那（今伊兹密尔）发动袭击，而在附近海域的协约国战舰却无动于衷，这凸显了国际联盟的失败。最关键的是，国际联盟没有自己的军队，几乎没有能力对成员国实施制裁。德国新魏玛共和国也没有派驻代表，在 1926 年以前一直被国际联盟排除在外。同样，苏联也是在 1934 年德国退出后才加入国际联盟的。国际联盟缺乏执行手段，英、法之间也没有坚定的伙伴关系。现在的欧盟，可以说也存在着同样的缺点，即缺乏一支专门的联盟军队或是对欧洲"流氓国家"的有效制裁。

国际联盟的设计师威尔逊总统于 1920 年去世。作为一名普林斯顿学者，他读过一些涉及"永久和平"话题的欧洲作家的著作，其中一些我们已经探讨过了。他致力于通过持久和平促进欧洲的一体化。但具有讽刺意味的是，他受到了美国《联邦宪法》的阻碍，而这部符合洛克和孟德斯鸠的三权分立原则的宪法充满了欧洲启蒙运动的精神。他的理想主义与英、法厌战的谈判立场形成了鲜明对比，毕竟是英、法参与了大部分的战斗。美国外交官把注意力转移到了"宣布战争非法"上，据此产生了1928年的《凯洛格—白里安公约》，战争的定义近似一个国家内部的暴力犯罪。不幸的是，当时没有国际法来保障执法。国际法代表着雄心勃勃的超民族主义，决策级别高于国家，是支配所有国家的国际准则。即使在今天，联合国国际法仍然是一个有争议的领域，2003年美国领导的"反恐战争"就是证明。

令人沮丧的是，在美国的理想主义者——威尔逊总统于1920年去世后，美国依然坚持理想主义战略，与法西斯欧洲的真正危险严重脱节。

欧洲互联互通的不同愿景：《洛迦诺公约》对《拉巴洛条约》

与此同时，德国和苏俄恢复了合作，自弗雷德里克和叶卡捷琳娜时代以来它们的联系一直断断续续。1922年，在意大利的拉巴洛，这两个没有盟友的国家互相放弃了领土要求，达成了《拉巴洛条约》。它们一起秘密避开凡尔赛宫进行了德国的军备集结。通过这样的举动，苏俄在欧洲均势中获得了"第四位玩家"的称号，表明苏俄多少延续了罗曼诺夫王朝的传统。

对布尔什维克主义更加开明的英国首相劳合·乔治，对苏俄代表团完全被排除在凡尔赛体系之外表示了关切。然而，布尔什维克主义者在欧洲和美国引发的担忧太多，以至于无法游说大家接受苏俄的加入，尽管在整个冲突中俄国的伤亡人数仅次于德国。当然，由于苏俄在布列斯特–利托夫斯克对德国的投降让步，它的盟友们感觉遭到了背叛。协约国视俄国布尔什维克人为无神论的革命者，在1919年前已向俄国各地派遣军队，在残酷的俄国内战中与白方并肩作战。但是，西方国家对这场冲突没有热情，也没有资金。对于列宁和他的革命者，西方国家很快就放任不管了。

俄国人和德国人在拉巴洛找到共同目标不足为奇。诚然，德国在布列斯特－利托夫斯克对待苏俄疾言厉色，苏俄在停战后也曾支持德国的共产主义叛乱。但到了20世纪20年代初，这两个正在复苏的大国在欧洲都缺少朋友。苏俄为其武器找到买家，能从中受益，德国则需要重建工业能力以支付赔偿金。德国魏玛政府的经济复苏速度震惊了法国：1921年，德国的钢铁产量是法国的三倍，令人印象深刻。与此同时，德国希望通过在魏玛设立国民议会来改善自己的形象。魏玛是歌德和席勒的故乡。将政府迁离柏林可能会减少他国对德国与普鲁士军国主义的联想。

走投无路、资金短缺的德国，以易货的方式第一次支付了《凡尔赛和约》赔款，铁、煤和木材充当了现金，价值20亿金马克。《拉巴洛条约》带来了一些外贸交易和货币流入，但直到1923年，德国仍在因为支付更多的赔偿苦苦挣扎。于是，迫不及待的法国和比利时军队进入了德国的鲁尔工业区，扣押了工业资产作为赔偿。法国得出了一个合理的结论：如果没有英、美的担保，法军可能需要对德国采取行动。与此同时，在其他欧洲国家的支持下，德国抱怨驻扎在莱茵河占领区的法国黑人非洲殖民军激起了"莱茵河上的黑色恐怖"。事实上，法国在鲁尔的占领军里并没有黑人士兵，但是这种种族主义言论令人震惊，也许预示着未来。

此外，魏玛共和国面对着显而易见的内部挑战。恶性通货膨胀在1923年达到顶峰，几乎摧毁了这个新的德意志共和国。令人印象深刻的是，1923年11月，财政部长沙赫特引入了地租马克，控制了通货膨胀。事实上，历史学家认为，货币爆炸和随之而来的恶性通货膨胀，缓解了德国不可持续的债务情况。与此同时，恶性通货膨胀损害了饱受战争创伤的德国中产阶级的储蓄。在这个过程中，德国的所有阶层都更加同情极端政治，因为大多数人几乎没有什么财产能损失了。此后，由于德国严重的经济危机，以及来自苏联的威胁，协约国更加同情德国的赔偿责任，免除德国债务的道威斯计划（1924）和杨格计划（1929）应运而生。

在这种不确定性面前，英国、法国和德国自克里米亚联盟以来首次走到了一起，达成了1925年的《洛迦诺公约》。德国总理兼外交部部长施特莱斯曼、法国总理和外交部部长白里安、之后的英国外交大臣奥斯丁·张伯伦，因为达成了一系列关于莱茵兰和波、德边境争端的条约，共同获得了诺贝尔和平奖。在《凡尔赛和约》的痛苦和仇怨之后，这样的合作来得如此之快，着实令人印象深刻。事实上，正如我们所见，这三个大国自1648年以来鲜少达成协议或联盟。那么，为什么洛迦诺的善意未能进一步改善欧洲三大国之间的关系呢？

对于1924年任德国外长的古斯塔夫来说，三国关系确实有改善空间。在经济和外交一体化上，他推行科布登政策。施特莱斯曼认为，德国作为协约国的债务国，是英国和法国的现金来源和出口市场，这可能会让德国无须诉诸军备重整计划就能提高实力和影响力。但是，德国希望保留选择的余地，即使在洛迦诺商谈之后，它仍在通过苏联重整武装。而且，1926年的《柏林条约》将《拉巴洛条约》再延长五年，德、苏双方都保持中立。引人注目的是，这是自俾斯麦时期以来，德、俄签订的第一份再保险条约。

与此同时，苏联对德国发起革命的野心在减弱。在法国和比利时入侵鲁尔后，苏联人接管德国的企图失败了。20世纪20年代中期，在斯大林的"一国社会主义论"下，德国不再是苏联的首要任务目标，因为当时德国不可能成为布尔什维克。因此，施特莱斯曼，一个曾反对《凡尔赛和约》的德国民族主义者，寻求缓和与法国的关系。与此同时，鲁尔危机后，雷蒙·普恩加莱在1924年6月被解除法国总理职务，白里安在1926年复职，这些都让法国政府更加随和。简而言之，德国恢复了东西兼顾的传统角色定位。

法、德对抗的短暂插曲：施特莱斯曼和白里安

德国总理施特莱斯曼帮助实施了道威斯计划，该计划合理地将德国的赔偿金与德国的经济增长和支付能力联系起来，《凡尔赛和约》因为这些变化而变得更加可行。到了 20 世纪 20 年代末，法国总理白里安、德国总理施特莱斯曼的关系自然亲密起来。白里安的工作得到了施特莱斯曼的支持，他的颠覆之作、著名的《欧洲合众国备忘录》最终于 1930 年发表。这标志着施特莱斯曼在政治上的一个转折点：先前，他在第一次世界大战中以德国将军的民族主义狂热者身份开始了自己的政治生涯，他曾被称为"鲁登道夫的弟子"；如今，他成功地将他的德意志人民党从一个右派反民主的工具转变为了中右政治政党。

白里安—施特莱斯曼的法德伙伴关系，未来也会出现在阿登纳—戴高乐时期。但是，魏玛共和国和法兰西第三共和国的体制都是有缺陷的，尤其是魏玛的总统体制偏爱那些有魅力的、可以支配国会的领袖。不幸的是，这些有缺陷的制度使 1918 年被击败的普鲁士军阀得以维持自己的舞台。因此，魏玛共和国总统兴登堡继承了鲁登道夫的思想，咬紧牙关容忍魏玛的社会民主。这一情况 1918 年后仍在继续，甚至威廉二世在长期流亡荷兰的过程中还被咨询了关于德国的事务。不出所料，由于宪法制如此脆弱，1929 年 10 月施特莱斯曼的去世给魏玛共和国和欧洲的合作带来了沉重打击。

国际联盟崩溃：英、法的绥靖政策

由于出资国英、法经常采取不同的立场，20 世纪 20—30 年代的国际联盟在面对危机时缺少双边轴心，无法快速做出决策。早在 1922 年，国际联盟就在土耳其西海岸的士麦那表现出了颓势。土耳其士兵将希腊人社区和亚美尼亚人社区困在大火中，多达 10 万人丧生。国际联盟的失败最终导

致了 20 世纪 30 年代的危机，从中国东北地区到莱茵兰、阿比西尼亚、西班牙和慕尼黑。最终在 1939 年，死亡的丧钟敲响了，希特勒无视其对波兰独立的保证、派遣坦克入侵后，英国和法国向德国宣战。这是波兰第四次遭到瓜分，依然是保守派德国和苏联的手笔。

1930 年初，当国际联盟举步维艰时，白里安利用国际联盟作为论坛介绍了他著名的欧洲合众国概念。他认为国际联盟只应涉及欧洲，尽管其职权范围是全球性的。可以理解，这种在日内瓦建立欧洲"分部"的企图，引起了欧洲以外人民的不满。令人沮丧的是，德国人对他的计划兴趣索然，他们认为这是法国限制德国经济的举措。相反，德国紧随奥地利将重点放在欧洲中部的经济扩张上。德国又一次转向了东方，敦促建立一个将东欧和巴尔干国家包括在内的德、奥关税同盟。德国外交政策中的这些"中欧"和"大德国"倾向，影响了它对西方的外交能力。可以说，只有在 1945 年红军巩固了苏联对东欧的控制之后，这种情况才有所改变。与此同时，德国的经济一体化将法国抛在了一边，法国对此感到震惊。1931 年，作为报复，法国助推了奥地利最大的银行——联合信贷银行的倒闭，导致奥地利货币遭到挤兑。这破坏了"大德国"关税同盟，德国与法国的关系严重恶化。

与 20 世纪 30 年代初的德国经济危机同时发生的，还有魏玛共和国的政治崩溃。事实上，德国在 1932 年日内瓦裁军谈判会议上无法获得与英、法平等的国防地位时，魏玛共和国的灭亡就已注定。希特勒的国家社会主义党在选举中取得了巨大胜利，他本人于 1933 年 1 月被兴登堡任命为总理。随后，希特勒利用魏玛共和国宪法的脆弱性，瓦解民主制度，实施独裁，推行经济自给自足。值得注意的是，斯大林对德国发生的一切足够警觉，他在 1934 年走出了国际孤立境地，取代德国加入了国际联盟，并呼吁推动建立集体安全机制。这反过来又使法俄条约在 1935 年恢复效力，得到了法国左翼的共产党人、社会主义者和激进分子的支持。事实上，在 1936

年胜选的莱昂·布鲁姆领导的左倾法国人民阵线意识到，自己与苏联一起对抗德国的联盟，类似于 1894 年建立的早期联盟。

如今回顾两次世界大战之间的岁月，我们可以看到德、法之间的和解失败。施特莱斯曼—白里安伙伴关系是否仅仅是两个成功的民族主义政治家在经济恢复增长时期一致的实用主义操作，仍然存疑。从这个意义上说，"洛迦诺精神"只是欧洲再次爆发军备竞赛和两次世界大战之间的外交崩溃之前的一个插曲。戴高乐回顾这些岁月时就谴责了"反民族主义"的外交方针。据戴高乐的说法，由于白里安努力推动与德国的和解，国防开支的削减无异于自杀。考虑不周的马其诺防线围绕法、德边境，是一个代价高昂的三线防御体系，可以被视为法国精神的象征。贝当的失败主义，也许最终宣告了它的终结。

由于奥地利联合信贷银行垮台后经济崩溃，美国贷款资金撤出，裁军谈判会议也失败，德国退出了国际联盟。法、德和解已经无望，而英、德和解从未真正开始过。相反，英、德在 20 世纪 30 年代后期推行了绥靖的"虚假外交"。同一时期，法国在三大国中需要一个盟友，也被拖入了绥靖状态。这最终导致 1938 年英、法在慕尼黑与希特勒达成了灾难性的协议。最后，几个大国终于达成了一项三方协议，不过是建立在谎言和欺骗上的，它反映了国际联盟崩溃后欧洲外交的绝望状态。法国、英国将德意志民族居住的苏台德地区赠送给了德国，由此德国扩大了语言和种族基础上的兼并。

法国认为，英国在慕尼黑的做法是典型的自私行为。英国首相内维尔·张伯伦，只是在为加强英国的防守争取更多的时间，特别是为了皇家空军在 1940 年不列颠之战前有时间建立战斗机指挥能力。然而，英国皇家空军没有给法国带来什么好处，至少一开始没有。因此，对法国来说，绥靖政策是典型的英国半脱离政策，破坏了英、法友好的遗产。后来在 20 世纪 50 年代初欧洲一体化计划加速推进时，无论是法国还是德国都记得 30

年代英国的绥靖政策，这削弱了英国因为抵抗纳粹德国而获得的威望。也许，至少在潜意识里，这破坏了三大国之间的友谊。

欧洲的又一次内战

随着战争的临近，斯大林领导的苏联扮演了核心角色。法国希望英、法、苏三国协约的改革能让希特勒双线作战，这恰恰是希特勒在其声名狼藉的《我的奋斗》中就排除的情况。然而，苏联对欧洲均势的看法与1914年以前的不同：现在希特勒的德国，是更强大的力量；到了1938年，布鲁姆的左翼联盟代表的法国，则是一个被削弱的民主国家。苏联担心选错了盟友。尤其是法国的马其诺防御工事，对斯大林或任何其他盟国几乎没有任何帮助。希特勒与以往一样，利用边缘政策和霸凌来提升自己的地位，并以虚无缥缈的法苏条约为借口在1936年3月将莱茵兰重新军事化。法、德关系因此走到了无法挽回的地步。与此同时，英、法关系依然紧张。斯大林有理由认为，任何新的三方协约都无法为苏联提供足够的安全保障。

尽管1914年以前的协约在续订时都存在这些缺点，但德国到1939年仍担心会被包围。德国的选择是有限的：与西方列强结盟对抗苏联是不切实际的，因为协约国在保护波兰，但波兰对纳粹德国至关重要，它将成为希特勒的东部生存空间的一部分，并提供通往苏联的斯拉夫土地的通道；此外，波兰的但泽走廊是《凡尔赛和约》的一个令人憎恨的遗产，它侵占了德国的领土，削弱了德国在波罗的海的霸权。因此，在希特勒缺乏选择的情况下，1939年夏天，《苏德互不侵犯条约》诞生了。斯大林认为，自己与西方最强大的国家是盟友，建立了传统的保守东方联盟；然而，对于极端反斯拉夫的希特勒来说，这不过是短期的权宜之计。这代表了欧洲三个主要大国在又一次陷入"全面战争"之前采取的最后一次外交行动。

苏联再次在欧洲扮演了"第四大国"的角色。但在1939年，这一风险比以往任何时候都高。这场全面战争凭借尖端武器达到了新的水平。德国和苏联通过中央计划经济将大部分的国民收入都投入到了军备上。与此同时，法国和英国这两个老牌自由主义国家，只能眼睁睁地看着保守势力在几周内完成对波兰的第四次分割。但是，与以往的保守联盟不同，德国的种族意识形态让《苏德互不侵犯条约》变得复杂，反而破坏了这种关系。这两个保守势力都有反犹太主义倾向。但是，纳粹主义教条中的反斯拉夫情绪，对于面朝东方的大国苏联来说是不可与之调和的。

短期内，作为"中欧国家"的苏联、德国再次恢复了它们对"颓废"的自由主义势力的不信任。与此同时，自由主义势力在战争初期见证了英、法友好的毁灭。1940 年 7 月，在法国向希特勒投降后，丘吉尔下令击沉被德国海军扣押在阿尔及利亚附近的法国舰队。事实上，我们能看到，凡尔赛会议之后的英法协约缺乏效力。后来，欧洲一体化反复面对的一个障碍就是法国和英国无力重建实质性伙伴关系。至于为什么这种相互仇视——至少在大众媒体上——能被双方愉快地容忍，仍然是一个外交谜题。

虽然欧洲列强在 1939 年争相与苏联红军建立友谊，但它们对苏联的军事优势和弱点却知之甚少。这在一定程度上是因为，红军的表现像早期的沙皇军队一样不稳定。事实上，在《苏德互不侵犯条约》达成之后，德国在 1939 年 9 月和 10 月在波兰发动战争，将领土轻易地赠给了斯大林。当1940 年苏联军队在芬兰面临内部冲突时，红军的表现让人失望。苏联军队在严冬的大雪中遭到了羞辱。事实上，斯大林没有足够的装备在 1939 年 9月抵抗德国的装甲师。

与此同时，法国的政治体制受到了 20 世纪 30 年代外交遗产的束缚。无所不在的法国共产党，接受了已与希特勒结盟的苏联的命令。此外，极端右翼政党（通常是反犹太人政党）更加同情德国而不是英国。此外，由于像白里安、布鲁姆这样的中左翼政治家因外交失败受辱，法国的政治体制受到了影响。同时，英国执政的保守派也因张伯伦对德国的绥靖政策而名誉扫地。直到 1940 年初张伯伦给丘吉尔让路后，英国才重新找回了战略方向。然而到那时，法兰西战役即将在阿登爆发，英、法加深友谊的前景岌岌可危。

事实上，面对德国步兵和坦克的冲击，以及纳粹德国空军的及时支援，法国的投降速度之快，使得英、法根本没有时间一起对抗德国。相比之下，1914—1918 年的冲突，打了四年的静态堑壕战，英、法联合出谋划策，最后由斐迪南·福煦担任指挥。1940 年，当法国的贝当元帅宣布停止敌对行动时，协约国陷入了相互指责的情绪中。

英国的丘吉尔提出让自由法国组织宣布两个国家结盟，但很快遭到法国维希政府的拒绝。事实上，考虑到法国及其帝制的全面崩溃，丘吉尔的提议可能只是象征性的。与此同时，对很多英国远征军来说，1940 年撤退到敦刻尔克后乘坐小艇疏散是一次侥幸的逃脱，但它再次坐实了法国认为英国是个不可靠盟友的偏见。当然，法国在六周内就投降，以及维希政府的长期存在及其与德国的合作，给英、法关系造成了持久的损害。英国将从第二次世界大战中脱颖而出，虽然倾家荡产、伤痕累累，但是人们越发觉得它对击败德国和日本做出了贡献。但是，对法国来说，民族自尊感很难恢复。在 1940—1944 年的不同经历，造成了一种更加复杂的英、法关系。

戴高乐与法国的重塑

事实上，正是在法国的战时和战后时期，我们才能最清晰地感受到欧洲一体化的加强。法国出现了两位战后建设的建筑师——莫内、舒曼。然而，如果不关注戴高乐以及他与英、德的复杂关系，就无法结合背景看待莫内、舒曼的角色。事实上，戴高乐在德国占领法国时在英国的伦敦和阿尔及利亚的阿尔及尔长达四年的流亡生涯，对于确定法国在新欧洲的主导地位至关重要。

戴高乐在伦敦时，人们经常评论说他似乎是在与英国作战，而不是在与德国作战，这种说法不见得草率。戴高乐本人作为法国抵抗运动的宣传者，引起了英国坚定的亲法人士丘吉尔的注意。丘吉尔的眼光是对的。戴高乐在伦敦通过英国广播公司播送的节目，与维希政府的合作政策和德国占领的法国北部形成了一定程度的反差。

但是，我们无法确定戴高乐长期流亡英国对巩固英、法关系有多大的贡献。丘吉尔在对待凡尔登老兵和策划诺曼底登陆上都表现出了坚定不移的忠诚。但是，美国总统罗斯福对戴高乐没有耐心，他认为戴高乐缺乏政治合法性和外交手腕。三位盟军领导人之间的关系非常尴尬。罗斯福不愿意与自由法国分享军事情报。早些时候，在伦敦的法国官员向维希政府泄露了一些信息，造成了灾难性的后果。事实上，1944 年 6 月 6 日，英国、美国和加拿大的军事人员在诺曼底海滩登陆时，法国的存在只是象征性的。

对于法国在法兰西战役中六周就失败的情况，斯大林得出了自己的结论。战争期间，他想把戴高乐排除在所有会谈之外，并阻止他参与 1945 年后建立的所有和平机构。对多年来几乎是独自努力维持法国独立形象的戴高乐来说，这种边缘化是耻辱的。随着战争的持续和美国明确了主导地位，戴高乐难以与英国产生共情一起影响美国。在这些战争岁月里，他产生了英国是美国的特洛伊木马的信念。与此同时，由于罗斯福不顾及法国的感受，不经协商就为法国制定政策，戴高乐决心在实现和平之后决不允许这种情况继续下去。他对盎格鲁－撒克逊人怀有戒心，包括所有英国首相。这与他和德国的阿登纳从 20 世纪 40 年代末起维持的亲密关系形成了鲜明对比。

戴高乐与英国的关系中也有其他的顾虑。他还记得小时候英国人在法绍达用欺凌手段羞辱法国人（见第五章）。可以说，对盎格鲁－撒克逊恶霸的这些怀疑，从未在他身上消失。他发现，似乎 19 世纪末的一次帝国事变的遗产，竟和 70 年间的三次法德战争的遗产一样棘手。诚然，在戴高乐和阿登纳的领导下，联邦德国、法国的关系也面临着严峻的挑战。但对于戴高乐这一代人来说，帝国自豪感是显而易见的。毕竟，正是在帝国和英国的背景下，法国最终输掉了第二次百年战争。

以戴高乐在第二次世界大战中的个人经历来定义法国与英、德的纠葛，是一种过于简化的说法。但是，戴高乐在法国这个被摧毁和羞辱的国家中扮演了独一无二的角色。在法国如今的调查中，他仍然被认为是有史以来最受尊敬的法国人，与丘吉尔在英国的地位不相上下。在某种程度上，他最令人印象深刻的品质是能够洞察情感和传统，做出对法国来说合乎逻辑的决定，同时还能推动自己的中右翼世俗和民族主义政治运动。此外，他在坚持自己的天主教信仰的情况下务实地与包括共产党在内的左翼政治家合作。但最终，正是在领导法国同胞的过程中表现出的权力傲慢，导致了他的政治生涯在 1969 年的结束。

事实上，法国在战争结束时得到的重建平台，比许多法国人原本担心的要更好。1944 年底，英国领导人丘吉尔、艾登支持法国担任联合国安理会常任理事国以及占领一个德国地区的诉求。1944 年布雷顿森林会议和国际货币基金组织（IMF）成立后，法国的影响力与日俱增。根据公约，法国随着时间的推移获得了 IMF 总裁职位的控制权。但是，法国之前缺席雅尔塔会议和波茨坦会议，表明了 1940 年的羞辱仍有影响。戴高乐感觉受到了盎格鲁－撒克逊人的怠慢。如从前一样，他将这种退步转变为法国民族主义的投射。法国是在欧洲胜利日前的最后几个月才参战的，戴高乐夸大了法国在西欧战场的参与度。值得注意的是，他不允许英国人和美国人踏入阿尔及利亚、叙利亚、黎巴嫩和印度的维希政府殖民地；盟国对战时法国行政官员在这些殖民地的敌对行为视而不见。

在其他方面，戴高乐向苏联提议，法国可以扮演一个新的反大西洋主义角色。作为回应，斯大林在口头上承诺与法国恢复友谊，并在 1944 年底前达成了一个非正式协议。这是基于法国容忍别国倾向苏联而忽略英、美的担忧。法、苏的两国关系，与1894—1914年的相去甚远：当时法国是沙俄的高级联盟伙伴；现在情况完全不同了，效忠苏联的法国共产党（PCF）在战后法国政坛的领导地位，因苏联击败德国而进一步巩固。简而言之，戴高乐努力实现了对维希法国、通敌者和占领军的封锁。

戴高乐显然将自己的个性投射到了法兰西第四共和国（1946—1958）宪法上。在第三共和国总理频繁更替之后，他强有力地实施了自己的行政主席权力以保持稳定。但是，他需要通过自己的政党来发挥统治作用。令人沮丧的是，在1945年10月的全民公决中，几个政党稀释了权力。随后，法国接受了协商一致的多党政府，将重点放在了经济复苏上。这不可能是戴高乐将军的核心能力。相反，很少与戴高乐意见一致的技术官员让·莫内，升任新的规划当局负责人。1946年，戴高乐的宪法议案最终被全民投票否决。随后，他从法国政坛消失，开始了长达12年的自我放逐。直到1958年阿尔及利亚发生紧急情况，他才再次得到召唤去"拯救法国"。

技术官员和法、德领导人

戴高乐在一旁观望时，法兰西第四共和国的技术官僚们努力地扭转表现欠佳的法国经济。毕竟，自拿破仑和《拿破仑法典》时期起，技术官员的权力就在法兰西共和国根深蒂固。第二次世界大战后，法国的官僚精英们设计了国家复兴计划。后来，他们把法国的官僚机构纳入欧洲经济共同体的机制中。众所周知，这个精英群体是由巴黎的法国国家行政学院（ENA）培养和支持的。法国国家行政学院一开始得到了美国马歇尔援助计划的支持，但它认为美国无权干涉法国。后来，戴高乐提出了一个法国脱离盎格鲁－撒克逊列强的设想。随着冷战的发展，他与苏联开展了机会主义合作，推行不结盟外交。

这一选择并不适用于英国，因为英国接受了美国的保护，作为交换，美国可以按照自己的速度实现去殖民化。此外，正如我们所看到的，长期以来，英国对欧洲一体化事业都是不温不火的。这种矛盾情绪削弱了英国在欧洲事务中的影响力。例如，在1930年，白里安和倡导欧洲统一思想第一人康登霍维－凯勒奇将大英帝国排除在了自己的泛欧洲主义之外。然而，控制非殖民化进程对大英帝国内部的偿付能力有要求。1945年后的金融危机，以及1947年的印度独立，迫使英国加快了速度。此后，英联邦提出了与欧洲长期隔绝的展望，因此，英国努力劝说去殖民化的亚非国家在文化和经济领域加入从前的"白人领地"。同样，法国也试图将前殖民地与法国捆绑在一起。然而，法国的经济增长和外交安全并不依赖于这些前殖民地。相反，法国在欧洲一体化项目中占据了中心位置。康登霍维－凯勒奇大受震撼，在"欧洲中心"加入了法国。

1948年，在丘吉尔的主持下，欧洲主要的政治家在海牙举行会议，讨论政治、经济和货币联盟的一体化事宜。英国和法国支持一体化的概念，但在如何实施一体化以及联盟中心和各国之间如何分享权力等实际问题上产生了分歧。在英国看来，欧洲仍然是非理想主义、非联邦性质的。英国认为欧洲大国毫无变化，并因这种错觉吃了苦头。同时，英国认为，海牙会议也是一个自我提高的机会：英国作为三大战胜国之一可以代表欧洲，另外两国是美国和苏联。这是一种妄想，但它加深了英国的大国地位感。

由于英国难以接受变革，一体化在没有英国的情况下也就难以发展起来。相比之下，欧洲经济共同体的法国设计师舒曼、莫内是现实主义者。这对法国的行政长官来说更容易接受，因为在法兰西第四共和国期间，无论是法国还是德国都没有宣称在欧洲或是全世界享有首要地位。事实上，法、德明白世界已经变得两极化了。美国、苏联长期冷战，而西欧的全球地位在历史上首次被边缘化。有趣的是，这是自19世纪以来许多欧洲观察家预言的结果。雨果、托克维尔，甚至拿破仑，都强调过欧洲在全球地位的脆弱性。此外，到了 20 世纪 50 年代初，不再有路易十四、腓特烈大帝、拿破仑、俾斯麦、威廉二世或希特勒指明国家的重点目标。最重要的是，戴高乐正在政治流亡中，不再现身了。

随着 1946 年起戴高乐和他的民族主义被边缘化，法国和德国采取了一种现实的方法应对它们的经济脆弱性。这两个经济体都深受第二次世界大战的影响，马歇尔援助计划使它们依赖于美国的短期帮助。向幸存的欧洲国家提供援助而不是贷款的做法，消除了以往的战争怨恨，它们不再需要完成苛刻的贷款偿还计划。与拿破仑战争、普法战争或第一次世界大战不同，现在不必争论赔款时间表。此外，现实情况让法国和德国很难不将第二次世界大战这场长达六年的冲突视为失败。

当然，对德国来说，这段经历是如此羞耻，失败也是如此确定，以致除了艰苦工作、复兴国家的呼声外，没有任何东西能让德国人集中精力。对法国来说，戴高乐宣扬否认国家的战时经历缓释了民族自豪感，但也为变革提供了平台。事实上，尽管戴高乐有民族主义的情结，但从 1958 年法国建立第五共和国开始，他就在欧洲的演变过程中发挥了至关重要的作用。他缺席欧洲早期的进程是个意外。实际上，在戴高乐统治下的法国，欧洲煤钢共同体（1951）和《罗马条约》（1957）可能永远不会发生（他曾谴责白里安在 20 世纪 20 年代和 30 年代稀释国家主权）。但令人欣慰的是，当 1958 年他重新掌权之时，一体化的模型已经铸好，舒曼、莫内改变了法、德关系。随后，戴高乐领导法、德联盟和欧洲经济共同体提出了"第三条道路"，不涉及盎格鲁－撒克逊人或是苏联人。

贝文的大西洋主义对洛塔林王朝的一体化

1946 年，英国经济陷入了困境。英国第二年在希腊内战中不再扮演独立保护者的角色，明显体现了这一点。与此同时，印度也在加速独立和分裂。随后英国在巴勒斯坦殖民地的撤军，以及1949年英镑大幅贬值30%，都说明了仅靠马歇尔援助不足以支撑英国经济。类似于两次世界大战间隔期实行的殖民政策，现在是不可行的。此外，1945—1951年，艾德礼政府在1942年贝弗里奇报告问世之后专注于建立福利国家。英国医疗服务制度（NHS）和"经济制高点"的国有化紧随其后。

英国工党推行的是国内议程，因而1946年丘吉尔在苏黎世呼吁"建立欧洲合众国"的著名演讲是修辞多于实质。他随后提出的建立欧洲军队的提议是理想主义的。丘吉尔已经下台，艾德礼政府既没有资金也没有意愿去推动欧洲一体化进程。然而，英国人意识到，他们有机会在这一进程中发挥带头作用，此时退缩将有可能让法国和德国起推动作用。事实上，早在1944年5月，战时英国驻阿尔及尔自由法国的代表、塔列朗的传记作者达夫·库珀就警告了这些风险的存在。他在给外交大臣艾登的一封信中指出：

英、法之间的争端一定会被证明对西欧是致命的，就像纽约州和马萨诸塞州之间的争端对美国是致命的一样……制定政策应着眼于建立一批西方民主国家，并用最明确的联盟条款将这些国家绑定。

令人欣慰的是，让·莫内是一位亲英人士，他在战争期间曾在英国生活过，这意味着英国在一体化加速时期可以得到很多善意。但到了1950年5月，作为欧洲煤钢共同体的先导，《舒曼宣言》表明，欧洲一体化项目不仅仅有英国的丘吉尔、达夫·库珀的热情。莫内此时在日记里写道：

欧洲必须在联邦的基础上组织起来。法、德联盟是其中的一个重要因素，法国政府已决定为此采取行动。

然而，艾德礼政府却担心会有一个"联邦党人"的议程，所以拒绝了舒曼计划。美国国务卿迪安·艾奇逊将此形容为英国"战后的重大错误"。

事实上，英国外交大臣欧内斯特·贝文和他的同事们，仍在从第二次世界大战的创伤以及经济和帝国的崩溃中慢慢恢复。莫内、舒曼的融合，加上欧洲的联邦制，对贝文来说过于遥远。相反，马歇尔援助计划为英国提供了一个重新站起来以实力进行谈判的机会，而不用屈服于法国和德国的超国家议程。大西洋主义外交似乎保证了经济复苏的最佳机会，而且不会削弱国家主权。战后英国工党政府激进地要求自治以快速开展变革。

一贯支持欧洲一体化的《经济学人》看到了贝文的困境，宣称英国解雇舒曼等于已经在"世界舆论"的"考验"中失败了。但与此同时，它也很痛惜：

> 援引了像主权集中这样强大的原则，唤起了重归和平这样的厚望……人们可能会深深怀疑法国和美国倾向于采纳危险和困难的联邦体制，对无法意识到国防事务已经集中了多少主权感到失望。

因此，在这个过程的早期，"联邦"一词甚至引起了英国亲欧人士的关注。联邦制给英国人带去的恐惧比给其他主要参与国带去的更多。德国人对集权文化一直都不陌生，而法国人则预计欧洲的联邦中心可能是巴黎。事实上，在1939—1945年的第二次世界大战创伤之后，欧洲联邦制让法国和联邦德国都看到了光明的一面。随着舒曼谈判的继续，贝文在工党政府内部的民族主义倾向变得更加狂热。贝文对"欧洲合众国"表现出极大的厌恶，以致欧洲联邦成员国指责他和他的工党同僚们企图破坏一体化进程。然而，对于实用主义者贝文来说，选择大西洋主义的原因是资金：英国获得了美国马歇尔援助总额的25%，用于重建被破坏的经济。但是，正如我们所看到的，这笔钱没有得到很好的使用。舒曼促成的欧洲煤钢共同体的成立，使法国和德国得以利用马歇尔计划的资金为复苏核心产业"注入动力"。煤炭和钢铁现在由超国家组织控制，因为自拿破仑三世以来分裂法国和德国的就是这两个产业。这一投资刺激了法、德两国发展出口产业，从而避免了国际收支危机，而英国未来 30 年的经济发展就受到了这一危机的阻碍。

此外，法、德两国还加强了文化联系，它们发现了围绕基督教政治权力的共同身份。事实上，这些法、德政客被形容为"出生在洛泰尔中央王国的虔诚天主教徒"。这里的洛泰尔中央王国，指的是历史上的洛塔林王朝，它是加洛林王朝的一个地区，夹在今法、德中间。历史上的洛塔林王朝，成了法、德两国的文化纽带。例如，罗贝尔·舒曼虽然出生在卢森堡并在德国接受教育，但住在洛林，直到 1919 年才成为法国公民。又如，康拉德·阿登纳出身于反普鲁士背景，1917—1933 年担任德国科隆市长，在 1919 年和 1923 年主张建立莱茵兰自治州。同样，政治左派在法、德和解上也达成了共识。推动欧洲统一共识的社会主义政治家有比利时首相昂利·斯帕克、1956—1957 年担任法国总理的居伊·摩勒，后者在任期参与了《罗马条约》的谈判。

经济一体化推动了事态的发展，与此同时，法、德两国重新发现了"洛塔林人"这一文化纽带。相比之下，英国人努力寻找对右翼基督教民主或左翼欧洲社会主义的热情。不过，保守党政府和工党政府都追求与友好的斯堪的纳维亚国家进行自由贸易，促成了 1960 年欧洲自由贸易联盟的成立。因此英国将欧盟定义为一个贸易区，并且至今在很大程度上仍然是这样的看法。

不温不火的战后欧洲防务协定

在法国与联邦德国整合自己的经济时，英、法两国在外交和国防政策上有着共同的利益。德国此时是个边缘化的国家，毕竟，在 1945 年后被解除武装、被占领之后，它的军事力量一直非常虚弱。但是，华盛顿希望德国重新武装起来，以缓冲苏联在西欧的野心。这再次引发了法国对德国军事化的担忧。因此，按照 1952 年的欧洲防卫共同体的设计，联邦德国、法国、意大利和比荷卢三国联盟一起组成了一支泛欧洲的防卫力量。然而，由于担心失去对国防的控制，法国国民议会在 1954 年未能批准欧洲防务共同体；此外，这还招致法国共产党对反苏联姿态的欧洲防务共同体的反对。与此同时，英国在国防政策上远离了欧洲联邦制的威胁。

欧洲在防务领域的合作动力不如在经济领域。毕竟，法国从 20 世纪上半叶英、美的泡影承诺中吸取了教训，学会了自己管理国防事务。同样，英国也表现出对超国家组织一贯的反感。最关键的是，当欧洲防卫共同体在这种矛盾情绪的重压下垮台时，莫内抓住了经济一体化这个关键的统一平台。因此，1955 年他成立了经济领域的"欧洲合众国行动委员会"，旨在拉近法、德关系。这样一来，莫内否决了白里安在 1930 年的做法——当时政治的地位高于经济。白里安曾警告说，通过经济实现团结，法国将把欧洲主导权交给欧洲最强大的经济体德国。今天，在德国统一、欧洲经济与货币同盟建立以及金融危机之后，许多人都会赞许白里安的见解。

由于 1958 年《罗马条约》的生效，莫内的经济一体化在欧洲有了制度保证。这发生在苏伊士危机两年后，当时英、法军事合作在帝国和去殖民化的背景下进一步逆转。我们将在第六章更详细地研究苏伊士危机，它可以被看作是英、法反复介入埃及的一部分。然而，从外交角度来看，苏伊士事件显示了自 1945 年以来欧洲力量的式微。最后，美国迫使欧洲人屈辱让步。在此过程中，美国人引发了另一场英镑危机，由此英国暴露了对美国的经济依赖。此外，美国对英国的影响也扩展到了政治领域，有证据表明，美国在 1957 年迫使英国的艾登辞职，取而代之的是温顺的候选人哈罗德·麦克米伦。很难想象，20 世纪 50 年代末，法国甚至是联邦德国的领导人还会遇到这样的命运，即便他们不受美国欢迎。例如，戴高乐曾在美国的注视下带领法国退出北约。相比之下，英国已经铺好了屈从大西洋主义的床铺，现在不得不躺在上面了。

同样，苏伊士事件对英、法关系毫无裨益。对于如何适应"美国世纪"的新外交规则，各方仍未达成一致。英国首相麦克米伦考虑到自己得以掌权的背景，得出了英国必须为超级大国美国做支持者的结论：英国可能会扮演长者雅典的角色，为新崛起的罗马帝国——美国效力。相比之下，法国得出的结论是，以往的危机证明了盎格鲁－撒克逊人是不可靠的伙伴和担保人，他们能给法国提供的安全保障微乎其微。事实上，戴高乐在1958年重新掌权时进一步强调了不信任美、英，努力改善与苏联的关系，并（最终）在1966年让法国退出了北约。

这种对美国在欧洲霸权的挑战，确定了法国在接下来的多年里都将奉行戴高乐主义。但事实证明，这一点很难与法国的其他优先事项协调好。尤其是阿登纳反对法国实行反美主义，而他的人脉是法国在欧共体领导地位的关键支柱。联邦德国认为，美国是欧洲安全的关键所在。事实上，对美国的不同看法是联邦德国、民主德国、法国产生分歧的根源。在这一点上，德国发现自己与英国更为一致。

诚实地说，戴高乐试图重新调整英、美的"特殊关系"。1958年重新掌权时，戴高乐希望推进法国与美、英的亲密关系。但是，正如我们所见，三方的动态友谊是复杂的。不管怎样，法国人（和德国人）认为，英、美的"特殊关系"是片面的，依赖于英国人的奉承，而麦克米伦似乎乐于如此。戴高乐和阿登纳发现麦克米伦对赫鲁晓夫领导的苏联十分软弱之后，英国被进一步孤立了，而麦克米伦因为对苏联的态度多少沾上了"污点"。

戴高乐对美国或英国几乎没有信心，故而在外交中与它们保持距离。相反，他在各个领域都支持法国—联邦德国轴心。这迎合了阿登纳的心意，后者对英国的大多数事情都持怀疑态度。与此同时，阿尔及利亚危机在法国爆发，1961年巴黎街头也发生了骚乱。此后我们将发现，法国从阿尔及利亚撤军，标志着法国殖民主义的严重创伤。在法国的想象中，阿尔及利亚正统帝国的解体，为欧洲的经济和政治一体化提供了平台。

1963 年《爱丽舍宫条约》以及"两个，而不是三个"

对戴高乐而言，欧洲政策的制定总是从他与德国的双边关系开始，这是他可以控制的关系。1963 年 1 月签订《爱丽舍宫条约》后，战后西欧的政治架构已初具雏形。同月，戴高乐否决了英国的欧共体成员国资格，宣布"英国不再重要"。在经济上，他可能是对的，因为法国超过了英国。事实上，法国在 20 世纪 60 年代取得了年均 5.8% 的经济增长率，令人印象深刻。

但是，戴高乐低估了美国的影响力。美国的肯尼迪总统向联邦德国施加压力，将美国与法国的条约、德美联盟的保证，以及英国的欧洲经济共同体成员国身份联系在了一起。然而，直到今天，这份双边的《爱丽舍宫条约》仍然是法、德联盟的基石。阿登纳和戴高乐的工作范围确实是一个由六个国家组成的欧洲，但这个可控的"小欧洲"体制足以促进经济和外交上的进步。爱丽舍宫的安排允许了两个核心的存在，这一点或多或少地保留到了今天。

而且，《爱丽舍宫条约》确立了法、德首脑定期召开会议，以制定共同政策的惯例。显然，一些细微事项促进了文化交流，比如法国和德国的一些城市结为友好城市。与之形成鲜明对比的是，英国的城市在宣传与法国城市结成伙伴关系的同时，并没有带来互惠。事实上，《爱丽舍宫条约》根本没有提到英国、美国、北约或是《关税及贸易总协定》（GATT）。2003年，法、德部长理事会正式确立了每年两次的内阁首脑会议，加强了法国政府的条约精神，进一步推动了信息共享和合作制度化。值得注意的是，自 1973 年"第三大国"英国加入欧洲经济共同体以来，英国从未讨论过此类安排。的确，法、德的关系是在两次世界大战的阴影下建立起来的。但是，英国在这两次冲突中不仅仅是旁观者。

后来，欧盟在一波扩大的浪潮之后将 28 个国家联系在了一起。然而，即使有了这一波的扩张，《爱丽舍宫条约》也能很快就欧洲问题形成一个行政议程。这在 19 个核心的欧元区国家中更为有效。英国在举行脱欧公投时仍不属于欧元集团，无法参与制定欧洲货币政策。例如，由于法国和德国向希腊提供的欧元贷款以及对欧洲经济与货币同盟的控制，默克尔总理和奥朗德总统在希腊加入欧盟一事上占据了主导地位。但是，这种在欧盟危机时结成伙伴的能力，是法、德两国 50 年来日益紧密的伙伴关系留下的遗产。在外交政策上，最近乌克兰、俄罗斯之间的紧张关系也是由德国、法国来处理的，而英国则置身事外。

当然，在外交和国防政策方面，英国的形象可能比德国强。英国有联合国安理会常任理事国席位、核武器和与美国的"特殊关系"。但是，《爱丽舍宫条约》创造了一个"双极欧洲"核心。这种情况尤其出现在涉及苏联或东欧的外交政策方面，漫长的"中欧"议程一如既往地约束着旧的"保守"势力。在此背景下，法国通过《爱丽舍宫条约》施加影响，而德国和苏联的对话占据了主导地位。在东欧，法国没有恢复以前作为沙俄资助者时享有的显赫，但与德国的合作伙伴关系让它有了比戴高乐时期更强的形象。由于戴高乐与斯大林及其继任者实施的直接外交，法国在东部无所作为，即使有了北约以外的不结盟平台也是如此。

事实上，如果戴高乐能活着看到 21 世纪的欧盟，他很可能会对法国的欧洲形象感到满意。毕竟，法国仍然是欧盟内唯一独立的核大国，而英国的三叉戟核武系统仍然依赖于美国。法国是关税同盟中的"两大"主导国之一，同盟覆盖了近 5 亿人口、国内生产总值超过了美国，显然法国已从1940 年 6 月的黑暗日子中复苏了。戴高乐将军可能会觉得自己是"上帝派来协助欧洲统一的三个法国人之一"的说法已经被证实了，另外两个法国人是查理曼大帝和拿破仑。

然而正如我们所见，欧洲统一从来不是戴高乐的首要目标，而是法国恢复威望的一种手段。他的想法是在法国命运的最低谷时形成的。阿尔及利亚、印度和西非在战后的去殖民化，突出表明了法国需要盟友。法国是统一后的德国的初级合作伙伴，它设计了包括欧盟委员会、欧洲法院、斯特拉斯堡议会在内的欧盟架构。这为法国带来的地位，超过了与美国或俄罗斯之间任何虚幻的"特殊关系"。戴高乐曾经两次拒绝英国加入欧洲经济共同体，让世人印象深刻，因为他认为英国是美国放在欧洲的一匹特洛伊木马。

德国统一，货币联盟，但欧洲仍是两国主导的

这段法、德关系导致了欧洲在一段时期内出现了诸多不和，但情况仍有可能会逆转。例如，在外交政策领域，《爱丽舍宫条约》的订立国在德国统一问题上面临分歧。事实上，戴高乐从一开始就反对这个想法，尽管这是阿登纳政治议程的一个关键部分。同时，联邦德国从未接受过1949年的德国分裂，联邦德国宪法明确提到统一是德国的合法目标。令人欣慰的是，美国一直支持德国统一，这冲击了英国的沉默，后者担心德国统一可能会破坏欧洲新的均势。

在20世纪60年代末和70年代初，"统一"甚至从德国的议程上消失了，因为联邦德国与民主德国缓和了关系。尤其是维利·勃兰特的"东方政策"确立了联邦德国的外交。1970年，联邦德国和苏联签署了《莫斯科条约》，联邦德国承认了民主德国，批准了战后的德国—波兰边界。两年后，联邦德国与民主德国的《基本条约》确定了一个似乎永久性的解决方案，尽管联邦德国对此多有反对。虽然德国把重点放在了苏联，在德国尚未实现统一的情况下，勃兰特总理和蓬皮杜总统继续保持着牢固的工作伙

伴关系。事实上，由于爱丽舍宫的制度性要求，德、法两国政府即使在优先事项上出现了分歧也必须合作。

1974 年勃兰特下台后，他的德国社会民主党（SPD）同僚赫尔穆特·施密特，与法国总统吉斯卡尔·德斯坦进行了合作。他们一起推动了欧洲汇率机制（ERM）项目，这也是现在的一体化重点。施密特对 1977—1981 年美国卡特政府的不耐烦，让法、德伙伴关系进一步加强，他认为美国卡特政府在苏联的攻击性下显得很软弱。20 世纪 80 年代，罗纳德·里根入主白宫，由于他对莫斯科的"邪恶帝国"言论以及激进的军备重整计划，一些联邦德国人认为美国再次掌控了局面，但同时其他国家也感到了警觉。联邦德国在欧洲接受巡航号和"潘兴"中程核武器方面发挥了作用，它们由美国控制、以华沙条约组织为打击目标；英国也做出了同样的姿态；但是，法国拒绝了，而且直到 2009 年仍未加入北约。

德国前后两位总理——赫尔穆特·施密特、赫尔穆特·科尔在欧洲防务问题上的亲美立场，加上与法国培育的关系，让联邦德国在冷战结束时坚定地就统一问题进行谈判。美国的乔治·布什政府的支持，压倒了英国的撒切尔夫人的反对。事实上，英国基本上被排除在这次欧洲重组的决策之外。德国、法国和美国支配着全局，苏联也会被征询意见。事实上，到 1990 年 5 月，在联邦德国承诺向遭受经济重创的苏联提供财政援助的基础上，苏联支持德国统一。

德国统一给欧洲一体化造成了压力。1990 年统一的德国是一个拥有8500 万人口的国家，具有巨大的经济潜力。然而，由于统一的代价和吸收民主德国的困难，新德国的实力被掩盖了很多年。正如我们所见，20 世纪90 年代欧洲经济与货币联盟的成立之路远非一帆风顺。然而，德国和法国推行这一项目的韧性，体现于科尔在 1990 年对法国总统弗朗索瓦·密特朗的庄严承诺中：科尔为了德国的统一，放弃了德国"经济奇迹"的支柱——德国马克和德国央行。如果没有 1963 年《法德合作条约》建立起来的双边友谊，这项协议是不可能达成的。欧洲经济与货币联盟在 2008 年前的"金发女郎经济"①期间享受了数年良好的经济环境。强劲的经济增长、低通胀率和不断下降的失业率，以及潜在的泡沫经济，意味着经济与货币联盟成功启动。英国仍然是局外人，汇率会有波动，但经济增长好于欧元区的平均水平。2008 年金融危机发生时，最初看起来像是一场盎格鲁 - 撒克逊危机，欧洲大陆的银行似乎可能会挺过难关。但在 2010 年爆发的欧洲经济与货币联盟生死危机中，英国很庆幸自己置身于单一货币的经济漩涡之外。然而，法国和德国为应对葡萄牙、爱尔兰、意大利、希腊和西班牙政府债券市场的恐慌所作的努力，理论上强化了《爱丽舍宫条约》。

事实证明，这些和平时期的挑战，在许多方面比英国和法国在两次世界大战中的并肩作战经历更能起到统一作用，当初的英、法团结在宣布和平之后很快就消失了。值得注意的是，法国亲英的克里孟梭总理与英国帮助法国解放的"战争赢家"劳合·乔治首相的关系，不如自 1963 年爱丽舍宫会议以后的法、德领导人的关系。事实上，自从爱丽舍宫会议以来，没有一位英国首相能够与德国总理或法国总统建立起牢固的伙伴关系。就连英国最亲欧洲的首相爱德华·希思，也谈不上与法国总统吉斯卡尔·德斯坦和德国总理施密特关系亲密。即使在英国首相们与法国或德国领导人有共同的意识形态时，他们也无法形成实质性的合作伙伴关系。例如，撒切尔夫人和赫尔穆特·科尔都是右倾派，但在其他方面几乎就没有共同点了。与此同时，基督教民主党总理科尔与社会主义派弗朗索瓦·密特朗建立了伙伴关系，后者与法国共产党共享权力。这种情况对于局外人英国来说的确是"两人结伴，三人不欢"了。

---

① 金发女郎经济：一种既不过热也不过冷，而是刚刚好的理想经济状态。——译者注

巴尔干半岛，又一次的焦点

正如我们所见，到了 20 世纪 90 年代，欧洲汇率机制危机威胁到了欧洲货币同盟。但在欧洲防务方面，欧盟在巴尔干半岛的信誉同样受到了压力。在铁托死后的南斯拉夫发生的残酷战争，凸显了欧盟在外交和政治上的缺陷，正如 1992—1993 年的欧洲汇率机制危机损害了其经济信誉一样。战争发生在巴尔干地区，波斯尼亚和萨拉热窝成为教派暴力的焦点，这为欧洲的变局增添了历史的共鸣。欧洲不再遭受奥斯曼帝国和哈布斯堡帝国崩溃之苦，但这些帝国的民族和宗教遗产产生了影响。在铁托的统治下，该地区相对稳定，但随着他的下台，塞尔维亚的东正教基督徒、克罗地亚和黑山的天主教徒、波斯尼亚的穆斯林之间潜在的紧张关系凸显出来了。

在 1992 年初爆发的波斯尼亚战争中，欧洲自第二次世界大战后首次出现了种族清洗，欧洲似乎恢复了早期的原始行为。当德国推动承认斯洛文尼亚、克罗地亚时，法国对德国统治地位的担忧再次浮出水面。这激起了法国对德国在欧洲地区野心的忌惮。与此同时，约翰·梅杰执政下的与欧洲大陆半脱离的英国断定，他们在巴尔干半岛没有国家利益。英国拒绝干预塞尔维亚的斯洛博丹·米洛舍维奇执政期间的行为。欧洲的"军事大国"英国和法国，把外交任务交给了资源有限的联合国维和人员。

欧盟在巴尔干战争和欧洲汇率机制危机上的这些失败，给欧盟选民带来了幻灭。在工会中谈论"民主赤字"已经司空见惯。1995 年，比尔·克林顿介入，并在俄亥俄州代顿达成了终结波斯尼亚敌对行动的和平协议，此时欧洲已经明显无法照顾自家后院了（同样，如果美国将中美洲的和平谈判委托给欧洲谈判代表，那对美国是一种耻辱）。然而，欧盟的防务举措缺乏资源和承诺。同样，自 1917 年以来，美国人一直在欧洲补救各种外交事故。简而言之，法国和英国没有全力轰炸巴尔干国家或派遣地面部队的做法是可以理解的，但这并不能说明欧洲保证了自己的和平。

1998 年，希望保留前南斯拉夫国家残余的塞尔维亚和科索沃民族主义者爆发了战争。这一次，受到波斯尼亚经验的磨炼，托尼·布莱尔和雅克·希拉克在美国的支持下采取了更为"积极"的干涉，这让人们有希望看到更果断、更协调的欧洲政策。

"9·11 事件"、2003 年"反恐战争"和 2008 年金融危机：不完全是欧洲的"历史终结"

2003 年，英国首相托尼·布莱尔的国际自信失控，他错误地支持了美国总统小布什为报复"9·11 事件"在伊拉克发动的战争。事实上，英国的这次干预有助于在外交政策上将欧盟凝聚在法国—德国轴心的周围。2003 年，德国左倾的社会民主党总理格哈德·施罗德，与共和党主导的美国政府毫无共情。同样，模棱两可的美、法关系困扰着经验丰富的戴高乐主义者雅克·希拉克，他在联合国和其他平台都强烈反对推翻萨达姆·侯赛因的伊拉克战争。与此同时，德国与俄罗斯继续推行新的东方政策，试图从西伯利亚获得独家的天然气照付不议合同。因此，法国、德国和俄罗斯在反盎格鲁－撒克逊的外交中团结了起来。

英国再次与法、德这两个欧洲伙伴拉开了距离，将它们俩推得更近。但这一次与阿登纳时期不同，德国没有过于迫不及待地靠近美国。新自由主义派的布什政府认为，法、德对自己的反感证明了《爱丽舍宫条约》合作伙伴不值得信任。事实上，众所周知，时任美国国防部长唐纳德·拉姆斯菲尔德曾将施罗德和希拉克的伙伴关系斥为"旧欧洲"做派。一个右翼的戴高乐主义者再次发现，自己与俄罗斯和社会民主主义的德国之间的共同点，比与自由主义的盎格鲁－撒克逊人的更多。

可以说，在美国外交政策明显被误导的情况下（尤其是在找不到所谓的"大规模杀伤性武器"之后），"旧欧洲"有能力与美国抗衡表明欧洲已经成熟了。德、法非常重视多国合作的联合国基础架构，这一机构必须比它的前身国际联盟更加有效。它们认为，不应让联合国在巴尔干半岛的失败阻碍它在其他地方做出的国际努力。事实上，法、德的联邦主义和超民族主义是显而易见的，狭隘的民族主义者想获取中东石油受到了谴责。与此同时，德国与它在中欧的"保守派"老盟友俄罗斯的合作十分和谐，不过合作是在爱丽舍宫会议的精神下进行的。在没有武装的情况下，德国的经济实力促进了其战略力量的发展。

2005 年，施罗德的社会民主党被更为亲美的安格拉·默克尔的德国基督教民主联盟（CDU）击败。与此同时，更信奉经济自由主义的尼古拉·萨科齐当选法国总统。因此，希拉克时代的戴高乐主义外交政策遭到削弱。欧盟在外汇和货币政策上的失误引起了不满，即使是欧元的狂热者法国和荷兰也有微词。令人惊讶的是，由吉斯卡尔·德斯坦起草的新的欧盟一体化宪法被选民们否决了。公平地说，德斯坦的文件甚至都难以鼓舞有联邦精神的欧洲人，它与几个世纪前亨利四世、佩恩或康德提供的见解相去甚远。事实上，它被描述为"一份臃肿、苍白、充满套话的文件，不可能激发人们对欧洲一体化的任何热情"。然而，扩张后的欧盟却在与不完善的联邦制作斗争，多次出现了一致同意和否决的情况。德斯坦的"最平庸"的宪法文本反映了这一点。它为欧洲怀疑论者提供了动力，这些人抵制欧洲理事会的多数表决法，但也谴责技术官僚政府的语言和文化。

作为被废弃的欧盟宪法的替代，2007 年温和的《里斯本条约》为欧盟引入了特定多数表决机制，并任命了新的欧盟高级官员。欧洲理事会主席和欧盟外交与安全高级代表的作用引起了广泛关注。例如，欧洲理事会主席的位置引起了托尼·布莱尔的兴趣，但他的形象和在伊拉克战争中留下的争议阻碍了他被提名。因为有多数表决机制，《里斯本条约》在宪法方面没有让人们感到太过失望，但是新的职位在妥协下给予了不知名的候选人。

此外，紧接着里斯本会议之后发生的金融危机，让欧盟成员国将注意力重新集中到了经济上。经过多数票表决，19 个欧元区成员国承诺将比 28 个联盟成员国取得更多进展。毕竟，对于整个欧盟来说，外环成员国的否决票会阻碍决策的顺利进行。欧洲央行由于需要偿付能力和信心，更加倾向于得到"多数"决策权，尽管德国持有很大的投票权。与此同时，欧盟成员国已达 28 个，继续快速扩张。但是，这未能冲淡法、德间的关系，也不能影响两国对欧盟事务的控制。在《爱丽舍宫条约》的基础上，默克尔总理与法国前后三位总统萨科齐、奥朗德和马克龙建立了牢固的工作伙伴关系。事实上，由于在欧洲理事会达成一致的投票变得烦琐，法、德为了维系其决策平台，相互间结合得更加紧密了。

与此同时，前东欧社会主义国家带来了鲜明的文化和经济冲击，使得最初由六个国家组成的欧共体变得截然不同。于是，新成员国的形象被塑造成缺乏欧盟事务经验、各行其是。因此，撒切尔夫人的大胆计划似乎没有奏效，她原想通过扩大欧盟以及推行一致投票来削弱法、德的联邦主义。《爱丽舍宫条约》让法、德得以快速扩张。与此同时，东欧移民、只有一个目标——使英国脱欧——的英国独立党（UKIP）的发展，以及最终的英国脱欧议题，对英国议会的政治决策施加了巨大压力。

对于德、法来说，在过去的 18 年里，一起建立欧洲经济与货币联盟，经历了"9·11 事件"、"反恐战争"、2008 年金融危机和随后的 2010—2015 年欧元危机的种种困难后，推动一体化进程充分说明了它们的投入。正如我们所见，这样的投入不仅仅因为是德国的战争罪责和法国的战争耻辱，还涉及两国在长期的政治和外交往来中积累的经验。当法国和德国的学者就查理曼大帝是法兰西人还是日耳曼人争论不休时，他们对中欧帝国的归属感变得日益强烈，尽管它曾饱受争议，有时甚至挑起战争。与此同时，岛国英国长期以来都在吸引、迷惑和困扰着法、德两国的观察家。

亚历西斯·托克维尔、恩格斯、马克思和英国

在研究英国这一方面，法国伟大的政治评论员亚历西斯·托克维尔想按照他的代表作《论美国的民主》对英国人在印度的活动进行一次类似的临床解剖。事实上，他曾经把英国描述为他的"第二个知识家园"。但事实证明，对他来说，英国比美国更难捉摸，美国更为透明，有着成文宪法和清教商业文化；相比之下，"在英国，道路是相互交叉的，只有分别沿着每条道路走下去才能对整体有一个明确的概念"。毕竟，英国不像法国或美国，它从来没有经历过现代式的革命。同样，在实用主义和经验主义的传统中，英国贵族也表现出了融入新的经济和政治环境的无穷本领。

此外，在19世纪40年代，恩格斯注意到，曼彻斯特的工人阶级渴望资产阶级的地位。恩格斯认为：

> 所有国家中的资产阶级，显然最终目的是要掌控资产阶级化的贵族和资产阶级化的无产阶级。

可以说，在撒切尔夫人的领导下，英国又朝着这个目标迈出了步伐。但这使英国离法、德的政治规则和习惯又远了一步，这些规则和习惯诞生于过去的革命历史，当时的一切都换了新的形式，仿佛进入了"元年"。然而，政治只是这种三方关系的一个方面，现在我们将转向经济——在马克思看来，经济学是英国留给欧洲的主要知识遗产。

第三章

从官房主义到科布登－谢瓦利埃：
欧洲一体化经济学（1648－1871）

很多欧洲联邦主义者总结说，为了取得一体化方面的进展，经济应该推动政治发展。事实上，在1951年的欧洲煤钢共同体会议上就明确有了这种观点。舒曼、莫内选择专注于欧洲的关键产业，引发了法、德之间的紧张和嫉妒关系。此举旨在为经济一体化创造动力，从而扫清政治障碍。

这种想法与本书的核心论点一致，即一体化在不同的背景下长期发展，政治和经济因素正在推动这一进程。此外，由于欧洲民族国家太小或关联太低，非一体化世界中的生活变得越来越不稳定和动荡。在接下来这两章讨论欧洲一体化的经济因素时，我们将关注欧洲制定思想政策时在"官房主义"和"自由放任"之间摇摆的核心矛盾。这场思想之争影响了欧洲一体化的整个进程，2016年英国决定退出欧盟也深受其影响。英国脱欧在一定程度上反映了英国对欧盟经济有与众不同的颠覆性观点，以及挑战它的意愿。英国在欧盟内部时，这些"自由放任"的本能削弱了法国和德国不断扩大政府作用的趋势。简而言之，英国的自由贸易传统、服务行业专业知识以及对低监管和低税收的偏好，都与法、德的集体主义形成了反差。

但正如我们所见，在不同的时代，整个欧洲存在各种形式的官房主义。英国伊丽莎白时代的海盗掠夺满载金银的西班牙大帆船，而法国的柯尔培尔（1619—1683）则从事出口驱动型的税收农业。与此同时，在德国，官房主义支持工业生产和出口，推动了经济增长；在工艺协会和国家的良性监督支持下，高品质的手工艺品得以产出。官房主义在这三个国家逐渐发展，相互模仿扩散，也会时不时消失。然而，官房主义可能无益于我们理解欧洲的身份感。令人沮丧的是，这可能意味着"迎合所有人的所有需求"。

1776 年，亚当·斯密在《国富论》中阐述了他的经济自由主义思想。然后，在 19 世纪初，大卫·李嘉图将具有"比较优势"的市场机制应用到了国际环境中。自由经济有了话语权，但完全没有主导欧元区的思想。正是由于这两种欧洲经济哲学带来的创造性张力，我们才能最好地描绘出欧洲一体化和反一体化的力量。

三十年战争与德国重商主义的诞生

1648 年，在三十年战争中经历了灾难性的宗教和领土冲突之后，德意志诸国沦为一片废墟。由于要争夺的东西太多，战争十分激烈残酷，德意志诸国成了宗教改革和大国竞争的战场。学者们对伤亡人数有争议，但可能有多达三分之一的德意志人在战争中丧生，或是死于战争带来的疾病和饥荒。某些德意志国家的情况更糟，所有的城市都被摧毁，属于德意志的文化和集体记忆被抹去。显然，这一人力和物质的损失，对德国乃至欧洲的经济和人口产生了破坏性影响。它激发了人们对于如何适应经济形势变化的新思考。

1945 年，德国的重建给取得第二次世界大战胜利的资本主义国家带来了巨大的挑战。但至少此时，这些国家已经有几个世纪的干预别国的经验。丘吉尔所设想的威胁欧洲的"铁幕"还给他们带来了一种紧迫感。相比之下，在 1648 年，国家对经济的干预仅限于军事开支和安全开支。在容易受战争、饥荒和瘟疫影响的国家里，君主通过政治恩赐来控制资源。然而，在 1648 年结束的三十年战争中，这些国家为冲突付出了代价，陷于停滞。此外，由于税收提高、打仗和提升边境安全的挑战，"国家决策"成了难题。

对 17 世纪的普鲁士来说，将资源用于重建经济是巨大的挑战，其他德意志国家也深受其害。当时还没有国家税收管理制度。但是，耕种被破坏的田地和修复被战争损毁的车间，需要有资金充足的官僚机构。此外，德意志帝国各小国的边界支离破碎，意味着各国亲王们难以将这些沉重的负担适度地分散到人口和资源贫瘠的德意志小国身上。随着德意志帝国的巩固和普鲁士主导德意志各国，这种情况将逐渐改变。但在 1648 年，普鲁士与英、法相比是无足轻重的。

然而，在利用有限的资源重建和管理狭小的领土的过程中，德意志各国建立了一支技术官僚队伍。尤其是普鲁士在国家行政和教育方面树立了强大的声誉，推动了经济的发展。17 世纪后期，在官房主义的推动下，这种方法推广开来。德意志各国通过国家干预发展了经济，直到拿破仑战争期间再次出现了饥饿的欧洲军队。到 17 世纪末，德语地区之间出现了创新竞争。令人印象深刻的是，大约 300 个德意志小国实行了集体封建制度，农民可以跨越国界流动。在混乱的战后重建中，地主想实现对契约农民的控制是不切实际的。德意志各国竞相争夺稀缺的劳动力，向邻国劳动力提供优厚的工资和其他条件。

政府最大的税收来源是农业租金，德意志的亲王们需要有生产力要素——农民，来提高农作物产量，支付交通、通信和国防费用。官房主义的原则是，勤劳（通常是路德派教徒）的农民、工匠同他们仁慈的"开明专制"式的亲王相互依赖。这些德国亲王就像现代商人一样，通过控制成本和增加收入而兴旺发达。这些亲王运作的市场竞争激烈，工人的迁移让劳动力得以"用脚投票"。德意志各国农民共同的民族身份和语言，使德国经济成为联邦制和劳动力流动的典范。事实上，共同的语言和文化鼓励了劳动力的流动，在这一点上，它与现代美国的相似性比现在的多语种欧盟更大。因此，下沉的竞争造就了一个充满活力的德语经济体。

德意志各国亲王们拥有土地和房产，但收取租金是一项负担。统治者担心农民会为了躲避高额税收而远走他国。由于农业租金有限，公共财政出现了黑洞，只能通过征收消费税来填补。征收跨国关税支援了国库。这些阻碍德意志各国贸易的因素将一直存在，直到19世纪中叶德意志各国建立关税联盟后各方面开始统一。同时，德意志各小国没有像早期统一的欧洲国家一样发展起规模经济。而且，法国和英国的国家关税联盟向对外贸易征税。德意志各国的亲王们陷入了困境，需要将消费税和配额提高到适当的水平。他们寻求在增加税收的同时又不破坏对外贸易，否则可能会赶走技术工人。

同样，德意志各国面积较小，大部分是内陆国家。它们把重点放在发展国内经济上，以此作为国家权力的投射，而不是对外的殖民征服，法国和英国就是因为殖民征服分散了注意力。所有的德意志小国由神圣罗马帝国统辖，这些小国组成了一个封闭的贸易区，不需要大西洋帝国或亚洲帝国。德语地区对实现自给自足的追求，来源于德意志人对进口的反感和对出口的热情。当然，直到18世纪末，神圣罗马帝国依然是农业大国（农业产值占80%）。工匠工会的成员代表着有着更高工资和声望的精英阶层。在贸易协会的支持下，这些工匠推动了出口；有了贸易协会，产品综合质量控制得以保证，帝国也能规范各国的亲王们。亲王们做好本国的建设以获得财富和权力。在竞争性的权力下放制度中，这些国家的宫廷贵族胜过了奥地利的宫廷贵族。普鲁士在19世纪从这种竞争格局中崛起，成为德意志的霸主。这些德意志国家一起培育出了一种生产、出口、培训、高效管理、（国库）盈余的文化，即使在今天我们也能看到这种文化。

与此同时，法国和英国在海军和建立帝国方面都有野心，它们奉行的官房主义有别于德国。欧洲帝国对积累金银的追求是痴迷的，在这种痴迷达到巅峰时，西班牙帝国掠夺了墨西哥和秘鲁的矿山，英国和荷兰的私掠船俘房了满载金银的西班牙大帆船。对这些官房主义者来说，贵金属是衡量和储存财富的工具，是权力的象征。事实上，到了 1776 年，西班牙帝国的金银早已耗尽，亚当·斯密因此定义了欧洲的官房主义。斯密坚信：财富就是金钱，或者说财富就是黄金和白银……它的商业工具，也就是价值的衡量尺度。

事实上，斯密的定义在当时是有局限性的，欧洲官房主义的范围已经扩大了。正如我们所见，战后重商主义打着德国官房主义的幌子推动了王权国家的建设。然而，即使在德国，金银也扮演着货币储藏手段和价值尺度的角色。在帝国建立前的德意志诸国，殖民地的种类是有限的。货币供给是谨慎稳健的，囤积货币则不切实际。德意志各国稀缺的黄金，支撑起了通用记账货币单位莱茵盾。限定黄金的配给以控制货币供应量，是这一时期德国反复出现的一种经济禁欲主义表现。幸而德国对金银缺乏图腾般的迷恋，但在其他地区，通过欧洲帝国寻找贵金属是有经济依托的，何况印度和中国等亚洲贸易国导致了欧洲所谓的"白银外流"。

英国重商主义与帝国和种族：欧洲特殊性

在伊丽莎白一世（1558—1603 年在位）的私掠时代后，英国的重商主义在商人和作家的影响下发展起来了。例如，早期的经济学家和商人托马斯·孟（1571—1641）在 1615 年进入 15 年前新成立的英国东印度公司之前，曾通过利凡特公司进行贸易。他在 17 世纪早期就反对伊丽莎白时代私掠者的恃强凌弱，他的理由是，国家需要运用合法的贸易来建设和维持权力。但是，他的新雇主东印度公司在贸易方面遇到了问题，它被指控从英国金库中榨取金条、银条去购买茶叶、白棉花和其他印度出口商品。事实上，英国在购买印度货时，除了金银币以外没有什么能满足印度的这个新贸易站。印度人觊觎金银，尤其是白银，它既是财富的储备，又是制作炫耀性珠宝的材料。

然而，托马斯·孟争辩说，金银币的外流并不能说明英国的财富和威望正在枯竭，一个国家的富裕程度最好是用包括黄金和白银在内的贸易总余额来衡量。他反对贸易保护主义，因为它转移了对英国有利的贸易；相反，英国消费者应该将消费从堕落的外国奢侈品转向可靠的本土产品，如此英国在追求自由贸易的同时才可能制造出贸易顺差。这笔盈余的收益也许会投资到海外，为英国的收息者带来年金收入，为英国的经济车轮抹上润滑油。他像许多早期的英国"重商主义者"一样，认为充分就业和经济福祉要优先于囤积金银。

但是，积攒的金条银条对英国的新重商主义者有一个好处：增加的货币供应量可能会刺激国内消费，缓和17世纪以来人们对劳动力就业不足的长期沮丧情绪。在17世纪，欧洲重商主义就货币政策能否有效地让人们重返工作岗位展开了辩论，这预示着20世纪凯恩斯主义者与货币主义者的辩论的到来。

英国和其他地方的许多政治经济学家反对托马斯·孟提出的自由贸易，他们支持保护主义以遏制进口亚洲产品。大部分亚洲产品通过葡萄牙和荷兰帝国抵达欧洲。随着进口商品涌入欧洲，关税和配额似乎起到了保护作用。事实上，保护主义与重商主义者都带来了国家建设方面的担忧，因为三十年战争后欧洲列强都在试图恢复力量。不过，重商主义适应了每个国家的具体情况，实现经济一体化没有通用的方法或动力。然而，这种做法助长了不友好的"损人利己"囤积行为。同样，在17—18世纪，外贸在这些欧洲国家的经济中所占份额很小，占主导地位的反而是国内农业。在贸易受限的情况下，这些国家没有强烈的意愿去相互模仿，更不用说是竞争。

　　德、英、法这三个国家都有十分明显的经济"特殊主义"。德国将管理小型国家做到了极致，而英国则在围绕两个帝国殖民地（美国和亚洲）开展对外贸易和转口贸易时艰难地应对着挑战，法国寻求在经济和战争方面获得绝对权力。正如我们所见，法国在旷日持久的宗教战争中击败了奥地利，并爆发了自己的宗教内战投石党运动[①]。然后，法国在路易十四的统治下建立了欧洲最令人瞩目的专制主义国家。17 世纪后期，法国是在竞争对手衰落的情况下崛起为欧洲霸主的，尤其是西班牙哈布斯堡王朝将荷兰的控制权输给了奥地利，并耗尽了在美国矿山的金银储备。同样，英国在托马斯·孟去世后也衰落了。到查理二世复辟时，英国依赖于路易十四的财政资助和外交援助。直到 1688 年傀儡国王詹姆斯二世被推翻时，英国和其他欧洲强国才能够挑战法国的绝对权力。路易十四受专制主义影响产生了统一欧洲的最初愿景，想要通过贸易和经济实现实质上的一体化来取代这个想法还要很长一段时间。

柯尔培尔和绝对重商主义

　　与此同时，路易十四依靠另一个欧洲"重商主义者"来管理和资助自己不断扩张的国家。红衣主教马萨林把路易十四介绍给了一个叫让 - 巴普蒂斯特·柯尔培尔的人。从背景上看，柯尔培尔是个博学的人。他创建了法国科学院、巴黎天文台和皇家建筑学院，并改革了皇家绘画和雕塑学院。他为拉辛、莫里哀这样的作家安排了国家养老金。他对法国的方方面面都感兴趣，从促进法国在文化和艺术上的领导力到商贸，再到为法国行业协会制定产品质量和数量规范。

　　柯尔培尔担任路易十四的财政总监期间（1665—1683），法国濒临破

---

　　① 投石党运动：发生于 1648—1653 年，是法国大革命之前法兰西波旁王朝历史上最大的一次反抗专制王权的政治运动。——译者注

产。在有限的国家财力下，他参与了法国经济工作的方方面面。自然，为了提高法国的国家偿付能力，他进入了对外贸易领域。例如，他致力于抑制威尼斯的玻璃进口，并支持国产产品。此外，他还主张保护在发展初期需要扶植的新兴产业。此后几个世纪以来，这一直是欧洲贸易和保护的一个主题。

通过政府干预，法国的纺织行业提高了质量和效率。柯尔培尔早期的政府干预政策包括广泛立法以提高法国制造业的质量，以及控制进出口市场。移民受到严格管控，旨在保证法国有足够的劳动力与欧洲对手国家竞争。尽管法国的人口在 17 世纪末位居欧洲之首，提供了经济潜力，但随着时间的推移，这已不再是法国的优势。事实上，人口增长的失败成了所有法国政策制定者关注的焦点。他们看到，法国的经济规模和战略地位，在更具活力的英国和之后的普鲁士 - 德国面前下滑。

相比之下，英国人认为，人口增长是喜忧参半。后来在 19 世纪，政治经济学家托马斯·马尔萨斯担心英国的粮食供应将难以跟上失控的人口。但在那时，追求贸易顺差和金银的重商主义国家可以通过帝国主义建设扩大海外人口，而不局限在拥挤不堪的欧洲。当然，通过帝国主义发展"离岸"经济意味着欧洲经济中的直接竞争更少，这进一步阻碍了欧洲的经济和文化一体化。简而言之，英国憧憬着建立一个更小、更赚钱的国家，人口控制和帝国腹地就是这个愿景的一部分。相比之下，柯尔培尔的法国政府，试图建立法国的国家资产负债表，法国将规模视为衡量权力和威望的标准。

柯尔培尔管理的是一个专制集权国家，这与路易十四宏伟的专制主义建筑凡尔赛宫相匹配。但是，法国需要建立帝国主义为自己在欧洲的霸权提供贸易和金银基础，这将补充法国在纺织品生产和手工艺品出口方面的优势。然而，英国和尼德兰联省却通过垄断东印度公司抢先了法国一步——这是托马斯·孟的精神。通过国家保护的垄断，这些特许经营公司为积极的商人提供了财富，这些商人们的工作区域广阔，不需要缴纳关税，也不需要担心海盗船。但是，柯尔培尔对这场竞争很敏感，他赞助了法国东印度公司，允许它从西印度群岛和印度洋进口珍贵的异国产品，以进一步增强法国国有经济的竞争力，这还将扩大法国的贸易顺差，为路易十四的军队提供资金。当一切就绪时，英国、尼德兰联省、法国的这三家股份制贸易垄断公司，都诱骗欧洲的赞助国去进行海外贸易竞争，通过模仿完成了整合。它们都是早期的欧洲公私合营企业。

柯尔培尔在各个方面指导法国变得强大，包括担任海军国务大臣时期。在经济和军事的双重支持下，他致力于将法国农业、手工生产和对外贸易上的成果转向军事装备。因此，在柯尔培尔时期的法国，重商主义在生活的方方面面都达到了新的水平。此后，中央集权的官僚体制一直是法国经济的特点。在 1945 年之后，它被重新命名为"统制经济"。当时，法国国家行政学院的精英毕业生们先是努力引领了法国经济的"三十年光辉岁月"，然后又计划了欧盟内部的经济一体化。

斯密、休谟和"老同盟"

但是，重商主义，特别是柯尔培尔的重商主义，在一百年后面临着一场知识分子的猛烈攻击。亚当·斯密和托马斯·孟一样，鼓吹市场支持下的对外贸易。在《国富论》一书中，斯密批判性地回顾了柯尔培尔的国家主导的对外贸易和军国主义。例如，到了 1672 年，柯尔培尔的保护主义就摧毁了尼德兰联省和法国之间的贸易联系。后来的《奈梅亨条约》让柯尔培尔放弃了对尼德兰联省的贸易限制，但加强了对英国的贸易保护。柯尔培尔的"敌对精神"导致了这三个国家之间的关税和配额战争，使整个欧洲陷入了困顿。斯密认为，柯尔培尔的重商主义是毁灭性的，与托马斯·孟的良性自由贸易相去甚远。斯密谴责整个欧洲的中央政府垄断，认为通过垄断建设国家的做法干扰了大量的"看不见的手"，贸易将被扭曲，社会分工将受阻碍，整个欧洲的财富都会减少。

公平地来说，柯尔培尔必须增加税收以保持法国的偿债能力，因为路易十四发动了一场早期意义上的全面战争。正如我们所见，路易十四在欧洲肆无忌惮的野心，导致17世纪后期反对他的军事联盟覆盖了欧洲的大部分地区，这使得陆军和海军的运营成本高得离谱。为了扩大净收入，柯尔培尔和托马斯·孟一样追求建立帝国主义来发展对外贸易并增加税收。但是，由于法国跟随英国的步伐发展东印度公司，英、法两国都需要更强大的海军和民兵来保护和劝诱垄断公司。征税和随之而来的官僚机构运营，成了柯尔培尔必须承担的一部分职责。

斯密毫不同情"暴君"的重商主义朝臣。相反，他希望看到欧洲帝国主义的贸易和创造财富方面得到充分利用，这将使价格机制得到自由发挥。事实上，对斯密来说，欧洲发现新大陆是人类历史上最伟大的事件。美洲殖民地增强了整个欧洲的"享乐"和"工业"。从这个意义上说，欧洲各国表现得像"一个伟大的国家"，它们团结起来扩大世界经济的潜能。然而，在17—18世纪，法国、英国和德国的政策制定者们，会认为斯密的设想是理想主义的。随着各国通过战争和帝国主义越来越深入地参与经济活动，它们需要税收收入才能超过欧洲的竞争对手。事实上，英国对斯密"看不见的手"的信仰可能会逆转。1688年光荣革命后，英国追求政府主导经济增长，方式是一些人所说的"议会制柯尔培尔主义"。然而，与法国、德国相比，英国的行业协会体系还比较薄弱。与凡尔赛宫或官房主义德国相比，英国的国家官僚机构十分脆弱。相反，英国（和尼德兰联省）的经济干预，是通过有垄断权的私营殖民贸易公司进行的。

斯密的前辈、苏格兰启蒙运动中的大卫·休谟很好地理解了英国的"断裂的自由放任"。17世纪40年代，休谟在《论贸易平衡》一书中提出了英国实用主义的概念，涉及贸易和国家威望等复杂问题。他认为，英国在贸易中任意使用关税和配额的做法都是自欺欺人的。例如，在国家不安恐惧和仇法情绪的驱使下对法国葡萄酒征收禁止性关税，只会给所有人造成损害。尤其是英国的消费者将受到影响，因为他们将不得不容忍劣质的葡萄牙和西班牙葡萄酒。同样，在另一方面，法国买家在购买集约型种植的英国小麦和大麦时，也将被拒之门外。

但是，休谟拒绝了纯粹的自由贸易。他能理解柯尔培尔对新兴产业的支持，认为这是合法的干预。毕竟，这可以引导有希望的国内产业得到发展，从而创造出口关税收入。随着这些受保护产业的发展，英国消费者的选择可能自然从德国亚麻制品转向英国亚麻制品，甚至从法国白兰地转向英国在西印度生产的朗姆酒。国家有了关税收入，便有能力提供这些好处。事实上，第一个税法就产生在关税上。如果关税数量恰当且合理，那么很容易通过边境的税站征收。例如，法国为消费者提供了优质葡萄酒，降低三分之二的禁止性关税，英国消费者就能负担得起。这可能会增加英国进口货物的数量，并扩大英国财政部门的税收收入。

货币储备通过这些常识性政策将不断得到积累，金银通货主义者对此感到满意，也维护了大家对财政部的信心，保持了经济活力所需的货币供应。这样也许可以规避教条主义，因为人们能意识到"贸易和货币问题极为复杂"。正如我们所见，到了19世纪，英国抛弃了休谟的务实做法，转向了曼彻斯特学派的自由贸易意识形态观点。但是，启蒙运动时期的英国政治经济学家既接受重商主义，也欢迎自由放任主义。于是，一位经济历史学家得出了结论——斯密的《国富论》在经济问题上证明了"绝对不干涉、相对不干涉甚至某种程度上的集体主义"是合理的。

在很大程度上，欧洲的知识分子鼓励就政治经济交换意见。值得注意的是，休谟影响了法国和德国的思维。这位苏格兰哲学家钦佩法国的文化、商业和管理，并支持苏格兰的"老同盟"。同样，当斯密抨击法国重商主义肆意妄为时，休谟在法国得到了广泛的理解。实际上，斯密、休谟都在法国待了很长的时间，两人同样拥护英国根据 1707 年英格兰、苏格兰签署的《联合法案》实行"联邦制"。作为欧洲启蒙运动的代表，他们促进了英、法两国在知识和文化上的相互依赖。这缓和了英、法自第二次百年战争以来的对抗局面。事实上，对英、法来说，这是一个罕见的相互欣赏时期。例如，法国的伏尔泰效仿英国 17 世纪培根、牛顿和洛克等人取得的成果，设计了启蒙运动的框架。

早前，为了表示法国和苏格兰在启蒙运动中的相互尊重，为法国路易十四服务的柯尔培尔强调了自己的苏格兰血统，他认为因此能在簿记事务和财务方面获得信任。这位谨慎的苏格兰会计师的形象在欧洲早已家喻户晓。苏格兰的"纸币重商主义者"约翰·罗阐述了对苏格兰式的"审慎"的尊重。根据伟大的奥地利经济学家约瑟夫·熊彼特的说法，约翰·罗"一直处于货币理论家的前列"，因为他领悟了纸币是经济活动的兴奋剂。然而，约翰·罗自己的生活却一点也不谨慎，他在伦敦参与了一场致命的决斗，然后逃到了巴黎享受权力和声望。1720 年，他成了路易十五的首席部长，尽管时间很短。在那里，他采取的商业投机举动使得柯尔培尔寄予厚望的法国东印度公司破产。约翰·罗被赶下了台，意味着法国与这位"正直"的苏格兰加尔文主义者短暂的蜜月期结束了。

当然，独立国家苏格兰在 1707 年的灭亡进一步损害了苏格兰模式。这与判断失误的达里恩计划有关，该计划野心勃勃地尝试将蚊虫泛滥的巴拿马沼泽地变成殖民地，以此帮助破产的苏格兰。随后的英格兰、苏格兰《联合法案》，在金融崩溃中整合了欧洲经济。可以说，这与其后的 1990 年的德国统一或欧盟在东欧前社会主义国家的扩张并无不同。与 20 世纪 90 年代完成统一的德国一样，苏格兰和英格兰的合并在早期也遇到了障碍，但合并后的国家的运转速度很快超过了各部分单独运行的总和。1707 年后大英帝国在贸易、航运、金融和军事领域进行扩张，苏格兰将在其中大有作为。事实上，苏格兰城市格拉斯哥已经上升为"帝国第二大城市"。

所以，苏格兰在政治、经济上对法国的领导作用是短暂的。但是，欧洲各国面临着共同的挑战。对就业、国家财富、贸易、安全和国家地位的关切，是英、法、德三国的当务之急。因此，在1776年斯密的《国富论》出版以及美国13个殖民地宣布脱离英国乔治三世国王独立之际，斯密努力地尝试解决欧洲建立"一个伟大国家"所面临的经济问题。对斯密来说，欧洲重商主义没能给出答案。斯密在《国富论》的第四卷中对重商主义或"商业体系"进行了批判，说重商主义者柯尔培尔和同伴们的行为像国家垄断和不受控制的保护主义一样效率低下。这些重商主义者都是天然的"金银通货主义者"，他们认为，建立国家机器只是为了积累金银财富，生硬的关税限制了贸易，取消它将惠及所有人。

然而，斯密和他的导师休谟一样，不是一个教条式的自由贸易主义者，他们都是坚定的亲法者。他厌恶英、法长期互相猜忌，尤其是在欧洲帝国主义问题上。像埃德蒙·伯克一样，他反对在美洲建立帝国主义，同情13个殖民地反抗中央集权的英国政府。事实上，英、美这两个大西洋国家之间的强制贸易扭曲了它们的经济，导致资源配置效率低下，遏制了"看不见的手"。两个大英帝国殖民地（北美和印度）的垄断贸易公司，是18世纪帝国主义的阴暗面，它们应该被废止，让价格机制发挥作用。这些垄断是被鄙视的"商业体系"留下的遗产。

鲜活的欧洲经济学：魁奈和斯密

到了18世纪中叶，法国的经济学发展已经超越了柯尔培尔的思想。法国的各大学院派接触到了斯密和休谟的古典经济学，达成了初步的和解。法国利用金银和帝国主义挑战柯尔培尔的国家权力学说。同时，斯密也受到法国的重农学派的影响。重农学派是法国政治经济学的一个新流派，由著名思想家弗朗索瓦·魁奈领导。重农主义者信奉农业。魁奈认为，法国政府仅仅关注城市精英的财富，而将土地所有者和农民排除在外。对此，他试图进行纠正。魁奈的农业经济学难以跨越英吉利海峡发挥影响，然而斯密却与魁奈结为了朋友，并支持他脱离柯尔培尔粗暴的保护主义。

斯密的名著《国富论》出版时，英国的工业革命已经进行了十多年。然而，斯密在写作时并没有意识到这一背景，因为在"工业革命"进行中确定它的发生不是易事。但是，斯密理解工业制造业的重要性，并抨击魁奈认为剩余价值只能来自农业的观点。毕竟，这削弱了斯密所强调的制造业和"劳动分工"是经济成功的基石的观点。斯密用来佐证专业化可以完善简单生产过程的制针厂的著名例子，没有给魁奈留下深刻印象。

但是，魁奈给欧洲经济学带来了一种令人耳目一新的科学秩序，体现了时代的理性精神，让斯密印象深刻。魁奈早年是一位外科医生，后来把经济学当作一门鲜活的科学来研究，将一个有活力的动态经济体比喻为人类循环系统。作为路易十六的内科医生，魁奈曾在自己位于巴黎和凡尔赛的寓所招待过斯密。对"枯燥的科学"的共同热情成就了两人的友谊，促使斯密打算将《国富论》献给这位朋友，但魁奈不幸早早离世。不过，他们之间还有其他的分歧，反映了英、法关系中潜在的紧张点。在某些情况下，医学适用于普遍观察，这是经济学难以做到的。例如，斯密和魁奈想要建立的新的经济学"科学"并没有脱离国家政治，也需要为战争买单。

事实上，重农主义者拒绝英国 1688 年光荣革命后推行的君主立宪制和贸易帝国主义模式。18 世纪的英法战争或许逆转了路易十四的欧洲霸权，但是魁奈在英国的军事成就面前却无动于衷。在这方面，他影响了很多政治家和作家，包括杜尔哥和孔多塞，他们都拒绝英国的经济模式。魁奈认为，英国的贸易和商业模式依赖于银行家、商人或不可靠的中间人，驱动力来源于自私的本能。这些中间人是机会主义者，可能会搬到任何能使收入最大化的地方，因此破坏了财富的积累是造福于所有人的认知。相比之下，创造财富的土地所有者和农民在土地上耕种，他们也是魁奈为法国设计的新"资产"。这是一个不可移动的生产要素，几个世纪以后将在法国积累财富。

蓬勃发展的法国农业部门，通过对小麦的关税维持了国家主要收入来源的地位。法国城镇和地区之间的内部贸易保护可能会被取消，以促进小麦在全国的自由流通，从而最大限度地增加对小麦产品的需求并优化税收。这样，法国将成为一个稳定的、经费自给的国家。布伦海姆战役后，路易十四过度扩张，英国在经济（以及军事）上抢先了强大的法国一步。但这是因为英国的科学农业体系以作物轮作为基础，保证了丰厚的作物产量，支撑了国家财政收入，这让英国有能力发动战争。魁奈认为，一切都有赖于农业。如果有任何人质疑 18 世纪末的价值创造源在哪里，魁奈会把制造商和贸易商——也就是所谓的"无产出阶层"——贬成第三阶级。简而言之，法国经济学定义的国家优先事项，不同于那些在《国富论》问世后渗透到英国的优先项。

但是，法国和英国（或苏格兰）之间有一些共同点，这鼓励了斯密去努力促成单一的欧洲经济模式。事实上，重农主义者读过休谟的作品，并追随他的观点，金银的流动，而不是其积累，将有利于经济的繁荣。柯尔培尔等重商主义者粗暴的金银通货主义态度歪曲了当时的欧洲经济，这样的经济更接近于魁奈的人体循环观：经济是充满活力的，需要黄金和白银跨境流动，就像魁奈的病人血管里的血液一样。

休谟、斯密和魁奈一致认为，任何国际收支顺差都会造成黄金和白银流入出口国，从而增加货币供应量，最终导致价格增长。这反过来又使出口价格更高，而顺差国家的进口价格更低，于是对外贸易回到平衡状态。这成了欧洲金本位制是一种自我调节的货币体系的核心论点。此外，苏格兰的思想家们认为，一个健康的经济系统不能缺少对外贸易，毕竟帝国和对外贸易在英国经济中占了很大一部分。相比之下，法国致力于消除国内贸易障碍和运输障碍，以释放更多的劳动力和土地储备。不出所料，重农主义者转向了法国农业，仅靠农业就可以维持法国工人和土地所有者的高就业率和高收入。在这种情况下，过多的对外贸易带来的可能是国内的贫困，而不是强健的国际主义。如果农产品能够在作物盈余时期进入外国市场，那么国际贸易就为法国的福祉做出了微薄的贡献。

魁奈再次证明，我们故事中的思想家们发展了普世的思想，却沦为了自己生活的人质。1758 年，法国当时处于耗资巨大的七年战争中，魁奈在作品中认为国家的偿付能力取决于"土地净产量"的税收，财富正是来源于此。事实上，只有引导人们从"奢侈品的制造和交易商"转变为"富足的土地耕种者"，法国人口增长停滞的问题才能得到解决。同时，"居民迁徙"也将受到限制。最终，由于旧式的国家管控，人们努力避免向"金融家"借钱，后者的"财富是神秘的，既不认国王也不认祖国"。

人们一致认为，欧洲的经济体系整体上充满活力，但英国和法国在历史、人口和地形上的差异给经济一体化带来了挑战。随着英国先于法国（和德意志各国）开始制造业革命，这些差异变得更加明显。然而，斯密在《英国工业革命》一书的开篇就表达了对魁奈科学的赞赏：这位法国经济学家"在一些算术公式上，是这个体系非常独到资深的作者"。魁奈还设计了一个单页摘要"经济表格"，代表了整个法国农业经济的循环体系。这与法国启蒙思想的精神是一致的，让科学学习易于消化，类似于狄德罗著名的《百科全书》。

但是，斯密怀疑魁奈的发现是否有普适性。魁奈这位法国思想家是一位"非常投机的内科医生"，他错误地认为"工匠、制造商和商人阶级都是赤贫的、没有生产力的"。即使在法国各大学院派内部，也很难避免英、法之间的敌对竞争。事实上，在 1763 年七年战争结束后，魁奈的农业改革反映了这种竞争。法国致力于缩小与英国在经济和军事上的差距。自然，在人们希望经济发展能提供军事力量的时期，欧洲经济一体化面临着挑战。

以后见之明，我们很容易看出斯密和魁奈之争所留下的遗产。从那时起，英国和法国在经济和商业方面一直采取截然不同的做法。事实上，这些分歧即使在最近的欧洲经济一体化进程中也是显而易见的，英国和法国所认为的欧盟最佳经济前景完全不同。制造业与农业的冲突，一直是导致英、法分歧的突出原因。当英国最终于1973年加入欧洲经济共同体时，它很快就根据法国设计的共同农业政策（CAP）挑战了法国的农业补贴。最终，在撒切尔夫人的领导下，英国从欧共体得到的著名"回扣"（大多是法国当时净收益的净减损），覆盖了一些通过共同农业政策从英国制造业转移到法国农业的补贴。

多年来，这个退款问题一直是欧洲技术官僚们对法国不满的原因之一。由于法国保留了重农主义思想，法国人不赞成脱离欧盟主导的安排。事实上，在重农主义世界里，通过补贴农业来扶持耕作是完全合理的。在共同农业政策的体系里，不可移动的生产要素土地仍然提供可靠的收入。与此同时，向日葵和薰衣草地、山坡上的葡萄园对法国文化的重要性超过了自由市场。这是魁奈的遗产，在欧洲一体化面前鼓舞了法国的特殊主义。英国、德国就没有这种保护农业游说团的热情。

同时，似乎可以认为英国和法国关于欧盟支持伦敦金融城的争论，以及相关的21世纪"中间人"或"绅士资本家"的争论，可以在斯密与魁奈的辩论中找到先例。在法国，斯密的经济模式常常被贬损为一个巨大的"第三阶层"产物。于是，斯密的欧洲团结为"一个伟大国家"的愿景成了壮志，值得称赞。2008年金融危机后，英国在欧盟努力游说的银行家、经纪人和对冲基金经理，将被视为欧洲最不受欢迎的"中间人"。

欧洲与两场革命

我们看到，英国、法国和德国经历了17—18世纪席卷欧洲"知识分子界"的经济争论，但是变革方法反映了每个国家的历史和文化。到了18世纪末，两场革命进一步增加了经济特殊性。第一场是工业革命，最早发生在1760—1830年的英国。第二场是1789年的法国大革命，它改变了欧洲的政治和军事格局。

第一场革命对经济一体化产生了影响。随着蒸汽、煤炭、金属和纺织工业实现了一系列技术飞跃，工业革命中爆发了斯密所称的劳动分工现象。与此同时，英国的人口增长超过了法国和德国。因此，在英国，越来越多的人能分享经济蛋糕。不断扩大的（尤其是在城市的）客户群在魁奈的经济循环体系的推动下增加了需求。然而，正是魁奈所说的"第三阶级"，在英国取得了经济地位的上升。与此同时，在法国大革命中，另一个第三阶级也开始夺取政权。

事实上，英国早于法国和德国开始的早期工业革命，一直是争论不休的话题。学者们重新评估了1760年的英国经济，修正了之前关于1760年前后经济对比的绝对假设。但大多数人都认为，大约在那个时候，休谟和斯密的家乡——英国，发生了一定形式的经济腾飞。尤其是英国享有一些法国和德国没有的优势。英国经济的利好因素有煤炭储备、最大的欧洲外"幽灵领地"、阻断本土战争的海岛地理位置、保护财产权的灵活自由的君主立宪政体、技术先进的农业部门，以及国家养老金和专利权，这些都鼓励了创新和发明。

同时，斯密和魁奈的经济学理论使人们开始关注英国、法国和德意志各国的相对经济表现。七年战争、美国独立战争和拿破仑战争促使政府大幅提高开支，通过税收和（不断增长的）政府借款来扩大收入的需求大大增加，保持国家偿付能力比以往任何时候都更需要依靠经济活力。虽然农业依然是强征税的重要来源，但也需要多样化经济来提供其他收入来源。

后来，英国抵御拿破仑"大陆封锁政策"的能力证明了这些收入来源的强大。事实上，当时英国在国际贸易中的地位非常强大，"大陆封锁政策"的拥护者之一沙俄，发现跟随拿破仑对英国进行封锁会让自己陷入困顿，于是通过波罗的海与英国进行非法贸易，英国强大的贸易条件缓解了它的财政压力。同样，英格兰银行的财务信誉可以轻松地借到资金填补预算赤字。英国政府依靠魁奈所认为的"第三阶级"生存和繁荣，即便当时的军事环境十分苛刻。

在政治经济学的范畴之外，欧洲启蒙运动通过科学的应用助推了农业和制造业的进步。狄德罗的《百科全书》里充满了关于技术进步的文章，可能对整个欧洲范围内的工业革命都有所贡献。因此，到了 19 世纪初，一个显眼的制造业基地（尽管与农业相比仍然相形见绌）树立了欧洲相对于世界其他地区的技术和文化优势。这被称为欧洲与中国和印度的"大分流"。

在 18 世纪中叶，中国和印度这些人口庞大的亚洲国家，展现出了与欧洲相当的人均收入；但此后，利用蒸汽机、煤矿和鼓风炉，欧洲发展了铁路系统、机械化纺织设备和造船业，亚洲经济被甩在了后面。因此，工业成就和现代性在竞争和技术传播中不断发展，定义了欧洲独特的经济文化，工程师们成为了欧洲"知识分子界"的一部分。但正如我们所见，由于英国、法国和德国的经济"特殊性"，讨论单一的欧洲经济还为时过早。

18 世纪后期的第二次欧洲大革命，即 1789 年的法国大革命和革命战争，都是经济因素导致的，尤其是因为 80 年代的农业歉收，法国出现了粮食短缺和政府金融危机。事实上，法国的财政部募集了巨额的国债为一系列反英战争提供资金，最终法国从 1778 年起向美国革命者提供了昂贵的支持。一些历史学家甚至认为，1789 年的事件是 18 世纪 60 年代重农主义农业改革失败的结果。此后，在法国，由于农业歉收以及 1789 年君主制的失败，一批革命者执掌了权力。他们追求建立反英的共和制政府，信奉自然神论和无神论的思想，我们将在第七章中看到更多的相关细节。

法国通过输出革命推动欧洲的一体化，这与斯密的"一个伟大国家"的经济统一有很大差异。事实上，拿破仑受到了经济资源的限制。他从法国殖民战争中吸取了昂贵的教训，主要在欧洲境内与邻国作战，流动的法国军队和雇佣军生活在被他们占领的土地上。但是，随着法国通过中央集权专制统治追求统一欧洲，它对德意志各国、奥地利、荷兰、西班牙和意大利等被占领地区的经济影响日益削弱。当拿破仑的帝国最终在 1806 年瓦解时，许多德意志国家要么分崩离析，要么发展壮大，这些国家再也不能在德语世界里追求"完全自由竞争"。但是，得到巩固幸存下来的国家，拥有了规模经济。特别是普鲁士能够发展到一定的量级，让它夺取了奥地利在德语世界的主导地位。

与此同时，拿破仑的军队鼓励在被占领国使用法语作为统一的语言。同样，随后欧洲整个被占领地区也实现了一定程度的经济一体化，包括河流通航自由。但是，拿破仑的活动主要是军事化和官僚主义的，而法国在短暂占领整个欧洲期间，无论按照斯密的标准还是魁奈的标准来看，都没有什么经济进步。随着拿破仑的"革命军"被英国这个"商人之国"打败，英、法两国终于在第二次百年战争中划清了界线。

到了 1820 年，在见证了英国 60 年来积累的经济财富之后，法国和德意志各国正在努力追赶英国。毕竟，英国在拿破仑孤立并使这个工业化国家破产的努力中取得了胜利。同时，英国为了维护在北美的贸易权，在 1812 年与美国战成平手。英国在战时展现出的经济实力和财政稳定，令人印象深刻。

1806 年，法国打赢了耶拿战役，拿破仑推翻了神圣罗马帝国，幸存的德意志国家太小，无法实行英国式的规模经济。同时，拿破仑统治下的法国在军事上虚张声势，过度扩张，与后来的 1939—1941 年的希特勒并无不同。简而言之，工业化对一个国家的安全和偿付能力至关重要。昂贵的战争威胁、鼓励和加速了欧洲经济一体化。税基对所有欧洲人来说都至关重要，这依赖于模仿不断扩张的英国经济，尤其是要让税收多元化，不仅仅局限在土地上。可以理解，法国和普鲁士效仿了英国从农业向制造业的转变。

李嘉图、比较优势、帝国主义和黄金

1815 年拿破仑帝国最终崩溃时，英国的贸易和工业化模式已经崭露头角。与法国重农主义或欧洲追求的旧式重商主义相比，英国这种模式创造了更多的税收和更强的借款能力。在其后的欧洲重建时期，英国和德国发现了两位经济学家，他们为政策制定提供了信息。他们强调了两国的文化，反映了不同的战时经验。

大卫·李嘉图让英国拥有了一位为英国贸易愿望提供知识支持的思想家，这进一步鼓励了国际分工。事实上，李嘉图鼓励英国与经济优劣势不一的国家进行贸易，这些贸易伙伴往往处于不同的贸易环境中。与此同时，在德意志的符腾堡，弗里德里希·李斯特在 1816 年被提拔担任副部级要职。李斯特有重商主义传统背景，曾在德国和美国工作，推动重商主义从最初粗糙的金银通货主义走向现代化，创立了"经济民族主义"学说，可以说这种学说在今天的欧盟仍占据着主导地位。

李嘉图是英国商人、股票经纪人和投机者，与托马斯·孟和约翰·罗的背景类似。李嘉图家族是成功的葡萄牙裔赛法迪犹太人，在著名的 1815 年威灵顿子爵滑铁卢大捷中，他通过投机获得了财富。因此，他绝对属于魁奈认定的"无产出阶层"。但是，随着英国社会流动性的改善，他买下了一处乡村庄园，并作为一个"衰废的选区"的代表进入了议会。在包括边沁、托马斯·马尔萨斯和詹姆斯·穆勒在内的 19 世纪早期著名政治经济学家的基础上，李嘉图将英国经济学推向了一个更加背离欧洲大陆思维的方向。李嘉图和斯密一样，致力于促进国际贸易。与此同时，法国和德国仍在消除国内贸易的障碍，拆除地区之间的收费站。当然，一旦法国及哈布斯堡帝国拆除内部的收费站，欧洲大陆各个邻国间扩展自由贸易就更加容易了。

为了说明比较优势，李嘉图和斯密一样强调法国葡萄酒的例子。当然，在18世纪晚期，法国葡萄酒还没有从欧洲经济共同体的补贴中受益。相反，为了对抗法国，英国海关当局对葡萄酒适用了抑制性税率。事实上，除了丝绸和白兰地，法国葡萄酒也激发了人们以"自由放任"走私者为主题创作浪漫的民间故事，使法国的"战利品"在英格兰西南部诸郡的海滩登陆。根据李嘉图的说法，英国出于反法情绪专门从葡萄牙购买劣质葡萄酒是不合理的。但是，毕竟葡萄牙是英国的盟友，曾反抗过西班牙和法国波旁王朝的控制。与此同时，英国与葡萄牙签订贸易条约，通过葡萄牙的殖民控制在巴西获得了几近排他性的黄金供应。所以说，英国从葡萄牙购买劣质葡萄酒，只是广泛的互惠贸易协定的一部分。此外，英国还将羊毛衫送到葡萄牙以换取葡萄酒。

李嘉图和斯密一样欢迎国际自由贸易。但是，由于自己的葡萄牙血统，他认为法国葡萄酒和葡萄牙劣质葡萄酒都能在英国商人的餐桌上占有一席之地。葡萄牙的气候和对农业的重视，使葡萄种植成为这个衰落帝国的一个相对优势的行业。例如，它比纺织业更好，因为葡萄牙没有纺织业优势。李嘉图选择以葡萄牙葡萄酒来解释国际贸易中的比较优势，成了著名的例子。一言以蔽之，葡萄牙可以用大量的葡萄酒换取英国的布料，两国都会受益。

但是，李嘉图未能突出说明一点：葡萄牙向英国出售劣质葡萄酒构成了一种贸易保护，这种模式是围绕着巴西黄金的独家贸易建立起来的。此外，他还很遗憾葡萄牙和西班牙得到了拉丁美洲的金矿资源。这种贵金属的过剩，以及由此引发的经济波动，使得葡、西这两个伊比利亚国家成了除被分割的波兰外的"欧洲两个最贫穷的国家"。后来，剑桥学派经济学家琼·罗宾逊认为，葡萄牙对葡萄酒和黄金的关注，扼杀了葡萄牙本来前景看好的纺织业，同时也为英国曼彻斯特纺织业创造了一个倾销地。从这个意义上说，李嘉图对葡萄牙比较优势的分析是有缺陷的。

然而，在欧洲经济中，获取黄金和白银比其他许多考虑都重要；由于中央银行和货币区可以控制货币供应量，这成了一个更受关注的问题。在这一点上，李嘉图拿得出手的结论只有这个：葡萄牙和西班牙黄金供应过剩推高了包括英国布料在内的商品价格。但是，产自巴西的葡萄牙黄金产生了广泛的影响。英国与高通胀的葡萄牙之间的贸易更加强劲。在英国看来，葡萄牙是廉价黄金的来源。这对英国来说至关重要，因为英国需要大量的金币来购买中国的茶叶以及印度的棉布和香料。一般来说，巴西和拉丁美洲其他地区的黄金和（特别是）白银不断地从欧洲流向亚洲。事实上，在南美矿山枯竭后，与巴西的黄金供应相比，白银开采十分窘迫，于是英国转向了金币主权。从1821年起，在葡萄牙金币的支持下，英国实际上又回归了金本位制。

此后，巴西黄金充当了英国货币体系车轮的润滑油，直到19世纪40—50年代英国从加利福尼亚和澳大利亚得到了新的黄金储备。同样地，英国在其帝国中设计出了除金银币以外的购买亚洲进口商品的支付方式，尤其是英国曼彻斯特的棉纺织品和孟加拉的鸦片。由于各国纷纷成立央行，并在需要时利用利率吸引黄金流入，巴西—葡萄牙贸易协定等协约的重要性有所削弱。但对于李嘉图和19世纪初的经济学家们来说，获得铸币对于促进贸易、推动国际分工和比较优势是极其有用的。简而言之，贸易比李嘉图的英国布换葡萄牙葡萄酒的简单例子更加复杂和微妙。

一般来说，由于欧洲建设帝国主义的要求，列强之间的贸易模式变得古怪。这些帝国所释放出的经济力量——尤其是英国的——使人们无法量化比较优势，无法根据李嘉图的理论做出正确的贸易决定。例如，尚在萌芽期的印度孟买棉纺业可能具有相对优势，因为当地原棉价格便宜；但是，在19世纪早期，凭借着规模经济和当时的市场地位，英国兰开夏郡的"黑暗的撒旦"工厂的机械化纺纱和编织能力更具优势，于是英国曼彻斯特的产品倾销到印度孟买，破坏了印度的新兴产业。与此同时，由于几个世纪以来的贸易扭曲，全欧洲范围内的比较优势出现了困难，反映了长期盛行的重商主义。

李嘉图在古典经济学上的伟大前辈亚当·斯密，非常清楚帝国主义扭曲理性经济行为的方式。斯密谴责帝国主义模式导致了国家的恣意扩张，但他务实地认识到，如果没有巨大的金融激励，帝国永远不会被抛弃。在美国《独立宣言》的背景下，他呼吁建立一个耗资巨大的帝国，由美国殖民者缴纳税款，以承担英国皇家海军的国防开支。然而，正是由于这些言论，美国殖民者首先站出来反抗乔治三世。因此，帝国主义的中心和周边之间的贸易形势，比斯密和李嘉图所承认的更为复杂和棘手。

斯密主张取消效率低下、扭曲贸易的国有垄断企业，但这些垄断企业保护了英国早期的新兴产业，比如英国曼彻斯特棉纺业。随着时间的推移，英国兰开夏郡的磨坊镇的运作，似乎在现有基础设施和专门技术上有了比较优势。简而言之，英国与正式帝国（如孟买和孟加拉）、前正式帝国（如美国）和非正式帝国（如葡萄牙和巴西）的贸易模式是一种遗产，使英国的经济政策满足了政府的针对性殖民要求。这种模式显然无法向德国和法国输出。

英国特殊主义与法国的效仿

即使对最有天赋的经济学家而言，英国的"特殊主义"也依然给欧洲经济学的"大统一理论"带来了挑战。显然，英国在工业革命中对法国和德国的领先地位并不是必然的，它是前面讨论的许多因素结合的结果。在拿破仑战争后，英国的殖民优势比以往任何时候都更加明显。对于欧洲其他地区的政策制定者和实业家来说，弥合与英国的差距成了一项挑战。然而，在法国，随着自由派的路易·菲利普在1830年上台并推翻查理十世的波旁保守主义，英、法关系显然有望围绕共同的经济自由主义得到改善。毕竟，路易·菲利普曾流亡英国，后来在1848年，作为法国最后一任国王，他被另一位法国亲英派总统拿破仑三世驱逐，然后重新回到了英国。

但是，法国路易·菲利普在位时奉行的经济自由主义，是在贸易条件对英国有利时推行的。英国在工业革命中发展的工程技术，在19世纪30—40年代英国铁路的繁荣中发挥了巨大作用。铁路是维多利亚时代欧洲早期的关键技术，法国为英国工业家和金融家提供了在外国直接投资铁路领域的新机会。英国工程师管理法国铁路建设项目、制造铁轨，并为建筑工程供应煤炭。英国银行家和经纪掮客为法国铁路公司提供了融资，后者的回报率高于泡沫弥漫的英国市场（通常为5%）。

这使英国在法国的地位异常显赫。对此，法国制造商批评路易·菲利普这位奥尔良国王接受了对宿敌的屈从。英国在铁路方面的比较优势包括先发优势和帝国铁路生产中的规模经济，但是这些相对优势是短暂的，法国和德国的制造商利用早期的保护主义很快便追赶上来了。路易·菲利普的产业策略是，笑纳英国的技术，然后快速学习，这让他在法国顶住了批判。事实上，路易·菲利普和后来的拿破仑三世，都遵循了务实的经济一体化。他们利用贸易，通过近距离的观察和复制进行学习。他们试图让法国获得有利的比较优势。这是一个比李嘉图承认的更具活力和可塑性的概念。在这些策略中，他们得到了德国国内一位经济学家的学术支持，这位经济学家后来将启发欧洲经济共同体的雏形。与以往一样，如果没有了渗透性，欧洲的知识边界就毫无意义。

弗里德里希·李斯特、经济民族主义与关税同盟

马克思怀疑英国是否愿意诚心与欧洲工业合作。1843年，即因德国革命将被流放英国伦敦的五年前，马克思写道，他对英国剥削性殖民贸易的做法保持警惕。亚当·斯密攻击殖民垄断和保护主义活动的言论，先是在英国然后在法国引起了消除外贸扭曲的呼声。英国和法国开始相信，它们

的制造业已经足够稳固，足以扼杀其他地方的竞争。与此同时，在德意志各国，马克思观察到一些公司在游说争取保护和垄断权，以发展自己的规模经济与英国竞争。

在马克思看来，德意志各国打着支持新兴工业的幌子追求"保护性关税、竞业限制制度、国民经济"的做法是"旧式腐朽秩序"的一部分。事实上，马克思指责暮年的重商主义者弗里德里希·李斯特，认为他要为这些过火现象负责。李斯特宣扬"国民经济、私有财产或国籍准则"的理论。这位来自德国符腾堡的政治经济学家，倾向于马克思和斯密都深恶痛绝的垄断资本主义，但他有自己的原因。令人惊讶的是，很长一段时间里，在关于 19 世纪的欧洲历史以及经济学的许多教科书中，李斯特都被忽视了。但最近一段时间，人们对"有关当局里的重商主义者"李斯特又恢复了兴趣。事实上，李斯特关于地区关税同盟的论点，被认为有助于启发欧洲经济共同体的雏形。比起那些备受关注的英国古典经济学家，可以说李斯特对欧洲经济一体化有着更大的影响力。李斯特和早期的德国重商主义者一样，是一位学者，在图宾根大学担任行政管理学教授。他游说德意志各国废除官僚主义，为公务员提供"优渥的生活和享受"，但也让其他人因税收负担而陷入贫困。

和法国重农主义者一样，李斯特专注于大国内部的自由贸易。德意志各国有机会在经济联盟框架下联合起来，但是李斯特选择的时机不对。德意志联邦各国刚刚赶走了拿破仑军队，亲王们将联邦内部不容忽视的激进经济改革视为危险。李斯特因宣扬颠覆性的政治观点而被不公地逐出了符腾堡的下议院，并因"叛国罪"被判处十个月的苦役。

德国显然没有做好建立全德关税同盟的充分准备，李斯特也于 1825 年移民去了美国。在宾夕法尼亚州，他近距离观察了美国的联邦体系，希望能找到得到解放的、摆脱了束缚德意志联邦企业的繁文缛节的公司。但是，在 19 世纪 20 年代的美国，南部农业和北部工业之间已经产生了严重分裂。他站在支持技术和教育的制造业阶级一边，反对种植园农民。他先是以美国驻汉堡领事的身份返回德国，随后于 1833 年定居莱比锡，此时他已具有了国际化贸易和工业视野。在英国、法国和美国的游历强化了他的观点，即由于工业企业的规模不同，英国与德国的工业竞争是不公平的，解决办法是德意志各国通过建立集体贸易壁垒进行反击。

就连美国也在与无情的英国商业作斗争。例如，美国南部的棉花种植者们就在困顿的贸易条件中生产，英国兰开夏郡根据这种贸易情况以折扣价向他们购买原棉，曼彻斯特抬高了出口回美国的成品纺织品的价格。事实上，新机器和教育方面的技术投资使英国享受了财富和投资的良性循环，但同时使美国路易斯安那州和亚拉巴马州成了贫穷的初级产品生产者。李斯特对英国教育的进步表示赞赏，这些进步帮助英国建立了支配地位。他认为，几个世纪前，英国人"是欧洲最大的霸凌者，一无是处"，与当时的意大利人、比利时人甚至德国人相比，英国人肯定是落后的。因此，只要有时间和投资，英国经济体系中没有任何东西是德国无法复制的。事实上，随着时代的发展，李斯特代表德国工业界所持的乐观态度，以及对英国主导贸易的抗拒，都将得到证实。

在其影响深远的著作《政治经济学的国民体系》中，李斯特将他的政治和经济论点提炼成了后来的经济民族主义。简而言之，英国通过技术进步和低成本倾销产品损害了德国工业。即使是像亚麻布制造这样的德国核心产业也很快会被英国咄咄逼人的做法所摧毁，而李嘉图本有望在这些产业看到德国的竞争优势。但保护主义可以建立一个公平的竞争环境，关税只有在"制造业实力足够强大，不再有任何理由担心外国竞争"时才会存在。当德国和其他地方的新兴产业最终发展壮大时，李斯特梦想着在欧洲建立一个"普适共和国"，它将实现普遍的经济和政治一体化。

李斯特的设想类似于 16—17 世纪亨利四世和圣皮埃尔神父的设想。事实上，德国关税同盟是由李斯特的思想发展起来的，是他的"普适共和国"

的一个限制版本，只存在于讲德语的民族地区。但是，它将激励欧洲一体化主义者朝着覆盖全欧洲的欧洲经济共同体的方向发展。事实上，李斯特认为经济一体化成了政治一体化的先驱，随着 20 世纪 50 年代欧洲一体化的正式蓬勃发展，这也是莫内的重要看法。

但是，李斯特所在的保守的符腾堡，永远不会利用经济实力领导德国关税同盟，甚至不会以此振兴德国工业。相反，当李斯特在德国南部沉浸于学术和政治中时，普鲁士通过了《普鲁士关税法案》，开始领跑赛道。普鲁士曾在拿破仑战争中受挫，但在维也纳会议后，普鲁士的民族主义重新抬头。普鲁士对外国出口到普鲁士的产品征收低价的关税以增加收入。普鲁士的做法更符合法国、英国和荷兰的保护主义，但其关税低于英国的《谷物法》水平。事实上，脱离自由贸易，用关税补充国库，同时也不会扼杀国际贸易，是德国进入 20 世纪后的政策特点。

德国奉行实用主义，避免在自由贸易、帝国优惠关税制度和其他晦涩的争论上出现宗派主义纷争，而英国政客多年来一直深陷于此。德国从未采用过类似曼彻斯特学派、约翰·穆勒或威廉·格莱斯顿的英国自由贸易思想。从道德角度看，英国思想家对这个问题的看法是不合理的。相比之下，德国和法国从未像英国那样吸收过"自由放任"的观点。德、法这两个国家从与英国的自由贸易中能获得的利益较少。在 19 世纪 40 年代的英国政坛，没有什么比《谷物法》之争更瞩目的了。在这方面和其他方面，英国的"实用主义"被夸大为其无所不在的民族特征。

正如我们所见，普鲁士和其他德意志国家一样，专注于德意志内部的贸易。考虑到霍亨索伦君主政体的规模和未发挥的经济潜力，普鲁士有望在德意志繁荣昌盛。幸运的是，普鲁士在 1815 年和法国的战争中付出惨重代价后重建了公共财政。对普鲁士捉襟见肘的公共收入账户而言，容易征收的外国关税是一个福音。各方都支持温和政策，因为普鲁士担心繁重的关税只会激发逃税、走私和政治不满。此外，无所不能的东普鲁士容克阶层（俾斯麦后来就是崛起于此）极力游说维持较低的关税，这将支持他们以出口为导向的农业部门。与此同时，没有关税所和行政基础设施的德意志小国，抱怨自己无法报复普鲁士的适度保护主义。

在这个关头，李斯特出面代表小国谴责了普鲁士的关税。这种疲弱的保护主义，将无法安抚普鲁士的新兴工业。他认为，《普鲁士关税法案》在德意志各国营造了低贸易壁垒，相反，德国需要对整个德意志联邦征收高额关税。可以理解李斯特与保守的普鲁士精英们找到共同目标的努力。东普鲁士容克阶层教条主义地提倡低税赋，他们是易北河以东土地的所有者。容克阶层希望整个欧洲都征收低额关税，他们相信自己在德国东部大型农场上高效生产出的小麦可以充斥整个欧洲。在战术上，东普鲁士容克阶层与奥地利首相梅特涅伯爵结盟，同意在德语区降低关税、团结农民。后来，奥地利在德国自由贸易区的作用遭到了"大"德国和"小"德国支持者的一致质疑。

尽管奥地利、普鲁士人反对德意志范围内的关税同盟，但李斯特所在的符腾堡还是怂恿普鲁士采取行动。1827 年，符腾堡和巴伐利亚成立了自己的农业关税同盟，引起了其他王国的注意。普鲁士承担不起置身事外的后果，容克阶层的抵抗到 1833 年失败。随后，普鲁士发起了在普鲁士保护伞下的德国关税同盟，这个同盟包括了 18 个国家的 2300 万人。在这一单一市场内，各国之间共享的铁路网进一步助推了经济一体化的快速发展。后来在黑森州的达姆施塔特举行的一次会议，讨论了非德意志国家的准入问题，如包括皮埃蒙特[①]、瑞士、荷兰、丹麦、比利时和最大的日耳曼族国家奥地利。然而，扩充非德意志人加入关税同盟遭到了否决。西欧还没有为最终于 1957 年成立的地区性关税同盟做好准备。

相反，德意志民族主义者致力于保持一个经济集团内民族和文化的

---

① 皮埃蒙特：今意大利西北的一个大区。——译者注

统一。德国正在追赶法国重农主义者多年前进行的自由贸易改革，目的是建立一个统一的国内贸易集团。可是，德国经济联盟扼杀了欧洲经济一体化，因为它使德国的农业和工业更加内向，鼓励自给自足。它挫败了德属波罗的海诸国几个世纪前——尤其是在著名的汉萨同盟中——展现出的旧式国际主义。在极端情况下，这种本国自给自足的状态将在 20 世纪 30 年代螺旋式上升为希特勒故步自封的城堡心态。

关税同盟后来帮助俾斯麦用血和铁将"小"德国整合起来，由普鲁士领导。李斯特在建立德意志普适共和国方面发挥了关键作用，尽管这个共和国没有包括信奉天主教的奥地利。此外，他还为后来欧洲围绕关税同盟建立经济一体化打下了基石。但到了 1957 年，欧洲经济共同体建立了普遍的永久外部壁垒；这与李斯特主张的临时壁垒有所不同，后者将在"普适共和国"出现时消失。事实上，欧盟和它的前身，并不是完全被李斯特的"经济民族主义"启发的，后者很显然只影响了欧洲。它们借鉴了英国古典经济学家亚当·斯密和大卫·李嘉图的观点。这在欧共体的《单一欧洲法令》（SEA）中体现得最为明显。法国重农主义者也留下了他们的遗产，即通过共同农业政策（CAP）提供农业补贴。简而言之，欧盟从英、法、德三大国的游说努力中吸取了教训，接受了不同的经济理论和文化的启发。

皮尔、科布登和《谷物法》：企业自由贸易

正如我们所讨论的，英国率先实现了"民族国家"内的经济一体化。1707 年的《联合法案》建立了政治和货币联盟，工业革命在英格兰和苏格兰的所有地区都得到了自由发展，影响了不断扩大的土地和人口。道路和运河成本在 18 世纪末下降，为英国出口创造了一条有效的渠道。产品通过英国船只运往海外，受到英国苛刻的《航海条例》的保护。在弗里德里希·李斯特看来，这相当于英国的不公平倾销。但是，英国的这些孤立主

义做法，在一个由地主和商人联合控制的政治体系中成了惯例。在 1688 年末不流血的英国光荣革命后，这个联合体积蓄了力量。

从 1688 年起（新教徒和殖民地）发展壮大的贸易和商业文化，带来了一定的社会流动性。这使得英国纺织、钢铁、煤炭、航运、工程和建筑业等新一代工业精英脱颖而出。反过来，这些"新贵"又融入英国传统的公学体系之中，后者长期以来一直为贵族所独享。然而，在自由贸易和保护主义的敏感领域，现在一起接受教育、拥有特权的地主和实业家这两个群体，发生了剧烈的冲突，战场集中在了英国的《谷物法》上。

事实上，《谷物法》太过苛刻，以至于欧洲大陆和英国在 1846 年之前都无法实现农产品贸易。这是粗暴的保护主义，比重商主义的欧洲大陆采取过的任何做法都极端。《谷物法》起源于光荣革命第二年对黑麦、麦芽和小麦实行的出口奖励金和保护性关税。尤其是小麦，它是英国工人的主食，也是贵族土地所有者最有利可图的经济作物，贵族们得到了英国国王荷兰执政奥兰治亲王威廉的支持。后来，随着拿破仑战争的爆发，欧洲其他国家从英国进口的小麦因为拿破仑的大陆封锁被完全拒之门外。自然，英国贵族额外的耕地都用来种植了小麦和其他谷物。但到了 1814 年，由于拿破仑战败并被流放到了厄尔巴岛，英国贵族地主开始抱怨，在廉价的欧洲大陆小麦面前，自己没有得到足够的保护。当英国的小麦价格从 1812 年的 126 先令跌至 1815 年的 65 先令时，这种担忧似乎是有道理的。因此，英国利物浦勋爵的保守党政府，为了他们的政治腹地的利益，采取了果断的行动。保守党禁止进口欧洲大陆小麦，除非小麦价格超过 80 先令，但从未有过这样的情况。

1815 年，除了欧洲大陆小麦被挡在门外，还有其他因素将英国与欧洲大陆隔离开来。保守党政府一直担心法国会入侵英国，也担心被剥夺选举权的中产阶级和工人阶级会心生不满。在 1819 年臭名昭著的彼得卢惨案中，政府民兵袭击了曼彻斯特工人，后者抗议食品价格因令人憎恨的

《谷物法》越发高涨。与此同时，英国激进分子中的欧洲理想主义，也在逐渐消失。启蒙运动在法国取得了推翻专制主义、发表《人权宣言》和废除封建主义等明显胜利，激发英国产生了激进的欧洲认同感。

但是，对埃德蒙·伯克的批评、托马斯·佩恩的被监禁、威廉·华兹华斯和玛莉·渥斯顿克雷福特的理想幻灭，以及恐怖统治的到来，扼杀了英国精英圈对欧洲的热情。同时，英法战争使英国政府获得了更多的权力，废除了人身保护令，并监视激进分子。此外，《谷物法》使英国工人阶级依赖英国贵族所有的小麦，这一经济后果表明了封建制度的回归。事实上，对英国工人来说，无论是依赖欧洲还是依赖英国贵族，都会带来不乐见的结果，20 年的战争和反法舆论宣传已经使他们筋疲力尽了。因此，英国的激进主义分子倾向于走一条明确的英国道路。宪章运动与 1848 年激进的欧洲局势，几乎没有共同之处。同样，正如我们将发现的，英国的社会主义是一场孤立的运动，几乎没有受到 19 世纪后期欧洲"国际主义"运动的影响。

《谷物法》减少了英国与欧洲的贸易，为了废除《谷物法》而成立的反《谷物法》联盟，也与欧洲脱离了。理查德·科布登和约翰·布莱特在推动自由贸易时避免参与欧洲一体化的争论，他们出于本能对崛起中的曼彻斯特资产阶级进行了狭隘的保护。对科布登来说，取消对外国小麦的关税同时完成了四个目标：它改善了英国（曼彻斯特）制造商的市场；降低了食品价格、提高了实际工资并帮助了劳动人口；迫使英国提高了农业效率，因为城市对食品的需求鼓励了技术投资并提高了产量；促进了国际贸易和相互依存。简而言之，英国农业关税的实行和废除，让英国游离在欧洲经济之外。虽然最后一个废除关税的理由有望实现一定程度的欧洲一体化，但布莱特和科布登的工作重心还是国内议程。

事实上，罗伯特·皮尔在 1846 年废除英国《谷物法》的做法，使保守党在一代人的时间里四分五裂。包括威廉·格莱斯顿在内的皮尔的著名支持者们离开了保守党，与志同道合的"自由贸易者"一起建立了一个新的自由党。毕竟，废除《谷物法》要求欧洲最成功的政党——保守党攻击贵族地主阶层。此后，由于自由贸易在一定程度上决定了英国的政党结盟，保护主义问题在英国政治家中继续具有象征意义，政党和压力集团都围绕在这个问题周边。正如我们所见，保护主义在德意志各国也是一个关键问题。尤其是普鲁士利用德国内部的自由贸易在欧洲德语区先是促进了经济联盟，然后促进了政治联盟。但是，和英国一样，这也是普鲁士的国内议程。整个欧洲范围的贸易政策还有些遥远。

确实，皮尔对英国保护主义的攻击被解读为他对 1846 年爱尔兰灾难性饥荒的反应，那次饥荒是现代欧洲历史上最严重的饥荒。然而，多年来，反《谷物法》联盟一直在加快国内游说活动的节奏。简而言之，取消小麦关税和英国实行自由贸易，都与英国坚持产品出口有关，廉价的殖民地初级产品将提供支持。这显然是李嘉图的比较优势，因为英国在制造业上十分专业。

当然，在英国皮尔废除《谷物法》的同年去世的德国的李斯特，可能会将皮尔的自由贸易视为英国的恶意掠夺行为。英国工业家正在向欧洲市场倾销廉价的免税产品，但此时德国已经有了统一的对外关税作为保护，德国可以在全德范围内培育农业和扩大制造业。与此同时，英国的贸易从欧洲转移到了帝国和美洲。这激励了英国在 1815 年后从欧洲大陆转向欧洲以外的国家，我们将在更详细地审视欧洲各大帝国时看到这一点。

拿破仑三世和科布登：英法"自由主义"与特罗洛普式资本主义

随着制造业在西欧的扩张，各国有机会在工业领域实现专业化。这是李嘉图的愿景，他在科布登的曼彻斯特学派内找到了赞助。曼彻斯特学派支持英国接受了一个不太可能的伙伴——新任法国皇帝拿破仑三世

（亲英），这与任何"普适共和国"目标都相去甚远，但拿破仑与科布登在自由贸易以及英、法"自由主义"这一难以捉摸的概念上达成了一致。

幸运的是，拿破仑三世和他的前任路易·菲利普一样曾流亡英国，在皮尔废除《谷物法》时也在英国。他是皮尔的崇拜者，认为自由贸易是经济繁荣的关键，并且背离了柯尔培尔的法国商业传统，抛弃了魁奈对农业的教条式关注。事实上，他制定的政策（相对）类似于英国自由主义者的自由放任政策。

拿破仑三世通过自己的坚韧和对拿破仑·波拿巴遗产的利用掌握了权力。拿破仑这位前皇帝仍然引起了法国中产阶级的怀旧情绪，因为他代表了法国近代史上一段相对而言更加辉煌的时期。到了 1852 年初，路易 - 拿破仑·波拿巴精心策划了一次全民公决，当上了君王总统；年底，他宣布建立法兰西第二帝国，成为拿破仑三世皇帝。为了得到全国性的支持，他迅速推动了一些地区性项目。在马赛，他建立了商会、证券交易所和新的大教堂，亵渎和神圣的做法都涵盖了；在波尔多，他宣布支持铁路、港口、运河和公共工程项目。他有选择地优先在基础设施领域进行国家干预，遵循了斯密在《国富论》中提出的方法。

令人印象深刻的是，在执政的 20 年里，拿破仑三世将法国铁路的里程扩大了五倍多。他努力追赶英国，并与雄心勃勃的普鲁士进行了铁路建设竞争。竞争和模仿，再次挑拨了英、法、德三国的关系。铁路技术在这三国的传播可以说是欧洲的一体化，它反映了工业革命的范围是整个欧洲。至关重要的是，英国工程师们为整个欧洲提供了设计和制造理念，他们可能就相当于今天美国硅谷的技术设计师。一般来说，当时可以通过观察铁路里程来衡量一个欧洲国家的进步水平。早在国家展开统计战之前就有此做法，它重点关注国内生产总值增长、国际收支统计数据以及失业率。但是在更早的时期，它同样创造了欧洲资本主义竞争潜意识。

值得注意的是，当法国和普鲁士推动国有部门建设铁路时，英国在 19

世纪 30—40 年代是坚定地通过私营部门扩张早期铁路的。到今天为止，欧洲公营和私营部门的选择，依然代表着经济政策上的分歧。为了提供政府开支资金，欧洲各国确定了新的税收和公共借贷方案。平衡的预算和充满活力的私营部门，仍然是主要的追求目标。但是到了 19 世纪中叶，英国的私营铁路公司受到了严厉的批评，它们被控管理不善并有投机行为。对欧洲私人投资者来说，这些公司的股权失去了吸引力。不出所料，这推动法国和德国选择了国有铁路。因此，欧洲商界见证了一场文化冲突，冲突一方是金融道德存疑的教条主义的英国自由放任派实业家，他们得到了伦敦金融城的支持；另一方是更加务实的法国人和德国人。事实证明，在这三个大国的关系中，这种商业文化的冲突是有弹性的。

但是，英国对股份公司的痴迷，以及股东在促进资本主义发展方面的成功，都不如威廉·格莱斯顿和英国"经济自由主义者"所体现得那么彻底。就连"自由放任"的大领袖约翰·穆勒也有自己的疑虑。他的《政治经济学原理》于 1848 年出版，当时法国和德国拒绝模仿英国的做法修建铁路。穆勒辩称，股东在监督股份公司董事方面是无能为力的。股东作为公司所有者可以合法地将董事从公司除名，但这很难执行，而且"几乎从未实现过"。尽管如此，穆勒还是强调"自由放任"是"一般做法"，并警告国家不要进行干预，除非能带来"巨大的好处"。

安东尼·特罗洛普后来在《如今世道》（1875）一书中讽刺了英国铁路领域的资本主义。小说的主人公梅尔莫特在北美投资铁路股票，据说投资价值"根本不涉及铁路的未来利润，也不涉及这种交通方式将给全世界带来的利益"；相反，它提供了一个机会，可以"在投机世界中，通过适当的操纵手段"短暂盘存股票，并快速获得资金。穆勒和特罗洛普以不同的方式强调了英国的"假资本主义"，这种"假资本主义"令魁奈反感，甚至在今天都令法国和德国的重商主义者厌恶。

法国的国家支持是显而易见的，王室总统拿破仑三世和后来的法国皇帝都支持发展可持续的金融部门，因为铁路和其他增长性行业需要可靠的资本来源。与此同时，法国吸取了中央政府债务过多的教训，更愿意建立商业银行，由此从国家资产负债表中摘掉部分贷款。因此，拿破仑三世下令提升法国的银行业实力。像动产信贷、里昂信贷和兴业银行这样的长期贷款机构已经到位。如今这些巨型机构虽然已经更名但仍然存在，它们成立于 1852—1864 年，为铁路和运河以及巴黎城的重建提供了资金。有趣的是，欧洲公共会计领域将出现由政府支持、表外国家融资的银行文化，很快欧盟就会接受这种做法。

世界博览会和科布登 – 谢瓦利埃：如果不算整合，至少也是模仿

到了 1855 年，法国与英国竞争的决心得到了回报。法国巴黎在 1851 年英国世界博览会之后举办了一个类似的国际展览，在工程和设计上已经能够与英国并驾齐驱。1867 年，法国又重复了这一举动。国家主导的融资和基础设施建设加速了法国在工业上的追赶，这一现象在发展迅速的普鲁士更为明显。法国在英国经济自由主义中选择了自己喜欢的一些方面，而摒弃了自由放任主义的过度之处。因此，拿破仑三世的法国在欧洲被烙上了"自由"文化的烙印，这一印记是英国和法国所特有的。

事实上，拿破仑三世继路易·菲利普之后成功地模仿了英国工业的领先方面。在这些问题上，一个从创新者的错误中吸取教训的模仿者，可以篡夺先行者的优势，更确切地说，拥有欧洲最为广泛选举权的法国，提高了"自由主义"的信誉。这一形象让拿破仑三世树立了牢固的国内地位。继伯父拿破仑·波拿巴——拿破仑一世之后，路易 – 拿破仑·波拿巴被宣布成为法国皇帝拿破仑三世。

此外，拿破仑三世与英国的联系扩大到了外交政策上，他与英国和土耳其联手在克里米亚与俄国人作战。这证明了他的"皇帝"头衔不仅仅是

象征性的。他想扭转 1815 年伯父在欧洲遗留的法国弱势形象。在法国于 18 世纪击败英国后，他还扩大了欧洲以外的领土——我们将看到法国殖民地在他的打理下扩大了一倍多。简而言之，法国似乎摆出了与奉行经济自由的专横的英国人相似的姿态。这种英、法特色与中欧的贵族容克文化形成了鲜明对比。

从表面上看，到了 19 世纪 50 年代末，法国和英国实现了显著的经济一体化，其基础是共同的自由贸易、政府在参与公共工程上的谨慎、资本市场的自由化、一定程度上由经济帝国主义推动的殖民扩张，以及持续的欧洲均势政治。与此同时，俾斯麦一直致力于在易北河以东发展经济，那里有传统的、庞大的容克粮民群体。这个容克阶层规避跨国自由贸易，同时扩大了投票权和新闻自由。事实上，俾斯麦对以普鲁士为中心的经济民族主义的追求，本应该得到弗里德里希·李斯特的认同。与此同时，休谟、斯密和李嘉图的著作渗透到了皮尔、科布登和拿破仑三世的政策中。这表现出的感觉，哪怕不是李斯特的"普适共和国"或斯密的"一个伟大国家"，也至少是英、法的知识分子。

英、法两国间自由协约的最具体表现是 1860 年签署的著名的《科布登 – 谢瓦利埃贸易条约》。这是这两个大国之间的一次艰难谈判，凸显了在没有政治信任的情况下建立可持续经济联盟的诸多困难。当英国不安地向英吉利海峡对岸望去时，由于英国反复出现对法国入侵的恐慌，两国政治关系更加艰难；而且，到了 19 世纪 50 年代末，英国自由党党首帕麦斯顿和拿破仑三世还需要安抚国内的利益集团，各自面对着民族主义者在外交政策上的施压。《科布登 – 谢瓦利埃贸易条约》是两个相互竞争的帝国建立实质友谊的开始，这也标志着双方的政策出现了逆转。

此前，英国一直回避双边贸易条约，推动英国在国际市场上进行单边自由贸易。此举是为了避免国家倾向于或出现扭曲的贸易模式。在这方面，英国希望以身作则，创造有活力的出口市场和强劲的经济增长。事实上，在 19 世纪 50 年代的大部分时间里，这种做法似乎都奏效了。在与法国签署 1860 年的著名条约时，英国默默地向其他欧洲贸易伙伴提出了类似的要求。与此同时，法国在贸易方面缺少英国废除《谷物法》的类似经验。他们既没有像罗伯特·皮尔这样的自由贸易倡导者，也没有像爱尔兰马铃薯饥荒那样可怕的人祸。相反，拿破仑三世和他的首席财务顾问米歇尔·谢瓦利埃需要担心奉行保护主义的制造业游说团，法国的制造商们继续推动发展经济民族主义。

但是，英国在抵御自由贸易冲击方面处于更有利的地位。英国的制造业基础更加先进，拥有规模经济和殖民腹地。因此，英国能凭借廉价的初级产品和庞大的殖民市场进行不公平的竞争。英国已经在帝国经济中实行了自由贸易，这是一种早期形式的"帝国特惠制"。英国正是从这种优势地位出发，在欧洲单方面推动了削减关税的自由主义事业。然而，早在 1776 年就被斯密抨击过的殖民贸易扭曲，却躲过了罗伯特·皮尔、理查德·科布登和约翰·布莱特的猛烈攻击。

煤炭与战争：欧洲经济一体化的障碍

法国和英国都希望通过贸易来实现经济成功，但它们都有支持脱离"经济自由主义"的殖民地。与此同时，到了 1860 年，英国和普鲁士明显意识到拿破仑三世的战略计划覆盖到了直至莱茵河左岸的北欧地区。事实上，普鲁士边境的经济和国际关系围绕拿破仑三世产生了冲突。19 世纪 50—60 年代，法国基础设施的改善和较低的关税，促进了法国工业发展。但是，法国缺乏英国和普鲁士那样丰富的煤炭储备，仍然处于不利地位。拿破仑三世依靠的是廉价的比利时煤炭，而比利时自 1830 年起就由英国和法国共同负责了。事实上，到了 1855 年，法国约 60% 的煤炭都来自比利时的煤矿。值得注意的是，在签署《科布登－谢瓦利埃贸易条约》之后，法国的

第一个贸易条约是与比利时签订的，目的是确保煤炭储备。

为保证煤炭供应，拿破仑三世乐于吞并这些宝贵的比利时煤田，但这样做会导致和英国人的疏远，这将违背他与英国建立紧密关系以实现自由贸易和经济增长的首要目标。另一个可行计划是获得普鲁士的萨尔煤田，但是，俾斯麦很快在1862年拒绝了法国皇帝涉足萨尔地区，并拒绝在煤炭贸易上对法国做出任何让步。于是，拿破仑三世随后向普鲁士提出愿意在任何奥普战争中无条件保持中立，以此换取对煤炭的控制，然而俾斯麦再次拒绝了。法国又计划在莱茵兰建立缓冲国，以保证从德国进口煤炭，但遭到了普鲁士的进一步抵制。

1866年，俾斯麦赢得了对奥地利的第二次德意志统一战争，这意味着法国的友谊对普鲁士而言更加没有价值了。因此，俾斯麦在卢森堡主权问题上只对拿破仑三世做了口头承诺，而拿破仑三世却未能与奥地利建立一个反普鲁士联盟，否则法国本可能会得到萨尔煤田。最后，拿破仑三世获得了意大利的领土，这一坚定的举动让全欧洲对法国的意图产生了怀疑。与此同时，拿破仑三世在英国的"自由主义"新朋友们，也一直对法国的入侵威胁感到焦虑。英国公众很容易将拿破仑三世视为另一个自信的拿破仑。

拿破仑三世试图通过重工业、银行和交通来复制英国的工业发展，从而加剧了人们对法国民族主义再次觉醒的恐惧。数十年来，对阿尔萨斯、洛林和萨尔的重要资源的争斗一直在继续，瓦解了法国和德国的关系。此外，拿破仑三世重点关注控制原材料以保证法国制造商的资源，这也更体现了法国的重商主义。毕竟，坚持自由贸易和"自由放任"会激励皇帝专注于法国的农业和制造业，因为他确信法国可以很容易地用出口产品交换到比利时和德国的煤炭。但是，当欧洲一直面对战争的威胁时，经济活动专业化就受到了限制。尽管40年里（直到克里米亚战争时）欧洲的均势避免了大国之间的冲突，但1848年革命引发的民族主义，以及随后在意大利和德国引起的反响，使得欧洲的边界不再固定。与此同时，拿破仑三世试图建立强大的法国经济，以期与英国的帝国贸易网络和普鲁士统一的关税联盟竞争。拿破仑三世还面临来自奥地利和俄国的大国压力。有鉴于此，我们并不奇怪为什么拿破仑三世希望限制大宗商品进口，并将法国打造成自给自足的经济体。最终，到了1951年，舒曼计划和欧洲煤钢共同体将一劳永逸地解决法国对欧洲煤炭的焦虑。

亚当·斯密的自由贸易哲学在英国奏效，但它更多的是英国特殊主义，法国和德国很难模仿英国的做法。毕竟，英国拥有欧洲最大的煤炭储备、铁矿石、有效耕地以及畜牧业；此外，在全球最大的商船和海军舰队的支持下，英国还可以安全地得到帝国产品。相比之下，在那些边界随时变动、没有舒适贸易环境的欧洲大陆国家，自由贸易无法保证经济安全。事实上，法国一时兴起的自由贸易，未能扛过拿破仑三世统治后期的军事挫折。尽管在19世纪60年代英、法贸易额在关税降低的情况下翻了一番，但是法国仍然对英国的帝国贸易持怀疑态度。在1870年拿破仑三世军事失败后，法国的经济乐观情绪也逐渐消散。到1871年巴黎公社成立时，法国国家似乎面临着毁灭。此后，随着法兰西第二帝国的崩溃和拿破仑三世流亡肯特，法国的制造业和农业为征收新关税进行了激烈的游说。根据1892年朱尔·梅利纳的关税法，英国再次成为法国的征税对象。

法国和其他地方似乎又重现了重商主义。对于除政府精英之外的大多数人来说，这似乎一直是常识。事实上，直到20世纪，尽量减少进口一直是缺乏信心的法国和德国决策者的愿望。这种情况在自给自足时期达到了顶峰，当时斯密和李嘉图的哲学被抛弃了。在这件事上，法国和德国决策者并不孤单。例如，1808年的新美利坚共和国本身就是早期的自给自足经济范例，它曾给拿破仑三世和亚历西斯·德·托克维尔留下了深刻的印象，也启发过亚当·斯密和埃德蒙·伯克。在许多方面，约翰·穆勒的（分裂的）自由放任主义英国在全球都是一个例外，此后的存在也一直是断断续续。

英国的特殊主义使英国在欧洲经济一体化中能发挥什么作用成了问题。

到了 19 世纪末，随着德国的统一和德国的第二次工业革命，英国的帝国自由贸易显得不堪一击。正如法国和普鲁士对英国领先第一次工业革命的反应一样，英国也对德国在第二次工业革命中的成功感到不安。我们将看到，英国对自由贸易和帝国业的关注，阻碍了 1871 年以后英国和欧洲的经济一体化，而这正是 1648—1871 年间英国经济的特点。

第四章

从俾斯麦的金本位制到欧洲经济与货币联盟：
欧洲一体化经济学（1871－2018）

拿破仑三世通过自由贸易、经济现代化和外交手段直接与其他欧洲国家（尤其是英国）往来，但同时也致力于通过货币联盟整合欧洲各国。事实上，货币联盟根本不是一个新概念，在几个世纪前，神圣罗马帝国就在寻求建立货币联盟，德意志各国之间可以以固定汇率兑换货币。拿破仑三世在1865年建立了联邦政治体系之外的货币联盟。确实，就像后来的欧洲货币联盟计划一样，拿破仑三世的拉丁货币联盟建立伙伴关系并非依靠联邦政治架构。

法国、意大利、比利时和瑞士追求的货币联盟是没有统一财政的，它们只是共同规定了可以以固定汇率将本国货币兑换成黄金和白银（金银复本位制）。这是为了完善贸易政策——在没有共同中央银行的情况下创造稳定的贸易条件，而共同的中央银行是更完善的欧洲货币联盟体系的特点。这种共同的金银复本位制将法国排除在了金本位制之外，而英国在拿破仑战争后则重新加入了金本位制。与此同时，普鲁士和其他大多数德意志国家拥有不同的货币，但都有权将货币兑换成白银。

货币联盟、固定汇率与第二次工业革命

拉丁货币联盟意味着法国在有限的欧洲一体化中取得了霸权地位，英国和普鲁士无法与之竞争。但在 1871 年，拿破仑三世在军事上败给了普鲁士，俾斯麦强大的、统一的德国削弱了拿破仑三世的拉丁货币联盟，尽管德国是无意之举。特别是在确保德国军事胜利和在欧洲的地位提高后，德国新相俾斯麦凭借着法国的战争赔偿金让统一后的德国加入了金本位制。与此同时，德国向金银币市场倾销多余的白银储备，压低银价，使得黄金和白银之间无法维持固定汇率。由此，拿破仑三世最后的遗产——拉丁货币联盟被抛弃了。1875 年，法国屈辱地追随了德国的黄金政策，与德国建立了一种屈从的经济关系，基础是早前法国按年支付给普鲁士的黄金。

加入金本位制之后，法国放弃了对自己货币体系的主导地位，最终得到了英格兰银行和英国巨额贸易顺差的支持。此时的金本位制的成员国包括法国、德国、英国和 1879 年后的美国。尽管成员名单令人印象深刻，但在促进政治联合上，金本位制与天衣无缝的经济一体化相比效果还差很多，毕竟黄金支付是有争议和问题的。尤其是德国要求法国兑现普法战争中的金条赔偿承诺，这比后来 1918 年德国战败后的赔偿更加严苛，德国在 20 世纪 30 年代仍未能完全付清赔偿金。

事实上，根据 1871 年的《法兰克福条约》，法国必须在五年内向德国支付 50 亿法郎的巨额赔款。为了摆脱经济上的屈辱，法国人加快了偿债速度，并在 1873 年还清了这些债务；这发生在欧洲和北美经济进入所谓的"大萧条"之后。事实上，一些观察员将经济放缓与欧洲的黄金短缺联系在了一起。对法国来说情况更加糟糕，这一制度意味着欧洲两大强国——英国和德国拥有了经济和战略上的主导地位；此前，拿破仑三世模仿英国模式，正是希望避免这种情况。

在金本位制下，像法国战争赔款这样的大额黄金转移，通常会影响经

济。人们原本预计金本位制会抑制法国的货币供应（导致通货紧缩）和扩大统一后的德国的货币供应（导致通货膨胀）。但是，在很短的时间内，世界范围内的黄金短缺压倒了这种黄金转移，而这种短缺是由于全世界黄金勘探的失败造成的。19 世纪 40—50 年代美国加利福尼亚和澳大利亚的淘金热使世界黄金供应量翻了一番，但现在它们已经开始枯竭，而其后的 19 世纪后期，在德兰士瓦将会出现大量的黄金供应。由于全球货币通货紧缩，法国转运的德国商品价格没有上涨，法国的出口竞争力提高甚微，没能抵销赔款。令人沮丧的是，金本位制并没有起到修正失衡的作用，欧洲陷入了长期萧条。随后，欧洲国家设立了繁重的关税壁垒，事态进一步恶化。

到了 19 世纪 70 年代，固定汇率和对外贸易一直是欧洲关系中的争议领域，直到今天也是如此。整个欧洲都陷入了货币紧缩。同时，由于法国黄金的流入，以及统一带来的繁荣，德国股市出现了投机性上涨。随着突如其来的货币紧缩，德国股市在 1873 年崩盘。之前的问题还未得到解决，"大德意志"的维也纳股市就出现了所谓的"创始人危机"。德国股市中的铁路、工厂、码头、轮船和银行股票纷纷下跌。

此后，德国比英国——甚至是美国——更快地摆脱了经济衰退。德国的幸运源自俾斯麦领导下的早期社会福利，这是经济萧条时期的稳定器。当商品价格下跌时，家长式的德国雇主维持了制造业工人的工资，这提高了德国的实际工资和消费能力。最后，德国政府和私营企业在第二次工业革命中向技术领域投入了大量资金。实际上，德国依靠回避我们现在所说的紧缩政策，在第二次工业革命中占据了主导地位。

同一时期，英国拒绝放弃古典经济学，让黄金的市场机制来调整商品价格和工资。结果，英国的大萧条一直持续到 19 世纪 90 年代。就这样，德国在第二次工业革命中发展了新兴产业能力，在工业竞争对手面前抢占了先机。这些产业包括化学、电力、电信和（最后的）内燃机。德国的工业"腾飞",就像英国在早期工业革命中的表现一样令人印象深刻。但是,这与德国在后来的危机中追求的政策截然不同。魏玛共和国,以及默克尔领导的 2008 年金融危机后的德国,普遍实行了紧缩政策。

19 世纪 70 年代末,当德国从"创始人危机"中走出来时,著名的德国"社会市场经济"已经开始了。在俾斯麦的社会福利和教育改革的支持下,一个高效的制造业部门在固定的强势货币的基础上应运而生。德国政府积极干预以吸引私人投资,为这个新统一的国家创造了一个令人敬畏的混合经济模式。更普遍地说,欧洲主要国家试图通过其货币的强势来展示经济和政治实力。在德国的柏林和法兰克福,统一的马克获得了市场的信任。随着 1914 年的临近,军备竞赛开始升级,德国与英国并肩前行,用真金白银偿还债权人的债务。

1871 年德意志第二帝国诞生后,我们可以看出李斯特"经济民族主义"的遗产,其中还伴随着对市场机制的选择性支持。至此,早期不成熟的金银通货主义想法被抛弃了,相反,黄金将成为应对外贸失衡的一种支付机制。黄金促进了对外贸易,提高了消费,也被用来保障欧洲工人的综合福利。德国、法国和英国都普遍遵守休谟在一个多世纪前建议的黄金支付机制。对德国来说,这创造了一种"稳健货币"和经济严谨的文化。这将成为《罗马条约》之后所有汇率制度的基础,联邦德国也加入了该条约。相比之下,我们将发现,在两次世界大战间期,德国放弃了"稳健货币",付出了惊人的代价。

战争赔款、金银流动与欧洲解体

随着欧洲对外贸易逐渐增长,黄金支付量在欧洲内外迅速膨胀,这在后来被称为世界上第一个全球化时期。欧洲的赤字国家努力向中国和印度出口商品,它们的白银也流向这两个大国,这个过程可以明显地显示出欧洲以外地区的金银流动。但是，正如我们所见，在欧洲内部，黄金供应的变动对经济造成了冲击。

1871 年以前法国的战争赔款并无特殊之处。但是，随着战争武器的破坏性越来越强，被征服国家的货币支付量也随之增加了。例如，在拿破仑战争后，1815—1819 年，复辟的波旁王朝用金银向获胜的盟国支付了占法国国民生产总值约 18%—21% 的赔偿金；然后，在更为短暂的普法战争结束后，统一的新德国要求法国用黄金支付占后者国民生产总值 25% 的赔款。在这两件事中，法国支付赔款的方式都是通过税收、向法国公民内部借贷以及在其他领域缩减支出。事实上，法国为了偿还战争债务采取了紧缩的做法，甚至在 1871—1873 年还加快了债务偿还速度，目的是结束对德国的负债地位，这无疑加剧了货币的不稳定性。

相比之下，德国在 1923—1931 年的赔款预计将惊人地达到德国国民生产总值的 83%（而德国国民生产总值本身就在下降）。但是，这对货币造成的影响较小，因为德国支付所用的是外国贷款，主要经法国和英国从美国获得。德国因战争赔款造成的不稳定，不是因为黄金流动，而是因为第二次世界大战期间德国的政治宣传。简而言之，武器技术和政府借贷提高了欧洲的战争风险，康德对此有过警告。但是，战争赔偿——作为这些成本增加的量化体现，也在 20 世纪后半段让发动战争变得更加不切实际。在这种背景下，英国多年来支付的脱欧赔偿金（尽管是前重后轻的）显得微不足道，但其对英国民意的影响仍有待了解。当然，英国的欧盟赔偿与发动战争无关。事实上，这些赔偿是英国数十年来对欧盟的巨额净贡献的延续。

除了战争的冲击，欧洲内部用黄金和白银做支付结算也导致了整个欧洲的紧张形势，因为贸易在 19 世纪末发展到了前所未有的水平，以黄金来结算这些款项，成为一道法国、英国和德国都不得不面对的难题。这几个国家都采用金本位制，并受制于金银币的总体供需水平。值得注意的是，英国似乎最不受这些紧张局势影响。从 1750 年到 1913 年，除了 1798—1820 年的拿破仑时期前后，英国一直用黄金支持英镑。当时，英格兰央行可以在需要时上调关键的银行利率，从而吸取黄金储备，这种处理方式将"热钱"吸引到英国，成了世界的终极贷款。

英国在这里享有的优势类似于布雷顿森林体系下的美国，或是欧洲货币联盟下的德国。其他国家认为金本位制下的货币规则更为麻烦。例如，法兰西银行持有更大规模的外汇储备以备不时之需，其规模之大甚至会拖累生产效率。与此同时，所有的固定汇率制度都让最强的参与者付出了代价。最强大的中央银行往往被要求在激烈的投机活动中善后，这经常引起人们对货币控制国的不满。众所周知，戴高乐就曾抱怨过布雷顿森林体系下的美国。最近，南欧国家与欧洲央行联手就德国紧缩政策向德国提出了抗议。在后一种情况下，似乎欧洲央行的意大利人行长在任期内刺激了德国的实用主义派。

英属印度和现代希腊的殖民地卖方融资：
金本位制和欧洲经济与货币联盟

到了 19 世纪末，英国在各个方面的帝国权力力量都遭到了怨恨，尤其是其对货币的控制。早些时候，英国通过葡萄牙从巴西获得黄金，巩固了自己的金币地位；正如亚当·斯密所言，帝国是金银币的供应渠道，却扭曲了英国的贸易格局。后来，英格兰银行毋庸置疑的信贷地位，使英国的银行利率成为吸引金银流入英国的有力工具。这一点很重要，因为维持英国贸易一直需要金银流动。但是，英国在整个 19 世纪都缺少白银，因为解决对中国茶叶和印度棉布的赤字只能依靠白银。为了减少"白银外流"，英国通过出售成瘾性的孟加拉鸦片来购买中国茶叶，通过向印度强制销售曼彻斯特纺织品来清偿对孟加拉的债务。用这种贸易模式来解决长期经济问题是不合理的，何况它还有导致当时很多中国人鸦片成瘾的恶劣伦理问题。此后一直到 19 世纪末，白银问题一直困扰着欧洲所有以黄金为基础的国家。事实上，由于贵金属的供需状况不可知，金银价格的波动很大。

因此，英国的任务是在帝国内部实现贸易平衡，而印度是这个难题的核心，因为到 1900 年，英属印度的人口占大英帝国人口的 80%。在早期全球化和黄金货币的背景下，欧洲和帝国的事务是相互关联的，因此货币变动对金融的影响变得日益复杂。值得注意的是，印度以白银为基础的卢比引起了英国人难以言喻的担忧，英国政府无休止地调查卢比与英镑汇率的复杂关联。包括凯恩斯在内的经济学家，花费了数月的时间来应对这些问题。

欧洲围绕黄金进行的货币一体化，不可避免地影响了各大帝国。当德国在 1871 年退出银本位制、用黄金在货币领域展示出大男子气概时，法国和美国也迅速跟进。由此导致的银价暴跌使白银背书的印度卢比贬值。与此同时，印度的鸦片出口也受到中国当局的打击，因为鸦片在中国造成了社会问题。因此，印度次大陆在购买曼彻斯特纺织产品、负担英属印度行政费用时捉襟见肘。这场风暴达到高潮时，欧洲商业的低迷（1873—1896年的大萧条）抑制了欧洲大陆地区对曼彻斯特纺织品的需求。于是，对于扩大曼彻斯特的就业而言，向印度出售棉衣和棉布，比以往任何时候都更加重要。

然而，印度在保留着一种持续贬值的银币时，用于购买曼彻斯特纺织品的却是以黄金标价的英镑。与此同时，印度和英国之间仍然存在用臭名昭著的"贡品"来支付的情况。事实上，加尔各答被要求偿还以黄金为担保、以英镑计价的印度政府对英国的债务。简而言之，德国的统一无意中损害了印度政府本就岌岌可危的财政偿付能力，进而也损害了大英帝国的稳定。

最终在 1898 年，印度政府在英国政府的指示下，继欧洲列强后试图阻止白银卢比贬值。印度通过金汇兑本位制开始了复杂的黄金担保。由于黄金汇率是固定的，而且无法通过货币贬值获得价格竞争力，许多国家都举步维艰。欠发达经济体被迫与德国、美国等极具竞争力的制造商以及英格兰银行这样的全能中央银行展开正面竞争。这对法国和拉丁货币联盟的老会员国来说都十分困难，对于生产率低下、投资不足的印度来说更是不现实的。今天，我们在像希腊这样陷入困境的欧洲经济与货币联盟成员国身上看到类似的情况也是不足为奇的，它发现自己处在一个类似的汇率束缚下。现在，希腊被要求变得更加"德国"，就像19世纪的印度人被要求变得更加"欧洲"一样。

黄金、南非和欧洲

金本位制的历史与19世纪后期的欧洲经济一体化密切相关。欧洲缺乏政治一体化，维持金本位制需要欧洲贸易国之间的长期沟通和妥协。事实上，科布登很早就强调了贸易在加强这种相互依赖上起着巨大的作用，一个固定的汇率制加强了相互依赖。

但是，正如我们所见，黄金作为一种有形的贵金属，在供需不稳定的情况下造成了难题。最早踏足美洲的一批欧洲帝国或多或少在这一问题上陷入了困境，它们经历了秘鲁大型矿场白银的通货膨胀性过剩和通货紧缩性过剩。后来，斯密和李嘉图通过1703年英格兰和葡萄牙签订的《梅休因条约》，强调了巴西黄金对英国的重要性。然而，直到19世纪中叶，由于巴西的矿场使用奴隶，巴西黄金在英国都备受争议，因为废除奴隶制已成为一个具有决定性意义的道德问题。与此同时，随着澳大利亚和美国加利福尼亚的新增储备，国际市场上黄金更加易得。

这些黄金储备的政治性和地理位置，给欧洲列强出了难题。虽然黄金通过促进贸易加快了欧洲经济一体化，但它使帝国间的竞争更加复杂。

在这一点上表现最突出的莫过于南非，当地欧洲人的嫉妒心不加掩饰。我们将在第五章回顾欧洲帝国时更全面地考虑南非的情况。在这里，从经济学的角度来看，欧洲围绕着德兰士瓦金矿进行的行动有着一致的目标。法国、德国、荷兰和美国的官员都认为荷兰裔南非人保罗·克鲁格领导的是一个落后的农业国家，他们更愿意看到英国人在南非运营矿山。这是一个类似于魁奈所说的雇佣工人和探矿者的"第三阶级"团体。

诚然，关于英国是否在1899年为了吞并德兰士瓦金矿在南非发动了战争存在争议。但是，英国之所以成为金本位制的领导者和国际体系的"最后贷款人"，是依赖于人们相信英国能够通过利率变动吸引市场将黄金放入英国央行——英格兰银行的金库，而这又取决于它有得到黄金的可靠来源。法国和德国缺乏在紧急情况下获取黄金所需的深度帝国架构，它们持有的金银币储备远远超过英格兰银行，但无法发挥英格兰银行起到的作用。实际上，英国将黄金储备的管理分包给了法国和德国，因为它知道黄金在有需要时仍会流回英国。从这个意义上说，南非为英、法、德三国早期的货币一体化打下了基础。

传统上，所谓的欧洲争夺非洲是一个帝国主义现象，加剧了欧洲列强之间的民族主义竞争。但当欧洲势力范围被界定时，就像英国在南非一样，在非洲维持欧洲的行政标准比欧洲宗派主义之争更重要，甚至荷兰和德国的加尔文主义者也如此认为。显而易见的是，在德兰士瓦金矿维护英国和欧洲商业利益的国家，与一年后团结起来维护在中国的贸易优惠权的是同一批。由此引出了我们将在第五章讲述的义和团起义。

然而，以黄金为基础的资本主义，在法国和德国也到了崩溃的边缘。到了1902年第二次布尔战争结束时，由于法国和德国的黄金储备达到安全水平，为了支持欧洲商业而反对南非人克鲁格的罕见的三方联盟不复存在。此后，欧洲的不满情绪逐渐聚集到了在越南的英国。此时英国的军事准备不足，英国作为欧洲伙伴的价值大打折扣。脆弱的英国随后通过协约寻求安全保障，将三大国推回了排斥一方的常态，这一次被排斥的则是德国。

垄断资本主义、银行和列宁

正如我们所见，欧洲各国普遍带着一丝政治上的同病相怜，共同参与了金本位制，促进了欧洲经济一体化。然而，有实际意义的政治一体化，要看欧洲国家的制度意愿。在欧洲列强庆祝进入 20 世纪之际，尚不清楚这种意愿是否真的存在。在德兰士瓦金矿提供货币刺激经济的便利下，欧洲已经从大萧条中脱身。在第二次布尔战争中，法国和德国不情不愿地支持了英国；但在其他时候，保障黄金储备的共同利益需求未能战胜竞争。

在南非，随着布尔战争的持续，《曼彻斯特卫报》的经济学家约翰·霍布森抨击了采矿业中的帝国主义。霍布森抨击帝国的经济利益，认为非洲提供了巨大的土地，但贸易微不足道。然而，他看到经济集团在放大行使权力，为了利益四处游说。例如，罗德斯、贝特、罗斯柴尔德等南非精英让他对伦敦金融城的资金产生了怀疑。这些伦敦金融城从业者通过存量股票和债券投资以及金融交易获利，他们在全国收取保险、航运和金融交易的佣金。简而言之，伦敦金融城的金融家发挥了"帝国引擎掌控者"的作用。与此同时，霍布森认为"金融操纵着爱国力量"，而爱国力量是政治家、士兵、慈善家和商人利用"专注和远见"所创造的。他们都是毫无价值的中间人，为魁奈所鄙视。

在欧洲的其他地方，正如我们所见，德国在实体经济方面取得了进步，而英国则在殖民地推行"绅士资本主义"。尽管直到 1914 年德国都在出口工业方面落后于英国，但其工业生产取代了英国。尽管欧洲内部的保护主义日益严重，但欧洲工业在技术的推动下更加高效。即使在 1914 年战争临近之际，德国的商品价格仍然很低，对外贸易也很活跃。不幸的是，这种技术驱动的增长，在欧洲最不稳定的行业——军备制造业中表现得尤为突出。强大的军事联盟反复无常地进行军备竞赛，尤其是法国、德国和英国，在经济增长的同时，其军费也在迅速增长。

1916 年，弗拉基米尔·伊里奇·列宁有感于资本主义的做法，抨击了欧洲的军备竞赛。列宁看到了半个世纪前马克思所指出的欧洲资本主义的所有矛盾和对立。早些时候，亚当·斯密曾把政府资助的帝国贸易集团斥为蛮横的垄断企业。现在，列宁批判了打着私营银行和制造业公司幌子的欧洲新垄断企业。这些都是在欧洲和欧洲殖民地经营的股份制公司，通过收购和多元化经营，它们的规模已经异常庞大。

列宁受到霍布森的启发完成了《帝国主义是资本主义的最高阶段》一书。列宁认为，世纪之交出现在法国、德国和英国的银行，是不可接受的垄断资本主义面孔，在列宁的祖国俄国有尤为阴险的剥削方式。拿破仑三世的大型法国银行，是最具剥削性的。这些国家资助的巨头，为资本密集型基础设施提供了资金。法国通过向沙俄提供国家贷款和铁路贷款来争取在沙俄的领导地位，这一点并不新鲜。毕竟，说法语的罗曼诺夫王朝对法国的文化领导很有好感。在狄德罗、伏尔泰和叶卡捷琳娜二世之间的通信中，就已经明显表现出了这种不平衡的伙伴关系。后来，就连拿破仑军队在 1812 年所造成的破坏，也被俄国最伟大的小说家托尔斯泰在《战争与和平》以某种钦佩的态度对待。随着 1894 年法、俄同盟的成立，法国银行对俄国的工业贷款更有保障。也正是这个同盟，决定了双方将在 1914 年并肩战斗。

列宁对法国垄断资本主义是辩证看待的。它催生了规模庞大的、拥有控股公司结构的企业集团。然而，在法国垄断资本主义下，破解这些外国垄断背后的阴险手段仍然不现实。事实上，到 1913 年，列宁认为莫斯科的银行业仅由三家法国银行和两家德国银行掌控。这些银行在俄国以俄国品牌经营，却被法国兴业银行或德意志银行这样实力强大的外国机构控制。列宁对此十分警觉。这是从"小额高利贷资金"到"巨额高利贷资金"的趋势；在这一趋势中，法国抢在英国和德国之前成了"欧洲高利贷放款国"。与此同时，德国政府支持了最大的银行巨头——德意志银行。德国控股公司的保护伞下有惊人的87家欧洲外资银行。

当然，这些从德国和法国流入欧洲发展中经济体的资本在当代也有共鸣，21世纪欧洲的类似机构也是这样运作的，事实上其中一些机构保留了相同的名称。然而，直到2015年，向南欧各国政府和金融机构放贷的法国银行和德国银行都存在着利益交换。法国和德国密切合作，逼迫希腊、西班牙和意大利做出让步。欧盟的联邦架构、《爱丽舍宫条约》，以及欧洲货币联盟平台上的合作，都使这种"互助"实现了制度化。

相比之下，法国和德国在1913年外交政策上出现了巨大分歧。由于相互憎恶，它们作为俄国银行和铁路的共同债权人角色不再一致。法国在其资本流入俄国的过程中获得了军事利益，建立了一个反德联盟。事实上，法国银行财团在1891—1914年为俄国提供的国家贷款和铁路贷款，很多都是针对一直延伸到德国边境的俄国军用铁路的。因此，德国对俄国进行直接投资是不切实际的。

更为敏感的是，俄国通往阿富汗边境的战略铁路的融资，也是法国"巨额高利贷资金"的一部分。这对法国银行是有利可图的，但是惹恼了英国的资本家，因为他们担心俄国会威胁到印度。与此同时，谢尔盖·维特——俄国财政大臣、这些铁路的主办者——对法国的财政帝国主义和自私自利感到沮丧：毕竟，法国加强了俄国的军队实力，提高了法、俄对德、英的防御。德国对俄国的大额投资，一直持续到19世纪80年代末。德意志银行等激进的银行，曾参与对俄国的贷款。简而言之，德国和法国都在俄国投资，但目的相冲。维特认为，这会破坏俄国的稳定。

这种贷款在俄国各地区激增，造成了意想不到的后果。事实上，由于法国抢夺了德国在俄国的放贷地位，德国只得寻求在其他地方彰显影响力。例如，德意志银行将重点转移到了柏林至巴格达的帝国铁路，该铁路预计将提供相当于苏伊士运河的陆路运输能力，带来贸易和战略利益。
1903 年，这项庞大的工程在德国的资金和工程技术支持下动工，但一直拖
延到 1940 年才由纳粹德国完成。

银行、政府、战争和幻想

私有银行在国家的支持下向沙俄提供了大量电力贷款，它们的总部设
在法国巴黎和德国法兰克福，由法国政府和德国政府担保。当然，鉴于银
行依赖受到监管的货币安排及其对经济的战略重要性，它们从来就不是纯
粹的私营机构。在 20 世纪初的沙俄，银行贷款和外交之间有很大的重叠。
法国和德国的银行在沙俄谋求利息收入和战略控制权，1999 年欧洲货币统
一后它们在南欧也是如此。

例如，1906 年，法国银行向沙俄政府提供了 22.5 亿法郎的巨额贷款，
这是欧洲大结盟的体现。一年后，英国才与沙俄结成同盟。法国仍然是沙
皇的主要外交伙伴。然而，这笔贷款说明了欧洲外交的支离破碎，这种情
况制约了欧洲资本市场一体化。正如我们所见，法、德关系到 1906 年严重
恶化。法国人对德国在 1871 年吞并阿尔萨斯 - 洛林的怨恨从未消除。1894
年的法、俄同盟最初加剧了沙俄的反英情绪，但随着时间的推移，影响法
国决策者和银行家的却是反德情绪。这种情绪随着 1905 年和 1911 年的两
次摩洛哥危机而恶化。

事实上，在贷款谈判进行过程中，法、德两国在政治和军事领域的
敌对情绪越发严重。在军队中，前后两任德军总参谋长施利芬、毛奇以及
其他普鲁士军国主义者，认为法国是低劣且不可和解的军事敌人。毕竟，
德雷福斯事件已经向德国表明，法国军队虽然规模庞大，却是一支未经改
革的、极为保守的、有政治主见的民族主义力量。与此同时，普鲁士对
自己的军事优势依然十分自信，即使在普鲁士对摩洛哥做出让步后也是

如此。

因此，到了 1906 年，在紧张的外交形势下，法国在向欧洲银行和政府推销俄国信贷方面遇到了巨大的障碍。毕竟，专制的沙俄在 1905 年濒临爆发激进革命。这场革命震惊了保守的西方资本家以及法国舆论界。此外，沙俄还在日俄战争中遭遇了灾难性的军事失败。在现代史上，这是亚洲军队第一次在大战中击败欧洲强国。沙俄破产了，还因为战争遗留法案必须从中国东北地区遣返军队。

沙俄还面临着其他经济压力。在亚洲作战期间，沙俄为了保持金融信誉，坚持实施金本位制；但现在沙俄需要货币贬值。谢尔盖·维特主持与以法国的里昂信贷银行为首的海外银行家进行的谈判，自然希望有尽可能多的西方国家参与进来，这将为沙俄提供充足的资金并维持其信用：他希望德国、美国和荷兰的贷款机构也加入，英国则提供辅助。但由于1905 年摩洛哥的阿尔赫西拉斯危机，德、法无法联合参与，而克莱门索和庞加莱领导的法国则在俄、英关系改善的基础上转而促成了英国的深度参与。

简而言之，欧洲大国的金融业是列宁强调的资本主义晚期的主要行业，而且首先是政治意义上的主要行业。在大额战略主权贷款方面，银行间合作必须得到外交默许。在这种情况下，亲法反德的英国外交大臣爱德华·格雷爵士施压，让英国银行业介入，承担沙俄 25% 的贷款。这笔 22.5 亿法郎贷款的缺额，由奥地利、荷兰和俄国的银行提供。法国在沙俄发挥了经济领导作用，在 21 世纪扮演同样角色的则是重新统一的德国。

法国将优惠贷款作为外交手段。这一点很容易实现，因为低出生率、老龄化人口以及随之而来的高储蓄率，使法国得到了巨大收益。在这方面，人口构成了法国的优势，法国在没有德国支持的情况下为俄国提供了来自欧洲的最大一笔外债，给自己带来了声望。简而言之，法国银行业推动了欧洲外交，其他金融中心如果效仿只会入不敷出。里昂信贷银行和法国外交部之间的共生关系，比英国的金融城和英国政府的关系要更加牢固。法国政府利用银行贷款发挥经济领导作用，加强了后来的三方协约。即使到了今天，法国的海外银行仍然保留了柯尔培尔的遗产。

法国设定宽松的还款条件，输出了大量资本。法、俄的这种相互依赖是一种早期阶段的融合。法国通过这些贷款出售制成品给沙俄。在1917年之后，当这些"帝国主义贷款"被拖欠时，法国会后悔它的银行长期押注俄国；但是，法国在关键外交时期通过贸易制度树立了国家权力。事实上，柯尔培尔的遗产经受住了这种违约的冲击。

1906年，法国和德国向俄国提供贷款，这与理查德·科布登倡导的自由贸易一体化相去甚远。英国记者、业余经济学家诺曼·安吉尔也对此感到不满。令人印象深刻的是，安吉尔的著作《大幻觉》在1910年发行到了整个欧洲，他进一步发展了科布登关于经济相互依存的观点，认为早期全球化时期的欧洲战争是非理性的。战争只会破坏欧洲一体化国家的出口市场。然而，里昂信贷银行或德意志银行向欧洲各国政府和铁路公司提供的贷款，却不在安吉尔或科布登认为的良性循环之内。毕竟，欧洲各国政府出于军事野心控制了这些融资。

简而言之，1914年以前的国际资本贸易，与其说是经济性的，不如说是政治性的。法国向沙俄、塞尔维亚和其他交战国提供的资金，被用于购买了武器和军用铁路物资，当然，这些武器来自像施耐德－克鲁索这样的法国武器制造商。随着战争的爆发，第一个全球化时代崩溃了。在随后的两次世界大战之间，泛欧国家开始反抗保护主义带来的祸害。到了1938年，哪怕是在德国实行自给自足、欧洲走向灾难之际，安吉尔通过贸易实现互联互通的呼吁也受到了赞扬：1933年，他因《大幻觉》获得了迟来的诺贝尔和平奖。

欧洲经济选择方案之一的早期社会主义：从圣西蒙到马克思

安吉尔所说的自由贸易保证了经济一体化与和平，但欧洲还可以通过其他的经济模式实现互联互通。特别是在法国大革命初期的自由主义和激进主义时期之后，社会主义思想开始蓬勃发展。1789 年起，法国第三阶级的崛起为激进政治和经济的发展搭建了一个平台。值得注意的是，圣西蒙追求的是革命时期孕育出的平等主义理想。他出身贵族，但在革命期间放弃了头衔。他的封建家族能追溯到查理曼大帝时期，但他接受了 1815 年后法国工业革命所带来的变革。他强调工作是个人和集体成就的基础，提倡"各尽所能，按劳分配"的公平经济分配。

1825 年圣西蒙去世后，他的追随者们在法国和德国传播扩散了早期的社会主义思想。但是，1830 年后，路易·菲利普一世的自由主义经济政策取得成功，法国保守派为镇压激进的雅各宾主义也进行了最后一搏，于是集体主义思想被扼杀。事实上，社会主义需要更多的经济因素才能在法国获得支持。1848 年，法国制宪会议成员、年轻的社会主义者皮埃尔－约瑟夫·蒲鲁东，即指出这一点。社会革命在酝酿之中，马克思正在准备用《共产党宣言》发动社会变革。但是，正如我们所见，1848 年革命在反动势力和自由主义政治改革的压力下失败了。它给法国带来了男性普选权，但未能带来彻底的变革。相反，拿破仑三世使用了和伯父拿破仑一样的方式成为法国皇帝。蒲鲁东认为，法国在 1848 年反应及时，是因为它继卢梭和孟德斯鸠之后对政治改革的独家关注。在像斯密和魁奈这样的启蒙思想家的启发下，人们通过经济改革来寻求真正的社会主义。

蒲鲁东认为，政府可能是多余的，工业企业应该获得自由，通过斯密提出的"看不见的手"创造经济财富，合同法可以规范公司行为。这是一种乐观的观点，几近于无政府主义。但是，蒲鲁东还认为，工业进步和技术进步赋予工人阶级的力量是任何政治变革都无法实现的。这需要时间，是获得经济福祉的一种渐进式方法。与此同时，我们可以放心地忽略拿破仑三世的政治处境和他的政变，因为我们知道经济最终会产生社会主义的乌托邦。蒲鲁东认为，实现经济平等所需要的只有耐心，剩下的一切都交给市场。

同时，在英国，罗伯特·欧文通过他的合作社运动推动了社会主义发展。欧文在苏格兰拉纳克郡①和美国印第安纳州都推行过共同住房和工作计划，和在欧洲大陆的同胞一样，1848 年在法国的失败和 19 世纪 50—60 年代英、法经济的繁荣扼杀了他的进步。似乎每个人都享受到了经济增长，这抑制了激进主义的发展。同时，德国和意大利的统一也阻碍了欧洲社会主义的发展，它们最终接受了资本主义和民族主义。

到了 1869 年，约翰·穆勒试图通过社会主义解决英国和欧洲大陆的问题，他相信社会主义将改变欧洲政治经济面貌。但是，据说英国又一次成了例外。欧洲大陆的社会主义更激进。在法国、德国和瑞士，"工人"在社会主义中找到了共同点，其中一些人支持"废除私有财产制度"。相比之下，在采取渐进主义的英国，穆勒看到社会主义者拒绝这些"过激行为"。相反，英格兰的"工人阶级领袖"意识到"人类基本思想发生巨大且永久的变化不是顷刻之间就能实现的"。事实上，我们可以相信，英国社会主义者会尝试实现小规模的社会主义平等，然后再扩大这个实验。例如，欧文的合作住房就牢牢地扎根于英国的这一务实传统中。欧文和志同道合的温和派人士可以避免法国和德国社会主义者的陷阱，后者"一头栽进了鲁莽的极端"。

1865 年蒲鲁东去世后，这些欧洲大陆的"极端"得到了自由发展。尤其是 1871 年的巴黎公社，它在拿破仑三世败给普鲁士的灰烬中诞生。巴黎公社成为整个欧洲社会主义者的主旋律，成了统一的焦点。例如，卡尔·马克思的最后一本重要的小册子就是专门讨论这个主题的。马克思认为，

---

① 为了进行自己的改革实验，1799 年，欧文与人合伙买下了苏格兰拉纳克郡的一座大型棉纺厂，改善工人的的待遇和劳动条件。——译者注

1871 年的巴黎最接近他所渴望的在整个欧洲看到的无产阶级革命。马克思曾与蒲鲁东通信，反对后者所认为的法国社会主义者的无政府主义信仰。马克思这位普鲁士思想家，曾在德国、法国和英国生活过，他认为自己的社会主义哲学是集合了法国政治学、德国哲学和英国经济学的欧洲思想。1871 年的巴黎公社运动，实现了 1848 年未能完成的彻底的经济变革。

但是，当巴黎公社运动出现障碍时，马克思的伙伴恩格斯却怒斥欧洲迅速反弹的反动势力。在《法兰西内战》一书中，恩格斯将低迷的经济归咎于保守的俾斯麦及其"社会主义诱饵"。恩格斯认为，俾斯麦在 1871 年吞并阿尔萨斯－洛林的行为将法国推向了沙俄，因为法国的经济面临崩溃。后来正如我们所见，法、俄同盟成了 1914—1918 年灾难的基础。事实上，恩格斯有先见之明，认为俾斯麦依靠残暴的普鲁士军队实现的资本主义胜利是适得其反的。只有类似于巴黎公社的工人阶级运动，才能带来和平与经济稳定。否则，欧洲将遭受一场种族战争，整个欧洲会被 1500 万—2000 万武装人员毁灭。这种情况现在得以避免，是因为即使是最强的军事大国，也在这种绝对无法估量的后果面前退缩了。

20 年后，恩格斯反思了巴黎公社的失败。他认为，欧洲社会主义在 1871 年出现了致命的分裂。布朗基派[①]和马克思痛恨的"蒲鲁东社会主义学派"分别在政治和经济上明确抗议了对巴黎的阻碍。这些无能的骄傲者，对携手推翻资本家不感兴趣，而是希望通过"竞争、分工和私有财产"等不受约束的"经济力量"为工人阶级释放经济发展的动力。同样，名义上的马克思主义布朗基派，是"仅凭无产阶级的革命本能"的社会主义者，几乎不了解"德国的科学社会主义"。换言之，欧洲社会主义是一场宗派的知识分子运动，代表了法国、德国和英国的不同利益。此外，资本主义

---

① 布朗基派：指法国布朗基主义的信徒，1871 年巴黎公社委员会中的多数派。形成于七月王朝时期，领袖人物是布朗基。主张通过政治革命消灭资本主义制度，实现正义与平等的理想社会。19 世纪 60 年代中后期，该派力量日益壮大，在青年知识分子和工人中影响巨大。——译者注

力量始终能够利用这些分歧，以微薄的糊口钱贿赂工人，使他们陷入矛盾。

1891年，恩格斯在长期的欧洲大萧条结束时撰文反思巴黎公社的失败，当时欧洲各地的工会都招揽了会员。但由于物价下跌，工人的可支配收入不断增加，经济激进主义遭到了扼杀。实际上，恩格斯并不相信欧洲工人对资本主义的反动态度。这一点在1871年得到了充分的体现，当时的巴黎公社"仍然恭敬地站在法兰西银行门外"。法兰西银行就是后来被列宁嘲讽为"垄断金融资本主义堡垒"的中央银行，它支持剥削俄国的法国掠夺性贷款集团。但法兰西银行具有国家威望，即使在革命中的社会主义工人面前也是如此。事实上，法国银行业在1914年对法国经济和法国世界地位的重要性，是1871年任何人都无法想象的。

然而，欧洲社会主义的主要经济遗产是通过工会赋予工人权力，这一点压倒了马克思和恩格斯的失望。1914年，法国、英国和德国的工会会员数量激增。欧洲社会主义为左翼政党提供了组织力量和资金，并在穷兵黩武的环境中充当了和平主义的平台。事实上，伟大的法国历史学家费尔南·布罗代尔指出，如果工会社会主义者在整个欧洲获得了权力，1914年可能会出现截然不同的历史结果。可悲的是，法国社会党领袖让·饶勒斯于1914年7月31日在巴黎的一家咖啡馆遇刺身亡。当时他刚刚结束对比利时的访问，目的是说服德国社会主义者罢工，而不是发动战争。这场悲剧象征着欧洲社会主义团结的失败。

饶勒斯和第一次世界大战后的欧洲社会主义

此后的两次世界大战的间期，出现了和平主义和社会主义。这源于第一次世界大战和1929年大萧条的创伤，当时的实际工资在下降。法国、德国和英国的工会为工人争取到更好的工作条件和工资，即使工会未能兑现1918年承诺的打造出"英雄大地"。此外，这种通过工会和国际主义运动进行的跨国合作，对欧洲工人来说是典型的融合主义举措。

与此同时，当时的背景中还潜伏着布尔什维克主义的力量，以及苏联向西欧输出列宁社会主义的努力。例如，1918 年第一次世界大战停战后，在德国各大城市爆发的革命中，布尔什维克几乎蔓延到了马克思的家乡。而在战胜国法国和英国，政府镇压了革命社会主义，法兰西第三共和国和英国的君主立宪制得以延续。尽管工会资助的工党作为英国第一个"社会主义"政府让既得利益者感到畏惧，但它坚持了穆勒务实的英国社会主义意识。拉姆齐·麦克唐纳的 1924 年政府是昙花一现的，它致力于证明宪法的合法性，而不是追求财富和收入的彻底再分配。

后来，莱昂·布鲁姆成为法国第一位社会党总理，1936 年上任，领导一个被称为"人民阵线"的共产主义 - 社会主义激进联盟。到了 20 世纪 30 年代，我们可以说马克思、蒲鲁东和欧文的泛欧社会主义已经渗透到了英、法、德三大国的经济中。但是，社会主义在纳粹德国遭到残酷无情的抵抗，最终被镇压。

与此同时，社会主义的综合影响力在经济危机中极易遭到逆转，选民们仍然担心激进的左派政策。恩格斯对法国的公社成员向法国资本主义卑躬屈膝表示失望。1926 年，英国工会在第一次大罢工中做出了让步。此后，第一任工党首相、无产者拉姆齐·麦克唐纳，在货币市场的压力下于 1931 年加入保守党领导的国家政府，背叛了社会党。对工党而言，这次的"英镑危机"缓和了激进的英国社会主义，这种危机日后还会多次出现。同样，法国人民阵线的崩溃，以及法西斯主义在德国、意大利和西班牙的崛起，都表明欧洲社会主义在经济困难时不堪一击。在这种情况下，选民们纷纷涌向独裁的右翼政权。

20 世纪 30 年代，当西欧的"民主"政权与货币危机作斗争时，德国、意大利和苏联的政权却将资金投向了军备，经济孤立或自给自足为其提供了保护伞。在大萧条的考验下，西欧的社会主义和资本主义都被发现不尽如人意。甚至 1936 年的西班牙内战也以失败告终，这场战争曾经吸引了全欧洲的反法西斯分子与佛朗哥作战。左翼团体的宗派主义阻碍了所有的反法西斯运动。

然而，尽管存在这些分裂和两次失败的世界大战，1945 年之后社会主义作为一种经济哲学在法国、德国和英国变得强大。令人印象深刻的是，法国和英国的激进政府通过立法建立了全面的社会保障体系。事实上，哈罗德·拉斯基认为，1945—1951 年的英国艾德礼政府在全欧洲最接近真正的共产主义。此后，从《罗马条约》开始，社会主义在欧洲一体化进程中发挥了举足轻重的作用，尤其是莫内、舒曼（尽管是基督教民主党人）和德洛尔都从圣西蒙和蒲鲁东的社会主义经济学中得到了启发。

我们可以看到，通过自由贸易实现经济一体化十分困难。在农业歉收、货币短缺、投机狂热和战争时期，欧洲大国往往会关闭贸易大门，恢复保护主义。但是，社会主义一旦生根，就更难摆脱。例如，1945 年后在法国和英国实施的、源自俾斯麦德国的福利立法，产生了持久的影响。事实上，1979—1990 年的撒切尔夫人新自由主义运动，即使是欧洲最激进的反社会主义经济学改革，也未能摆脱艾德礼留下的巨大遗产。在撒切尔政府之后，英国到 1990 年拥有了一个国民医疗服务体系，公有经济也占了国内生产总值的 40%。在今天的法国，埃马纽埃尔·马克龙领导的"前进党"，在稀释法国社会主义遗产上正在遭遇类似的阻力。

凯恩斯、哈耶克与欧洲失业率

随着 1918 年后早期社会主义政府掌权，两次世界大战间期的经济首先受到大规模失业的影响。20 世纪 30 年代左右，这场经济衰退的原因和解决办法成了主要的经济话题。事实上，英国在法国和德国之前就经历了经济衰退，它在 1925 年恢复了被高估的由黄金背书的货币，按第一次世界大战前 4.86 美元兑 1 英镑的汇率计算。此后，由于 1929 年华尔街股市崩盘令投资者恐慌，美国银行呼吁向欧洲发放与战争赔款挂钩的贷款。随着这些银行的倒闭和全球需求的下降，德国陷入严重的经济衰退。

20 世纪 30 年代，欧洲出现了"以邻为壑"的经济主张：各国设立了繁重的关税壁垒；与此同时，世界分裂成相互竞争的货币区。英国和美国通过货币贬值进行竞争，而法国则利用法兰西银行丰富的黄金和外汇储备来维持法郎的价值。但到了 30 年代中期，法国也需要货币贬值。事实证明，法国的"黄金集团"货币联盟难以为继。当时法国的失业率相当于早前英国和德国的水平。

在欧洲大规模失业的背景下，经济学界不得不尝试解决斯密的"古典经济学"的缺陷，因为"看不见的手"似乎让欧洲失望了。同样，关税和配额在整个欧洲地区削弱了李嘉图的相对优势理论。1936 年，当凯恩斯出版《就业、利息和货币通论》一书时，就业被放在了书名中最为突出的位置；同年这本书出版了德文版，三年后又出版了法文版。凯恩斯的需求管理思想在整个欧洲大陆普及开来，但他的理论未能在英、法、德三大国得到全面支持，这是一个遗憾，因为欧洲各国协调一致的需求管理本可以降低失业率，并扼杀政治极端主义；欧洲经济一体化也本可以补充完善国际联盟的外交。

1936 年，凯恩斯未能得到德国决策者的支持。讽刺的是，他认为通过政府借贷和支出来"刺激"总产出这种对经济的干预，最适合"极权国家的状况"。德国自 1933 年以来就是这样一个极权国家。如果希特勒走出了由武器制造业决定的自给自足状态，那么他就有能力实施凯恩斯的经济学。自凡尔赛谈判以来，凯恩斯一直保持着对德国的同情，但他想让德国读者接受经济学是一门严肃的学科，这是个挑战。德国人需要放弃他们多年来奉行的"经济不可知论"。对于一个建立在弗里德里希·李斯特的"经济民族主义"基础上的国家来说，在 1936 年读到凯恩斯这样描述德国的书，是令人惊讶的。但是，魏玛时期的货币崩溃和恶性通货膨胀的创伤，再加上 30 年代初德国的大萧条，可能可以证明德国人的经济不可知论是一门失败的科学。到了 20 世纪 30 年代，联合经济行动或长期一体化的前景依然渺茫；相反，欧洲内部贸易层面出现了大规模崩溃。

为德国经济学家说句公道话，其他国家几乎也不理解凯恩斯这本名著的意义，就连罗斯福似乎也没有读过凯恩斯的杰作：罗斯福的"新政"虽然常常被拿来和凯恩斯主义思想联系在一起，但在 20 世纪 30 年代后期它是由军备推动的。第二次世界大战期间仍然是这种情况，当时作为盟军的武器供应国，美国的国内生产总值翻了一番。但是，凯恩斯几乎没有考虑过通过军工业实施政府需求管理。此外，很难认为凯恩斯主义经济学在战争爆发前是法国的统一原则，因为《就业、利息和货币通论》在 1939 年才被翻译成法语。

确实，在面对法国读者时，凯恩斯感到有必要回溯到早期法国经济学家身上，以强调思想的连续性。值得一提的是，孟德斯鸠能够理解宏观经济学如何依赖于确定货币总需求和供给的均衡。凯恩斯还强调有必要审视整体经济。然而，他的书出版得太晚，无法改变 20 世纪 30 年代的进程。在流行政治和经济学的浪潮中，即使如此流畅的经济学论著也难以广泛传播。欧洲在解决大规模失业问题上没有达成共识。

事实上，凯恩斯对整个欧洲的影响，在 1945 年之后比在 1939 年之前更大。事实证明，需求管理成功地让人们重返了工作岗位，但这仅仅发生在第二次世界大战之后。凯恩斯的声誉在战争结束时得到了充分提升，因此他承担了设计战后经济合作框架的任务。他试图利用布雷顿森林体系的固定汇率制度，以及围绕国际货币基金组织（IMF）和世界银行的体制安排来完成自己的任务。为了帮助建立这些英、美跨国机构以稳定世界经济和促进战后发展，凯恩斯鼓励他的朋友让·莫内在解决这些问题时考虑欧洲的特殊背景。

在凯恩斯的领导下，欧洲脱离了"古典经济学"，这是欧洲从战时的大规模失业经验中得到的启发。他坚信，工资和物价是在高度不完善的市场中决定的，长期的不平衡需要政府的干预。但是，这些思想没能传播到整个欧洲。与此同时，在英国，凯恩斯主张的国家干预，与社会主义在工党内部无缝融合了。事实上，凯恩斯的朋友、英国经济学家威廉·贝弗里奇，致力于将《就业、利息和货币通论》的思想融入其战后的复兴宣言中。尽管如此，古典经济学远未消亡。

凯恩斯的《就业、利息和货币通论》出版八年后，奥地利"新自由主义"经济学家弗里德里希·哈耶克出版了《通往奴役之路》一书。当时，哈耶克是英国公民，也是伦敦政治经济学院的经济学家。哈耶克无疑是有泛欧背景的。他出身于波希米亚贵族家庭，父亲是普鲁士人，但哈耶克在奥地利维也纳出生长大。他在第一次世界大战中为奥匈帝国军队战斗，并决心避免那样的灾难重演。在 1944 年出版名作之际，他注意到欧洲各地实施国家计划和集体主义，把它们当作弥补 20 世纪 30 年代战争失败的灵丹妙药的压力越来越大。但是，哈耶克反对欧洲的冲动之举，强调了德国中央集权式国家社会主义（纳粹主义）和更温和的社会主义之间的联系。对那些在过去 10 年间与法西斯主义作过斗争的左翼活动家来说，这样的类比是对他们的侮辱。但是，哈耶克认为，政府介入经济必然会名誉尽失：在不能足够了解复杂经济结构的情况下，被期望能协调政策的行政官员，可能会盲目、徒劳地干预经济。

具有德国血统的哈耶克有英国居留权，他关注的是德国和英国之间的差异，这导致他在 1944 年做了一个极端的比较。根据他的说法，由于德国对策划和组织的渴望，令人钦佩的英国自由放任政策在 1870 年被欧洲集体主义所侵蚀；他认为，在其后的 60 年里，德国知识分子主导了欧洲的思想。德国参加第一次世界大战时正处于哈耶克所称的"社会主义国家管理体制"之下，德国社会民主党的崛起就是一个体现。德国信奉"卡特尔和辛迪加"文化。简而言之，哈耶克痛斥了1945年后在法国、德国和英国扎根的欧洲社会主义。

有趣的是，哈耶克和凯恩斯虽然对政府在经济中的作用持对立观点，但仍然相互尊重。事实上，凯恩斯在1944年推荐哈耶克为英国科学院院士。他们互相尊重对方的智慧，避免在公开的学术交流中对峙。然而，他们在政治经济学上的两种研究方法造成了欧洲思想界的分裂，这种分裂一直持续到20世纪末。事实上，集体主义与自由市场经济的斗争，使欧洲内部的许多分歧凸显出来了。后来它导致了法国的雅克·德洛尔、英国的撒切尔夫人在欧盟内部的冲突。但是，随着《通往奴役之路》的出版，各国政府直接参与经济的程度达到了前所未有的水平。例如，在英国，艾德礼及其激进的工党同僚，在丘吉尔的战时政府中占据了重要地位。1940—1945年，为确保取得"全面战争"的胜利，英国政府不断干预各个经济领域。与此同时，在法国和德国，实行国家管控以保证从战争中恢复，是显而易见的要求。

但正如我们所见，政府逐渐加深经济参与度成了常态，这种模式早在1939年之前就出现了。英国、法国和欧洲德语国家在17世纪都经历了重商主义和国力增强。事实上，到了1945年5月德国投降时，哈耶克所抨击的集体主义在欧洲已经根深蒂固了。工会主义、福利国家和"混合经济"创造出的文化，与文艺复兴时期的欧洲文化一样鲜明。1945年，大学学者克莱门特·艾德礼在工会会员们的支持下掌权，就是这种文化在英国的彰显。这个激进的工党政府试图实施威廉·贝弗里奇在战时制订的规划。

与此同时，凯恩斯的布雷顿森林体系架构使政府对市场的干预制度化。布雷顿森林体系一直延续到1971年美国尼克松总统时期，它规定了美元的固定汇率和以黄金为基础的货币体系。在国际货币基金组织的支持下，美国为布雷顿森林体系提供了财政支持。这是对美国通过马歇尔计划支持欧洲经济的补充。

战后的英国大西洋主义、马歇尔计划与贸易逆差

凯恩斯的"国际主义"和马歇尔计划，对英国三位工党改革性政府领导人——克莱门特·艾德礼、欧内斯特·贝文和赫伯特·莫里森——发挥了很好的作用。他们都是坚定的大西洋主义者。相比之下，他们对欧洲合众国持怀疑态度，认为欧洲政治统一只是温斯顿·丘吉尔的保守派宣扬的一个憧憬。当艾德礼和他的朋友们取悦美国时，法国和联邦德国在20世纪40年代后半段准备整合其主要的煤炭和钢铁工业，这最终促成了1950年的《舒曼宣言》，并在次年签署了启动欧洲煤钢联营的《巴黎条约》；然而，英国却置身事外。艾德礼在1945—1951年的工党政府，虽然在国内立法上十分激进，但它遵循的是"一国社会主义"。公平地说，这是对20世纪30年代欧洲"国际主义"的失败、战争期间孤立无援的经历，以及大英帝国末期经济危机管理的合理反应。美国有足够的资源提供帮助，英国还拥有原子弹，为它抵御苏联的威胁提供了安全保障。

在工会主义方面，英国的进程也孤立于欧洲其他国家。工党的党章第四条"社会主义"规定要实行"生产资料、分配和交换的共同所有制"，这是在全国范围内实施的。与此同时，英国在保证煤炭和钢铁生产方面没有法国那么焦虑，因为到了20世纪50年代，英国的煤炭产量仍占欧洲煤炭总产量的50%。

在外交领域，贝文采取了亲美的弥补性政策。作为外交大臣，他的专注点是吸引美国对欧洲的援助，而不是欧洲经济一体化。英国迫切需要支援，因为到1947年，随着印度的移交和印度次大陆的分治，英国正处于去殖民化的过程中。与此同时，维持世界"三大"强国地位的经济负担，变得难以承受。解决希腊和巴勒斯坦的危机，需要大量外汇支出。因此，为了支持苦苦挣扎的战时盟友，美国在1946年向英国提供了37.5亿美元的贷款，同时还制订了大规模的战时贷款延期计划，根据该计划，美国向大

英帝国提供了 310 亿美元的贷款。

但美国的贷款要求是，英国将持有的英镑余额兑换成美元。这种兑换毫不意外地引发了英镑危机，对印度、缅甸和中东各国等英镑区国家的巨额债务削弱了英国的偿付能力。与此同时，英国及其前殖民地要求用美元来支付与美国的长期国际收支赤字。1947 年初的这场"英镑危机"，是第二次世界大战后英国痴迷于货币贬值和国际收支赤字的前兆。事实上，近年来人们的注意力都集中在对欧盟的巨额赤字上，贸易和货币问题已经反映了英国在欧洲的内向型经济前景，没有其他欧洲国家遭受过国际收支问题如此持久的打击。

造成英国贸易问题的原因是复杂的，但在一定程度上与英国固执地坚持李嘉图的贸易"专业化"有关。英国希望以相对优势支持出口、恢复贸易平衡，所以准备放弃战略性产业。第一个在此状况下被抛弃的产业是农业，随着时间的推移扩展到了制造业，英国宣称其天然优势仅限于服务业。值得注意的是，法国和联邦德国都没有追求这么高程度的贸易专业化，它们保护自己的制造业不仅仅是为了维持工业技能基地的地位。与李嘉图的英国相比，外资在法国和联邦德国拥有的"工业支柱"也受到了更多的控制。也许约翰·穆勒对股东权力的怀疑已经渗透到英国政府中，英国对重要公司的股票所有权持不可知的态度。从这个意义上讲，英国又一次成了异类。重商主义国家政权在法国和联邦德国表现出了明显的连续性。

由于受到贸易逆差问题困扰，英国希望 1947 年的马歇尔计划能够安抚市场情绪，因为英国获得的美元援助没有附加偿还义务；然而，马歇尔计划在欧洲长期发展中的作用值得商榷，美国努力把德国排除在欧洲之外。众所周知，美国杜鲁门总统将马歇尔计划和军事"遏制"描述为"同一事物不可分割的两面"。因此，美国国会迅速采取行动支持欧洲。最初，美国为希腊和土耳其提供了价值 4 亿美元的军事防务援助；在此之前，经济拮据的英国人放弃了支持希腊保皇党对抗希腊共产主义者。

然而，马歇尔计划的成本不断上升，杜鲁门总统很难从国会获得进一步的支持。计划支持者认为，美国对欧洲的出口额到 1947 年为 160 亿美元，而从欧洲的进口额降到了 80 亿美元的低位，欧洲难以为继；如果没有美元援助，欧洲将无法筹集购买美国出口商品所需的外汇。这些自私自利的论据在一定程度上占据了主导，但是 1948 年苏联支持的捷克政变产生了更重要的影响，它将大家的注意力集中到了捷克斯洛伐克，从而加剧了冷战焦虑。毕竟，这也是 10 年前在《慕尼黑协定》下被抛弃的弱势国家。美国国会投票通过的对欧洲的 40 亿美元经济援助，最初只够支撑 15 个月，而本来的请求是 280 亿美元。最终，马歇尔计划于 1948—1952 年在欧洲经济援助上投入了 130 亿美元。这是在 1945—1948 年的 130 亿美元基础上额外增加的。值得注意的是，这些资金中的大部分是无偿援助，这避免了欧洲经济受到类似于 1919 年后的战争赔偿的拖累。

英国和法国的受益者欢迎这一方案，尽管有些打折。它们支持华盛顿对"德国问题"的关注。英国外交大臣贝文和法国外长乔治·皮杜尔不断加快制订自己的计划，在西欧各国逐一开展重建，而联邦德国与该计划挂钩。值得注意的是，莫洛托夫受邀为潜在受益者苏联的代表；但因为冷战开始，斯大林拒绝参加，他认为马歇尔计划是一种邪恶的美帝国主义行为。因此，冷战的意识形态，加上欧洲对美国资本的开放，驱使西欧走向了美国。当然，随着时间的推移，法国和联邦德国对美国文化主导地位的怀疑与日俱增，尤其是左倾群体对战后的消费主义感到不安。在英国，奉行大西洋主义的工党似乎没那么令人感到不适了，至少一开始是如此。

英国消费对阵法、德投资

贝文在马歇尔计划谈判中如鱼得水，英国获得了 26% 的充足资金，而用于解决"德国问题"的资金仅占 11%。英国战后经济的失败与失去美国资金有关，这种说法屡见不鲜，但事实并非如此。最初，马歇尔计划的资金被用来购买美国的食品和工业品，应对了欧洲的短缺；但此后，投资都用于重建欧洲的生产力。英国利用其获得的充足份额来增强国内制造能力。相比之下，联邦德国专注于扭转 1945 年发生的"工业崩溃"。联邦德国的重启始于英国占领区，后来得到了仍心存怨恨的法国人的谨慎支持。有了全欧洲对德国工业重建的赞助，联邦德国总理阿登纳可以集中精力将马歇尔计划的资金用于联邦德国的出口行业。

德国对出口的执念源于早期的官房主义（见第三章）。正如我们所见，德国各州之间的出口质量不断提高，使统一的德国在第二次工业革命中掌握了主动权。到了 20 世纪 40 年代末，欧洲再次成为联邦德国商品的主要目的地。德国从出口中意识到了外汇的价值，毕竟 1871 年之后德国在金本位制下运行了几十年，在该制度下金条是必不可少的。大英帝国通过调整英格兰银行的利率来吸引外资，德国无法复制这样的奢侈之举。或许正是因为马歇尔援助计划提供的资金量少，联邦德国和法国更加专注于通过出口市场盈利。

由于两次世界大战间期实行的自给自足政策被抛弃，以及出口的激增，联邦德国击退了投机性货币攻击，英国经济却深受其害。事实上，与德国不同的是，无论是当时还是现在，英国都努力实现国际收支的平衡，这给英国参与欧洲经济一体化带来了问题。20 世纪 50—60 年代，在经济得到改善的某些年份里，英国的经常账户赤字在一定程度上成了英国经济的一大顽疾。20 世纪 80—90 年代，在英国再次出现贸易逆差前，北海石油提供了缓冲。与此同时，联邦德国在贸易顺差面前表现出了一贯的重商主义者欲望，这会让官房主义者和弗里德里希·李斯特感到高兴。

事实上，随着时间的推移，正是德国的出口表现让欧盟将决策重心推向了德国，而不是任何单一的因素。除了阻碍英国"成为欧洲中心"的其他经济和政治因素外，对欧洲（和其他地方）的商品出口不足降低了英国的威望和影响力。令人惊讶的是，到 2013 年，英国对欧盟的贸易逆差达到了 650 亿英镑。按照亚当·斯密和约翰·穆勒的想法，欧盟的无限制自由贸易使英国陷入了永久的国际收支困境。英国的总赤字占 GDP 的比例已不受控制地升至 6%，即使在欧洲货币联盟之外保留能灵活贬值的独立货币也无法解决这些问题。我们有理由认为，英国在 2017—2018 年的脱欧谈判中难以发挥领导作用，与其逊色于德国的出口平台有很大关系。安格拉·默克尔似乎并不紧张德国汽车的困境和工程公司失去对英国的出口销售，也许是因为她知道美国、印度和中国等更大的市场将弥补这一损失。这也加强了法、德在谈判中联合采取的不妥协态度。

法、德经济实力源于它们更有效地利用了马歇尔援助作为经济（出口）复兴的润滑剂。1951 年后，法国和联邦德国利用马歇尔计划的援助打造了一个欧洲式的"混合经济"。这与 20 世纪 50 年代艾森豪威尔时期美国的消费主义相去甚远，也不同于艾德礼的"一国社会主义"。来自洛林地区的、从前是德国籍的法国人罗贝尔·舒曼发表了《舒曼宣言》后，法、德两国启动了欧洲煤钢共同体合作。对法国和联邦德国而言，马歇尔计划在经济方面的作用比不上它为法、德合作提供的启动资金。与此同时，苏联对这两个大陆强国都构成了威胁。在法国，效忠苏联的法国共产党引起的焦虑情绪加剧了这一威胁，该党在民意调查中获得了不少支持。

莫内对白里安思想的颠覆：首先是经济，然后是政治

让·莫内在 20 世纪的大部分时间里都在观察国家干预及其与欧洲统一的关联性。他不是受过训练的经济学家，也从未在法国或欧洲政府担任过高级官员职务。相反，他的家族背景是做干邑白兰地生意的商人，这使他喜欢上了商业和国际贸易。他能讲一口流利的英语，能与盎格鲁－撒克逊的白兰地买家交流。他在 1914 年之前于英国住了几年，并在第一次世界大

战期间回国帮助法国作战，在联合军械生产、1916 年的"小麦管理"和运输合作上出了力。

1919 年，在凡尔赛，莫内支持法国商业和工业部长进入国际联盟担任副秘书长。在那里，他对国际联盟的官僚体制感到失望，并且近距离观察到了一致表决制度的僵化。随后，他成了欧洲货币问题方面的国际银行家，并短暂地在中国担任过蒋介石的经济顾问。在第二次世界大战期间，他在美国看到英国进行了更多的政府经济干预，于是建议罗斯福建立一个巨大的贷款租赁计划去支持英国和盟国。

简而言之，莫内受到了国际商业和金融的影响。这绝非一个狭隘的欧洲背景，而是类似于我们今天对欧洲委员会的印象。同时，他逐渐理解了规划和技术官僚的相关事务。此外，他在商业合作中看到了扩大欧洲合作的机会，这种合作最终可能导致政治联邦主义。事实上，1945 年后，联邦制成了他对和平繁荣的欧洲的憧憬。尽管他和凯恩斯有不同的出身背景，但他们都对 1919 年的赔偿条款（无论对错）表示反感，并对政府干预经济抱有信心。凯恩斯是莫内的崇拜者，他认为法国人在美国扮演的租借人角色很可能使第二次世界大战缩短了一年。与英国和美国在欧洲一体化问题上密切合作，是莫内毕生的心愿。在这一问题上，他与支持推动《罗马条约》议程的美国的合作更为契合。与此同时，在英国，他的"联邦制"在政治分歧中饱受诟病。然而，他不厌其烦地推动与英国的合作。他后来将戴高乐拒绝英国加入欧洲经济共同体的决定列为他最大的遗憾之一。

正如我们所见，1945 年后，艾德礼和英国工党游离在欧洲之外。但对法国和德国来说，重工业领域的经济一体化是对马歇尔计划的补充。的确，对莫内来说，这带来了最终解决法、德对立的希望，后者是欧洲最棘手的外交问题。莫内放弃了法国人白里安在 1930 年的做法，当时人们希望用政治推动经济。伴随着经济的成功，联邦制和超民族主义将接踵而至。欧洲可能敢于放弃安全的一致表决制。然而，莫内和所有亲欧洲主义者一样，未能同时囊括三大国。

莫内在 1946—1950 年最初的战后计划，是让法国重新站起来。这也将遏制德国的复苏，后者在 1946 年之前的 70 年里曾三次入侵法国。两次世界大战以及法、德之间长期的紧张关系带给了人们教训，只有消除法国对德国的忧虑才能实现合作。德国在 1945 年的脆弱，以及对两国重建的干预能力，给了莫内等人最终"解决这一问题"的机会。因此，早期的莫内计划提出法国工业在五年内完成包括钢铁和煤炭行业在内的现代化，以加强法国经济并安抚法国对德国的不安情绪。作为计划的一部分，萨尔煤田在 1947 年脱离联邦德国，被置于法国的保护之下；两年后，对鲁尔煤炭和钢铁的国际管制开始实施。在这两个案例中，美国在实施了马歇尔计划之后占据了道德的制高点，挫伤了莫内和法国为了民族经济优势而对联邦德国施加重商主义限制的本能。

但是，有了马歇尔计划和重建西欧的愿景，莫内在 1948 年后与阿登纳总理开展了合作。他们保留了早期经济联盟——12 世纪的中世纪汉萨同盟——的灵感，推动了波罗的海、北海和北欧的贸易。具有讽刺意味的是，英国一直是汉萨一体化的中心。在 20 世纪 50 年代初，法国和联邦德国通过煤炭和钢铁寻求实现一体化。这是恰当的，因为煤炭在 100 年间都是一个引起争端的问题。钢铁是工业化的基石，也是武器工业的基础。从 1947 年起，法国一直是联邦德国萨尔煤田的保护国，拥有其煤矿开采权。然而，法国不得不在 10 年之内将这些煤田交还给联邦德国，这就缩短了调整期限。

在联邦德国总理阿登纳和法国外长舒曼的支持下，欧洲煤钢共同体将经济规划作为一体化的核心，这预示着政府会更加积极地介入此事。以前关于一体化的倡议，如自由贸易，都依赖市场发挥魔力。即使是像金本位制或布雷顿森林体系这样的固定汇率体系，也将货币管理权下放给英国伦敦或美国纽约的金融市场。然而，现在，政府将成为经济的核心，在必要时推动市场机制，一批积极的欧洲技术官僚将负责向欧洲市场提供煤炭和钢铁产量数据。舒曼明白，法、德政府的共同参与将使政治合作达到一个新的高度。他认为，欧洲煤钢共同体是"朝着建立欧洲联盟迈出的具体的第一步，对维护和平至关重要"。这可能会实现莫内的联邦主义愿景。随着萨尔煤田回归联邦德国，可能会出现更稳定的安排，1957 年的《罗马条约》就是最明显的例子。

1951 年后欧洲煤炭和钢铁产量的恢复，是所谓的"莫内计划"的一部分。在联邦德国煤炭和电力发展的推动下，欧洲煤钢共同体彻底检修了欧洲的钢铁厂。关键在于，莫内擅长与不同地域、不同性格的人合作。例如，他的密友美国国务卿约翰·福斯特·杜勒斯为该项目提供了美国资金。

阿登纳、艾哈德与社会市场经济

与莫内建立有效工作关系的关键人物之一是德国财政部部长路德维希·艾哈德。他给一体化进程带来了经济上的自由主义哲学。与此同时，他支持建立一个有强大货币稳定体系的德国央行。他希望恢复俾斯麦的纪律严明的货币政策，这种政策上一次出现是在 19 世纪 70 年代，当时德国转向了金本位制。此外，艾哈德是一个实用主义者，能够容忍社团主义的欧洲煤钢共同体。他评估说，这项计划可能会建立国家之间的信任，将减少新欧共体六个创始国之间的保护主义。与 20 世纪 80 年代中期的撒切尔夫人不同，艾哈德认为，自由贸易将克服扭曲的国家主义，随着时间的推移，政府的作用将变得更加边缘化。简而言之，斯密的"看不见的手"将超越法国在欧洲经济学中留下的"重商主义"遗产，这将使欧洲更加"市场化"而不是"社会化"。

艾哈德本人不太可能参与欧洲经济共同体的规划和社团主义。1950 年，他加入哈耶克的著名的朝圣山学社，在那里他接触到不同的欧洲和美国新自由主义者，并在经济学博士课程中得到了启示。他勉强承认，是他设计了联邦德国的"社会市场经济"。"市场"是他的主要动机，但是由于市场管制的放松和随之而来的经济增长，老年人、失业者和残障者的福利可能会逐渐得到充分的资金保障。

到了 20 世纪 90 年代，在英国首相布莱尔、美国总统克林顿领导的盎格鲁－撒克逊世界中，艾哈德的思想有了新的听众，他们的口号是"第三条道路"和"从福利到工作"。但是，艾哈德面临的挑战，比布莱尔和克林顿所能想象的还要严峻。值得注意的是，1945 年后，随着 1000 万德意志人被苏联、波兰和捷克斯洛伐克遣返，德国经历了欧洲历史上最大的移民潮。这使一批隐附人口迁移到德国的工业荒地，荒废的原因是盟军多年来的轰炸和苏联红军的占领。此时德国有 200 万人失业，这些大规模移民使失业再次成为德国的一个巨大挑战。

在严峻的经济挑战中，艾哈德将联邦德国的"社会市场"视为私营经济解决福利问题的垫脚石。他希望有一个足够规模和充满活力的经济体来维持养老金和私人保险，但只是作为一个安全网。作为阿登纳政府在1949—1963 年的经济部部长，艾哈德赢得了"联邦德国经济奇迹之父"的称号。重要的是，艾哈德的经济能力强有力地支撑了阿登纳的政治地位。在角色互补中，阿登纳擅长操控政党政治，成为自俾斯麦以来任职时间最长的德国总理。直到 1963 年退休前，他在投票中一直保持不败。但是，他对经济学感到厌烦；相反，他能专注于让基督教民主联盟继续掌权，并让联邦德国在法国和美国之间维持着微妙的平衡。

这让艾哈德可以自由地追求他的"经济奇迹"。尤其是他废除了一些在自给自足的纳粹时期和战后盟军占领时期保留下来的国家法规。阿登纳在这一点上做得很好，他认为联邦德国最好是通过经济复苏来重建自尊和世界形象，即使他遗漏了细节。后来，一位观察家在阿登纳 90 岁生日之际回顾其职业生涯时评论道，显然他曾在"纳粹怪物"面前做出过正确回应。在达豪，这些"纳粹怪物"写过"工作使人自由"的标语；然而，阿登纳将这些情绪引导到了具有"真正意义"的东西上。通过艾哈德的"社会市场经济"，德国人民奋起应对这一挑战。他们通过参与经济建设找到了救赎，并且"拼命工作"以"让自己在羞耻、贫穷和不受欢迎的状况下好受些"。

20世纪50—60年代的这两位重要的德国政治家相得益彰，即使他们的私人关系并不亲近。毫无疑问，阿登纳对一切法国事务的普遍热情制造出了紧张局势。例如，艾哈德对自由市场的支持和阿登纳对法国社团模式的容忍之间就存在冲突。这些分歧在法国农业问题上达到了高潮。艾哈德对这一问题的看法，源于他认为欧洲经济共同体是一个政治实体而不是经济实体，很高兴看到缔结《罗马条约》的"六"方成为一个政治单元。但是，他希望据此建立一个扩大的自由贸易经济体，与英国和斯堪的纳维亚半岛的欧洲自由贸易联盟（EFTA）结构没有什么不同。作为这一设想的一部分，他欢迎美国的外资，但拒绝向法国农民提供大量补贴。

有趣的是，艾哈德的想法与欧盟最近的"可变几何"①设想没有太大差别。不幸的是，艾哈德的早期"双速欧洲"②观点与戴高乐相冲突，后者追求的是一个在法国掌控下的、可控的、紧密结合在一起的欧洲。事实上，当艾哈德于1963年成为联邦德国总理时，他与戴高乐多次发生冲突。作为一个坚定地以经济为中心的官员，艾哈德的政治触角不如戴高乐或阿登纳那么敏锐。例如，艾哈德盲目地坚持支持美国总统林登·约翰逊发动越南战争，甚至在"行动蔓延"到越南北部之际也是如此，这导致他在1966年底下台。一般认为，艾哈德是美国的狂热追随者，尽管法国和联邦德国

---

① 可变几何：在"可变几何"政策下，欧盟成员国可以对是否履行部分条约条款进行灵活谈判，也被称为"差异化一体化"政策。——译者注

② 双速欧洲：指一边是更密切融合的欧元区，另一边是比较接近欧盟的联邦制。建立"双速欧洲"及相关的改革计划是法、德领导人追求的目标，但遭到欧盟多国的反对。——译者注

的大部分地区由于对欧洲在世界上地位削弱感到沮丧而表现出持续的反美情绪。面对美国在东南亚盲目实施"遏制"的错误，这些情绪迅速浮出水面。尽管英国在越战中保持中立，但这种反美主义在英国却不温不火。英国对欧洲的文化依恋，与其和美国共同的盎格鲁－撒克逊语言、文化产生了冲突。

与此同时，在经济方面，艾哈德敦促欧共体和英国的欧洲自由贸易联盟实现贸易自由化。由于欧洲自由贸易联盟在欧洲经济共同体面前"相形见绌"，艾哈德支持英国在麦克米伦的领导下申请加入欧洲经济共同体。他希望欧洲经济共同体作为政治架构为他的"双速欧洲"模式提供保护伞。但是，他明白，成立欧洲经济共同体的联邦党人的最终目标是"政治联盟"。他赞成这些政治观点。在欧洲民族主义失败之后，联邦德国的新愿景是欧洲联邦。在寻求实现政治统一的过程中，他会容忍戴高乐的社团主义经济学和共同农业政策。他仍然坚信市场将决定欧洲的经济产出。后来，他的一位新自由主义者同僚将会展示出对这种市场力量的信心，还会称赞他的贡献。事实上，在《动荡年代》一书中，艾伦·格林斯潘认为，在德国战后复苏中，艾哈德的放松管制和自由化比马歇尔计划更重要。

今天的德国仍然坚持艾哈德的理念，即欧盟是一项政治事业，与法国以经济为重心形成了鲜明对比。事实上，欧洲经济共同体的更名也反映了这种观点。这种关于欧盟合理性的观点冲突，仍然是法、德关系紧张的原因。当联邦德国总理赫尔穆特·科尔通过欧洲货币联盟提出欧盟内部关于德国统一的政治一体化，来换取法国总统密特朗提出通过欧洲经济与货币联盟实现经济一体化的要求时，这一紧张关系得到了明显缓解。在这种情况下，英国和许多国家一样，在政治和经济上都是旁观者，都抵制欧盟的任何深化发展。事实上，随着法、德协议的达成，英国实现艾哈德"双速欧洲"理念的能力成了问题。此后，德国历届总理都准备推进政治和经济一体化。

法国的"光辉三十年"与社会主义试验：艾德礼和密特朗

法国与德国艾哈德的合作是成功的。尽管存在分歧，但莫内、舒曼和后来的法国决策者在欧洲煤钢共同体及之后的事宜上与德国新自由主义人士进行了成功的合作。然而，法国和英国在国内经济上都走了一条与联邦德国截然不同的道路：1945 年后，法国和英国都奉行受管控的、社团主义和凯恩斯主义的政治经济学。

在英国，1945—1951 年的艾德礼政府接受了国家干预，建立了英国医疗服务制度，提高了国家教育投入，大规模国有化"经济制高点"产业，并在全英范围内提供更全面的福利。这是一个进步的政策议程，旨在创造一个"英雄大地"，扭转 20 世纪 30 年代饱受怀疑的紧缩政策。但是，正如前文所述，英镑危机和大英帝国的遗产，限制了艾德礼的行动自由。1951 年艾德礼政府倒台后，工党将丧失执政权 13 年，保守党伴随着麦克米伦诱人的口号"你从未拥有过如此美好的生活"将英国引向了消费文化。

1950 年后，在欧洲煤钢共同体、欧洲经济共同体的架构下，法国在经济上的表现好于英国。这是历史的反转，过去法国曾艰难追赶英国早期工业革命。事实上，与俾斯麦时期的德国不同，法国此前从未真正对英国形成挑战，虽然拿破仑三世有过此雄心壮志。然后，在 20 世纪 20 年代，法国避免了货币高估的陷阱，但英国的经济形势依然越来越好。1946—1958 年法兰西第四共和国期间，法国推行与英国工党类似的社会政策，两国都发展为庞大的福利国家。遗憾的是，法国战后政府缺乏连续的英国"得票最多者当选"制度，第四共和国政府是短暂的，由左倾激进的总理领导。然而，法国展示了其政治目的，两届政府都由欧洲联邦主义者罗贝尔·舒曼主持，他和阿登纳一样信仰基督教民主主义。

在第四共和国时期，法国共产党作为一个纪律严明的中央集权政党运作，在 20 世纪 40 年代末和 50 年代初获得了超过 25% 的选票。当法国不同的右翼政党结成可靠的反共联盟时，这种反常的做法反而给法国带来了稳定。欧共体的规模经济和关税同盟内的自由贸易，使法国实现了经济增长。与此同时，由于缺乏在法国和德国开展自由贸易的渠道，英国在欧洲经济共同体之外的经验则不太成功。1958年，戴高乐在阿尔及利亚危机中重新掌权。他在第五共和国体制下进一步集中了总统权力，从而促进了稳定。

法国的政策不同于艾哈德的联邦德国政策，但也创造了自己的经济奇迹。法国现在缅怀1945—1975年的岁月，当时的经济综合增长率达到了4.5%；这一时期被称为"黄金三十年"或"光荣的三十年"。法国在莫内计划后的重点是煤炭和冶金。与此同时，法国在经济的"制高点"行业内设立准垄断企业，目的是在整个欧共体范围内发展规模经济。这避免了陷入世界大战间期的陷阱，因为当时的法国企业十分脆弱，而且是资本不足的家族企业。当然，战后的中小型家族控制企业在德国、瑞士和意大利都很普遍，取得了令人印象深刻的成就；但在法国，规模似乎更重要。巴黎综合理工学院、国家行政学院毕业的法国技术官僚精英们，帮助打造了法国国家铁路公司（SNCF）、法国电力集团（EDF）、法国燃气集团（GDF）和法国国家航空宇航公司（Aérospatiale）等优秀民族企业。

直到1981年，法国一直保持着与联邦德国和英国截然不同的企业文化。此前，法国中右翼的天主教政客支持国有企业，但当社会党候选人弗朗索瓦·密特朗最终在1981年的总统选举中获胜时，这种共识遭到了抛弃。密特朗作为第五共和国第一位社会主义总统，一直执政到1995年。他大胆地与法国共产党结成联盟，推动银行和其他关键行业的国有化；公共支出大幅增加，资金来源主要是增税和信贷。与此同时，他制定了每周39小时的工作制，将最低工资提高了10%，强制休假，并制定了一个凯恩斯主义首要议程，医疗、养老金和对单亲家庭的支持都显著增加。

密特朗试图复制艾德礼1945年实验的精神，然而，近40年后才实现了目标。到1981年，在没有马歇尔计划避风港的情况下，自由资本流动和欧盟货币体系都已形成；不出所料，密特朗的实验很快就被放弃了。事实上，到了 1983 年，密特朗面对被逐出政坛的威胁，完全改变了立场，他实行了强势法郎紧缩政策以平衡收支。欧洲货币体系的汇率制，让密特朗的社会党人被迫遵守德国央行的正统观念。然而，与今天的欧洲经济与货币同盟不同，20 世纪 80 年代的法国社会党人，在真正需要的情况下仍会保留货币贬值的安全阀。

因此，在欧洲经济与货币同盟内部，"法国左派的长征"注定会以失败告终。法国社会党人渴望充足的福利待遇和凯恩斯主义的需求管理，但受到了德国央行的经济束缚。可以理解的是，密特朗在这种情况下采取了和前任一样的做法，即借助法、德同盟的力量。正如我们所见，法、德同盟在这几年中间得到了加强，特别是通过 1963 年的《巴黎—波恩友好条约》、1967 年的《欧洲共同体条约》和 1979 年的欧洲货币体系。

富有戏剧性的是，1984 年，社会主义者密特朗和亲欧保守派赫尔穆特·科尔，在凡尔登共同庆祝他们的"特殊关系"，这距第一次世界大战爆发已经 70 年了。此时，欧洲货币体系（EMS）已经破坏了密特朗的社会主义实验。但是，众所周知的机会主义者密特朗，推动了将欧洲货币体系转为欧洲经济与货币联盟。有人指出，欧洲一体化是密特朗在其漫长职业生涯中唯一坚持奉行的政策。在战争期间，维希政府的经历和后来的抵抗军岁月似乎使密特朗相信，法、德友好关系凌驾于其他考虑之上。相比之下，很难想象，英国会有一个将欧洲一体化政策凌驾于国内的社会主义议程之上的领袖，当然不可能是英国首相艾德礼或威尔逊，就连托尼·布莱尔也把欧洲经济政策决定权交给了继任者戈登·布朗，后者负责监管"五项测试标准"以维持英镑独立于欧元区之外。当然，对于英国保守派来说，欧洲仍然是不受欢迎的选择。

撒切尔主义与孤立的新自由主义

事实上，英国一直有回避欧洲经济共同体货币体系的传统。这意味着20世纪70年代的英国首相们，在应对与法国密特朗政府遭遇的类似经济危机中，没有得到联邦德国总理或联邦德国央行的支持。到了80年代，英国首相玛格丽特·撒切尔不想与欧洲汇率机制扯上关系，因为她认为英国在欧洲汇率机制中将屈从于联邦德国的首都波恩和金融中心法兰克福。相反，1975年初，她热情地支持英国继续留在欧洲经济共同体的关税同盟中。具有讽刺意味的是，她与被其赶下台的保守党领袖爱德华·希思站到了同一个平台。在80年代，撒切尔夫人在美国总统罗纳德·里根推行新自由主义时，对欧洲计划更加怀疑：凯恩斯和威廉·贝弗里奇不再被视为榜样，而米尔顿·弗里德曼和弗里德里希·哈耶克则受到了欢迎，他们是"货币主义"和"奥地利学派"的高级推广人。

当法国和德国制定的汇率挂钩区间越来越窄时，撒切尔政府却回避加入欧洲汇率机制，直到1989年她的同僚们被迫非正式地使用德国马克。与此同时，由于法国前社会主义派财政部部长雅克·德洛尔于1985年被任命为欧盟委员会主席，密特朗在欧洲经济中的地位得到了加强。密特朗能够将他早期的一些政策议程硬塞进一个泛欧纲领，而这些议程是早已在孤立的法国被放弃的，其中包括"社会政策"议程，英国的约翰·梅杰围绕着这个议程花费了大量时间、释放了大量的善意来实现选择性退出。

因此，三大国在战后政策上存在显著差异。法国和德国遵循了欧共体和欧盟的架构，在经济政策上更加紧密地结合在了一起。这绝非偶然，因为这些机构一般是在法国和联邦德国—民主德国的双边会议上设定的。在三大国中，英国似乎一直是最怪异的一个。1979年撒切尔夫人当选英国首相，抨击英国的"混合经济"和"战后共识"，但她根本不可能改善英国在三大国中的形象。

　　20 世纪 70 年代中期，新自由主义知识分子基思·约瑟夫把撒切尔夫人介绍给弗里德里希·哈耶克和他的朝圣山学社。自路德维希·艾哈德（1977 年去世）以来，哈耶克的思想多年来一直处于政治荒野中，没有吸引到强有力的追随者。撒切尔夫人对艾哈德几乎没有评价，她只能赞赏这位德国总理脱离了德国的"社会市场"，毕竟，到了 90 年代，德国的福利国家政策似乎已经失控。撒切尔夫人和艾哈德对自由市场有着共同的热情，但他们对欧洲的政治联邦主义的看法几乎有着天壤之别。20 世纪的历史经验将德国和英国这两个相似的新自由主义国家推向了相反的政治方向。

　　到了 2002 年，撒切尔夫人仍然认为，法国和德国的福利制度给纳税人带来了不堪承受的负担。事实上，联邦德国的"经济奇迹"仍然未能打动这位铁娘子。公平地说，德国经济统一带来的消化不良到 2002 年已经开始出现，艾哈德早期的成就也开始暗淡。德国战后关于社会领域的共识，对于英国的新自由主义者来说仍然是一个陌生的概念，这一点体现在英国决心将自己排除在欧盟《马斯特里赫特条约》的社会条款之外。相比之下，德国基督教民主党人赫尔穆特·科尔、法国社会主义者弗朗索瓦·密特朗和欧盟委员会主席雅克·德洛尔，则接受这种社团主义制度。他们认为保护工人权益是现代文明经济的一部分。20 世纪 90 年代，无论执政党是右派还是左派，重商主义和社会主义在法国和德国都根深蒂固。与此同时，即使在撒切尔夫人于 1990 年下台后，英国仍决心扩大私有化，并在"减少福利支出"方面进行进一步的冒险。

　　事实上，撒切尔式的私有化在 20 世纪 90 年代就已经出现在整个欧洲。各国都准备通过减少国债和预算赤字来加入欧洲经济与货币联盟，出售公用事业和运输业务可以轻易地筹集资金；同时，政府通常通过保留"黄金股"来维持国家管控权。政府对价格和质量的管控，是为了遏制市场的过度行为。欧盟竞争委员会负责监督这些私有化行为，该委员会采用欧盟统计局提供的不完全信息以及欧盟各国流行的"表外"会计文化。继苏联国家之后，欧洲掀起了一股欧盟式的私有化浪潮。在东欧，来自西欧的金融顾问帮助政府推动自由民主，部分原因是为了让东欧国家为加入欧盟做好准备。甚至叶利钦领导的俄罗斯，也在 20 世纪 90 年代中期被看作欧盟的候选成员国。

这些从公共部门到私营部门的所有权转移，再加上《单一欧洲法令》（SEA），促使评论员将撒切尔夫人对现代欧盟的影响与社团主义者雅克·德洛尔对现代欧盟的影响进行了比较。在这种解读下，欧盟因重商主义和新自由主义思想之间的创造性张力繁荣起来。在英国历史研究作者约翰·吉林厄姆更为丰富的设想中，撒切尔夫人与德洛尔之间的战争就像是"一条眼镜蛇和一只猫鼬在一个被包围的坑中，坑的两边是《单一欧洲法令》，另两边是《欧洲联盟条约》"。这两个对立的欧洲人对应哪个动物还不明确，我们也不清楚撒切尔夫人和德洛尔谁赢得了这场争论。

正是撒切尔夫人给欧盟留下的遗产，挫伤了科尔宾的工党采取有效反脱欧立场的热情。《单一欧洲法令》、私有化以及国家援助对国有化的限制留下了新自由主义光环，现在依然为工党所厌恶。简而言之，在欧盟的运作中，撒切尔夫人的影响太多了，而德洛尔的影响则略显不足。

当然，法国和德国也无法避免欧洲经济与货币联盟稳定公约下的新自由主义的影响。更重要的是，国际金融市场的无情压力维持了欧盟经济体的纪律，促使成员国在政策上更趋于一致。毕竟，投资者每天都在投票决定欧洲主权债务的相对绩效。市场定义了各国政府债券相对于最低收益率的利差，而最低收益率始终以德国政府债券为代表。尽管法国和德国在1999年建立欧洲经济与货币联盟时未能及时实现稳定公约的目标，但为了遵守最后期限，所有国家都被免除了制裁。科尔决心履行他对已逝的弗朗索瓦·密特朗关于欧洲经济与货币联盟的承诺，尽管这很难为规模更小、偿债能力更差的南欧国家树立一个可信的榜样。后来 2008 年的金融危机，证明了这一稳定公约的缺陷。除德国外，所有国家的国债和赤字水平都在膨胀。

欧洲的"第三条道路"

尽管银行业受到了严重冲击，但联邦德国和民主德国一体化的完成提高了德国抵御金融危机的能力。与此同时，德国社会民主党主席施罗德接受了艾哈德的劳动力市场哲学。这有助于社会方面的改革，尤其是在 20 世纪 90 年代的德国统一期间。2003—2005 年，为了实现市场自由化，德国实施了涉及劳动力市场和社会福利的哈茨改革。曾经在大众公司管理人事的彼得·哈茨，很高兴看到大众的制造业务从伊比利亚半岛国家回到德国的沃尔夫斯堡，从而降低了德国的失业率。

事实上，这在一定程度上体现了施罗德、托尼·布莱尔和比尔·克林顿对社会学家安东尼·吉登斯所说的"第三条道路"的坚持。在德国和英国，这一概念涉及"从福利到工作"的计划，努力使失业津贴、最低工资和税收合理化。公平地说，英、美、德三国的失业率自此都比法国和南欧好得多，后者在解决长期结构性失业问题方面少有作为。此外，在 2008 年金融危机前的 1990—2007 年，英国的经济增长超过德国、法国，扭转了过去几十年的不佳表现。

施罗德认为，英国从 20 世纪 80 年代开始的自由化劳动力市场增强了竞争力。德国左翼社会民主党政客在德国推行的面向市场的劳工改革，体现了德国社会市场的跨党派共识。与此同时，在布莱尔的新工党计划下，英国似乎接受了社会市场意识形态。在经历了 2008 年的欧洲 70 年来最严重的金融危机之后，德国对撒切尔夫人的热情逐渐消退。值得注意的是，与法国或德国相比，英国的服务业经济由于银行、私营部门和公共债务方面的金融杠杆加持，在金融危机中受创更加严重。

货币联盟：两个，而不是三个

在 2008 年股市崩盘之前，人们希望更加自由化的德国和英国市场能巩固德、英经济合作关系。在促进德、英之间的伙伴关系方面，没有任何机构能与围绕法、德合作条约《爱丽舍宫条约》建立的机构相提并论。除此而外，法国显然会抵制任何朝这个方向发展的行动。同样，英国在其他方面也与法、德保持着距离。尤其是英国没有追随德国加入 1999 年 1 月 1 日成功落地的欧洲经济与货币联盟项目，它确定了所有参与国（现在是 19 个）的交叉汇率。相反，英国短暂参与欧洲汇率机制的经历，足以促使英国拒绝加入欧洲经济与货币联盟。

被赶出欧洲汇率机制的屈辱，让英国受到了创伤。由于国际投机者攻击参与国的货币，在 1992 年 9 月的"黑色星期三"将英镑逐出欧元区，德国央行拒绝支持英镑。德国央行辩称，它一直在警告英镑对德国马克估值过高。相比之下，从戴高乐—阿登纳时期起建立的深厚法、德关系，让所有人都看到了投机者转向下一个弱势货币——法国法郎。在这个问题上，赫尔穆特·施莱辛格领导德国央行全力捍卫所谓的强势法郎政策，而法国经济的基本面可以说是同样疲弱。

但是，正如我们所见，德国统一在政治上推动了法国和德国追求建立欧洲经济与货币联盟。共同货币基础上的经济统一，旨在推动联盟成员国走到一起。这是因为，在货币政策上会有合议决定，但没有共同的财政安排或统一政府。事实上，推动欧盟经济发展的政治计划，与白里安和艾哈德的想法是一致的，但不同于莫内以经济为主导的观点。到了 20 世纪 80 年代末，欧洲经济与货币联盟找到了联邦德国总理科尔这样一个强有力的支持者。科尔认为，货币联盟可以巩固与欧洲其他国家的政治联系。事实上，科尔对政治一体化的信念非常坚定。第二次世界大战期间他还是个孩子，但当时他已经下定决心决不让德国再次失控。欧洲经济与货币联盟是磨砺德国的一个机会，德国在1990年统一后有这样的迫切需求。事实上，就像1871年俾斯麦担心自己制造了一个难以操控的德国怪物一样，科尔在1990年表现出了对统一的德国的焦虑。对科尔来说，欧洲经济与货币联盟很可能是一个安全网。

密特朗同样也对扩大后的德国8000万人口的前景感到担忧，在凡尔登并肩的合作伙伴——科尔，现在也是德国统一和欧洲经济与货币联盟的联合设计师。法国同意德国在放弃德国马克的前提下实现统一。因此，到了1992年，在德国央行行长施莱辛格放弃英镑后，欧洲核心货币的交易区间扩大了，这使得德国央行和法国央行可以实施可控的干预措施。

事实上，面对棘手的金融市场，欧洲已经制订了让通往欧洲经济与货币联盟的道路变得可行的计划。《马斯特里赫特条约》通过"增长与稳定公约"要求成员国遵守财政纪律。所有参与国都被要求减少政府开支，并相应地提高税收，让财政赤字与GDP之间、国债与GDP之间的比率达到一定的水平。不幸的是，这推高了民主德国的失业率，民主德国马克兑联邦德国马克的荒谬汇率让民主德国工业面临货币高估的难题。另一方面，它也让民主德国与联邦德国之间的资产交换利好于民主德国。这保护了贫穷的民主德国人的私人财富，但联邦德国人不满于对效率低下的民主德国人的隐性补贴。事实上，在法国法郎获得救助后，德国的民调仍然反对废除德国马克。与此同时，即使是法国和德国也未能达到马斯特里赫特的稳定条约设定的比率。尽管如此，该项目还是在新千年到来前如期启动。

在德国统一和欧洲经济与货币联盟的议题上，英国又一次格格不入。事实上，撒切尔夫人在内心深处反对德国统一。在这一点上，英国被欧洲和美国孤立了。例如，美国总统乔治·布什推动在欧洲中心建立一个强大的统一德国。这并不稀奇。在整个冷战期间，德国统一一直是美国的决定性政策。在货币联盟问题上，正如我们所见，撒切尔夫人不情愿地在其首相任期后期盯住德国马克，约翰·梅杰未能让英镑留在欧洲货币体系是后来发生在 1992 年的事情。

欧洲经济与货币联盟紧缩和引起麻烦的货币联盟理论

到了 1999 年，欧洲经济与货币联盟议程出现了问题。尤其是，找到既适应统一后的德国又适合法国和联盟南欧成员国的经济政策，是难以调和的矛盾障碍。民主德国的失业率，加上被高估的新货币以及货币紧缩，都要求利率降低。与此同时，西班牙和爱尔兰过热的房地产市场对利率的需求恰恰相反。联邦德国的首席统一谈判代表沃尔夫冈·朔伊布勒，因在最薄弱环节——民主德国寻求实施德国货币政策而得到了教训。在 2010 年后的欧元危机中，作为德国财长，他保持了稳健的货币和财政政策，避免向"欧猪五国"（葡萄牙、爱尔兰、意大利、希腊、西班牙）开出空白支票。

当然，朔伊布勒在欧洲经济与货币联盟内实施的紧缩政策并非没有风险，即使对重商主义债权人德国也是如此。欧盟内的东欧国家可能期望得到与联邦德国数额相当的补贴，但它们不是德国的一部分，希望落空了。波兰、罗马尼亚、保加利亚和捷克共和国，都与神圣罗马帝国和讲德语的人民有重叠的历史，但是 1945 年的德国移民将人口集中到了现在统一的德国，所以民主德国的疗法是独一无二的。从这个意义上讲，德国的民族主义比联邦主义更有生命力，密特朗认为联邦主义是他在 1990 年通过同意德国统一而换来的。

但是，对德国来说，这一时期的历史表明，在科尔的执政期以及施罗德—默克尔时代，艾哈德的"社会市场"措施一直得到了或多或少的运用。事实上，人们尊重艾哈德对强劲市场的坚持。与此同时，欧洲经济与货币联盟的其他成员国，尤其是法国，仍然更欢迎艾哈德在社会方面的观点。这些国家的劳动生产率或出口业绩也没有达到与名企戴姆勒、博世、巴斯夫和西门子相媲美的水平。德国出口产品的需求弹性明显较低，表明它们的成交在于质量而非价格。其原因不是德国的经济政策所能解释的，还牵扯到工程领导和职业教育领域，但是货币和财政政策的纪律性一直很重要。

简而言之，艾哈德骨子里的朝圣山学社想法并没有被冲淡。即使是在两德统一的创伤之后，哈茨改革和由此导致的德国轻微失业也凸显了艾哈德的信念，即市场将提高工业效率，同时维持德国公共财政的偿付能力。事实上，德国现在有财政盈余、巨额经常账户盈余以及提供给低失业人群的丰厚社会福利，这在欧盟内几乎是独一无二的。

但是，德国优越的工业生产力和"社会市场"文化在发展壮大的同时，却与货币联盟经济理论格格不入。事实上，在没有过高的区域失业率的情况下，参与国的经济同质性是货币联盟是否有望取得成功的关键因素。经济学家罗伯特·蒙代尔在 20 世纪 60 年代初撰文，特别强调了经济同质性、工资和价格弹性、劳动力流动性和财政转移的作用，以减轻外部需求对欧盟的冲击。这些是货币联盟取得成功的决定因素。不幸的是，按照蒙代尔的标准，欧洲经济与货币联盟得分不高。尤其是，联盟国家缺乏共同的财政政策，意味着它与美国货币联盟不同，无法在联邦层面上向较贫穷的成员国转移收入。同样地，语言差异、历史特殊性和一般惯性，使欧洲经济与货币联盟内的劳动力流动性变差。

当然，德国和葡萄牙之间的工资和价格弹性以及经济同质性都很差。但更重要的是，由于德国和法国的劳动力市场政策分歧，这两个关键的《爱丽舍宫条约》国家也表现出明显的差异。因此，继蒙代尔的研究之后，早在 2010—2015 年欧洲经济与货币联盟危机之前，哈佛大学经济学家马丁·费尔德斯坦就在 1997 年预测到欧洲经济与货币联盟会无法运转。他认为，对于在蒙代尔四条指导原则上表现都不佳的欧洲经济与货币联盟来说，巨大的外部冲击可能会造成严重的后果。当然，他很难预料到 2008 年金融危机会给欧洲经济与货币联盟带来如此大的冲击。

与此同时，英国的常年局外人，对蒙代尔和费尔德斯坦等经济学家的警告更加警觉。戈登·布朗在 1997 年为英国加入欧洲经济与货币联盟提出的 "五项测试标准"① 在一定程度上是出于政治因素，但也是基于正统的经济理论。例如，将英国的货币政策置于欧洲央行的管辖之外，意味着 2008 年金融危机对英国造成的破坏小于邻国爱尔兰。事实上，在欧洲经济与货币联盟内部，爱尔兰的房主享受到了抵押贷款利率，实行紧缩政策的前民主德国等不同国家有不同的利率，以便实现经济复苏，这些利率与爱尔兰的消费热潮无法匹配。2008 年，爱尔兰政府轻率地为其破产银行系统的所有储户和债权人提供担保。在此过程中，先前谨小慎微的爱尔兰国家债务办公室发现自己难以控制住国债规模。到了 2011 年，爱尔兰需要国际货币基金组织（IMF）的援助，并得到了英国财政部的巨额双边贷款支持。

英国继续游离在让其近邻们深受其害的欧洲经济与货币联盟的架构之外，尽管如此，它仍需要对苏格兰皇家银行（RBS）和苏格兰哈利法克斯银行（HBOS）提供大额国内救助。而且，英格兰银行保留了对其金边债券发行的控制权，并能够根据自己的情况实施量化宽松政策。到了 2016 年，与欧洲央行的统一安排相去甚远的英国政策取得了相对成功，在英国脱欧公投之前引发了英国对欧洲的怀疑。

欧元危机，三大国现在在哪里？

我们看到，欧洲三大经济体之间的经济一体化，随着自由贸易、保护主义、重商主义、关税同盟和货币集团而潮起潮落。28 个欧盟国家组建了关税同盟，其中又有 19 个国家建立了围绕一个中央银行的欧洲经济与货币联盟，最终实现了一体化。但是，2008 年的金融危机和经济增速的崩溃，

---

① 五项测试标准：时任英国财政大臣戈登·布朗认为，英国需根据经济实际情况决定是否加入欧元区，并相应提出了五项经济测试标准，主要考察加入欧元区是否会在金融、就业、对外贸易、吸引外资和通货膨胀方面对英国产生负面影响。——译者注

给欧盟和欧洲经济与货币联盟的架构带来了压力。即使欧洲经济与货币联盟成员国达到了《马斯特里赫特条约》的标准，税收减少和欧盟债务膨胀也会带来问题。事实上，一些欧元国家的国债与GDP之比从来都不是60%左右。现在很难在通货紧缩的欧元区降低这一数字。90%被认为是一个临界点，超过这一数字需要实行高通胀或是债务减记。希腊只是明显资不抵债的欧元国家中最引人注目的例子。

随后的2010—2015年欧元危机将许多此类的问题推向白热化，金融市场对"外围"的欧洲政府债券市场发起了猛烈攻击。持有大量葡萄牙、意大利、爱尔兰、希腊和西班牙政府（"欧猪五国"）债券投资组合的欧洲银行，遭遇了信用评级下调和投机性股市攻击。但是，2012年7月，欧洲央行行长马里奥·德拉吉宣布，他将"竭尽全力"防止这些市场出现违约，这是危机的转折点。他试图采取一种微妙的平衡手段。他需要来自安格拉·默克尔领导的德国的支持，因为德国是主要债权国和欧洲经济与货币联盟市场的最后贷款人。在这一点上，由于德国宪法禁止正式的"量化宽松"，他受到了阻碍。另一方面，较弱的欧洲国家和可能破产的欧洲银行在对他施压，迫使他使用欧洲央行的"巨型火箭炮"[1]措施。他首先采取了表面上的量化宽松政策（被称为"长期再融资计划"，即LTRO），最后又使用了透明的欧元区量化宽松政策。

当危机进入最危险的阶段时，法国和德国的银行持有这些欧元区外围国家的巨额政府债券投资组合。欧洲的《爱丽舍宫条约》合作伙伴们很容易受到危机的影响。与以往一样，这种情况有相关的历史先例。19世纪末、20世纪初在俄国和中国的法国、德国和英国银行有类似的情况，同样面临主权违约的威胁。正如我们所见，在帝国主义盛行的时代，这些银行认为借贷关系为银行投资者创造了更高的收入。就法国的银行而言，这一活动

---

① 巨型火箭炮：指为刺激经济采取的经济或货币政策。——译者注

更具全局意义。它为法国的出口产品创造了忠实的顾客，以及类似于"非正式帝国"的帝国特惠感。

德意志银行和法国兴业银行在2013年持有的希腊国债，立即引发了与其持有的俄罗斯国债的对比，后者正好在100年前受到了列宁的仔细审查。由于"核心"西方市场的政府债券收益率过低，机构购买这些债券的收益率比购买德国或美国的政府债券要高。与此同时，由于法国和德国政府通过欧盟—欧洲央行—国际货币基金组织的"三驾马车"监督与"欧猪五国"的救助谈判，这些由国家担保的法国和德国银行评估违约风险的能力比100年前的前身更具优势。当时，法国和德国银行的控制力在沙皇俄国是虚幻的，随后在布尔什维克控制下的苏俄就彻底不存在了；但在最近的危机中，"欧猪五国"债券的巨大折价（以希腊为例，以美元计折价接近30美分），促使人们要求进行大规模的干预，不仅仅是为了支持那些借款的欧洲银行。

事实上，在2008年经济崩溃的第一阶段，当苏格兰皇家银行和英国劳埃德－苏格兰哈里法克斯银行获救助时，法国和德国的银行都表现良好，只有投机性的德国国有银行德国工业银行（IKB）需要救助。但在2011—2012年，所有主要的法国银行和（相对较少的）德国银行都发现自己面临压力。因此，有理由质问欧洲央行为了支撑法、德银行能做出多大程度的努力。当然，法国和德国可能会更支持对欧元区的救助，前提是这能让出口客户生存下去，支撑它们的"卖方融资"。或许，希腊、德国和法国在2012年之前的相互联系，是理查德·科布登和诺尔曼·安吉尔眼中能将各国联系在一起的贸易和商业。欧洲经济与货币联盟的架构允许全欧洲投资以欧元计价的希腊政府债券，且没有汇率风险，这促进了这种互联互通的愿景。当然，到了2015年，这种互联互通已经消磨殆尽。法国和德国银行已经以欧洲央行救助支持机制援助的价格减持了这些债券。南欧债券在没有"按市值计价"原则的情况下从一个欧盟渠道转移到另一个渠道，这意味着对受影响的法国和德国银行的救助是秘密进行的。与此同时，希腊选出了一个左倾的反紧缩政府，与俄罗斯和欧盟的情况相似。

欧元危机中出现的紧张局势，尤其暴露了法国的经济弱点。在 20 世纪 50—60 年代丧失了阿尔及利亚、摩洛哥和西非殖民地后，法国将欧盟和欧洲经济与货币联盟视为向整个欧洲大陆推广戴高乐帝国主义倾向的机会。但由于德国经济实力的增强以及两德统一后人口的增加，法国的技术官僚精英管理事务变得更加困难。技术娴熟的法国骑手骑着粗野的德国马匹的流行形象可能是荒诞的，至少也是不合时宜的。

2015 年希腊再次成为欧洲世界的中心

安格拉·默克尔领导的德国，为陷入困境的欧洲国家提供了超过 30% 的欧盟资金。与此同时，法国与德国的双边贸易逆差高达 550 亿美元。因此，涉及俄罗斯和乌克兰的关键欧洲问题是由默克尔谈判解决的，而法国则起到了辅助作用。同样，在希腊问题上，希腊代表团直接前往德国，而不是布鲁塞尔（欧盟总部所在地）或法国去商谈欧盟在"三驾马车"贷款中的份额。同样，欧洲央行在"三驾马车"中的作用也是在德国的法兰克福谈判的。事实上，2015 年夏天第三次救助希腊的关键决策者是默克尔。法国总统奥朗德力挺希腊社会主义方案，并因顶住德国压力支持"欧洲社会主义"而在国内赢得了赞誉，但他并不是决策者。

虽然希腊经济只占欧洲经济的 2%，但希腊的主权债务规模巨大。据估计，欧洲纳税人的风险敞口高达 3180 亿欧元。此外，备受争议的希腊财政部前部长雅尼斯·瓦鲁法克斯认为，希腊如果违约和退出欧盟，给欧洲造成的损失会接近 1 万亿欧元。2008 年美国第四大投资银行雷曼兄弟公司的违约情况，比任何人想象的都要严重得多，但在当时被普遍认为是可控的。认识这些风险，对欧盟斡旋达成希腊第三轮救助计划起到了关键作用。与此同时，国际货币基金组织与德国和法国意见相左，敦促希腊减记债务，以提高希腊的国家偿付能力。

但是，对于德国和法国的银行来说，国际货币基金组织免除债务的市场效应会削弱它们的资本根基。在 2008 年金融危机和监管改革之后，欧洲银行业的运作透明度很高，不会妨碍它们的正确决策，但不足以清晰地描绘出欧洲银行业所面临的系统性风险。相反，欧洲央行通过花招来拯救法、德银行，这种方法甚至不受部分监管的影响，而且完全不透明。

但是，2015 年达到高潮的希腊危机，或许比早先所做的种种努力更清楚地说明了欧洲经济的一体化。毕竟，一个仅占欧洲 2% 经济体量的国家，占据了默克尔的大部分工作时间。欧洲经济一体化的进程，与科尔和密特朗在 20 世纪 80 年代提出的范围不同。随着欧洲央行和单一货币的出现，欧洲政治一体化程度不断提高。在基本层面上，在不承担货币风险的情况下投资其他欧洲政府债券的可能性促进了交叉投资，制造了政治联系。此外，负责制定整个欧元区货币政策的欧洲央行，用宪法规定了联邦制在经济领域的正式地位，其董事会成员来自不同的欧元区国家。

然而，欧洲经济与货币联盟的政治架构，与戴高乐、吉斯卡尔·德斯坦、密特朗或希拉克所预见的不同，这些法国政治家都支持法国的"特定欧洲理念"。现在，占主导地位的立法机构和中央银行分别在德国的柏林和法兰克福。德国控制了南欧经济"三驾马车"重建计划的三分之二。但是，最大债务国之一意大利的马里奥·德拉吉的足智多谋，削弱了德国的力量。这位现任欧洲央行行长对主权债务问题非常熟悉。作为当时的意大利央行行长，德拉吉面对着高达 130% 的国债与 GDP 之比，这一数字令人眼花缭乱。对意大利来说，这一数字多年来几乎没有变化。事实上，意大利早就越过了主权国家的负债临界点，这引发了人们对德拉吉本人动机和责任感的担忧。

德国的"三驾马车"政策在很大程度上源于其传统的重商主义或是重

商主义在德国的变体官房主义。特别是在 1999 年德国马克以全额估值进入欧元区后，德国利用欧元的固定汇率制度，强势地向包括法国在内的所有欧元区国家出口商品。德国为这些债务国提供资金的方式是购买政府债券或股票，或是在资本账户上进行其他直接对外投资。实际上，德国向欧洲国家提供了卖方融资，其做法类似于 19 世纪 80 年代在沙俄进行投资的各家法国银行。然而，2018 年欧洲内部贸易的规模，不是 1880 年法国银行在沙俄的投资规模可以相比的，这反映了欧盟计划和关税同盟的效力。除了第一次工业革命中的英国，德国在欧洲一体化经济中的地位比任何一个主导经济体都要重要。事实上，正如亨利·基辛格的名言，德国的经济地位现在可能"对欧洲来说太大了，但对世界来说太小了"。

是时候签订新协约了吗？

随着铁路职工、医生和各种体力劳动者抗议劳动力市场和埃马努埃尔·马克龙的养老金改革，许多人认为法国现在已经找到了自己版本的撒切尔夫人甚至是艾哈德。这些政策是由前罗斯柴尔德投资银行家制定的，旨在放开劳动力市场，缩小与德国的生产率差距。在法国选民于 2017 年的选举中否决了玛丽娜·勒庞的"自给自足"替代方案后，马克龙获得了压倒性的人民授权；在"自给自足"方案下，法国可能会不受"全球化"影响。早在 1981 年，密特朗曾尝试过类似于"一国社会主义"的做法，但很快就放弃了。他的财政部部长雅克·德洛尔在这段经历中得到了教训，但仍决定在欧洲尝试同样的事情。

马克龙的干预是及时的，因为德洛尔主持的欧盟对法国经济并不友善。德洛尔曾是奥朗德总统的灵感来源，但奥朗德的政策似乎不太可能带来另一段"辉煌"的经济。然而，法国在各种关头证明自己有工业竞争力，并在这一过程中为法国重新获得了至关重要的国家威信：不仅是在拿破仑三世统治下的快速工业化时期、早期欧共体的"光辉三十年"时期。在这两个时期，政府与私营企业在欧洲式"混合经济"中有良好合作。对于马克龙来说，在厚颜无耻的欧洲一体化框架内，这或许是一个可以取得成功的模式。

与此同时，在英国，即使在工会改革和私有化之后，其工业生产率仍然低于法国。事实上，多年来英国的生产力水平一直凭借伦敦金融城的人均产值让人感到满意；但当 2008 年这种情况崩溃时，制造业和其他服务业的隐患变得愈加清晰。确实，英国 2008 年的崩溃和银行业危机比法国和德国的更为严重，18 世纪法国的重农主义者可能不会对此感到惊讶。但这一点很快就被遗忘了，因为到了 2010 年欧元区危机成了主要议题。那时，英国进入了一个自鸣得意的阶段，庆幸自己退出了单一货币体系。

英国再次远离欧洲，将自己排除在欧洲经济与货币联盟之外，并投票支持英国脱欧，甚至会支持与欧洲撇清关系。在欧洲央行和欧元区会议之外，英国对葡萄牙、意大利、爱尔兰、希腊或西班牙的事务没有话语权。短期而言，这避免了英国正式救助欧元区，从而节省了英国的资金和银行信贷。英国印制自己的货币，根据国内需求确定利率，其货币走势符合交易模式；但在金融危机和脱欧公投之后，对欧元的货币贬值似乎并没有给英国创造太多的出口动力。

无论如何，英国在制定利率政策时，需要一只眼睛盯着美国华盛顿的美联储，另一只眼睛盯着德国法兰克福的欧洲央行。是欧盟成员但非欧洲经济与货币联盟成员的英国，被要求为财政救助做出贡献。2010 年英国对爱尔兰的巨额贷款，就是英国与欧元区互通互联的一个例子。英国还通过伦敦的大型商业银行对希腊发放了大量贷款，其杠杆水平可以说是希腊无法从德国、欧洲央行或法国获得的。事实上，英国银行依赖于英格兰银行的力量，而不是马里奥·德拉吉的欧洲央行。

但无论在欧洲经济与货币联盟还是在现在的欧盟，英国决定抵制德国在经济和政治上的宿命论。当戈登·布朗在 1997 年为英国加入欧元区制定了"五项测试标准"时，英国经济似乎不大可能迅速与欧元区的核心特征实现趋同。一些人认为，这是"鸡和蛋"的问题，为了实现趋同，英国需要参与进来，朝着更欧洲化的标准发展。但对于欧元区来说，英国仍然具有非典型的经济特征。一个不同之处在于，英国的房地产市场上有大量私人所有权和浮动利率抵押贷款，从而增加了银行基准利率的风险敞口。与此同时，由伦敦金融城主导的单一大型服务业在游说能力方面甚至比法国农业更为强大，尽管其重点是英国。美国和亚洲在英国的直接投资是另一个显著的因素，因为英国有欧洲最具活力的技术部门。在欧洲经济与货币联盟和欧盟之外，由于货币联盟准则深化了法、德经济一体化，英国将会置身事外。无情的重商主义贸易失衡，意味着法国必须接受进一步的"德国化"。

事实上，英国和法国都面临着对德国的巨额贸易逆差。英国选择在欧元区框架外以疲软的英镑解决这一问题。与此同时，法国仍然保持固定汇率，与德国的竞争局势不断恶化，失业率也居高不下。然而，从长期来看，这两种情况都是不可持续的。随着时间的推移，英国将面临失去核心经济基础设施的风险，因为它出售了最有价值的资产来填补赤字。这意味着英国消费者将永远向德国和法国的公用设施公司支付水费、煤气费和电费。与此同时，对于英国出口商来说，现在印度和中国的巨大市场和 18—19 世纪的一样难以捉摸。在 21 世纪，英国无法再用孟加拉鸦片来解决其长期的亚洲贸易失衡。

然而，现在英国已经放松了紧缩政策，将公共部门的债务减少到更可持续的水平。这让英国不得不寻找一个与德国重商主义竞争的经济计划。尽管新自由主义自 20 世纪 80 年代以来无疑让英国劳动力市场更加灵活，但这不足以让它将高质量的出口产品销售到全世界。正如我们所见，英国早期拒绝重商主义，带着对充满活力的自由贸易经济的信仰拥抱古典经济学。在英国还拥有帝国腹地时这种做法是起作用的，弗里德里希·李斯特看到了这一点。但是，自去殖民化以来，英国不得不重新将自己打造成一个欧洲经济体。拥有核心工程技术且一心一意致力于建立出口市场的德国，是其强大的竞争对手。在进入更大的欧共体之前，德国多年来在德意志关税同盟成员国间进行的出口贸易磨炼了其工业技能。

同时，对于法国来说，"光辉三十年"之后的高失业率和失望情绪难以为继。法国历史表明，法国在欧洲政治上必须拥有领导地位和威望，而无法容忍像英国扮演美国的低级伙伴角色一样对德国妥协。随着德国战争罪恶感的消失，德国的出口继续领先法国，法国可能会难以忍受固定汇率制度。屈从于德国的重商主义，并不是法国精英们所能容忍的合作形式。法国将希望向德国销售更多的雷诺汽车，减少进口奔驰、宝马汽车。考虑到两国关系的紧密性，德国将乐于帮助实现与法国的贸易再平衡，但前提是法国准备提高生产率并效仿德国。毕竟，正如蒙代尔 50 年前所强调的那样，单一货币区内国家的同质性是成功的关键条件之一。当然，对于"欧猪五国"来说，这方面的挑战更大。

然而，法国和希腊的"德国化"意味着文化和种族的同质性，它们希望消除我们看到的过去 370 多年来欧洲经济和政治一体化的挑战。第二次世界大战后，莫内和舒曼设计的联邦制旨在保护民族文化，同时利用欧洲架构的规模经济。最近，有人强调欧盟权力下放，或是至少做出符合实际行动的决定，这已成为欧盟法律的一项原则。民族国家或许可以不再如此担忧被"欧洲超级大国"吞并。

但是，正如我们所见，通过市场实现经济一体化需要斯密的"看不见的手"开展无情的行动，这将惩罚那些没采取必要措施效仿商业化的德国坚定出口的国家。在没有欧洲经济与货币联盟的情况下，市场压力依然存在，但以失去一种货币和中央银行为表现的国家主权的丧失，导致了更深的相互联系和顺从压力。正如我们在希腊救助计划中看到的那样，希腊和法国在德国重商主义的压力下想要维护国家文化和决策权，就可能需要在欧盟内部与德国以外的国家结盟。

也许法国和英国重新出现的"德国问题"将为达成另一个务实的协约创造条件。毕竟，在欧洲以外的世界里，欧洲国家未来一定会有大量出口，法国和英国都有帝国的遗产，我们接下来就会讨论这一情况。但在英、法关系中，即使没有德国的存在，它们在欧洲以外地区的关系依然复杂。也许就是被这样的想法所启示，马克龙努力提醒英国可以改变 2016 年的公投结果。同样，"德国问题"的发展速度是早期的欧共体无法解决的，《爱丽舍宫条约》也受到了经济失衡的威胁。

在马克龙奋力推行施罗德—撒切尔式的劳工改革之际，面对老式的法国社会主义，维持法、德伙伴关系显然成了挑战。法国失业率仍超过 9%，法国的"德国化"甚至可能无法吸引亲欧的法国人。他们对欧盟的憧憬是，法国的文化优越性，削弱了德国的经济主导地位。

第五章

从帝国种植园到布尔人和义和团：
帝国、移民和欧洲（1648－1904）

在接下来的两章中，我们将从帝国、移民和国际维度来探讨欧洲一体化。尤其是对英国来说，它作为帝国与欧洲大陆竞争，双方经常发生冲突，各项事务变得复杂。与此同时，俾斯麦在非洲争夺战达到高峰时宣称，他眼中的非洲地图就是欧洲地图。从这个比喻角度来看，英国眼中的欧洲地图通常是亚洲或美洲的地图。七年战争结束后，英国鼓吹依靠以帝国为中心的皇家海军长期孤立欧洲大陆。英国人在欧洲的冲突，尤其是19世纪与沙俄的对抗，是在帝国背景下进行的。其中，印度、阿富汗、波斯和博斯普鲁斯海峡问题决定了整个进程。

早期的欧洲帝国主义，源于重商主义和金银货币。西班牙早期的美洲帝国是建立在贸易基础上的，靠开采矿石来维持。当时，法国和英国入侵美洲，通过烟草、糖和相关的奴隶贸易获得了财富。但是，随着这些大宗商品的消耗，帝国被迫进入更贫穷的地区，利润也大幅下降。有利于欧洲声望的帝国主义占据了上风，可以防止其他欧洲列强夺取土地。简而言之，积累土地和圈养人口本身就是目标。这最终导致了对非洲的争夺。

重要的是，英、法、德三大国都有独特的帝国经历，这也揭示了它们对当今欧洲的不同看法。到了 1904 年，著名的"英法协约"是英、法"交换"了在埃及与摩洛哥的特权。不过，帝国对于英国和法国而言，优先权是不同的。对法国来说，帝国往往是欧洲扩张的一种手段，这意味着戴高乐在 1958 年将更愿意支持维系帝国而不是向欧洲靠拢。相比之下，英国对失去帝国贸易感到焦虑，即使在 1973 年加入欧共体之后也是如此。帝国体制相对欠缺的德国，从未面临过同样的困境。

爱德华·萨义德颇具争议的"东方主义"典范是一个很有帮助的视角，可以用来观察欧洲人（种族主义者）对欧洲以外世界的看法。萨义德的作品中，大量涉及法国和英国对中东和北非的态度。但是，任何将东方主义视为欧洲统一（如果不经修饰）追求的看法，都需要与注意到欧洲是通过帝国而解体的意识相平衡。例如，"非"帝国形态的大国在遥远土地上产生的冲突和嫉妒，破坏了欧洲的共同目标。例如，墨索里尼用古典罗马文化来定义和推动意大利在利比亚、埃塞俄比亚的扩张，这是对一个早已消逝的欧洲文明的片面看法，表明了机会主义和赤裸裸的帝国侵略，而不是欧洲共同的雄心壮志。诚然，帝国战争可能会分散人们对欧洲战争的注意力。但是，欧洲列强最终因为有限的世界版图陷入了帝国冲突。

1945 年之后，欧洲的去殖民化意味着法国和英国可以不用再因帝国事务分心，它们需要更清醒地思考后殖民时期的世界。事实上，帝国形态对英、法两国乃至整个亚洲和非洲的益处一直是微乎其微的。到了 20 世纪 50 年代末，随着这些帝国的解体，维系帝国形态不再是一个选项，戴高乐和麦克米伦必须将重点放在西欧内部更为合理的贸易联系上。这不过是对亚当·斯密在《国富论》中所述观点的迟来的认可。

德国没有这么多次的分心，而是专注于复杂的德意志国家集团。但是，来自欧洲和欧洲以外世界的移民，影响了三大国。对英国和法国来说，移民主要是与帝国的双向交流；但对德国来说，战后德意志人和欧洲外围（土耳其和东欧）工人的流动占了主导地位。在最近的欧盟移民危机中，德国是穆斯林难民和寻求庇护者最重要的目的地。这些移民逃离的国家有共同的欧洲帝国主义问题（主要是英国和法国）。在此问题上，三大国处于一种尴尬的三角关系上，德国为两个欧洲殖民地同伴的罪恶付出了代价。

法国是欧洲和各大帝国的中心，德国则是边缘

我们已经看到，自18世纪以来，欧洲帝国问题主导着英、法关系。在西班牙、葡萄牙和荷兰在美洲和亚洲建立了第一批欧洲帝国之后，这些"宿敌"在欧洲以外的世界里开始了竞争。事实上，在1688年光荣革命和1815年滑铁卢战役之间发生的第二次百年战争，就是由英、法帝国之间的对立所导致的。这一时期的法国历史学家将法国视为欧洲的中心，自我定位为大西洋和地中海领土之间的中点。从这个意义上说，欧洲帝国改变了欧洲版图和欧洲一体化的范围。连法国启蒙哲学家伏尔泰也为欧洲对世界其他地区的支配地位做了充分的辩护。毕竟，让帝国团结在一起的欧洲的法律和政治原则"在世界其他地方都是未知的"。欧洲对"现代性"的独特贡献重新定义了这些欧洲以外的领土，让它们成了欧洲新的更广阔的一部分。

然而，伏尔泰的欧洲帝国主义并不普适。对于1648年后的普鲁士来说，在德意志各地之间建立贸易和政治联系的挑战确实是艰巨的。早些时候，查理五世退位，将神圣罗马帝国交给了他的兄弟奥地利大公斐迪南一世（1555年10月），而西班牙哈布斯堡王朝和美洲新世界则交给了他的儿子腓力二世（1556年1月）。美洲前殖民地现在已脱离了德语世界。事实上，查理五世是最后一个拥有"普世国王"头衔的人。他得出了一个结论：德国和西班牙的领土太大，不可能由一个中心来管理。此后，德国和帝国缺乏一个西海岸线，使得大西洋或亚洲的贸易变得昂贵且困难。与此

同时，法国和英国调整为从大西洋港口与美洲进行贸易，并通过好望角与亚洲进行贸易。这种地理环境会推动历史朝不同的方向发展。

西班牙和葡萄牙的开拓鼓舞了英国和法国

1516 年，西班牙的美洲帝国被哈布斯堡家族控制，西班牙通过联姻成为哈布斯堡统一帝国的一部分（尽管时间不长）。克里斯托弗·哥伦布早期的航行，为这个横跨大西洋的第一个成功的欧洲帝国奠定了基础。西班牙卡斯蒂利亚王国和阿拉贡王国，资助了哥伦布这位热那亚的探险家。这是前哈布斯堡西班牙的势力上升期，在此之前穆斯林将格拉纳达输给了收复失地运动军。此后，随着摩尔帝国的衰落，西班牙和葡萄牙帝国都得到了扩张，后来1494 年《托尔德西里亚斯条约》确立了两国在大西洋子午线两侧共存。

1492 年，当哥伦布登陆伊斯帕尼奥拉（今属多米尼加共和国）时，西班牙的大西洋帝国达到了顶峰。当时，哥伦布是在寻找线路前往富饶的亚洲，并与中国皇帝会面。福音派的哥伦布想让中国人皈依天主教，然后劝说中国人加入十字军东征，粉碎伊斯兰教。从这个意义上说，早期欧洲的大西洋探险以及后来建立的殖民地，只是中世纪宗教十字军东征的延续。

与此同时，奥斯曼帝国在 1453 年攻占君士坦丁堡后向西扩张，使欧洲再次面临伊斯兰教的威胁。但是，由于西班牙和葡萄牙殖民地在教皇法令的保护下发展，他们在这种帝国贸易中积累了财富和经济实力。其他大西洋强国，很快开始效仿西班牙和葡萄牙。例如，1497 年，威尼斯探险家约翰·卡伯特得到英格兰国王亨利七世的资助，为英格兰王室探索北大西洋。贸易和经济扩张是早期英国探险和后来海盗活动的驱动力。此后，经济将成为英国和法国（部分）在欧洲以外殖民扩张的主要理由。当英国、荷兰和法国建立垄断贸易公司来开拓亚洲、美国和非洲时，这种行为成了惯例。

欧洲人渴望掠夺土地，然后凭借帝国商机进行贸易和商业活动，这是由欧洲人对其文化、生理和智力优势的信念所支撑的。事实上，即使在没有伊斯兰威胁的情况下，欧洲人也可能剥削欧洲以外的世界。在欧洲之外，列强相互竞争，偶尔也会交战，但有了帝国，它们可以将欧洲冲突归诸外因，将注意力转向统治非欧种族及其信仰。从这个意义上说，早期的帝国形态是有竞争力的，而且对欧洲统一的破坏要比百年战争或三十年战争这样发生在家门口的冲突要小。

最初，法国人和英国人的野蛮程度，与西班牙征服者埃尔南·科尔特斯在墨西哥或是弗朗西斯科·皮萨罗在秘鲁的野蛮程度相去甚远。但是，他们因为强烈的种族优越感从海盗行为转向了殖民主义。即使到了18世纪的理性时代，也没有关于种族和欧洲以外世界的更开明的观点。卢梭和狄德罗颂扬了"高贵的野蛮人"失去的纯真。但是，启蒙运动是如此自觉地欧洲化，以至于它很难认识到其他种族有同等的智力。因此，尽管欧洲18世纪的伟大进步使人们在政治、科学、经济、美学、宗教宽容、教育、战争和形而上学等方面的思想不断进步，但似乎无法摆脱种族偏见，尤其是在"黑人"问题上。

启蒙时期的种族主义与欧洲的一些观念

欧洲种族主义甚至玷污了欧洲文坛，这些情绪被用来为掠夺外国、抢夺土地和剥削土著居民辩护。土著居民的安全同样被忽视。例如，在启蒙运动鼎盛时期发生的七年战争中，土著民族在英法战争中伤亡惨重。欧洲人的种族优越感最为残酷的表现是，剥削非洲黑人奴隶以维持英国和法国在美洲的糖、烟草和棉花种植园的利益。

欧洲人认为这些"本地人"是不敬上帝的野蛮人。丹尼尔·笛福在1719年出版的第一部英国小说《鲁滨孙漂流记》中阐述了这一思想。小说主人公鲁滨孙在他遭遇海难的荒岛上找到了星期五这个野蛮人，并与他合作，最终逃离了荒岛。最初，当和新伙伴星期五交流时，鲁滨孙试图向其传授基督教的优越性。在此基础上，鲁滨孙说服星期五同意基督教的上帝比"世界上最盲目无知的异教徒"的上帝更强大。后来，卢梭在其小说《爱弥儿》中指出，年轻人唯一需要的书就是《鲁滨孙漂流记》，书中描绘了一个"高贵的野蛮人"的纯真文明。

大卫·休谟也沉浸在欧洲种族主义中，在启蒙运动的种族问题上表现出相当的短视。休谟的作品涉及形而上学、历史和政治经济学，但对一个学识渊博的牙买加黑人的成就不屑一顾，认为他"假装博学"，其实只有"非常微不足道的成就，如同会简单说几句话的鹦鹉"。同样，在黑人奴隶制度支撑起殖民地种植园经济的美洲新世界，美国启蒙运动的代表人物托马斯·杰斐逊是一个忠诚的奴隶主。在法国大革命前夕，作为1787年的美国驻法国大使，他认为黑人"只有在记忆上与白人平等"，但"在想象力上，他们是迟钝的、俗气的和反常的"。最后，启蒙运动的主要道德哲学家伊曼努尔·康德，将黑人描述为"愚蠢"的"最低级的乌合之众"。

此外，对康德来说，"非洲的黑人天生就没有对琐事以外的感知力"，由于他们"健谈"的天性，"必须通过鞭打把他们分开"。康德在其著名的关于共和制联邦如何实现"永久和平"的论文中指出，欧洲人优越的"民族特征"将引导世界上的欠发达地区，包括欧洲列强的帝国前哨。但是，帝国人民不应该因为帝国战争而被迫养成欧洲人的习惯，康德以和平的拳头、厌恶的眼光看待帝国战争。相反，随着时间的推移，这些帝国人民可能会被吸引到一个由欧洲主导的联邦，这样一个联邦将会使欧洲优越的思想和制度得到自由发挥。

这些关于欧洲种族和文化优越性的"启蒙"观点，在一个相当长的时期内为帝国主义做了辩护，一直延续到20世纪。如果"欧洲永久和平"的主要思想家和分析欧洲贸易平衡的政治经济学家能够这样想，那么欧洲的帝国计划中可能已经渗透进了不那么成熟的观点。事实上，这种观点在三大国和欧洲小国中普遍存在。因此，欧洲人以一种隐含其殖民地下层阶级的方式来定义自己。这是欧洲的一种文化特征，在去殖民化的后期，会被像爱德华·萨义德这样的反殖民主义者瓦解。萨义德抨击了欧洲强加给世界其他地区的"现代性"和西方启蒙思想家的遗产，引发了争议。

这种普遍存在的"欧洲化"观念强调种族、文化和智力优势，但随着时间的推移而逐渐温和。欧洲各大帝国已经崩溃，20 世纪的创伤有可能破坏欧洲文明的意义。我们将探讨欧洲人是如何通过帝国建立一种与民族主义平行的认同感的。这种"欧洲性"的脆弱性，部分是由"非欧洲性"所定义的，有助于解释为实现欧洲统一的各种形式所做的斗争。与此同时，欧洲人努力使自己与世界其他地区区别开来，这使他们更加抗拒来自其他地方的移民。因此，法国和英国这样的前帝国主义国家的多民族社区的前景更加恶化。

英法军事对抗与亚洲和美洲的"欧洲化"

伊斯兰恐惧症是萨义德批评欧洲认同的一个重要主题。欧洲对"撒拉逊异教徒"的十字军东征一直延续到现代，这种焦虑在土耳其周围时隐时现。同样，到了 19 世纪末，英国和法国在非洲的探险家们，也为苏丹和其他地方的圣战主义抬头而烦恼。但是，欧洲帝国需要务实才能取得成功。殖民地企业的偿付能力是它们长久的烦恼，由包括穆斯林在内的非欧洲人民进行贸易和谈判的能力决定。这给英国和法国在实现欧洲以外的目标带来了共同的挑战。它有助于定义欧洲帝国文化，这种文化对"本地人"采用了"分而治之"的策略，依赖于当地的"合作者"。

英国人很早就揭示了与亚洲穆斯林强国谈判的好处。16 世纪末，伊丽莎白时代的商人在印度通过统治者莫卧儿皇帝获得了贸易优惠。莫卧儿人控制了整个印度北部，从波斯和中亚引入了伊斯兰教。此后，莫卧儿人又统治了喜马拉雅山以南广阔的印度次大陆上的印度教信徒，历时近300年。英国女王伊丽莎白一世于1600年授予在"东印度群岛"进行贸易的英国商人贸易特许权，为强大的英国东印度公司奠定了基础。商业为穆斯林和欧洲人在像北印度这样富饶的殖民地打下了共同基础。

英国逐渐建立起了"第二帝国"，东印度公司从马德拉斯、加尔各答和孟买的贸易站变成了正式的帝国机构，这依赖于军事行动和剥削性的经济政策。在军事和经济领域，英国愿意与伊斯兰商人和印度兵密切合作，有时会与人数更多的印度教徒发生冲突。毕竟，据说印度教徒没有像欧洲基督教和伊斯兰教那样的一神论者，后者是"伟大宗教"的一个重要特征。1857年，穆斯林战士在印度北部反抗英国军政府，在印度人的眼中，这被称为"印度兵变"或"伟大的卫国战争"。后来，英国的合作主义策略发生了变化，将重点放在了更加"顺从"的印度教徒身上。

早在1661年，复辟的查理二世获赠了葡萄牙公主嫁妆中的印度孟买港。事实证明，这些嫁妆对帝国建设十分重要，就像它曾经对欧洲国家的建立所起的作用一样。因此，1668年英国皇室将孟买租给了东印度公司，扩大了整个地区的贸易联系。随着时间的推移，东印度公司扩大经营范围，并打开了中国市场。到17世纪末，英国成为中国茶叶的主要进口国。同样地，1688年英国的光荣革命合并了英国和荷兰的王室。至此，欧洲在印度有了一个新教势力，可以抵抗路易十四的天主教法国。

欧洲公司和贸易商强行打开了亚洲市场。亚洲商品流向了与从前不同的方向，进入欧洲的奢侈品市场。伦敦和阿姆斯特丹充当了转口港，这意味着出资国可以将其殖民掠夺的物品再出口到欧洲其他地区。整个欧洲都可以享受到印度的印花棉布、中国的瓷器和茶叶、印度尼西亚的香料，从而催生了一种欧洲人的"上流"观念。但是，领土竞争抵消了欧洲殖民大国之间的共同文化联系。重商主义者让－巴普蒂斯特·柯尔培尔于 1664 年建立了法国东印度公司，与它的前身荷兰和英国建立的组织竞争，于是局势更加激烈。在早期的国有企业性质之后，柯尔培尔的公司改为股份制公司，路易十四有个人股份，路易十四的大臣们也共同进行了投资以维持他们在凡尔赛宫的地位。

移民到北美的英国人：新英格兰，而非新欧洲

英国和法国通过贸易和军事冲突在北美和加勒比海的大西洋帝国展开竞争。然而，英国与美洲建立的关系，与法国所追求的不同。毕竟，英国与美洲贸易的一个重点是输出人口。这种移民在英国和北美洲之间形成了共同的种族关系，在一个由英国人主导的社区里，欧洲的概念在大西洋彼岸传播开来。最早在新英格兰定居的是来自英国的不遵奉圣公会的新教徒，包括清教徒、贵格会教徒和英国低教会派的移民。值得注意的是，甚至连奥利弗·克伦威尔也考虑过放弃剑桥郡的土地，在美洲新大陆寻找加尔文教派庇护所。

令人难以置信的是，1601—1701 年，英国向北美的净移民达到了 70 万人，远远超过其他任何国家。相比之下，来自天主教法国的移民非常少。在 17 世纪后期英国的第一次殖民者浪潮后，又有持续不断的移民潮。随着美洲新大陆的商机信息传遍欧洲，移民者的家人和邻居也涌入了现有的英国人定居点。这些种族和宗教的联系非常紧密，以至于 1775 年美国 13 个殖民地发生叛乱时，英国把这场冲突解读为英国内战。

事实上，大量的英国效忠派拒绝参加美国独立战争，并从边境以北迁移到了英属北美（1867 年之后被称为加拿大）。正如我们所见，在被屈辱地驱逐出 13 个殖民地之后，英国致力于将北美维系在欧洲世界之内。北美不是一个"其他的"帝国，而是一个与英国共享语言、文化、宗教和种族

的地区。北美和英国建立了持久的贸易联系，并在这个过程中淡化了英国与欧洲大陆共享的"欧洲性"意识。

法国人对美洲的矛盾心理

相比之下，法国与北美的关系则保持了一定的距离。在 18 世纪中叶，在今加拿大和今美国路易斯安那州的定居点有 8 万名法国移民，而在今美国东北部却有 150 万名英国移民。尽管魁北克的法国移民创造了一个法语殖民地，但在七年战争期间詹姆斯·沃尔夫将军领导的 1759 年魁北克亚伯拉罕高地战役中，这片飞地被英国占领。讲法语的魁北克拒绝融入英属北美洲文化，但它的面积一直不足以在今天的加拿大、南非、澳大利亚和新西兰获得与英国类似的法国"自治领"地位。事实上，法国在美国和欧洲以外的殖民地，在 18 世纪末和 19 世纪初就瓦解了。法国移民与祖国的联系是虚无缥缈的。1803 年，拿破仑选择用法国的路易斯安那（今天美国中西部和南部各州的大片地区）与美国进行交易，建立了一个坚定的以欧洲为据点的帝国。

1804 年，法国殖民军队在圣多明戈（今多米尼加首都）被黑奴彻底击败，这是法帝国在欧洲以外最富有的地方。失去这一重要殖民领地对法国是一个致命打击。值得注意的是，到法国大革命爆发时，这个岛生产了全世界 60% 的咖啡和 40% 的糖。拿破仑总结说，在欧洲之外建立一个法帝国是困难的，而他在埃及败给英国人则加速了这种想法的幻灭。简而言之，法帝国的继续发展将以种植园经济而不是英国式的殖民者领地为基础。此后，对于拿破仑和他的继任者来说，欧洲以外的土地可以无情地买卖。这一政策在 1830 年法国吞并阿尔及利亚后才有了一定的转变。

在帝国统治时期，法国人不愿意移民，这一点一直备受争议。首要原因是法国国内需要劳动力。从路易十四在欧洲称霸的顶峰时期的 1700 年起，人口先是缓慢增长，然后陷入停滞。1700 年的法国是欧洲最大的国家，人口为 1900 万人（英国为 900 万人），1900 年达到 3900 万人左右（英国为 4100 万人）。同时，由于英国移民率较高，普鲁士人口在这些年的增长速度超过了英国。但是，法国持续的低出生率意味着农场和工厂缺少年轻工人。这几代人更有可能去海外冒险，进一步阻碍了法国人在殖民地重新定居。事实上，法国的低出生率与规避长子继承权有关。因为害怕家族土地被稀释，大家庭很难存在。

同样，由于没有可以定居的殖民地，法国的移民呼声也消失了。从 17 世纪开始，英国人移民到北美也在一定程度上反映了英格兰圣公会与清教徒的分裂，而这是法国移民到北美时没有的情况。在法国也有与之类似的移民潮，新教中的胡格诺派主要迁移到了欧洲其他地区。只有在阿尔及利亚，帝国事务才能与欧洲事务竞争法国的优先权。但正如我们将看到的，当法国需要在欧洲和阿尔及利亚之间做出选择时，法国的欧洲领导地位带来的推动力是势不可当的。不可否认，拿破仑已经将法国的目标重新调整回欧洲。但到了 1958 年，法国追求的欧洲领导地位不再是战场上，而是在和欧盟的谈判室里。事实上，这个欧洲平台比拿破仑更长寿，它是通过在欧盟委员会会议室里艰苦谈判达成的。

对法国来说，帝国带来的投资回报看起来并没有吸引力。法国的帝国贸易在七年战争失败后衰落了，财政也在美国独立战争之后破产了。很明显，按照欧洲大陆的标准，在殖民地发生的战斗是小规模的，无法与奥斯特里茨、耶拿、瓦格拉姆或德累斯顿战役中的史诗级规模相提并论，拿破仑在这些战场上投入了 7 万到 17 万名的法国军人来推进他的欧洲帝国。相比之下，当法国和英国在第二次百年战争中在北美对峙时，参战的欧洲士兵很少，通常不到 5000 人。

为了补充战斗力，法、英双方都雇佣了美洲土著雇佣兵。因此，这些战斗不是简单地从欧洲向西行进 4800 千米的纯欧洲冲突。与此同时，北美

13 个殖民地的英国殖民者，不愿离开他们的殖民地去对抗法国人。然而，英国殖民者对英国没有准备好防御法国军队和美洲土著人感到愤慨，这种怨恨激起了革命者的反抗，在 1770 年爆发了被称为"金山战役"和"波士顿惨案"的小规模冲突。此外，人们认为英国常备军在波士顿的存在是非英式的。殖民者抱怨说，17 世纪 50 年代为人憎恨的奥利弗·克伦威尔的英国军事国家，正在 18 世纪 70 年代的北美重现。

美国独立战争中有陆战，这与英国人所钟爱的速战速决的海战有所不同。英国使用了更多的德国雇佣兵来对付来自法国的"宿敌"，后者与殖民者并肩作战。英国军队中的红衣士兵形象更像是欧洲人，而不是典型的英国人。简而言之，欧洲和英国的身份变得混乱和妥协。

盎格鲁－撒克逊世界的麻烦

英国更具欧洲特色而非联合王国特色，革命思想家和辩论家托马斯·潘恩抓住了这一观点，在《独立宣言》诞生的同年出版了他的畅销小册子《常识》。这些来自诺福克的费城移民，坚定地认为英国处于欧洲"旧腐败"制度的苍穹中。人们认为英国与美国革命者的关系不大。事实上，潘恩认为，美国不可能再充当一颗围绕英国"主行星"运行的"卫星"，因为行星永远要比卫星的规模大，然而美国此时实在太大了。这两个国家有着共同的语言和传统，但"属于不同的体系：英国属于欧洲，美国自成一体"。

在潘恩做记者的费城，只有三分之一的街坊是英国后裔。然而，潘恩观察到，当英国人、荷兰人、德国人或瑞典人在费城相遇时，他们是以"欧洲人"的身份会面的，并不是作为各自民族国家的代表。事实上，潘恩鼓励欧洲人作为一个联合体寻求他们自己的一体化和贸易，"以美国为自由港"。为古老的英国种族而争论是不合理的，因为血统已经混乱了。毕竟，专制的国王乔治三世是诺曼王朝国王征服者威廉的直系后裔，"当时一半的同龄人都是同一个国家的后裔"。

与大多数欧洲一体化主题的作家不同，潘恩在美国和欧洲都有广泛的读者群。他的小册子的销量达到了惊人的 15 万册，这是当时阅读量最大的文章。当然，发行量并不总是代表着对精英阶层决策者的影响力。然而，至少在失去美国和法国的恩宠前，潘恩与那些开创美国和法国革命的人非常熟悉。同样，尽管潘恩能近距离观察事态，但他低估了英国和北美之间的贸易和种族关系，他没有认清英国在欧洲与美国自治领之中倾向后者的选择，以及英国与美国保持友谊的能力。

英国在印度的第二帝国：种植园，私人军队和雅利安人实验

潘恩也没有意识到罗伯特·克莱武在普拉西战役中战胜孟加拉的纳瓦布①及其法国盟友的意义。在普拉西的英军是东印度公司的一支军队。1757 年的孟加拉冲突被"私有化"了，克莱武这样的印度公司雇佣兵士参加冲突是为了追求公司和个人利益。与在北美的英国人不同，印度是一个更接近法国做派的种植园经济体，而不是移民殖民地。然而，英属印度比法国在路易斯安那、魁北克或海地的殖民更为成功也更为持久。事实上，到 19 世纪末，英国已经把印度变成了一个拥有近 3 亿人口的兰开夏纺织业和英国铁路设备的市场。与此同时，英国为欧洲和亚洲采购了印度小麦、大米、原棉和黄麻，并与中国进行了骇人听闻的孟加拉鸦片贸易。

在 1914 年开始的第一次世界大战的前几年里，印度在全球化的第一个持续期内发挥了作用，但这远远不是自由放任资本主义，取而代之的是印度文职机构（ICS）的精英官僚管理着英属印度的商业。他们最初受雇于东印度公司，但在 1857 年后被英国政府监管。作为一个距离英国国会威斯敏

---

①纳瓦布：印度莫卧儿帝国时代副王和各省总督的称谓。——译者注

斯特宫 9500 千米的遥远殖民地，印度是威斯敏斯特会议上鲜少出现的讨论话题，尤其是与爱尔兰相比。距离、加尔各答行政代表团以及英国政府等因素，让英属印度成了一个官僚（和军事化）国家。可以说，它的模式更近似拿破仑，而非威斯敏斯特。此外，通过东印度公司以及后来的政府进行的国家干预，比 19 世纪英国的任何尝试都更为明显。印度经常被描述为欧洲思想的一块白板。

到了 19 世纪初，由于对现代性的强烈渴望和对政府控制的偏好，英国自由主义思想家们推行了一个在印度次大陆重建英国和欧洲的宏伟计划。他们相信印度土著人是完美的新欧洲人，有共同的雅利安血统。《英属印度历史》（1817）一书的作者詹姆斯·穆勒、著名的辉格党历史学家托马斯·巴宾顿·麦考莱，直到 1857 年的印度兵变前都在坚持这个信仰。众所周知，詹姆斯·穆勒的儿子约翰·穆勒强调印度人的"完美性"。他职业生涯的大部分时间都在为东印度公司工作，对印度事务有着鲜明的见解，但很少写关于这个问题的作品。但是，他认为欧洲人应该指导印度人如何管理一个庞大复杂的国家；当地人在这些问题上没有经验，会让印度永远陷入"停滞"。

此外，小穆勒认为，英国人比法国人更能胜任欧洲的管理者。毕竟，法国人"本质上是南方人"，比起"自力更生、艰苦奋斗的盎格鲁－撒克逊人"，他们可供消耗的精力更少。像他的父亲一样，小穆勒追求通过欧洲化"优化"印度人——后者的人数超过了整个欧洲的人口。英国可以引导印度人进行"道德和物质上的提升"。这样，随着时间的推移，印度人将能够证明其与欧洲人是平等的民族。简而言之，没有理由认为欧洲不能像在大西洋彼岸的做法一样随着帝国一起向东扩张。

值得注意的是，在 19 世纪的东印度公司和英属印度政府的信件中，管理者称自己为"欧洲人"而不是英格兰人或英国人，这表明了印度次大陆的"欧洲化"进程。同时，英国统治印度期间的建筑，尤其是加尔各答的总督府（1803），都是古典希腊或罗马风格。正如潘恩在早期的美国革命中所指出的，欧洲人在遥远的地方相遇，会被一种共同的"欧洲性"所吸引。首先，可以用这种欧洲性的投射来改变印度人，进而扩大欧洲的地理范围。但是，1857年的印度兵变挫败了这种信念。事实上，在印度土著人因为英国试图压制印度传统习俗（伊斯兰教和印度教）而奋起反抗后，英国自由主义思想家得出结论：印度的本土文化需要得到一定程度的尊重。对英国人来说，英属印度不再是一个"欧洲"议程。

大英帝国未能融合英国和印度的"雅利安"人。除了在有限的安全领域外，英国仍然不愿意拥抱欧洲。事实上，英国政策制定者对潘恩所强调的共同的"诺曼民族性"仍然没有表现出多少热情。例如，在经济问题上，英国向中央集权的英属印度出售棉织品和铁路线比向工业化的法国更容易。随着时间的推移，向帝国倾销商品的便利，可以说削弱了英国在欧洲的竞争性出口能力。这是一个一直困扰着英国人的竞争性问题，甚至在其1973年加入欧洲经济共同体时也是如此。

萨义德的东方主义与在埃及确立的欧洲观念

英国放弃在印度的"自由主义实验"，并没有削弱英国在审视帝国扩张时的欧洲优越感。事实上，1857年后英国和法国在帝国背景下的较量，成了20世纪70年代爱德华·萨义德"东方主义"理论的基石。萨义德将"欧洲观念"定义为一个集体概念，将"我们"欧洲人与"其他"所有"非欧洲人"区分开来。换言之，任何差异都可以被接受。事实上，欧洲人认为他们的身份是"优越的"，在"东方的落后性"面前占据上风。

萨义德重点关注了19—20世纪英国和法国在中东的表现。他将弗朗西斯·培根在文艺复兴时期的名言"知识就是力量"应用于"欧洲霸权"。在很大程度上，他分析欧洲对世界其他地区的态度有助于理解"欧洲观念"

的发展，以及推动欧洲一体化的共同欧洲文化。但是，萨义德并没有参与有关欧洲统一的讨论，更多地是讨论关于"东方主义"如何影响被压迫和被剥削的前殖民地。欧洲人对"通过知识获得权力"的信仰支撑了其文化优越感，进而认为自己有殖民权。例如，萨义德着重强调了拿破仑 1798 年的埃及远征，在那里随军的还有数百名法国考古学家和学者，他们对法老的宝藏进行了编目。拿破仑把他关于法国控制埃及的公告翻译成了当地的"古兰经阿拉伯语"，甚至通过《古兰经》寻求正当理由"支持大兵团"。1869 年意义深远的苏伊士运河开凿竣工，最能体现法国人对埃及人的科学所有权，它由法国工程师费迪南德·德·雷赛布设计，旨在将古埃及带入现代。

萨义德对英国在埃及的活动也相当反感。按照 19 世纪末的标准，索尔兹伯里勋爵并不是一个狂热帝国分子，他经常以代价过高为由拒绝进行帝国干预。然而，这位未来的英国首相在 1881 年写给斯塔福德·诺斯科特爵士的信中指出，英、法之间的竞争被欧洲对埃及和非洲的统治野心所压倒：

> 当你有一个……忠诚的盟友，执意要干涉一个你非常感兴趣的国家，你有三条路可以选择。你可以放弃，或者垄断，或者分享。如果放弃，法国人会穿过我们铺好的路去印度。如果垄断，会有极大的战争风险。所以，我们决定分享。

简而言之，一向务实的索尔兹伯里仍然致力于维持"争夺"非洲领土的欧洲势力间的平衡。与过于拥挤的欧洲不同，广阔的非洲大陆有足够的土地供好斗的欧洲列强争夺和"分享"。

萨义德强调通过帝国扩张实现世界的"欧洲化"。他强调，在 1815—1914 年间，欧洲对世界大陆的控制率从 35% 上升到了惊人的 85%。事实上，在非洲、俄罗斯、中亚和英属印度所吞并的地区，占据了欧洲新领土的大部分。不过，尽管萨义德的分析集中在埃及和中东——因为这是他最了解的地区，但他所批评的英国决策者更关注印度。例如，索尔兹伯里曾任印度国务秘书。当拿破仑暗示埃及是"世界上最重要的国家"时，英国人认为埃及的主要意义是通往印度的地面和运河通道。在欧洲的帝国中，印度的 3 亿人民在声望和权力上的意义超过一切。然而，在解读泛欧帝国思想时，萨义德对埃及有更多的话要说：法国和英国都参与其中，这是欧洲竞争和殖民态度的试金石。

此外，萨义德认为埃及是"非洲与亚洲、欧洲与东方、记忆与现实之间的关系焦点"，至少对法国人来说是这样，甚至对所有欧洲人来说也是如此。埃及解释了英国对"东方"的态度。1910 年，前保守党首相亚瑟·贝尔福认为，英国在 1882 年实现对埃及的无限控制是合理的。他强调了英国了解埃及的辉煌历史，并且理解埃及的帝国意义。与此同时，英国对埃及的控制带来了作为欧洲人的责任。事实上，贝尔福认为，"我们在埃及不仅仅是为了埃及人"，而且"也是为了整个欧洲"。为了欧洲的地位和威望，埃及将得到英国的扶持，但没有迹象表明英国会与其他欧洲国家分享在埃及的利益，这将是英国自己的奖品。

事实上，当欧洲人把自己与非洲人或亚洲人区别开时，在大国之间找到共同点就成了问题，共同的殖民经历常常阻碍欧洲的友谊。例如，埃及多年来一直是法、英帝国竞争的火药桶。拿破仑被英国驱逐出境后，英国人认为控制埃及对控制经由亚丁湾通往印度的陆路至关重要；但是，随着法国在 1869 年修建了苏伊士运河，拿破仑三世又一次在开罗取得了主动权，毕竟这条运河是法国工程和项目管理的丰碑。此外，萨义德辩称，法国工程师德·雷赛布"通过将东方拖入西方消除了东方人的地理身份，最终消除了伊斯兰教的威胁（大意如此）"。简而言之，苏伊士运河代表了拿破仑三世"自由主义"法国的巅峰。苏伊士运河是工业和金融基础设施的一部分，法国发展这些基础设施是为了模仿、继而取代英国的工业实力。

但是，在苏伊士运河建成一年后，正如我们所见，拿破仑三世在色当战役中被另一个不断扩张的工业大国击败，运河工程也成了废墟。运河和铁路技术（德国俾斯麦在1870—1871年间使用的效果很好）显示了欧洲通过共享技术实现了统一，然后又因为破坏性的资本主义竞争而分裂。此外，法国和英国共享的"欧洲"文化，不足以让它们在1882年维持对埃及的联合控制。事实上，霍布森嘲笑的所有有竞争力的欧洲帝国，使得欧洲的"东方主义"在19世纪80年代早期成为一个执念，比萨义德撰写的文化史所揭示的更加分裂。"争夺非洲"已经开始。这将导致俾斯麦主持的1884—1885年的柏林会议——正如我们所见，欧洲列强在会上瓜分了非洲大陆。

克罗默勋爵在埃及

发人深省的是，英国驻埃及行政长官克罗默勋爵在1882年之后有效地统治了开罗几十年，他用法国和英国殖民精英之间的性情和智力差异来解释欧洲的紧张局势。萨义德详细引述了克罗默的观点，指出英国人对长期控制埃及人口仍然缺乏信心。克罗默认为，埃及人很可能会被"活泼、见多识广的法国人"所吸引，而觉得"内向、腼腆、排外、孤僻"的英国人没有吸引力；法国人能在十分钟内表现出亲密关系的能力给东方人留下了深刻的印象，他们会避开英国人的"真诚"。此外，"法国行政体系完善的理论"，并没有给那些满足于吃送到嘴边东西的埃及人留下任何自由裁量权。据说，鉴于这些"本地人"的野心有限，这一点很有说服力。

相比之下，英国人只会简单地制定"几个重要方面的规则"，把地方行政细节交给埃及行政人员。《拿破仑法典》的遗产中，几乎没有什么值得钦佩的东西。相反，克罗默认为，英国的实用主义和归纳逻辑，比"法国人表面上的辉煌"更能推动殖民地人民的进步。这个近乎独裁的殖民地埃及，让人感觉到了英国"东方主义"的深度，以及对英、法在帝国事务上达成合作关系的不信任感。光是共享帝国还不足以推动英、法联手对抗德国。但是，正如我们所见，殖民地的贸易是一种共同的外交手段。这将德国推向了局外人角色，这一点具有独特的欧洲历史色彩。

维多利亚时期种族问题、柏林国会与欧洲国际封建主义

事实上，俾斯麦在1884—1885年的柏林会议上抓住了英、法在非洲的对抗，打算离间它们的关系，以加强德国在欧洲内部和外部权力均势中的地位。英、法两国在埃及问题上的紧张关系使非洲局势动荡，因此俾斯麦能够吸引这两个大国参加他的会议。这是一次真正的泛欧聚会：奥地利、比利时、丹麦、意大利、荷兰、葡萄牙、西班牙和瑞典，以及土耳其和美国，都加入了欧洲三大国的阵营，制定了欧洲主导的非洲土地控制规则。

与此同时，俾斯麦在欧洲和非洲建立秩序，鼓励各大帝国之间的自由贸易。利用沿海飞地管理整个非洲变得可行，因此占领成本得到了控制。必要时可以使用泛欧模式解决问题。例如，在比利时国王利奥波德的亲自控制下，巨大的刚果盆地对所有国家开放，这是为了鼓励共享刚果的矿产资源。令人惊讶的是，大约90%的非洲土地被欧洲人瓜分，俾斯麦的安排使得美国、沙俄和日本被边缘化。欧洲的定义改变了，非洲被纳入其中，尽管时间很短。

"有效控制"殖民地领土的想法，在这次会议上显得很突出。欧洲列强被要求证明，它们要么能与当地部落首领签订条约，要么可以随时在领土上悬挂本国国旗，或是能通过治安管理来控制局势。德国并没有创造新的帝国主义，也没有不体面地"争夺"非洲，然而，俾斯麦能够围绕着荒

谬的"有效控制论"动员这么多欧洲强国，说明了一以贯之的欧洲态度：这是休谟、康德和杰斐逊对所有"非欧洲人"，尤其是黑人的态度。事实上，虽然奴隶制度和奴隶贸易在当时大多数地区都是非法的，但英国废奴主义者威廉·威伯福斯及其继任者留下的遗产似乎神奇地消失了；相反，连加勒比和南美洲的奴隶主都没有预料到欧洲对非洲领土的大肆掠夺。

诚然，维多利亚中期有尊重黑人和其他"非欧洲人"的时代压力。例如，约翰·穆勒就宣称种族（和性别）平等。但这些观点远非普世观点。相比之下，苏格兰辩论家托马斯·卡莱尔则推行对黑人的种族主义观点。1865 年，他反对穆勒和约翰·布莱特等自由主义思想家，领导了一场支持暴力镇压牙买加黑人叛乱的运动。殖民主义通过欧洲种族主义得以生存，但同时也受到封建土地所有权思想的影响，这是中世纪的"欧洲性"。继正式的封建主义之后，掠夺土地有了新的支持性论据。在 17 世纪，约翰·洛克认为，无法开发和培育肥沃的土地损害了土著人民的土地所有权。到了维多利亚时代中期，在美国西部，定居者和淘金者遵循这一特殊的逻辑，对美洲土著的领土提出了主权要求。俾斯麦的"有效控制论"巩固了这些思想。

到了 19 世纪后期，法、英按照东西方向对非洲进行了划分，英国的东非帝国到达了非洲东海岸。我们将发现，这几乎相当于鼓舞了修建开普敦（位于非洲西南部）至开罗（位于非洲东北部）铁路的构想。与此同时，法国在非洲西部和西北非的霸权基本上没有中断过，只有尼日利亚是一个例外，皇家尼日尔公司①在那里代表英国占据了主导地位。这些势力范围的确定使英、法关系得以改善，至少在 1898 年苏丹危机发生之前是这样的。

---

① 皇家尼日尔公司：成立于 1879 年，是获得英国政府特许的商业机构，代表英国政府对尼日尔河口沿岸地区的政治统治、行政与司法管辖、贸易与商业独占权。——译者注

与此同时，在英属印度，土地管理是通过包税制来实现的。印度农民和小农场主保留了他们的土地所有权，但英国管理者对农民征收了重税，为管理和军事开支提供资金。然而，英国的税收如此之高，以至于削弱了对农业的激励。因此，在英属印度最富裕的孟加拉地区，1793 年实施了所谓的"永久定居点"政策，这是为了限制公司向孟加拉农民收租，并保持一定的农民积极性，使他们能够有效地耕种土地。但是，土地税仍然是个沉重的负担，孟加拉农业也仍然受到阻碍。

欧洲控制欧洲以外世界的矛盾就在这里。经济剥削削弱了启蒙运动和自由主义思想家对非洲和印度的批评，他们认为当地人需要欧洲的指导来推动社会发展。例如，从印度到英国的经济"外流"使欧洲人延续了殖民地是劣等的观念，这种外流是欧洲广泛存在的"经济帝国主义"的一部分。20 世纪发生在欧洲的两次世界大战以及殖民地民族抵抗运动，最终导致欧洲被迫放弃在这些殖民地的领导地位。在这个过程中，欧洲在 20 世纪上半叶的肆意暴行和宗派主义，破坏了欧洲家长式管理的可信度。例如，当甘地在第二次世界大战期间支持"退出印度"的独立运动时，他认为大英帝国和德意志第三帝国都不是好选择。对希特勒来说，英属印度明显是建立欧洲帝国的灵感源泉，其高效的行政管理值得赞赏。

因此，在 1945 年，由于过度的帝国主义和欧洲民族主义行为，欧洲的威望崩塌了。舒曼、莫内和阿登纳认为，后殖民世界需要重新定义欧洲的身份和统一。但正如我们所见，摆脱这个帝国遗产对欧洲来说是困难的，对一体化进程也是有害的。

经济帝国主义：开普敦到开罗的铁路和其他冒险

爱德华·萨义德强调，苏伊士运河是欧洲人在非洲的一项工程成就。然而，继德国之后，其他欧洲国家试图采取更加协调的方式实现非洲经济帝国主义。事实上，最终被放弃的开普敦至开罗的铁路项目，本是为了连接德·雷赛布开凿的规模庞大的苏伊士运河航道。其后，在1921年考虑这个项目的是英国殖民者塞西尔·罗德斯的前合伙人罗伯特·威廉姆斯。30年前，威廉姆斯曾前往罗得西亚，调查修建相邻铁路的机会；现在，他向非洲社会发表了8000千米宏伟铁路计划的演讲。他的导师罗德斯的动机是将非洲钻石、黄金和铜矿资源与欧洲和地中海地区商业对接。令人印象深刻的是，罗德斯采用了泛欧的铁路路线，穿越了比利时、葡萄牙和德国在非洲的领土。他以国际化的方式避开了一条可能只跨越英国在非洲领地的"全红路线"。

威廉姆斯被要求完成在非洲的泛欧外交任务。他与比利时利奥波德国王签订了比利时至刚果铁路线租借给英国的99年租约。与此同时，罗德斯前往德国与德皇就进入德国在东非的领地这一敏感问题进行了谈判，引起德国对英国野心的怀疑。与此同时，一向听话的葡萄牙在英国进入它的土地时表现得更为通融。事实上，葡萄牙人在这个虚荣的项目上支持他们传统的欧洲出资人，并且在后来的布尔战争和世界大战中也选择了支持。但是，很多其他事件汇集在一起，使威廉姆斯的泛欧铁路项目迎来了挑战。特别是苏丹的伊斯兰起义促使英国发动了基钦纳勋爵领导的1896—1898年军事干预，最终导致臭名昭著的恩图曼大屠杀。在如此多的不满情绪下，修建穿越非洲东北部的铁路成了一项战略任务，即使当时法国还在与英国争夺对苏丹的控制权。此后，法绍达事件、第二次布尔战争以及1902年罗德斯的逝世，使得该项目失去了动力。最后，第一次世界大战的爆发让欧洲合作几乎成为泡影。

因此，当威廉姆斯向英国听众发表讲话时，铁路仍然没有完工。私营部门试图克服欧洲的竞争和不信任，发起了该项目，但合作最终以失败告终，尤其是英国、法国和德国之间的合作。相比之下，欧洲小国在面对罗德斯强大的谈判技巧时表现得更加务实。值得注意的是，当欧洲人一致同意他们可以进入根据"有效控制"原则获得的非洲土地时，非洲人自己在整个过程中都是被动的旁观者。的确，威廉姆斯认为："非洲的天性"是"勇敢，但他还是个孩子"，他只要被公平对待，就能出人头地。"给他铁路，他喜欢铁路，但不要给他酒。"自 18 世纪启蒙运动以来，欧洲人对非洲人的看法似乎没有任何改变。

威廉姆斯的经历揭示了三个欧洲强国之间固有的分歧。他抱怨说，在非洲，英国的银行和"工业领袖"都不愿为像罗德斯铁路这样雄心勃勃的项目提供资金。英国这种自由放任的做法与其他欧洲政府——重商主义的法国和德国——形成了鲜明对比，它们支持私营部门做出让步，为本国的铁路车间增加就业机会。具体而言，这与德国支持修建柏林至巴格达的铁路形成鲜明的对比。德意志银行资助了柏林通往巴格达的帝国铁路，它得到了商业银行财团、德国政府的支持。工程于 1903 年动工，由于战争中断，最终于 1940 年完工。

同样，威廉姆斯对英国政府早期不够支持最大的帝国投资项目——印度铁路系统非常失望。在这里，为建设和运营地区铁路而设立的股份制公司，未能从坚守自由放任政策的英国财政部获得财政支持。相反，印度铁路公司债券和股票是由信誉较低的印度政府提供担保的。这使得贷款人只能正式向印度纳税人而不是英国纳税人追索。出于英国公共会计的考量，这些债务并未出现在资产负债表中，但被英国的投资者抢购一空，理由是英国政府完全有能力强制印度纳税人兑付，因为这是整体"贡金"的一部分。

19 世纪 90 年代，在威廉姆斯和罗德斯看来，非洲不可能实现英国甚至印度式的虚假资本主义。非洲没有支付铁路证券股息和债券息票的税基。此外，在非洲跨越边界无缝连接一个欧洲帝国与另一个欧洲帝国是一种幻想，因为每个欧洲帝国都充当着缓冲保护国以抵御敌对的帝国，吞并领土的部分动机是剥夺另一个欧洲国家的荣誉。同样，开普敦至开罗铁路的经济收益在"自由主义"的英国也遭到民众的怀疑。正如经济历史学家所指出的，撒哈拉以南非洲的项目投资回报率令人失望。不出所料，罗德斯横跨非洲的泛欧铁路项目从未完工。然而，"东方主义"仍然是一种统一的意识形态，巩固了几十年来欧洲对非洲大陆的控制。在去殖民化很久之后，欧洲仍然声称在非洲和亚洲拥有文化和经济优势。到了 20 世纪 50 年代，欧洲将在内部推行一体化，共同对非洲设置贸易壁垒。如今，在试图将非洲重塑为欧洲之后，欧盟在非洲大陆的影响力仍微乎其微。

"世界上最重要的国家"埃及

正如我们所见，埃及是英、法帝国竞争的焦点，引发了柏林会议，正式确立了争夺非洲的行动。这也是著名的塞西尔·罗德斯铁路的终点站，这条铁路试图明确英国对非洲以及通往地中海、欧洲大陆和印度的线路的控制。值得注意的是，萨义德以埃及为例，在19—20世纪对最原始的"东方主义"进行了剖析，拿破仑、贝尔福和克罗默勋爵在他的故事中扮演了主角。事实上，拿破仑在流亡圣赫勒拿时写道，埃及是"世界上最重要的国家"。此外，埃及和苏伊士运河也让人们了解了反帝国主义者霍布森和列宁所痛斥的金融资本。

1869 年开通的苏伊士运河，是法国工程师和英、法金融家的一项不朽工程。为了感谢法国对该项目的赞助，土耳其苏丹派驻开罗的赫迪夫·伊斯梅尔将这些运河土地的控制权交给了一家新的法国公司。作为回报，赫迪夫获得了新公司的大量股份。这里的土耳其卖家和法国投资者有着利益关联。法国银行为赫迪夫提供了大量资金，赫迪夫采用了一种早期的"注资刺激"经济形式，以期在日渐衰落的埃及经济中创造增长点。同样，鉴于苏伊士运河项目的形象意义，财政失败会使欧洲大国蒙羞，因此他们决心将该项目维系下去。然而，到了 1875 年，该项目陷入了困境，英、法两国努力维护埃及财政稳定。时任英国首相本杰明·迪斯雷利迅速向罗斯柴尔德银行借款 400 万英镑，并购买了这一法国建设项目的控股权。因此，法、英两国为埃及提供了一条金融生命线。有趣的是，法、英两国的做法类似于早期的资产证券化：它们购买的债券以赫迪夫先前向君士坦丁堡统治者支付的金融"贡金"为担保。

这项巨大工程带来的狂喜，导致人们乐观评估了运河对埃及偿付能力的影响。事实上，英、法是一时兴起发放的贷款。与往常一样，各大帝国为其出口业务融资时，这些贷款期限比工程项目还长，是潜在的有害遗产。赫迪夫不可避免地发生了债券违约，法、英的金融家试图没收他们的"贡金"。这一计划失败了，但这两个大国策划了一个由主要大国组成的债权集团，即所谓的债务委员会。这是为了严格控制借贷，减少赫迪夫对其萎靡不振的经济进行的财政刺激。

这与今天的南欧紧缩政策有明显的相似之处，它由欧洲央行—欧盟—国际货币基金组织"三驾马车"监管。正如我们所见，自欧洲经济与货币联盟成立以来，欧洲大国一直热衷于为本国工业进口方贷款融资，这些资金被希腊等附属国吸收。19 世纪 70 年代的埃及和 21 世纪初的希腊，无法负担这些进口商品。值得注意的是，德国在埃及和希腊危机中都扮演了重要角色。1875 年，俾斯麦没有受到赫迪夫违约损失的影响。相反，罗斯柴尔德家族的银行找到俾斯麦，请他代表银行进行干预，以收回罗斯柴尔德家族及其政府客户（包括自掏腰包垫付的德国竞争对手英、法）的应收款项。俾斯麦时刻关注建立外交优势的机会，致力于离间英、法。当赫迪夫王朝的"贡金"明显不足以偿还英、法的债务时，这位德国首相鼓励英国首相威廉·格莱斯顿在法国人的眼皮底下直接吞并埃及。相比之下，在今天的希腊，德国的资金面临着风险，德国政府代表横跨三个大国的债权人带头实施紧缩政策。诚然，欧洲在处理"附庸国"的问题上更加团结，但俾斯麦、迪斯雷利、朱尔斯·费里或莱昂·甘必大等欧洲帝国主义者会认可法、德两国为稳定希腊所作的努力。

早在 19 世纪 80 年代，在赫迪夫违约后，埃及仍然象征着法、英的帝国威望。但是，英国拒绝加入对埃及的英、法联合霸权。它们现在控制了苏伊士运河的财政：运河上的大部分交通是英国殖民时期的客运和货运，目的地是印度。这个地区在经济和军事上非常重要，英国人无法与其他人分享。讽刺的是，"反帝国主义"的格莱斯顿，在俾斯麦的怂恿下于 1882 年下令英国入侵埃及。1881 年 9 月，当阿拉比·帕夏在开罗发动军事政变时，格莱斯顿决定，不管有没有法国人，他都需要采取行动。法国总理甘必大赞成英、法联合行动，不仅仅是因为他想把土耳其排除在埃及的势力范围之外。甘必大呼吁欧洲对埃及采取行动，还担心土耳其领导的泛伊斯兰运动可能会破坏欧洲的文化主导地位。英国在埃及的单方面行动，破坏了法、英之间的早期协约关系。甘必大于 1882 年 1 月下台，在格莱斯顿入侵埃及、破坏英法协约、损害欧洲在北非的统一意识时无能为力。甘必大强调，法、英之间的紧张关系归咎于连他这个天生的法国亲英主义者都要谴责的"自大的英国"。

多年来，格莱斯顿关于"英国人总是要离开埃及"的说法令人难以置信。英国人当然没有离开。1894 年，法国女权主义者和民族主义作家朱丽叶·亚当对英国在开罗的霸权写了一篇严厉的总结，或许可以作为对此后紧缩政策的批评。埃及穷人被榨取了利息和本金。这些殖民地的臣民被要求"满足债券持有人的要求，向他们支付高额利息，这是在埃及的英国顾问们的唯一理想；然后，在确保了这一点后，他们会毁灭埃及，使埃及人挨饿，以便更容易被摆布"。埃及被迫（在支付国债利息之前）创造大量的基本财政盈余，以偿还英、法都不愿意豁免的沉重债务。在埃及受到压迫时，上尼罗河还发生了饥荒。虽然在英、法的"共管"统治初期，埃及的国家债务有所下降，但英国自 1882 年以来实施的紧缩政策推高了埃及的债务。同样，近年来的希腊也有类似之处。事实上，朱丽叶·亚当的论战，像是激进左翼联盟在雅典或是"我们能"党[①]在马德里发表的宣言。

法绍达与英法协约的开始

1882 年格莱斯顿吞并埃及后，英、法关系紧张。埃及成为大国竞争最危险的舞台。人们期待欧洲发起的"全球化"和科布登的"互联性"，在第一阶段能够整合欧洲；但是，像埃及这样的争端破坏了进程。事实上，到了 1898 年，法国仍然对在埃及受到的屈辱感到愤恨，其殖民军队从法属西非向东推进，吞并土地，重建威信。向东出发的法国人与从埃及向南出发的英国人在苏丹南部一个叫法绍达的小镇上相遇，险些交战。很明显，靠帝国让欧洲分散对冲突的注意力并不可靠。英、法曾在前几个世纪争夺印度和美洲帝国，但在 19 世纪早期，势力范围得到了确立。现在，庞大的欧洲联盟的形成、更具破坏性的战争技术，让争夺的风险更大了。在美国内战和短暂的普法战争中造成的伤亡表明，现代战争的代价不断上升。

有别于埃及展示出的经济帝国主义，苏丹展示出非理性的经济帝国主义。法国企业夸大了法国在苏丹市场的出口商品价值，该地潜在人口被夸大为 8000 万人；这将使法帝国的其他地区相形见绌，并使法国的殖民地形象与英国的更具可比性。塞内加尔的法国波尔多商人，呼吁法国决策者制造与苏丹西部的贸易机会。此外，这种对苏丹财富的追求，与法国政策从非正式帝国主义向正式帝国主义的总体转变保持了一致。在这种情况下，让·巴普蒂斯特·马尔尚将军抵达法绍达，引起了英国人的恐慌。这预示着英国人在尼罗河的霸权受到了威胁。英国的基钦纳将军很快紧随马尔尚来到法绍达。法绍达这个鲜为人知的苏丹小镇，不可思议地成了 1815 年以来第一次英法武装冲突的地点。

---

① "我们能"党：创立于 2014 年的西班牙左翼政党。创始人是马德里康普顿斯大学政治学教授巴勃罗·伊格莱西亚斯·图里翁。——译者注

　　基钦纳将军刚刚在恩图曼屠杀了1万名非洲人，这是他为战死在马赫迪及其圣战部队手下的戈登将军进行的报复。1898年的"争夺战"所释放出的激情和雄心壮志，压倒了英、法在欧洲较他国更友好的关系。欧洲大国争抢非洲是因为可以无偿占用那里的土地，而且随之而来的威望可能会提升它们在欧洲的形象。然而，当这两位将军在海外狭路相逢时，基钦纳将军尊重了马尔尚将军的虚荣心，让这位法国将军得以保全颜面地撤退。接着，基钦纳在法绍达上空升起了埃及国旗，而不是英联邦国旗。这样做是以埃及的名义保卫了这个苏丹城镇，现在它是英国的附庸国。基钦纳巧妙地利用"地区力量"来模糊大国的参与，这在现代地缘政治学中仍然是一种流行的方法。

　　1898年英、法两国避免了交战，让德国感到失望。德国曾希望从这两个竞争对手之间的冲突中在非洲和欧洲受益，但是，这两个德国宿敌避免了战争，而且六年后它们还签署了协约，由英国控制埃及和苏丹，以换取法国对摩洛哥的控制。然而正如我们所见，法国政界中的帝国敏感度非常突出。例如，许多年后，戴高乐强调因为法绍达，他一生都无法信任英国人。戴高乐对神秘的英帝国史的怨恨，似乎比法国在两次世界大战中对德国的怨恨更难以消除。最后，1958年，戴高乐像德国的俾斯麦一样，选择了欧洲而不是帝国。在这方面，英国再一次成了异类。

1900年的世界：中国、俄国与猎取铁路特许经营权

　　20世纪伊始，约翰·霍布森强调了在19世纪末亚洲出现的一场新的"争夺战"，那时欧洲列强正在中国"寻找租界"。事实上，这个未被充分开发的"天国"，是法国、德国、英国、日本、美国和俄国的执念。中国是继印度之后的最后一个"大奖"，因为印度作为亚洲另一个人口最多的国家已经是英国的殖民地；同时，日本的发展使其能够与独立的"欧洲"

强国相提并论，从而避开了欧洲的掠夺者。1902 年的《英日同盟条约》和 1904—1905 年的日俄战争胜利，证明了日本充满活力。日俄战争改变了欧洲列强对非欧洲国家的看法。它甚至鼓励了这样一种观点：在争夺中国的过程中，非欧洲帝国也可以参与进来。

与此同时，人们认为，日本通过工业化的欧洲外衣和武器装备崛起成为强国。日本对仍然落后的农业国俄国的胜利就算不是欧洲民族的胜利，也是欧洲经济模式的胜利。此外，日本的欧洲实验，在欧洲以外的其他地方激发了民族主义现代化革命，比如波斯（1905）、土耳其（1908）以及最终的中国（1911）。简而言之，到第一次世界大战爆发之时，欧洲的现代性似乎在整个亚洲处于优势地位。

到了 1900 年，非洲留给欧洲人的东西不多了，但中国仍然可供掠夺。在这种激烈的殖民竞争环境中，英国似乎最有可能获胜，因为它在 19 世纪与中国建立了最强有力的外贸联系。早在东印度公司垄断了从中国到欧洲的茶叶贸易时，英国就建立了和中国的联系。正如我们所见，英国人用孟加拉鸦片交换中国茶叶，其背后是一个庞大的帝国贸易体系。这项贸易对大英帝国来说是不可或缺的，以至于在 1839—1842 年英国与努力阻止孟加拉鸦片出口的中国爆发了战争，鸦片一定程度上摧毁了中国社会。随后，在 1856—1860 年的第二次鸦片战争中，英、法继续其克里米亚联盟合作关系，以争取欧洲在中国的贸易权，特别是鸦片贸易权。事实上，在喀土穆被杀而引发英国人在恩图曼对马赫迪武装进行报复的戈登将军，也于 1860 年在北京参与了焚烧圆明园的事件。这种跨越大陆的殖民事业，对于精力充沛的维多利亚帝国主义者来说并不稀奇。

虽然在 19 世纪后期英国人控制了中国 70% 的贸易，但贸易的绝对量令人失望，英国与日本或土耳其等人口较少的国家的贸易额几乎没有比它低多少。因此，英国人对中国的"热情"遭到了打击。对英国企业来说，在中国建立"非正式帝国"体系的机会开始变得像在非洲一样渺茫。英国人认为，在中国需遏制其他大国的介入，它不是一个提供"经济帝国主义"果实的殖民地。

军事力量日益强大的日本在 1894—1895 年的中日甲午战争中羞辱了中国，中国当时弱小和贫穷的形象更加深入人心。这引发了俄国对其在中国东北地区的经济利益和战略利益——尤其是南满铁路特许经营权——的担忧。随后，欧洲列强之间的紧张局势升级，英国担心俄国对中国的意图。1899 年，英、俄这两个大国互相让步，在长城两侧划分了"铁路特许经营权"。但在第二年，作为欧洲联合干预中国的义和团反殖民运动的一部分，10 万俄国军队占领了中国东北地区。他们试图扼杀日本的参与，打压义和团成员对俄国铁路的怨恨。这一切都打着参与多国部队打击"危险"的反欧洲主义行动的旗号。事实上，中国已经成为欧洲大国进行帝国对抗的又一个剧场。冲突的焦点是铁路，这是一项欧洲的发明，它给欧洲列强带来了对世界不同地区的文化、经济和战略的控制权。值得注意的是，俄国在通往中亚的战略铁路上投入了大量资金，横贯西伯利亚的铁路于 1891—1916 年完工。因此，欧洲这种令人印象深刻的技术和武器，体现了欧洲共同的实力。铁路也鼓励了具有破坏性的民族主义在远离欧洲的地方发生。

重新绘制俾斯麦的"非洲地图"

对俄国冒险主义的共同焦虑感最终导致了 1900 年令人惊讶的英德协约，但该协约在一年内就废止了。随着德国逐渐陷入欧洲帝国主义，德、英在 1914 年前缓和积怨变得遥不可及。早些时候俾斯麦采用了"第二帝国"这个词来形容他的普鲁士主导的德意志联邦，这让人想起了查理曼大帝的欧洲大陆帝国。德国人希望与英国和法国的殖民主义相抗衡，但俾斯麦仍然对此不为所动。尤其是他对 1882 年在德国成立的殖民地联盟没有多少感情；同样，两年后成立的德国殖民协会，也未能吸引到这位铁血宰相的资助。

1885 年，德国殖民冒险家卡尔·彼得斯成功游说了德国支持他的东非公司。随着帝国热在"争夺战"中的升温，彼得斯设法让俾斯麦为他在坦噶尼喀的投资做了担保。德国的民意支持德国与法国和英国竞争，而不仅仅是主办会议，因为这会让其他国家瓜分战利品。但实际上，俾斯麦认为坦噶尼喀分散了他对自己的"非洲地图"的专注——换句话说就是欧洲。对其他国家来说，非洲是一个冲突的舞台。

的确，随着时间的推移，俾斯麦看到了德国在非洲的经济效益微乎其微。粗略预计，到 1913 年德属非洲的面积是德国国土面积的五倍。此外，他预计德属非洲可能会成为一个更大的非正式帝国，也许类似于英属南美洲。同样，德属非洲也为德国人在严重的经济衰退中提供了喘息的机会。在德国 19 世纪 70—90 年代的大萧条期间，德属非洲是德国出口的替代市场。因此，1879 年俾斯麦改变了关税制度，以偏袒出口非洲和其他地方的德国出口商。

俾斯麦从未放弃对德国国内议程的关注，正是这些议程支持了他。事实上，一些观察家认为，俾斯麦进行德意志帝国贸易不过是为了扼杀国内异议，遏制德国新社会民主党的崛起。帝国贸易被认为是反周期的。它和早期的社会政策和福利政策一起提供了一个稳定方案，可以改善工人的条件，从而缓和社会主义的威胁。值得注意的是，德国的经济状况在柏林会议后好转，民众对德国征服殖民地的需求下降。

与此同时，德国国内对经济动荡的愤恨和对其他帝国的嫉妒，反英和反犹太主义成了有毒的遗产。德属非洲是俾斯麦的次要事务，德国的经济力量主要依赖欧洲市场，即使在经济衰退时期也是如此。但是，迎合德国内部的帝国主义情绪制造了危险的仇恨。一如既往，在我们的三大国故事中，当一方感到被排斥的时候，局外人就会倾向去破坏另外两个国家之间的友谊。早在 1890 年，即在德皇威廉二世统治早期，英、法帝国主义显眼的财富就成为心怀不满的普鲁士军事领导人和工业家的关注焦点。这是德国在中国扮演更重要角色的背景，因为中国的人口和经济潜力很难被忽视。1897—1898年，在法国、英国和德国争夺特许经营权后，德国占领了胶州半岛，对中国的侵略达到了新的水平。事实上，这三个欧洲大国都希望控制中国消费者，使出口市场多样化。通过工程、化工业和重工业，德国的品牌打响了很高的知名度。这仍然是德国的一个核心优势，即使在现在也在逐渐发展。自此，几乎没有再发生什么变化，德国仍然专注于对中国的出口。不过，德国的出口，如今正处于一个更强大的位置：欧盟关税同盟让德国商品在欧洲成了核心需求，而与中国（和美国）的对外贸易提供了额外的财富。

早些时候，欧洲和日本帝国对中国的关注，对中国产生了巨大的影响。1894—1895年日本的胜利，导致了中国反抗西方的义和团运动。1900年夏天，大约4000人在北京的外交区被义和团包围。虽然被围困的人中四分之三是中国基督徒，但总的来说他们代表了18个外国国家。事实上，中国民族主义者认为他们的"中央王国"受到了外来者——尤其是欧洲的基督徒的威胁。欧洲期望中国人理解欧洲现代性的好处，并在欧洲争夺中国特许经营权时消极处理。但是，义和团的抵抗令欧洲人非常不安，帝国列强组织了一次对清朝的泛欧进攻。这与英国的格莱斯顿于1882年在埃及的单方面行动不同，这里的帝国军队包括了英国、俄国、美国和日本的军队，由英国指挥。与此同时，法绍达的马尔尚将军再次出现，指挥法国驻华部队，凸显出欧洲殖民主义的延续性。但这一次，马尔尚将军与英国并肩作战，共同对抗欧洲外的"民族主义"——如果允许这种"民族主义"蔓延，可能会损害所有的欧洲强国。

在欧洲联合部队的军事打击下，义和团被彻底击溃。欧洲人使中国再次回到了"半殖民地"的处境。此后，欧洲列强在这个已经深受其害的地区继续大力进行殖民掠夺。这种状况一直持续到1911年，声名狼藉的清朝最终在全面革命中崩溃。此时，英国、法国和德国的殖民重心又回到了早先在摩洛哥的非洲争夺战。

1900 年的世界：英国的"越南"——南非

事实上，非洲妨碍了英国在中国的行动自由。到义和团起义时，英国人已经在 1899 年爆发的第二次布尔战争中无暇他顾。这是一场对非洲农民的血腥且昂贵的战争。资源短缺、训练不足的英国军队暴露出明显的缺陷，使欧洲怀疑英国作为陆基盟友的价值。在中国，英国皇家海军曾在两次鸦片战争中展示出地缘实力，尽管这是多年前的事；此外，英国还领导盟军迎战义和团。但到了 1900 年，南非对英国的经济利益自从 19 世纪 90 年代在德兰士瓦发现黄金后逐渐扩大。事实上，由于德皇偏向布尔人的观点以及法、德对布尔人囚犯遭遇的同情，英国受到了孤立。相比之下，在中国，欧洲人暂停竞争特许权以压制义和团。

在欧洲列强联合反对英国之际，美国独立战争爆发，教会了英国所有它需要知道的关于抗击殖民地起义的知识。但是，1781 年的约克城决战中展现出的欧洲反英共识，很难在 1900 年凝聚起来。这意味着英国将其全部军工资源投入布尔农民身上。德雷福斯事件分散了法国军队在南非的注意力。与此同时，最新的"欧洲"强国美国在美西战争期间吞并殖民地的行动中，有相当令人厌恶的帝国主义行为。因此，1900 年义和团运动期间，英国在欧洲是脆弱和孤立的，但是，法、德之间存在极大的对立，任何在南非的反英欧洲联盟都是站不住脚的。相反，正如我们所见，1902 年布尔人最终投降时，整个欧洲都松了一口气。此后，由英国金融界担保的德兰士瓦金矿将有效运营，开采重要的金块储备。简而言之，欧洲的商业方式得到了所有大国的认可，可以超越帝国竞争。

但事实上，在中国和南非的经历表明，欧洲除了在经济焦虑上保持一致外，几乎没有团结可言。在中国，欧洲出口商有着巨大的潜在市场，但由于欧洲列强纷至沓来，加上沙皇俄国有突出的战略铁路优势，扩大正式帝国的机会十分有限。欧洲决定共同行动建立非正式帝国，但它们没有获得多少经济利益，这可能解释了为什么之后再也没有出现过类似的联合部队。与此同时，在南非，即使是英国的集中营和对荷兰及德国加尔文派移民的种族清洗，也不足以促成法、德两国的联合行动。阿尔萨斯－洛林在两国关系中仍然是一个未愈合的伤口。

对欧洲而言，这两次帝国冲突的共同点是，都威胁到了从刚刚过去的大萧条中实现复苏。有了中国的消费需求和德兰士瓦金矿，欧洲可能会从持续 20 年的经济停滞中复苏。处于这一时期的欧洲，无论是在帝国内部还是在外部，为了实现经济安全而团结一致的本能是一以贯之的。但是，欧洲仍然没有引导共同经济抱负的机制，这意味着对此类国际事件的反应仍然是临时性的。欧洲各国需要推进更正式的经济一体化。

英法帝国的文化与政治影响：帝国与欧洲

正如我们所见，到了 20 世纪初，德国发现自己是三大国中唯一"没有"帝国力量的。表面上，这为法、英创造了更多的共同点，有助于发展法、英友好关系。然而，在这个时期，法、英对帝国的看法有着深刻的差异，这使得两国之间难以维持友谊。事实上，这也有助于解释为什么没有帝国矛盾的法、德伙伴关系，在有欧洲共同优先事项的基础上，在 20 世纪 50 年代成为对法国而言更可持续的友好关系。

事实上，英国发现自己比法国更难搁置这些帝国遭遇战的遗留问题，这也影响了欧洲的一体化进程。尽管有法兰西第三共和国帝国主义的阵痛，以及 1945 年后为保持某些帝国表象而进行的顽强斗争，但是殖民主义对法国的影响其实较小。虽然英国文化不受帝国形态主导，而且直接受到影响的人数也很少，但帝国主义以一种与在法国不同的方式渗透到了英国政界和商界的高层。即使是坚决反对帝国主义的自由党威廉·格莱斯顿也监督实施了大量的帝国吞并行动，最著名的是 1882 年占领埃及。此外，到了 19 世纪末，以约瑟夫·张伯伦和罗斯伯里为代表的自由帝国主义者，把帝国看作一种积累财富的手段，可以在英国进一步推广。人们希望，除了其他作用外，它还能帮助消除贫困。

同时，正如我们所见，前往英国殖民地的大规模移民，在宗主国及其附庸地区间建立了直接的家庭联系，这使人们更加了解帝国的概念。但在法国，情况并非如此。事实上，法兰西帝国干预七年战争、美国独立战争，还有拿破仑眼中"最重要国家"的埃及，都是为了削弱英国的权力。单看帝国形态，法国无法领略其在英国眼中的魅力。毕竟，在英国皇家海军的支持下，英国在欧洲以外地区取得了军事和贸易方面的一系列成功——这是伦敦金融城精心扶植的结果。

拿破仑努力将法国建成一个彻底的欧洲强国，明显体现了法国在对待欧洲以外地区问题上的矛盾情绪。1805 年，在特拉法尔加海战失败之前，拿破仑在给英国国王乔治三世的一封冗长的信中强调了法国与英国的不同。这位执政已久的英国国王在 1783 年失去了美洲，但拿破仑提醒他，他在过去十年中获得的帝国领土"超过整个欧洲地区的财富"。拿破仑敦促乔治三世不要加入另一个欧洲"联盟"来挑战法国在欧洲的势力范围。保持法国在欧洲内的、英国在欧洲外的势力范围让两国都受益匪浅，因为"这个世界足够我们两国共同生存"。事实上，在这两个宿敌瓜分战利品的过程中，乔治三世可能会被后人视为"世界和平缔造者"。

法国在欧洲大陆上是"坚不可摧"的。通过在广阔的欧洲土地上进行高效的耕作，它有了与英国作战的财务实力，这得益于法国大军团靠征服土地为生的习惯。正如拿破仑所见，"殖民地对法国来说是次要的"。用欧洲皇帝查理曼大帝的饰物给自己加冕的拿破仑，想要一个欧洲帝国。对拿破仑时代的法国来说，而且可以说是从那以后，欧洲的每一亩土地都堪比不计其数的远方土地。这造成了欧洲外交的排他性局面，以及最终的欧洲一体化，这是法国统治者的理性追求。

事实上，拿破仑通过著名的 1804 年中央集权法典，建立了以欧洲为导向的国家官僚制度。这些精英管理者的任务是领导法国政府和拿破仑的欧洲卫星国，其中许多由拿破仑家族领导。1815 年以后，法兰西帝国主义的运转依靠的是非政治机构，而不是声望很高的国家机构。事实上，到了"争夺战"时期，法兰西帝国仍然缺乏政府的指导。法国精英官僚机构中最聪明、最优秀的人，在法国和欧洲追求事业；法国在非洲和亚洲的任务，被委托给一些不太起眼的商人、冒险家和军事爱好者。当欧洲没有扩张的机会时，帝国通常是国内舆论里不起眼的一个主题；只有在影响到某些欧洲利益的前景时，帝国才变得重要。例如，阿尔及利亚的特殊性在于它靠近法国南部和白人聚居地。重要的是，到 1959 年内战时，阿尔及利亚的白种"黑脚"[①]法国人已经增加到 110 万人左右。

宗主国和附庸地区在商业上缺乏共识，同样对法兰西帝国造成了损害。一方面，以"殖民地党"压力集团为代表的法国国内实业家和投资者本质上是重商主义者，他们坚持将法国在非洲和亚洲的殖民地纳入法国的保护伞之下，对非法国国家征收高额关税；另一方面，殖民地定居者认为这会限制他们进入其他更大的市场，扭曲了贸易。当然，大英帝国也很难摆脱英国和殖民地之间的争端，印度被征收了各种扭曲贸易的关税，最后被"去工业化"。

然而，英国政府中的殖民地事务部和印度事务部，却在 19 世纪末鼓励英国的资本投向帝国。更具体地说，英国资本青睐移民殖民地和美国，在人口不多的加拿大注入的资本比在人口众多的印度更多。但正如我们所见，印度政府提供担保，吸引了英国投资者投资印度政府债券和铁路证

---

① 黑脚：法国统治时期居住在阿尔及利亚的欧洲血统的人，尤指 1962 年阿尔及利亚独立后移居国外的法国人。——译者注

券。这远远不是真正的私营资本，但英国的寡妇和孤儿们相信印度政府担保的效力，至少伦敦金融城对英国保持印度偿付能力的承诺充满信心。

法国没有能与印度铁路项目媲美的帝国投资项目。法国投资者对利用阿尔及利亚、中南半岛或西非的"贡金"维持附庸地区的偿付能力缺乏信心。例如，计划将阿尔及利亚和塞内加尔连接起来的撒哈拉以南铁路网，就是法国在非洲发展雄心的象征，但在1881年这项计划因过于昂贵和危险而被放弃；相反，到了1914年，法国的发展重点在别的地方，外交官和银行家引导资金流向法国在欧洲最重视的三国协约盟友国沙俄。当时，沙俄吸收的法国资本数量是整个法兰西帝国的三倍。

值得注意的是，随着拿破仑欧洲议程的继续推进，法兰西帝国的投资崩溃了。许多西非和北非地区仍没有得到开发。此外，殖民地党游说呼吁在殖民地实施贸易保护。然而，这疏远了法国和各大国际银行的关系，它们担心政府的干预会削弱法国的压力集团，而这些压力集团在很大程度上控制着法国殖民政府。法国殖民地缺乏国内经济的效率，而这是拿破仑式的技术官僚所拥有的。在帝国内，英国官僚机构的"官方思维"彰显了技术官僚的能力：特别是英国的印度事务部和殖民地事务部享有很高的声誉。相比之下，法国苦于混乱的公私格局，魁奈鄙视的第三产业在这里蓬勃发展。

当然，英国政府的高效殖民管理很容易被夸大：19世纪印度的饥荒（或称"维多利亚大屠杀"）是一个令人震惊的反例，数百万人在饥荒中丧生。尽管如此，牛津大学贝利奥尔学院的毕业生在印度文职机构的职业生涯给大英帝国的管理带来了声望，这在法国是没有的。法国最优秀的人才都被吸引到了法国国内的官僚机构。这是一种训练有素的官僚主义，受到优秀的"民法典"的启发，其起源可追溯到路易十四时期的重商主义者柯尔培尔。简而言之，大英帝国在英国公立学校体系中形成的"官方思维"与英国政府的"业余天才"方式截然不同。相比之下，法国殖民游说者提供了不那么可靠的"非官方思想"。

当然，这些关于欧洲帝国竞争对手的概括，不可能掌握全貌。帝国是专门的商业计划、零星的军事干预和宗主国与附庸地区相互作用的结合体。冲突与反叛、庇护与合作之间相互吸引。然而，法兰西帝国的核心所在，是欧洲本身以及欧洲帝国竞争引起的嫉妒和不安。事实上，1815 年后法国在欧洲的军事不安感主导了帝国的决策。1830 年，在路易·菲利普这个更具活力的奥尔良国王的统治下，法国吞并了阿尔及利亚。10 年后，塞内加尔也被法国占领。此后，法国不考虑经济逻辑就建立了西非帝国。通布图将成为法兰西非洲帝国里连接西非和北非广大地区的枢纽。推动事态发展的是欧洲的威望而非经济因素。

法国国家偿付能力与帝国：廉价的威望还是金钱的浪费？

然而，金钱统一了思想。考虑到 1789 年的金融危机，法兰西帝国的成本在 19 世纪末受到密切关注。帝国为法国提供的扩张成本可能会比给欧洲的更低，但只有在法国保持偿付能力的情况下，它的欧洲形象才能得到提升。与此同时，帝国和欧洲给法国带来了进退维谷的困境，尤其可能分散其对国内事务的注意力。然而，对像法国总理甘必大、费里这样热情的殖民主义者来说，殖民地可能会提升法国在欧洲的整体地位。至关重要的是，殖民地可能被用来交换失去的欧洲土地，尤其是阿尔萨斯－洛林。甘必大认为，法国可以用阿尔及利亚或其他非洲领土满足德国的帝国渴望，以换回古老的查理曼大帝的领土。与此同时，法国共和党人可以通过他们的人权宣言来推广法国的革命文化。法国可能会传播革命的"自由主义"，包括男性普选权。此外，如果德国通过与法国的交换得到像阿尔及利亚那样的战利品，法国的共和价值观就可能会渗透到德国国内。事实上，这样的交换是虚幻的，帝国给法国带来的优势并不比给德国带去的更多。

然而，在色当战役中被俾斯麦羞辱之后，法国通过非洲争夺战获得了廉价的领土。1881年占领突尼斯后，法国南地中海帝国在北非扩张，新的法兰西第三共和国有了明显的目标感和重生感。甘必大试图通过帝国重建法国，而脆弱的第三共和国仍然受到君主主义者和挥之不去的拿破仑党的威胁。但是，帝国作为"次佳"的国体很难获得民众支持，在法国的统治精英中缺乏信任。殖民地党几乎不受民众支持。后来像乔治·克里孟梭这样的民族主义者认为，殖民扩张使法国军队和资源转移出了欧洲。这是法国民族主义政治家和复仇主义者保罗·戴鲁莱德的攻击性言论，他认为"我们失去了两个女儿（指阿尔萨斯－洛林），得到了20个黑人女仆"。

同样，1885年在今越南北部，法国人对欧洲以外地区的矛盾情绪也很明显。法国反对法国领导层干涉入侵中国边境。这一事件没有给这个欧洲国家从冲突中赢得威望的机会。击败已经在第二次鸦片战争中惨败的中国，不会让法国共和党人感到满足。与之形成鲜明对比的是，1893年，法国认为暹罗（今泰国）受到英属缅甸的威胁。在这里，法国公众支持出手干预，以确保暹罗成为英属缅甸和法属中南半岛之间的缓冲。与越南不同的是，暹罗为亲英的法国民众提供了一雪11年前埃及耻辱的机会。

然而，由于法国在亚洲和非洲的决策取决于其在欧洲的威望，法国揽下了一批带来财政负担的国家也就不足为奇了。英国在印度也面临着类似的挑战，印度本应是"皇冠上的宝石"，但1857年后印度的军事费用急剧上升。这些殖民地是农民经济，因此法、英面临的主要挑战是当地地主和农民抵制税收。在许多情况下，征收这类赋税对殖民地起了反作用，因为它扼杀了生产力，同时给地方税务人员和安全部队平添了不属于他们的责任。然而，对于法国来说，这些问题更令人担忧。殖民地的收入对于抵销在欧洲的国防成本至关重要，这一成本源于如今主导欧洲安全的联盟体系。

后来，这些帝国对法兰西共和国的挑战，在去殖民化的后期再次出现。当时，中南半岛、阿尔及利亚和西非的行政管理费用，成了法国政府沉重的负担。那时，法国可以在其他地方寻求树立欧洲声望，通过欧洲经济共同体减少成本，并得到共同农业政策（CAP）和欧盟其他金融机构的资助。

英德的欧洲和帝国

英国的经验与法国的不同，控制民族情绪的是帝国而不是欧洲。移民经历影响了许多家庭。后来在两次世界大战期间，英国士兵、水手、飞行员和平民都深入参与了帝国相关事务。事实上，英国的参与者与自治领、加勒比海和印度军队并肩作战。与此同时，战争经历促使法国和德国下定决心，决不再让此类暴力事件发生，因此促进了欧洲一体化。在英国，战争让它越来越接近一个它认为自己在为之战斗的帝国。

与此同时，对英国来说，选择欧洲、放弃帝国没有那么迫切。这个岛国并没有在任何战争中失去欧洲领土，英国的陆军也从来没有强大到可以考虑吞并欧洲大陆。在第二次世界大战中，英国曾为解放欧洲（和亚洲）而战，但这场战斗主要是英军（特别是）和苏联军队一起进行的。在欧洲，英国缺乏权力和控制权方面的机会，加上与法国的实质合作伙伴关系少之又少，英国难以将国家声望与欧洲联系起来，而且这一点似乎无法好转。最近，作为欧盟的"第三大国"，英国仍然举步维艰。欧洲为这个脱离了《爱丽舍宫条约》的盎格鲁－撒克逊大国提供的外交好处有限，但勉强承诺会超越欧洲自由贸易联盟式的安排。

俾斯麦时期结束良久后，经历了三次成功的统一运动和阿尔萨斯－洛林吞并战的德国，与法国一样，在帝国和欧洲之间选择了后者。德国试图通过其在亚洲和非洲的帝国获得的小额收益来提升国家威望。与此同时，在阿尔弗雷德·冯·提尔皮茨的带领下，德国的海军建设计划在19世纪90年代加速发展。德国有望改变"没有"帝国形态的现状，变成新的殖民势力，尽管无法与英国媲美。德国在1870年后领导了"第二次工业革命"，这一点也使德国在加强军事实力方面有了对法国的优势。德国拥有了财政偿付能力，可以通过有拨款的社会福利体制团结国内，并有足够的资金投放到帝国的领土上。同时，德国在统一战争之后的经济实力和欧洲声望，意味着欧洲可能在某个时候出现进一步的吞并。

但是，由于法国和德国都希望以欧洲国家的形象取得世界地位，欧洲面临着危险的竞争。相比之下，英、法两国在欧洲以外地区的冲突似乎只是一个小插曲。苏丹法绍达小镇的英法武装冲突不会引发欧洲战争，但到了1914年，奥地利和德国吞并巴尔干半岛以及欧洲其他地区的威胁已经足够引发欧洲战争了。

第六章

从英法协约到欧盟扩张：
帝国、移民和欧洲（1902—2018）

1902 年，经济学家、记者约翰·霍布森出版了颇具影响力的第一版反殖民著作《帝国主义》。当时，霍布森为《曼彻斯特卫报》做了关于布尔战争的报道，所见所闻深深地影响了他。这场战争使用了集中营、铁丝网和碉堡，对士兵和平民来说都是残酷的，尤其是双方都使用了威力更大的马克沁机枪。列宁等人受到了霍布森这本书的启发，把欧洲的帝国主义活动阐释为资本主义在革命前的最后余烬。但对霍布森来说，这些欧洲大国在非洲的帝国主义竞争只不过是在国外推行的民族主义。

霍布森认为，从前的欧洲帝国，从古罗马帝国到哈布斯堡王朝，都在寻求普世帝国，把欧洲国家推向帝国联盟。1902 年有许多这样的帝国，以一种破坏性的方式相互竞争，更像是欧洲大陆上的民族主义。此外，霍布森认为，这些欧洲大国在非洲和其他地方结成了机会主义联盟，以保护其在殖民地的不义之财。事实上，这些联盟都跨过了"所有同情心和历史的天然界限"。正如托马斯·潘恩在一百多年前所强调的那样，欧洲人在远离家乡时更容易成为彼此的朋友。

但是，霍布森看到了这种泛欧洲的帝国主义做法给欧洲人带来的风险。他指出了法国、英国和德国的"帝国主义"和"殖民地"政党之间的相似之处，暗示了整个欧洲的极端主义。过去，欧洲思想家们联合在一个帝国或联盟之下，寻求"世界公民"的角色，而不是信奉狭隘的"爱国主义"。然而，欧洲的这种惺惺相惜感，可能会在种族和民族优越论的支持下把欧洲大陆带向错误的方向。

1902 年，赫伯特·斯宾塞仍然健在，他的社会达尔文主义已经渗透到了三大国。霍布森担心围绕种族理论的"科学为帝国主义辩护"，这可能会导致欧洲、非洲和其他地方建立起帝国联盟。在"高贵的野蛮人"的殖民背景下，欧洲优越感得到了发展。欧洲在种植园、贸易和财产法以及欧洲的科学必胜论基础上达成的一体化，是错误的一体化。

简而言之，霍布森担心"欧洲和平"观念会取代"罗马和平"观念。这很可能意味着独裁联邦，它会产生"通过政治寄生和经济寄生滥用职权"的风险。欧洲的统一联邦可能会让殖民地臣民在军队和工厂为一个单一的欧洲帝国工作。事实上，与霍布森噩梦般的预测最接近的现实例子是 1939—1945 年的德意志第三帝国，这是一个日耳曼帝国而非泛欧帝国。然而事实证明，欧洲国家无法像霍布森担心的那样发展帝国联邦主义。不过，在目前的欧盟体制中，欧洲小国在一定程度上被更大的欧洲国家征服是合理的，并没有完全脱离霍布森对"欧洲和平"的设想。

同样，在英、法殖民时期的埃及或是现在的欧元区希腊，霍布森在1902 年提出的问题仍然具有现实意义："一个文明国家联盟是否有可能保持维护世界秩序所需的力量，同时还能避免通过政治寄生和经济寄生滥用职权？"事实上，在1956 年纳赛尔将苏伊士运河国有化之后，埃及这个"世界上最重要的国家"再次出现了英、法帝国反复出现的这些寄生倾向。当时，英国—法国的"共管"模式进行了改革，以追求欧洲"寄生"在民族主义的埃及。

殖民交流、英法同盟以及英法在欧洲和帝国的实用主义

霍布森对一个旨在于世界各地压制小国的联合欧洲帝国的发展感到担忧。不过，他的重点集中在他亲眼所见的大英帝国殖民地南非上。事实上，英国的正式和非正式帝国的规模和经济意义，在欧洲大陆引起了长期的嫉妒和批评。英国在南非的白人部落中的过度殖民行为，引起了法国和德国民众的不满。法国和德国缺乏资源和意愿去欧洲以外建立一个类似的帝国，因为欧洲内部分散它们注意力的东西太多。然而，在拥挤的欧洲之外，英国自由的操作空间激起了这两个大国的不安。

1903 年英国爱德华七世国王访问法国，这一有决定意义的国事访问预示着第二年的英法友好协议，但此时反英情绪仍然在法国盛行。即使是亲法的英国国王，也在街上遭到嘘声。但据说，在访问结束时，法国已经在他的外交手段中倾倒了。他支持两国"共同走上文明与和平之路"的演讲吸引了法国决策者。他要求法国决策者团结一致对抗德国，达到欧洲的力量均势。当然，在阿尔萨斯－洛林仍然由德国控制的情况下，法国很容易就被说服接受与英国团结反德。德国在一个传统上由英、法两国主导的帝国主义领域中展示自己的肌肉。作为德皇威廉二世的舅舅，爱德华七世可能会在德国有一些影响力，或者至少能洞察到法国人眼中的德国邪恶野心。然而，推动法国的结盟决定以及催生外交同情的，是阿尔萨斯－洛林。

的确，英国在埃及、法绍达和南非都对法国表现恶劣。但 1898 年以后，任何建立反英同盟的诱惑都烟消云散了。法国在法绍达问题上做出了让步，德国祝贺英国的基钦纳重新控制了苏丹，德、英两国在德拉瓜湾就南部非洲问题达成了协议。布尔战争期间，德、法两国的反英舆论仍在继续，但法国外交部部长泰奥菲勒·德尔卡塞发现，促成法、德、俄联合达成在南非和埃及对抗英国的协议是不可能实现的。德国要求法国最终放弃对阿尔萨斯－洛林的主权要求以统一反英立场，而法国方面则坚持其欧洲

主张。对于法、德这两个大国来说，欧洲再一次凌驾于帝国之上。

毕竟，法国把这片宝贵的欧洲领土拱手让给德国才过去 30 年。帝国主义者甘必大、费里试图用阿尔萨斯 - 洛林与德国交换帝国领土，但收效甚微。这反映了这两个语言和文化特征模糊不清的工业区对德、法的重要性。很久以后，当阿尔萨斯 - 洛林在 1945 年后再次回到法国，法国实现欧洲野心需要与德国联盟时，法国疏远了英国，忽视了共同的帝国信仰。但在 1904 年，法国利用帝国资产与英国建立了联盟，出于欧洲目标一起对抗德国。

因此，1904 年的协约是三国外交动态发生变化的时刻。爱德华七世和德尔卡塞的积极参与，促成了协约的签署。人们认为这份协约是主要大国联盟的黏合剂，这些联盟将在 1914 年将欧洲推向战争。然而，最重要的一点是，协约牵扯到欧洲两个最大帝国之间的"殖民交换"，表明帝国可能仍然会影响欧洲的力量平衡。在欧洲，土地稀缺，经济需要和民族需求意味着土地难以交易；而在帝国，欧洲人可利用的广阔土地为外交提供了筹码。虽然英国和法国积累了大量的外交筹码，但"没有"帝国的德国几乎无法吸引大家的兴趣，德国的谈判立场薄弱。这进一步加深了德国在欧洲的孤立感。

这种"殖民地交换"有强有力的历史先例。在过去的几个世纪里，这种方法曾在美洲被使用过。到了 19 世纪 50 年代，它在非洲为欧洲人所接受。因此，拿破仑三世在 1857 年试图用埃及向英国的帕麦斯顿勋爵换取摩洛哥。法国试图建立一个毗邻的北非阿拉伯帝国，但是失败了。然后，在 19 世纪 60 年代，法国人说服英国用冈比亚换取法国的殖民地，因为冈比亚中断了法国在西非的连片土地。此外，由于失去了阿尔萨斯 - 洛林，法国无法说服俾斯麦用他最近获得的欧洲土地交换法属中南半岛。最后，在 19 世纪 90 年代，法国提高了它的谈判筹码，用刚果的丰富矿产换取查理曼的中央帝国。欧洲外交中使用了欧洲之外的土地筹码后，帝国和欧洲变得密不可分。

对于英国这个在都铎王朝时代后不再有欧洲领土野心的岛国来说，与欧洲和殖民地之间的贸易条件更具帝国特色。到了 1900 年，英国和法国可以通过帝国找到共同点了，不再像 1882—1898 年那样将其视为不和的因素。而且，德尔卡塞确信埃及已经无法挽回，法国需要与英国谈判达成最佳的殖民地交换方案。英、法两国必须就苏丹的边界达成一致，在马达加斯加、纽芬兰、马斯喀特和上海的争端也可以解决。与此同时，德尔卡塞希望在地中海地区自由行动，与较弱的意大利和西班牙分享控制权，而英国则专注于完成在南非的目标。

但是，法国与英国的主要谈判内容是用埃及交换对摩洛哥的控制权。这一至关重要的"殖民交换"得到了英国驻开罗总领事克罗默勋爵的支持。克罗默对埃及当地的叛乱感到不安，他担心如果英、法的埃及争端恶化，法、德将鼓动民族主义者的不满情绪。事实上，克罗默希望以类似英国埃及总督的身份来管理开罗。

爱德华七世正在深度参与英法外交，但法国人高估了他的影响力。法国共和派把他当作一个法式专制旧君主，而不是现代立宪制君主。然而，当英法协约即将达成时，这位亲法的国王压制了英国怀疑论者的抵抗，促使英国在殖民地领土问题上妥协。他正在推开一扇敞开的门，因为英国公众舆论强烈反德。德皇对南非的干预、海军军备竞赛的开始，以及关于中国租界的冲突，都加剧了英国公众对德国的担忧。事实上，爱德华七世由于与外甥德皇威廉二世关系不佳所产生的反德本能，几乎和他对法国的热情一样强烈。

后来英国政客的亲法干预措施改变了英国的政策，英国也出现了反德情绪。爱德华·格雷爵士和温斯顿·丘吉尔就是例子。事实上，自 1945 年以来，没有一位英国政治家对法国表现出类似的亲密关系，这主要是因为德国作为"他者"再也没有如此突出。例如，自 1945 年以来，没有一位英国首相能像戴高乐与阿登纳、吉斯卡尔与施密特或密特朗与科尔那样与法国总统搭档。在一定程度上，这是因为缺乏《爱丽舍宫条约》这样能使英、法关系制度化的协议。值得注意的是，协约没能在1919年后巩固外交关系；相反，现实政治发挥了作用。

协约对第三大国产生了深远的影响。德国抱怨"三方协约"的"包围"。此外，在更广泛的世界中"没有"地位的德国，以及德皇的"世界政策"中尚未实现的目标，都使德国处于弱势，只有日渐衰落的奥匈帝国是其天然盟友。迫于压力，德国宰相伯恩哈德·冯·比洛对英、法这一协议交换提出了质疑。德国在摩洛哥召集了一个国际会议来重新分配权力。1906年初，在西班牙南部的阿尔赫西拉斯，德国促成了摩洛哥独立。同样，比洛也正在推动欧洲议程。他希望让法国再次处于德国的统治之下，这是法国自1871年战败以后一直在逃避的事情。

不过，尽管德国在摩洛哥的法理诉求强烈，但德国方面低估了法国得到的支持。即使是无利害关系的美国也支持法国而不是德国。这不足为奇，因为欧洲式帝国主义对美国变得更加重要：自从1899年，美国从西班牙手中夺取了古巴和菲律宾，并吞并了古老的夏威夷王国。美国准备反对德国在阿尔赫西拉斯的强硬立场，因为自己现在会有损失。与此同时，鉴于日本在东亚地区对自己的挑战，沙俄需要保护其法国盟友。同样，对于英国来说，在布尔战争带来不安后，终于有了协约确保埃及的安全。

这是法国和英国之间的某种融合。但它的根基很浅，建立在殖民地和对德国的反感之上。1945年后，殖民地筹码在欧洲外交中不再有价值，英、法发现难以再达成有意义的协议。1956年，它们会在苏伊士发现殖民地四分五裂。这让法国可以自由地与联邦德国一起全心全意地拥抱欧洲。

欧洲共同的殖民暴力

在阿尔赫西拉斯，德国人挑战了英、法帝国主义傲慢的"殖民地交换"，但随后又改变了立场。因此，法国可以自由地在摩洛哥苏丹统治下建立一个保护国。但是，欧洲的"东方主义"在摩洛哥遭遇了本土的抵制，与英国克罗默勋爵在埃及面临的阻力相当。尤其是在 1907 年，卡萨布兰卡建设的一条铁路无礼地穿过伊斯兰公墓，引起了当地人袭击建筑工人的事件。法国殖民主义有了阿尔赫西拉斯外交胜利的支撑后，变得更加自信和野蛮。法国组织了对卡萨布兰卡的报复性轰炸，造成 600—1500 名平民死亡；随后，法国军队在卡萨布兰卡附近地区镇压了进一步的民族主义抵抗运动。与此同时，对摩洛哥的占领激发了法国在殖民控制中对观念武器的追求。在城镇建设方面，法国人利用"笛卡尔城镇规划原则"将摩洛哥"欧洲化"，摒弃了它的本土建筑。这种笛卡尔主义或几何规划，反映了欧洲人在智力和审美上对殖民地臣民的优越感。毕竟，摩洛哥人自己建造的城镇被认为是随意混乱的，他们很少注意古典美学。

当然，殖民压迫反映了欧洲大国在外交上的不安。它们在欧洲外围的强硬策略，显示出对欧洲势力范围的坚守。这将避免其他大国不请自来的关注，同时扼杀土著人的反抗。英国人在恩图曼和布尔战争的多个时期，以同样残酷的方式展示了这些欧洲本能。事实上，由于早期在布尔人面前遭遇了军事挫折，英国驻南非指挥官罗伯茨将军建造了碉堡和带刺铁丝网，加固了关押南非白人妇女和儿童的骇人听闻的集中营。值得注意的是，英国军队镇压了纳塔尔和德兰士瓦的荷兰加尔文派和法国胡格诺派定居者，表明殖民手段也可能被用来对付欧洲人。

然而，随着一个殖民地的做法在其他地方被复制，欧洲帝国的暴力蔓延成了一种普遍现象。马尔尚将军从法绍达调到中国，正如戈登将军在北京圆明园大火后转移到喀土穆，并在与穆斯林的作战中身亡。与此同时，作为欧洲帝国象征的罗伯茨将军，在英属印度学会了帝国主义手段，他花了 40 多年时间在那里与当地人而不是欧洲人作战。他于 1857 年抵达印度，帮助挫败了印度兵变，然后在西北边境省和第二次阿富汗战争中与部落作战，之后获得了在南非的指挥权。盎格鲁－爱尔兰血统的罗伯茨来自沃特福德郡，有伊顿公学和桑德赫斯特学院背景，他对 1913 年库拉兵变中信仰新教的（北爱尔兰）志愿军准军事部队表示了同情。这位将军终于在1914 年抵达了法国西部前线视察他的印度军旧部，随后便因流感死在了战壕里。他没能活着看到自己的殖民战争暴行在 1914—1918 年的欧洲战区重演，机关枪和铁丝网围栏再次出现。

这些殖民地的欧洲认同感，与土著人民对独立的渴望相互对立。针对土著部落间的分歧，欧洲人使用了分而治之的策略。人们半知半解的种族优越性观点支撑了这一举措，甚至连启蒙思想似乎也支持这种观点。显然，到了 19 世纪 70 年代，由赫伯特·斯宾塞这样的通俗作家所阐述的社会达尔文主义思想进一步助推了种族优越性观点，使其成为一种越来越危险的思想，传遍了西欧和美国。这为所有行为进行了开脱，让欧洲的集体认同感蒙羞，20 世纪的欧洲人即将面临这片大陆上自拿破仑以来，甚至是1648 年以来从未有过的暴力事件。欧洲人对殖民地人民的暴行以种族理论为依据，与欧洲民族主义相结合。这让新型武器支持下的 1914 年、1939年的两次欧洲内战变得残酷。

诚然，德国的帝国比英国、法国或比利时的帝国受到了更多的限制，但伴随着德国殖民统治而来的暴力行为却显示出程度相当的野蛮。1904 年在德国军队应对德属西南非洲（今纳米比亚）的赫雷罗人和纳马人的叛乱时，欧洲的"文明使命"沦为了不被接受的"措施"。正如在殖民环境中经常发生的那样，非洲起义是反对欧洲挑战古老的土地权利。后来非洲对德国人进行了报复，大约 150 名殖民者被杀。当时，德国做出的过度反应令人震惊：德国占领者屠杀了大约 80% 的赫雷罗人和纳马人，意味着有 9万—10 万人死亡。德国政府内部普遍意识到了这一暴行。德国国会中的社公民主党反对德国使用殖民暴力，但这种反对似乎无效。

20 世纪德国历史上出现了更骇人听闻的暴行，因此关于德属西南非洲的记忆逐渐消失。事实上，欧洲殖民国家的土地占领在1941年达到了顶峰。这是为了建立希特勒臭名昭著的"生存空间"，以对抗斯拉夫东欧。但是，希特勒关于斯拉夫人和犹太人的种族主义理论，尽管其根源是几个世纪以来的反犹太主义和其他的欧洲恶行，但很可能也受到了欧洲容忍对非洲人施暴的影响。实际上，到了20世纪，种族主义和暴力对欧洲文化产生了潜移默化的影响，以多种方式渗透到了帝国和欧洲。

例如，纳米比亚在20世纪被实施种族隔离的南非白人政权长期控制。19世纪30年代问题重重的布尔人大迁徙、奴隶思想、第二次布尔战争中的白人部落暴力冲突，以及米尔纳勋爵最后在1910年抛弃非洲黑人，都影响了这个政权。在纳米比亚占领导地位的种族隔离政权，不想突出20世纪早些时候白人对黑人犯下的其他罪行。然而在1985年，《惠特克报告》将德国在德属西南非洲的所作所为定义为20世纪第一次有记录的欧洲种族灭绝。此后，有人在联邦议院为赫雷罗人和纳马人大屠杀辩论时呼吁将这些事件定性为种族灭绝，并由联邦德国向纳米比亚人民提供相应的赔偿。

统一于康拉德的"不明智之举"的欧洲

包括法国和英国在内的其他欧洲大国，建议德国不要为其他欧洲帝国树立代价高昂的先例。事实上，纳米比亚得到的殖民补偿可以量化欧洲帝国带来的苦难。或许，殖民过度的后遗症是欧洲一直决定不考虑后果。当然，最极端的殖民遗产是欧洲促成的奴隶制。仅在18世纪，就有1200万名西非奴隶被送往美洲。如果对奴隶制提起诉讼，赔偿可能使整个欧盟破产。例如在2015年，英国首相卡梅伦对牙买加的访问，因加勒比赔偿委员会（加勒比共同体）呼吁英国为加勒比奴隶制支付数十亿美元的赔偿而蒙上了阴影。人们关注到，首相的一位远房堂兄弟（以及他妻子的一位祖先）在19世纪初是靠奴隶贸易为生的。

虽然各国政府都避免帝国财政责任，但随着时间的推移，欧洲作家们已经解构了欧洲的这些过度行为。在约瑟夫·康拉德的《黑暗的心》中，著名角色库尔兹有收藏象牙的"不明智之举"。正如我们所见，刚果、南非、摩洛哥和德属西南非洲的欧洲人都做出过不明智之举。康拉德曾说欧洲人欺负"与我们肤色不同或鼻子略扁"的"其他人"。康拉德来自沙俄统治下的波兰，先在法国商船队工作，然后又去了英国，是观察欧洲帝国主义越界行动的理想人选。他认为不明智行为在非洲时达到了顶峰，尽管欧洲的暴行并不是从争夺非洲开始的，也不是在 1945 年结束的。基钦纳将军在恩图曼因为损失了 47 名英国和苏丹－埃及雇佣军就屠杀了 1 万名苏丹穆斯林，他的依据是种族优越性和独有的技术，然而这个理由是从未有过的。技术和康拉德所说的"理念"结合在一起，定义了一个新的欧洲世界。

早前，由于欧洲继续殖民暴行（往往没有被报道），1911 年爆发了第二次摩洛哥危机。此时的德国比以往任何时候都更加孤立，最明显的表现是 1907 年英、俄结成了同盟。与此同时，德国在受法国保护的摩洛哥有了更为突出的经济利益，这一点助推了之前的 1906 年危机。德国钢铁公司曼内斯曼在摩洛哥获得了宝贵的采矿权，决心开发这里的矿石。与此同时，摩洛哥对法国的反对情绪再次升温，促使法国在菲斯周边部署了 2 万名法军和殖民军，占领了摩洛哥城，保护法国侨民社区。这激怒了德国，它及时派遣黑豹号炮艇带有胁迫意味地在阿加迪尔海岸附近抛锚。此举受到了德国沙文主义选民的热烈欢迎。随后的谈判显示出，"殖民交换"的文化在继续。德国施压要求得到法属刚果的土地作为补偿，而反德的《泰晤士报》则刊登了有关德国即将在商品资源丰富的中非地区占据主导地位的恐慌性报道。

到了 1911 年 11 月，法国和德国交换了它们在非洲的领土，德国攫取了毗邻自己喀麦隆属地的刚果领土，这践行了德国帝国主义观点。这些领土对德国来说毫无价值，但对外交的破坏力是巨大的。就连相对亲德的英国财政大臣大卫·劳合·乔治也在英国官邸向他的听众警告了德国危险的殖民野心。对"像我们这样伟大的国家来说，德国殖民贪婪心的任何增长都将是巨大的、无法忍受的耻辱"。劳合·乔治是一个鸽派自由主义者，专注于养老和失业救济这样的国内议程，热衷于攻击像上议院这样的特权堡垒；但到了 1911 年 7 月，他认为欧洲的地位和威望取决于远方的摩洛哥和刚果的殖民主义争论。到了第二年，负责战争事务的陆军大臣霍尔丹子爵访问德国，想要挽救盎格鲁人与日耳曼人之间的关系，这一不祥征兆引发了英国的宿命情绪。人们认为德国的殖民野心和欧洲野心是难以压制的。

国际联盟、帝国和欧洲联邦制

当欧洲进入 1914 年，伴随着殖民地的紧张局势和另一场巴尔干危机，欧洲大陆在非洲形成了某种身份认同，但这是一种错误的身份。我们无法弄清，在非洲争夺战最严重的时期，殖民地人民遭受的暴行在多大程度上影响了欧洲军队在西部战线的表现，毕竟第一次世界大战的残酷性主要是由科技决定的。围绕欧洲帝国的虚伪使美国伍德罗·威尔逊总统对欧洲的战争目标感到不安。尤其是 1918 年托洛茨基向世界披露了英、法两国订立的帝国秘密协议，这份协议打击了任何欧洲国家声称要打一场"正义战争"的言论。大英帝国直到 20 世纪 30 年代才达到占领殖民地的高潮，这一事实突出表明，欧洲帝国主义在西部战线的大屠杀中依然继续存在。事实上，在停战后的一年里，英国实施了各种形式的殖民主义暴行，从在印度针对锡克教徒的阿姆利则大屠杀，到英国皇家爱尔兰警队对爱尔兰民族主义的镇压。

威尔逊领导的美国未能批准国际联盟的成员资格，于是这个国际联盟依赖于两个欧洲帝国，即法国和英国。美国重新回到了孤立状态，对欧洲的均势政治想法幻灭，并决心避免被拖入另一场帝国战争。但是，正是这个以日内瓦为基地的机构，为敲打欧洲的殖民野心和推广关于"永久和平"的联邦思想带来了最大的希望。这是潘恩、圣皮埃尔和康德的传统。可惜的是，作为资助国的英国和法国，也希望通过国际联盟的委托来保持其殖民实力。尽管在1940年6月法国投降之前，英、法的旧协约在理论上是完整的，但在巩固伙伴关系方面作用不足。与当时法国和德国在欧盟内部更为有力的外交伙伴关系相对比，这带来了一些启发。特别是法国的军事实力和德国的经济优势使它们更具互补性。国际联盟则相形见绌，其成员针锋相对、实力均衡、缺少互补性。

值得注意的是，国际联盟成了欧洲帝国主义和一体化的论坛。同时，它也肩负着维护世界和平的重任。但是，通过欧洲遗留下来的帝国来维护世界和平，问题重重。尤其是国际联盟赋予了英国维护伊拉克、巴勒斯坦和伊朗大部分地区完整统一的责任。与此同时，法国在阿尔及利亚和整个北非地区保留了在地中海地区的传统优势，这与其在利凡特地区的叙利亚和黎巴嫩得到新授权有关。因此，尽管存在分歧，法国和英国充分控制了国际联盟理事会，任何其他成员国都难以干预。此外，国际联盟理事会中有许多大英帝国自治领成员，这使得英国在日内瓦的反帝国阵营面前拥有了更大的投票权。事实上，1926年在洛迦诺会议之后加入国际联盟的德国，在20世纪20年代末发挥了积极的作用。不幸的是，在1919年德意志帝国在凡尔赛宫覆亡后，这种激进主义常常自私地专注于恢复殖民威望。

帝国是国际联盟的一个普遍特征，主要是因为这个机构的许多早期设计者都是忠诚的帝国主义者，比如索尔兹伯里勋爵的儿子罗伯特·塞西尔和在日内瓦推行联邦制的澳大利亚人吉尔伯特·默里。同样令人惊讶的是，来自布尔战争的南非白人战士扬·史末资，成了帝国的形象人物。这些帝国的旗手们共同推动了"英联邦"制。例如，史末资赞扬了南非这样的联邦的内部妥协力。他认为，建立跨自治领的分权政府将使大英帝国成为一个"联邦中的联盟"。英国和白人自治领附属机构之间，以及南非、加拿大、澳大利亚和新西兰联盟的省和州之间，将积极鼓励权力分散。史末资通过 1926 年的《贝尔福尔宣言》确立了帝国"联邦制"后，立刻将帝国作为欧洲国家在国际联盟内部分享权力的模板。

当然，自从 17 世纪的威廉·佩恩以来，联邦制在我们的故事中就无处不在。但是，把欧洲和大英帝国作为联邦进行比较是有问题的。许多在 1926 年前后向欧洲国家联盟宣教的英国帝国主义者都承认，英国和各自治领之间的种族和文化联系比那些被约束在一起的西欧国家更为紧密。然而，南非，一个陷入血腥内战的国家，在逆境中创造了团结，为法国、德国、比利时、奥地利和意大利带来了一个鼓舞人心的愿景，1918 年之后这些国家也面临着类似的挑战。人们希望国际联盟能够促进类似史末资及其对手在布尔战争后做出的妥协。当然，这种比较忽略了一个事实：南非的"白人部落"形成"勉强的团结"的背景是有一个共同的"他者"，即黑人占了人口的绝大多数。

事实上，国际联盟的积极推动者将欧洲白人治下的南非作为世界其他地区的模板，这表明了欧洲文化主导了联盟外交，即便是在欧洲经历了 1914—1918 年的倒退后也是如此。考虑到国际联盟中明显的缺席，这也许并不奇怪。这种欧洲文化有助于解释为什么白里安利用国际联盟来推进他的欧洲合众国计划。这同样解释了为什么国际联盟会努力解决欧洲以外的问题，比如 1931 年日本入侵中国东北，或者意大利 1935 年入侵埃塞俄比亚帝国。

库登霍夫 – 卡勒吉，"小欧洲"和英国的"哈布斯堡帝国"

1923 年，泛欧运动的创始人理查德·库登霍夫 – 卡勒吉出版了关于欧洲一体化的论著《泛欧》，将大英帝国的角色设定为法、德之间的调解人。

库登霍夫－卡勒吉认为，如果没有帝国联邦主义的启发，法国和德国之间的"千年竞争"有可能将德国推向苏联布尔什维克的手中。苏联可能会趁机与德国建立新的威权关系，"目的是消灭波兰……推翻法国"。库登霍夫－卡勒吉对两次世界大战期间的欧洲的分析往往是理想主义和天真的，但他对法、德对立的警告是有先见之明的。自然，在 1939 年 8 月，德国和苏联签署了《苏德互不侵犯条约》（也称《莫洛托夫—里宾特洛甫条约》），德国国防军得以单面作战。1940 年 6 月，法国在六个星期内被彻底击溃。与此同时，库登霍夫－卡勒吉看到大英帝国挡在了希特勒面前，但这个德国独裁者仍然尊重它。对希特勒而言，在转向东欧获得"生存空间"前，纳粹与苏联的协议不过是在西线取得胜利的权宜之计。在这一点上，与欧洲两大主要帝国之一的大英帝国结盟，可能会保持第三帝国在欧洲的形象。大英帝国和第三帝国可能会选择利用美国的早熟和寄生性来扼杀美国的自负。

早前在两次世界大战间期，库登霍夫－卡勒吉与里奥·艾默里等英国帝国主义者密切合作，宣传大英帝国是多极世界中最强大、人口最多的权力集团。大英帝国将与泛欧、泛美、东亚和苏联共存于一个世界性的"协调机制"中。这将使三个以欧洲为导向的势力集团结成战略联盟，以对抗东亚和苏联。与此同时，大英帝国与法国和德国合作可能会遏制美国的霸权地位。这意味着这三个大国可能会罕见地实现合作。对于像艾默里这样对欧洲一体化持怀疑态度的帝国主义者来说，这将允许英国兼顾欧洲和帝国，但后者始终是优先事项。它可以在保护大英帝国的同时通过传统的均势政治来维护欧洲的和平。1914—1918 年后，英国帝国主义者很清楚，欧洲大陆的大规模冲突将摧毁它资助和管理帝国的机会。

库登霍夫－卡勒吉和艾默里都认为英国是独立角色，但与欧洲有联系。英国的殖民地之大，种族之多样，以至于泛欧理念都很难吸收它们。值得一提的是，库登霍夫－卡勒吉有匈牙利贵族血统，母亲是日本人；艾默里曾作为牛津大学万灵学院的研究员研究奥匈帝国。他们都认为，大英帝国和欧洲在 20 世纪 20 年代的地位类似于 19 世纪中叶的哈布斯堡帝国和德意志国家。毕竟，哈布斯堡帝国是一个多民族的大联盟。1871 年，奥地利幸运地没有被纳入一个臃肿的统一德国，就像泛欧也难以消化大英帝国一样。与以往一样，历史先例推动了欧洲的决策。因此，1945 年后，库登霍夫－卡勒吉和白里安的继承者们，兴致勃勃地接受了相当于"小德国"的欧洲一体化计划，他们认为英国有其他的优先事项。事实上，当时艾默里的校友、毕生知己温斯顿·丘吉尔（艾默里称之为"彻头彻尾的欧洲人"）把"小欧洲"视为维护帝国的唯一出路。

1945 年后，美国、苏联成为全球"超级大国"，而新的"英联邦"想要发挥影响力则步履维艰。第二次世界大战后的欧洲被边缘化，库登霍夫－卡勒吉和泛欧主义人士担心与欧洲失去联系。随着冷战的开始，库登霍夫－卡勒吉在绝望中提议泛欧洲与残余的大英帝国合并。当时，一个更加脆弱的大英帝国已经被欧洲、印度、加拿大、非洲、澳大利亚和英国组成的"超级联邦"吸收。这个"超级联邦"将以英国为中心，拥有联邦机制，代表着全球三分之一的人口和领土。简而言之，"大欧洲"的解决方案在英国日渐衰弱的情况下是可行的，大英帝国加上法兰西帝国将被并入一个联邦制的欧洲。这将代表着欧洲在美国、苏联这两个两极世界的强势存在，英、法、德三个欧洲大国也得以发挥各自的作用。但与库登霍夫－卡勒吉许多值得思考的想法一样，这一个也不切实际。

甚至到了 20 世纪 30 年代初，库登霍夫－卡勒吉的欧洲理想主义仍遭到怀疑。白里安失败的 1930 年备忘录，削弱了对库登霍夫－卡勒吉的"小欧洲"理念的政治支持。白里安本人确信大英帝国应该置身于联邦架构之外，但他希望英联邦国家能够通过国际联盟的架构为联邦项目提供支持。然而，英国对白里安的倡议反应冷淡。英国外交大臣阿瑟·亨德森辩称，法国和德国的友好关系正在消失；他觉得英国完全脱离了欧洲，回到了帝国状态。因此，在1931年面对经济崩溃时，英国人最终通过渥太华会议引入了约瑟夫·张伯伦的"帝国特惠制"。英国在欧洲问题上再次表现出半脱离的态度。这种脱离在困难出现时表现得尤为明显，令英吉利海峡对岸的协约伙伴感到沮丧。

可以理解，泛欧洲人在与泛大英帝国概念斗争。这是一个庞大的、笨拙的哈布斯堡式帝国。但是，没有关于泛法国或泛德国的担忧可与之并论。在凡尔赛会议后，德意志帝国基本上已经瓦解，但法国仍然拥有一个重要的帝国。对于法国来说，帝国在第一次世界大战期间和之后有所复兴。但对于法国而言，法兰西帝国并没有像大英帝国对英国那样妨碍泛欧主义。像里奥·艾默里这样的英国观察家也认识到了这一点，他认为法国和荷兰帝国的规模很小，足以被泛欧洲吸收。粗略地以人口统计，法兰西帝国的确规模较小。尤其是对比之下，在1901—1931年间，大英帝国的主要组成部分——印度次大陆的人口从2.94亿人增加到了3.53亿人。与此同时，在帝国对法国国内舆论有最直接影响的法属阿尔及利亚，相对较少的200万人口却只增长到了500万。即使是到1939年，拥有约2300万人口的法属中南半岛也比不上英属印度。

后来法国在第二次世界大战中被轻松击败，面临着去殖民化的挑战，特别是在中南半岛、阿尔及利亚。但是，库登霍夫－卡勒吉通过加入法国国籍表达了对这个最欧洲化国家的承诺。他宣称，新一代泛欧人民将视法国为"他们共同文明的麦加"。届时，在法国于两次世界大战期间为欧盟所取得的成就的基础上，欧洲可能会再接再厉，尤其是白里安对"社会主义国际主义"十分热情，法国因此能有超越国界的视野。

欧洲一体化的前奏——欧洲去殖民化

欧洲最大帝国的去殖民化，可以追溯到它在1783年丧失13个殖民地。

1839年《德拉姆报告》①赋予渥太华联邦权力，安抚了英属北美（今加拿大）的民族主义情绪。值得注意的是，大英帝国和法兰西帝国的领土扩张持续到了1939年，因为它们得到了国际联盟的授权。但是，这两个欧洲帝国的实力都减弱了。英国持有的海外金融资产在第一次世界大战中损失惨重。海外金融资产收入低到英国再也无法通过债券息票和外国证券的股息来弥补贸易赤字，这些投资组合现在的规模太小了。此后，爱尔兰自治问题和爱尔兰自由邦的建立问题，是英国难以维持殖民地定居点的早期迹象，即使这些殖民地并不遥远。同样，在尼赫鲁等印度民族主义者访问爱尔兰的背景下，民族主义运动之间的相互依赖关系体现在与爱尔兰和印度这样明显独立的殖民地的政治交流中。

耗尽大英帝国收益的波斯，是一个值得注意的例外。事实上，波斯长期以来一直是英国与宿敌沙俄共有的帝国势力范围。在两次世界大战期间，英波石油公司（今英国石油公司）在波斯开采石油。这使得英国与壳牌石油（拥有更多的殖民地储备）一起，在美国建立的著名"七姐妹"世界石油格局中占有了一席之地。这些巨大的石油储备是帝国的遗产，进一步扩大了英国与德国、法国的区别。1945年后，欧洲大陆各国在向国内和欧洲倾斜资源的情况下，通过新的基础设施、制造业和自然资源公司建设国内工业能力。相比之下，英国的领先企业，对欧洲以外的帝国保持着偏见。即使在今天，英国石油公司、壳牌石油公司、里奥廷托炼锌有限公司、葛兰素史克公司、英美资源集团公司、渣打银行和汇丰银行的资产和收入，主要也不是来自欧洲。这促使英国进一步脱离了欧洲。

事实上，许多观察家将英国在去殖民化问题上的"实用主义"与法国对其较小殖民地的不妥协进行了对比。据说，英国的"非正式帝国"传

①《德拉姆报告》：报告有两个核心内容，一是建议上下加拿大应重新合并，二是建议让殖民地充分自治。——译者注

统可以简化移交权力的过程，不那么正式的制度都可以取消。同时，英国凭借与美国更密切的关系，在一个去殖民化的世界里没有法国那样的不安感。英国的两党制政府也保证了去殖民化的政治稳定。从艾德礼到麦克米伦，英国领导人在必须采取负责任行动的问题上达成了共识，这与后来的法国第三共和国和第四共和国的多党联盟形成了鲜明对比。最后，英国在1945 年之后的发展中通常可以避免非殖民化的影响。不过，苏伊士、肯尼亚和爱尔兰明显是例外。

然而我们将看到，"高效"的去殖民化并没有为结束帝国体制之后的英国提供一条清晰的道路。事实上，从帝国到欧洲的转变在法国实施得更为顺利，部分原因是法国对帝国的依赖一直没有英国那么强烈。今天，去殖民化给这些国家与欧盟的关系带来了持续的影响。

欧亚计划：保持非洲的欧洲腹地地位

由于法国和英国追求去殖民化，人们担心帝国的美元收入会有损失。毕竟，布雷顿森林体系提高了美元储备的重要性。美国不存在的商品是美元的安全来源，这比在制成品上与美国人竞争要容易得多。因此，法国前总理保罗·雷诺于 1952 年在欧洲委员会上宣布：

我们必须共同开发富饶的非洲大陆，努力在那里找到我们现在从美元区进口的、无力负担的原材料。

欧洲各国对这一倡议达成了明确的共识。联邦德国、比利时、荷兰甚至北欧非殖民国家都给予了支持。在这里，英联邦充当了一个模板，就像早期大英帝国启发了白里安、库登霍夫－卡勒吉和两次世界大战期间的泛欧洲人一样。但是，随着民族主义在这些非洲国家的发展，"欧非共同体"剥削的一面引起了争议。例如，像比利时这样在刚果有殖民历史的国家，是不受寻求重新开始的非洲民族主义领导人的欢迎的。

尽管如此，法国还是努力将其帝国遗产纳入 1957 年《罗马条约》的管辖范围内。法国在一段时间内保障了法国前殖民地在欧洲经济共同体关税同盟内享有贸易权。这对法国暂时有利。在 1962 年戴高乐最终承认保留阿尔及利亚失败之前，这一做法让法国保持了对阿尔及利亚的影响力。相比之下，英国在欧非共同体问题上缄默不语，担心它与英联邦角色重叠。最后，非洲国家去殖民化的步伐将欧非共同体项目抛在了身后。不结盟政策受到了许多去殖民化国家的青睐。

印度和布拉柴维尔

19 世纪英国将权力割让给白人自治领的做法，开创了英国在海外建立欧洲式国家的先例。加拿大、澳大利亚和新西兰，在种族和宪法角度上都是英国人和欧洲人。从两次世界大战中它们与英国并肩作战上可以明显看出这些自治领与英国的联系。然而，1914—1918 年损失的 20 万名自治领士兵给它们与英国的关系带来了压力。各个自治领重新考虑是否继续依附于一个容易发生如此可怕的内战的欧洲。相比之下，1947 年后分裂的印度很难被视为欧洲的投影。它有不同的种族，并与邻近的中国和苏联进行经济和战略合作。印度尼赫鲁总理更是与苏联有着共同的经济倾向。英国不遗余力地将印度和巴基斯坦留在英联邦内的举动，明显反映了它在这方面的不安感。

然而，英联邦面临着来自欧洲的阻力。尽管早些时候英国与法国的非洲殖民地建立了伙伴关系，但英国首相麦克米伦未能说服法国总统戴高乐欢迎英联邦国家加入欧洲关税同盟。虽然英国可能在安排去殖民化进程上更加顺利，但法国将其殖民地融入了欧洲。这与第二次世界大战初期相比是一个转折点，当时在经历了投降和德国占领的灾难性后，法国似乎已经无法挽回其殖民利益。1944 年，在法属刚果的布拉柴维尔举行的一次重要的法国高级公务员会议上，法国所面临的挑战和雄心壮志是显而易见的。戴高乐主持了会议，强调法国重视殖民地的稳定，因为欧洲即将实现和平。戴高乐明确表示，他计划通过帝国遗产重塑法国的招牌、振兴法国。事实上，布拉柴维尔会议提出的建议，涉及法国殖民地的地方议会、当地公共服务部门的本地人就业，以及在法国国民议会中的殖民地人民代表（犹如为阿尔及利亚量身定做的角色）。一个新的"法兰西联盟"即将成立，它欢迎殖民地国民成为包括法兰西共和国在内的欧洲联盟的公民。

但是，这些新的殖民权力的交换条件，打压了殖民地的独立。法国殖民地部门认为，所有的法国殖民地都不应该有"任何自治的想法、任何在法国帝国集团之外的发展可能"。这些殖民地反而会被同化到"大法国"中，非常可能像阿尔及利亚一样，它们将成为"大法国"的另一个部门。因此，战争的创伤，加上戴高乐在 1945 年后被盎格鲁－撒克逊人排斥的感觉，导致法国政治家跨越了政治分歧，决定通过一个严控的"联邦"帝国捍卫法国的威望。对法国来说，维持世界强国的地位让它有了平台得以推动真正的计划——欧洲一体化。

事实上，法国认为自己的这些作用在加强。即使在有两个新的"超级大国"要与之抗衡的情况下，法国仍然凭借在非洲和亚洲的影响力在欧洲保持了形象。与此同时，法国与殖民地的联系，有助于维系它在外交和国防方面对德国的优势。于是，法国有了与联邦德国（以及后来的统一的德国）讨价还价的能力，尽管德国在经济上占主导地位。早些时候，法国的甘必大、费里曾在非洲殖民地上看到了从德国夺回阿尔萨斯－洛林的谈判筹码；现在，帝国遗产让法国在欧洲一体化谈判中站稳脚跟。当然，考虑到欧洲在这些地区的影响力有限，这可能是一种妄想，但感知是重要的。此外，法国在北约之外的不结盟地位也增强了法国的形象。出于不同的原因，这是德国和英国无法获得的形象。

马达加斯加和阿尔及利亚的危机

1945 年后法国努力试图保留帝国的余威，但这导致了与民族主义势力的残酷冲突。1946 年末，法国人袭击了中南半岛的海防港，为了扼杀越南独立同盟会的叛乱分子而杀害了数千名无辜的越南人。第二年早些时候，马达加斯加发生了一场民族主义起义，法国发动了骇人听闻的报复行动，屠杀了 8 万多名非洲人。由于法国担心在第二次世界大战结束时占领了马达加斯加的英国将重返该地篡夺法国的地位，它在"马达加斯加起义"中加大了报复力度。即使在第二次世界大战中经历了耻辱，法国仍在继续帝国问题上的竞争。事实上，也许法国的行为与害怕失去国际声望的不安感有关。值得注意的是，法国媒体几乎禁止报道马达加斯加事件。直到 2005 年，希拉克总统才姗姗来迟地承认了大规模屠杀并道歉。

与此同时，阿尔及利亚的塞蒂夫镇的民族主义起义，在 1945 年遭到了镇压。这给驻阿尔及利亚的法国军队带来了短期的安全保障，但民族主义革命的火焰到 1954 年被点燃了。事实上，阿尔及利亚战争在接下来的 8 年里牵制了 50 万人的法国军队，这场冲突主导了法国的外交政策走向。在突尼斯和摩洛哥，完善的国内基础建设让权力交接井然有序；但在阿尔及利亚，由于缺乏前期投入，殖民地仍然依赖于法国。与此同时，阿尔及利亚向法国本土的大规模移民，给法国造成了移民和经济双重危机。英国经历了一场类似阿尔及利亚危机的事件，不过规模较小。当时，肯尼亚茅茅运动 ① 的崛起，让居住在那里的英国白人以类似的方式使欧洲的去殖民化变得复杂。英国人对待肯尼亚土著人和法国人对待阿尔及利亚人一样残酷。事实上，去殖民化期间欧洲社区得到的保护，让欧洲不加掩饰的种族主义成为焦点。

---

① 茅茅运动：20 世纪 50 年代肯尼亚人民反对英国殖民者的武装斗争运动。——译者注

虽然法国在去殖民化问题上所采取的强硬手段在西非部分地区取得了更大的成功，但中南半岛、阿尔及利亚和马达加斯加的危机对战后的法国来说是一个负担。法国连续几任联合政府的软弱使帝国的困境更加复杂。在1947—1948年短暂担任过法国外交部部长一职的罗贝尔·舒曼，是法国唯一一位基督教民主派总理。然而，软弱的行政机关和联合政府，使得像舒曼这样的联邦党人得以通过欧洲煤钢共同体推动欧洲议程。与此同时，到了1958年，阿尔及利亚将法国的有序去殖民化计划推向了混乱。阿尔及利亚的混乱促使戴高乐与他的中央集权式的第五共和国回归，还拥有了紧急行政权。法国凭借帝国拥有的威望已经无法维持了。但情况已经不同，《罗马条约》赋予了法国在欧洲经济共同体发展中的主导地位，即使它没有一个帝国平台。

事实上，戴高乐利用了欧洲经济共同体的机会稳定了去殖民化的最后阶段。许多"黑脚"人和北非阿拉伯人离开了阿尔及利亚前往法国南部寻找工作。到20世纪60年代初，法国和阿尔及利亚人从《罗马条约》后推进的经济一体化带来的增长中获益。在1964年共同农业政策建立之前，早期的欧洲经济共同体并不是堡垒式的，它允许法国接触联邦德国、比利时、荷兰、卢森堡的资本以支持法国在西非"法郎区"国家的利益。事实上，欧洲经济共同体和法国旧殖民地之间的贸易联系持续了多年，这让法国拥有了一种类似于旧殖民地的"非正式帝国"，而这在以前绝对算是"正式"的帝国。这有助于在欧洲经济共同体中形成一种独特的法国全球化身份，对抗联邦德国日益增长的经济主导地位。1964年后，共同农业政策渗透到欧洲经济共同体贸易中，非洲和亚洲的制成品由于欧洲经济共同体共同关税遭到了排斥。但是，当时法国正开始从欧洲经济增长的"三十年奇迹"中获益。

然而，到了20世纪60年代，这些旧殖民地——现在改称"第三世界"或"不结盟"国家——在法国繁荣的同时苦苦挣扎。法国的先行者优势，意味着法国的去殖民化得到了欧洲经济共同体的有效资助。相形而言，英国在 20 世纪 50 年代对欧洲经济共同体的冷淡，意味着它无法获得类似的补贴可用于抵充其从帝国撤军的成本。

"欧洲堡垒"和第三世界

1950 年后，法国和英国（不情愿地）把未来的重点放在了欧洲大陆上，这让欧洲变得更加内向。表现之一就是在阿尔及利亚和肯尼亚这样的前殖民地保护欧洲白人。然而，去殖民化与"欧洲堡垒"战略联系在了一起。事实上，欧洲从更重大的世界事务中退出，加深了欧洲政治左派对欧洲计划的怀疑。例如，在 1958 年欧洲经济共同体成立之初，欧洲国家试图在粗糙的欧非体制下开发非洲的旧殖民地。旧殖民地被排除在欧洲关税同盟之外。于是，左派认为统一的欧洲是有问题的分裂项目，特别是在英国。当时出现了一种旧殖民地被"嚼得稀烂后又吐了出来"的感觉。法国设计的共同农业政策引发了最多的关于非欧洲经济体被排除在外的抱怨。毕竟，发展中国家倾向于农业。共同农业政策减轻了法国去殖民化的财政负担，却在欧洲经济共同体内制造了臭名昭著的"黄油山"和"葡萄酒湖"。欧洲经济共同体内的生产商生产过剩导致了产品价格维持在最低水准，而共同关税将前帝国国家的产品排除在外。此外，欧洲经济共同体对前殖民地的忽视，让苏联、中国的社会主义在非洲和亚洲增加了吸引力。

与此同时，欧洲经济共同体将救助被遗弃的殖民地国家的扶贫责任，委托给了世界银行和国际货币基金组织等跨国组织，这些援助机构和非政府组织的任务是促进农业和制造业的发展。但是，将前殖民地排除在不断扩大的欧洲经济共同体市场之外，使得这种援助行动只不过是一张对付贫困和饥荒的安全网。共同农业政策是法国决策者的创意，主要目的是帮助法国农民。因此，我们有理由认为，戴高乐从帝国转向欧洲经济共同体，加重了大部分欧洲殖民地的去殖民化创伤。

与此同时，在英国四处游说希望加入欧洲经济共同体之际，麦克米伦仅仅在口头上承诺保护前殖民者。他很可能已经放弃了在第三世界的生产商，这是他引导英国走向欧洲未来大局的一步。同样，1964年哈罗德·威尔逊上台后，英国工党继续努力加入欧洲经济共同体，对英联邦的贸易伙伴几乎不予考虑。威尔逊参与英联邦事务和努力推动去殖民化的收尾工作，都属于政治机会主义的范畴。为了反对伊恩·史密斯在1965年单方面宣布罗得西亚（今津巴布韦）独立，威尔逊采取了经济制裁措施，避免了难度更大的军事介入。威尔逊认为这足以确保美国支持英国在去殖民化非洲的遗产。

到了1967年，由于英国的经济政策又一次遭受英镑危机的影响，威尔逊再次试图加入欧洲经济共同体，但同样遭到戴高乐的反对。英国在欧洲内外都缺乏朋友。事实上，前殖民地明白，英国为了获得在欧洲经济共同体的席位愿意放弃与自己的贸易。但是，英国受到欧洲一体化前景的诱惑，认为一体化可能使英国的经济增长率接近欧洲经济共同体关税同盟内的法国和联邦德国。英国在靠拢欧洲时做出了经济改革的承诺，抛弃了英联邦的老朋友，这种机会主义做法完全丧失了意识形态上的远见。这使英国的做法有别于法、德的欧洲一体化努力。此后，英国各党派对欧洲经济共同体的政治支持都是乏力的。事实上，到1975年英国就是否留在欧洲经济共同体进行全民公决时，工党左翼阵营的旗手托尼·本恩与特立独行的右翼民族主义人士伊诺克·鲍威尔共享了一个政治平台。

当四年后回顾退出欧洲经济共同体的失败运动时，本恩强调他继续反对英国的成员身份。反对关税同盟的一个主要原因是，英国放弃了与非洲和亚洲的贸易关系。本恩认为，欧洲经济共同体"将损害不发达国家的出口，并加速扩大富国和穷国之间的差距"。托马斯·皮凯蒂最近的研究证实，近几十年来欧盟在缓解西方或世界不平等方面没有做什么。在缓解不平等方面，欧盟做得最好的是为陷入困境的前社会主义国家实施的扩大进程。

本恩反对欧洲经济共同体对发展中国家的贫困和殖民遗产存在的明显矛盾心理。当时，撒切尔夫人的欧洲单一市场和欧盟还没有扩大到前社会主义国家。当然，《单一欧洲法令》也促进了欧盟内部的移民开放和自由化的劳动力市场，将世界其他国家拒之门外。根据英国去殖民化历史的一位主要观察者所说，在 20 世纪 80 年代早期的撒切尔主义政策下，去殖民化的道德论调已经让位于无法撼动的经济简化论，后者认为前殖民地对英国来说只不过是"供应者和消费者"。这种理智的经济关系是在欧盟共同关税的支持下进行的，损害了前殖民地的利益。后来，新工党对欧洲经济共同体的热情有所保留。托尼·布莱尔在 1997 年决定"加入"《欧洲社会宪章》，2001 年又决定加入《欧盟基本权利宪章》，这推翻了约翰·梅杰的"退出选择"，在某种程度上缓解了人们对欧洲一体化的担忧。但今天，杰里米·科尔宾的工党仍然受到英国左翼传统的影响。这位工党领导人认为，欧盟的新自由主义不可接受，对世界贫困人口不利。

不平等、欧洲怀疑论和被拒的启蒙运动

这种怀疑欧洲的直觉，在左翼执政时的法国和德国基本上是不存在的，它们的社会党、社会民主党强调欧洲公民的利益，它们并不太担心共同农业政策对非洲出口农产品的影响。跨党派对《欧洲社会宪章》的支持，让法、德主导的欧盟具有了一种压倒殖民意识的左倾特征。事实上，在法国和德国，欧洲怀疑论一直是右翼政治激进主义的一个方面（在英国也很盛行），其基础是反全球化和反移民议程。无论如何，中国的崛起降低了非洲和亚洲的初级生产国对欧洲需求的依赖，从而降低了"欧洲堡垒"战略对贫困的第三世界的影响。因此，像安哥拉和澳大利亚这样多元化的国家，已经将贸易从葡萄牙和英国转移出去。

早些时候，前殖民地在去殖民化的快速进程和欧洲新的内缩中也受到了影响。法国迅速撤离后，许多法国前殖民地在冷战中遭受了损失。以中南半岛为例，据估计，美国、苏联之间的冷战冲突，导致了多达 400 万越南人民死亡。即使以 1947 年英国分割印度的标准来衡量，这也是一场欧洲的去殖民化灾难。当然，欧洲帝国和冷战是有联系的。在欧洲殖民主义滋生怨恨和民族主义情绪的地区，苏联（俄罗斯）很容易发挥影响力。与此同时，苏联入侵欧洲前殖民地的威胁和冷战的紧张局势，刺激了欧洲一体化计划。尤其是法国，它认为欧洲是冷战时期确保安全的关键。法国希望避免依赖美国抵御苏联（俄罗斯），一直到 2009 年前都保持着欧共体之内、北约之外的战略。

反美主义在这些被欧洲列强抛弃的前殖民地国家中逐渐发展。反殖民主义者和民族主义者很容易将美国冷战时期的遏制行动视为类似于后期的欧洲帝国主义。例如，出生在马提尼克岛、隶属于阿尔及利亚民族解放阵线的弗朗茨·法农在他的著名著作《全世界受苦的人》中，猛烈抨击了那些希望"把非洲变成一个新欧洲"的人。法农认为，毕竟欧洲的现代化是在美国独立后才开始追求的，这说明了前殖民地接受它们过去压迫者的文化是多么腐朽。在美国，接受欧洲的启蒙风俗释放了一个怪物，"欧洲的污点、弊病和残忍已经发展到了骇人听闻的程度"。

相反，后殖民国家应该寻求一条远离启蒙时期国家建设的另类道路。当然，阿尔及利亚自独立以来的道路，虽然坚定地避免了美国的这些陷阱，但也几乎没有实现法农的希望。在阿尔及尔发展起来的正统穆斯林国家当然有别于现代西方世界，但伊斯兰神权国家在北非和中东的欧洲前殖民地的蔓延扩张，或许是欧洲帝国主义最麻烦的遗产。法农声称，欧洲创造了一个名为美国的弗兰肯斯坦怪兽，一个从前被压迫的殖民地把自己变成了最恶劣的殖民压迫者。这一说法引起了争议。与法国和英国这样的传统欧洲帝国相比，战后的美利坚非正式帝国既有相似之处，也有差异。但是，在法农和赛义德都十分关注的伊斯兰世界，美国主导的冷战政策有深远的影响。

历史的终结碰上帝国的遗产

冷战结束后，"美利坚帝国"似乎达到了顶峰。1992 年，美国历史学家弗朗西斯·福山发表了他的得意之作《历史的终结》。福山肯定了柏林墙倒塌的重要影响以及西方自由民主国家毫无争议的地位，美国就是最好的例证。有趣的是，福山选择将焦点放在亚历山大·科耶夫身上，科耶夫是一位俄裔法国哲学家，接受了黑格尔的历史发展观。科耶夫认为，自由民主是思想进步的顶峰。对科耶夫来说，"历史的终结"意味着"大规模政治斗争和冲突"以及哲学本身的终结。尽管科耶夫没有活着看到冷战的结束，但他在 1968 年去世之前得出结论时，政治上的巨大变化已经发生，因此，他放弃了自己的学术生涯，移居欧洲，成了官僚。

根据福山的说法，欧共体是"历史终结的制度体现"。科耶夫和福山认为，欧共体磨炼油出的官僚作风是一个成熟社会的胜利终点。然而，福山在这一点上似乎是错的，正如他在"历史的终结"上所犯的错误。现在很少有人会说欧盟已经抵达了目的地。相反，欧盟的参与国倾向于主张更为完善的联邦制（大体上是法、德的做法）或是放弃跨国一体化，后者是英国偏爱的松散的"政府间主义"。

然而，冷战后期欧洲受到了很大的影响。美国的经济实力，加上它吸引包括欧盟在内的经济伙伴的能力，为抵抗和击败自己的对手创造了资源。苏联已经没有足够的资源来应对美国总统罗纳德·里根的下一波军备竞赛，即星球大战计划（SDI）。事实上，苏联需要解决新西伯利亚油气田收入锐减的问题，而这些油气田是苏联外汇收入的来源。1986 年，由于沙特阿拉伯和美国得克萨斯州开采了大量石油，西得克萨斯中质原油价格跌至每桶 10 美元，这就摧毁了苏联本就境况不佳的收入基础。在石油收入暴跌和国防成本不断攀升的夹击下，欧洲最后一个大帝国崩溃了。这与不稳定的欧洲去殖民化遗产一起，背离了福山的美好愿景。

美国和欧洲为实施冷战遏制措施而在亚洲、非洲和中东地区支持的独裁领导人，在 1991 年苏联解体之前就已经开始衰落。1979 年伊朗国王的倒台和什叶派伊斯兰神权政体的兴起，反映了贫困的欧洲前殖民地及其势力范围对欧洲式现代性的幻想破灭了。然而，随着苏联的垮台，以及福山所描述的西方自满情绪的扩张，伊斯兰世界的不满转向了美国和欧洲。奥萨马·本·拉登利用在阿富汗与苏联作战的圣战者经历，在 20 世纪 90 年代建立了一支攻击西方的游击队。当然，2001 年的"9·11 事件"和随后的小布什的"反恐战争"让事情达到了高潮。此后，萨达姆·侯赛因的倒台和 2011 年阿拉伯之春运动的开始，在法国和英国的旧殖民地留下了政治和战略真空。

从这个意义上讲，法国和英国的去欧洲殖民化项目都有缺陷。冷战从温斯顿·丘吉尔 1946 年在美国密苏里州富尔顿发表演讲持续到 1989 年柏林墙被拆除，在此期间地缘政治结构似乎相对简单。这是一个两极世界，联邦德国、英国和（非正式的）法国站在美国一边对抗华约集团。殖民主义欧洲迅速退出殖民地造成了潜在的紧张局势，但美国对遏制苏联的一边倒可能掩盖了这一点。然而，苏联解体后，伊斯兰世界大部分地区拒绝接受启蒙运动，更加充分地体现了欧洲殖民主义的影响。

当然，欧洲的冷战一定更加微妙，尤其是戴高乐的不结盟政策和维利·勃兰特的新东方政策。但是，欧洲大陆在取代殖民主义的欧洲计划中面临着新的挑战，取代殖民主义的是法国和德国，他们也勉强取代了英国。最近欧盟的移民危机便是从欧洲帝国主义演变而来的，安格拉·默克尔认为这场危机甚至比欧洲经济与货币联盟的长期欧元危机更为严重。伊斯兰原教旨主义的兴起，以及欧洲前殖民地上爆发的内战，都要求欧盟在该地区扮演一个新的、更加突出的角色。欧盟不能再把每一次外交政策危机都与冷战联系起来，因此它需要美国的资源。

欧洲帝国和其移民遗产

事实上，最近的欧盟移民危机将帝国与移民长期联系到了一起。和以往一样，要理解这对欧洲统一的影响，我们有必要回顾以前的模式和重复出现的事件。这牵扯到当前欧洲人口的双向流动。事实上，帝国在整个时期内催生了大量的欧洲移民，移入和移出都包括在内。例如，英裔在北美洲聚集，南亚和加勒比地区人民则移居到英国。然而，欧洲移民是欧洲大陆一直都有的特点，帝国只是扩大了迁徙目的地的范围，加速并加剧了这一现象。

英国在 1066 年诺曼入侵后经历了民族转型和封建重建。在其他地区，犹太移民推动了文化和经济变革，12 世纪大约有 90% 的欧洲犹太人生活在伊比利亚半岛，后来扩散到了东欧和西欧各地，然后骇人听闻的、反复发生的大屠杀摧毁了欧洲历史。此外，16—17 世纪的宗教战争造成了更大规模的移民，最终导致路易十四废除了南特敕令①，迫使法国新教徒移民到英国、荷兰、德国和南非。

此后，经济推动了欧洲的社会和政治变革，但同时也推动了移民活动。毕竟，在欧洲土地有限的情况下，富余劳动力最好前往土地和原材料充足的海外追求更好的生活。这些欧洲（尤其是英国）移民潮引起了英国主要政治经济学家的评论，他们判断这种人口变化带来的结果不尽相同。例如在 1798 年，托马斯·马尔萨斯强调了殖民地对欧洲移民的重要性。

---

① 南特敕令：1598 年法国国王亨利四世在西部城市南特颁布的敕令。实为胡格诺战争后旧教、新教双方所缔结的妥协性和约。该敕令规定，天主教仍为法国国教，恢复天主教会的特权，包括归还已被没收的土地财产；胡格诺派获得信仰自由和担任官职的权利，并保留约 200 座城堡。1685 年为路易十四所废除。——译者注

显然，马尔萨斯对以殖民地移民作为解决欧洲"人口问题"的潜在办法持悲观态度。例如，在当时的土地资源丰富的英属北美洲，人口增长速度比在其他任何地方都要快。他担心未开发的北美土地会被迅速增加的定居者耗尽。因此，前往北美的欧洲移民将无法对人口进行必要的检查。然而，尽管马尔萨斯心存疑虑，欧洲移民依然对北美产生了显著的影响。特别是，由于欧洲对土地和资源的传统封建热情，未开发的美洲农田吸引了贫穷的农场工人和工匠。

在《帝国主义》（1905）一书中，霍布森考察了殖民地对卸载欧洲多余人口包袱的好处，但也从这些庞大的人口流动中看到了欧洲面临的危险。英国和其他帝国主义者面临着失去它们最勇敢和最勤劳公民的风险，因此，英国需要引导这些移民到现有的英国殖民地，或为新定居点的移民提供帝国保护。然而，霍布森夸大了这些举措的效果。即使对英国来说，离开的人数也只是总人口的一小部分；何况，在 19 世纪后期被欧洲列强吞并的许多热带殖民地并不适合欧洲人居住。同样，引导移民前往政府批准的目的地也会产生问题。例如，为了降低非洲白人的统治地位，在德兰士瓦和奥兰治河殖民地总督阿尔弗雷德·米尔纳的领导下，英国人在布尔战争后被重新安置在南非。这一举措失败了，促使南非荷兰人在 1910 年赞助成立了南非联邦。

当然，与马尔萨斯和霍布森关注的欧洲移民相比，早期移民受到了更深的野蛮暴力影响。英国和欧洲大陆见证了 17—18 世纪可怕的奴隶贸易，即使在欧洲正式开始移民之后，大西洋旅客仍然以奴隶为主。然而，在殖民地国家，非洲奴隶所处的野蛮环境使西非人口骤减。例如，由于欧洲人倾向于在自由中生存，文化领域的美国更像欧洲，而不是非洲。

1807 年，奴隶贸易在大英帝国结束，随后也逐渐在欧洲各国消失，移民成为欧洲普遍的现象。令人惊讶的是，从拿破仑战争到 20 世纪 30 年代大萧条期间，超过 5000 万名欧洲人离开了欧洲。事实上，直到 1925 年，世界上约 85% 的移民都来自欧洲。对于欧洲穷人来说，离开欧洲前往遥远的地方是明智之举。他们在北美或有欧洲救济体系的地方可以获得较高的工作回报，留在欧洲则收入欠佳。这种出于经济目的的移民更有利于欧洲年轻人，他们在殖民地一直增加的收入证明了漫长而艰苦的旅程是值得的。与此同时，更多关于移民目的地的信息，让欧洲人有信心抓住机遇。到 1870 年，超过一半的欧洲移民都来自英国。此后，南欧和东欧移民在美洲非常突出，其次是非欧洲移民。此时美国的黑奴贸易早已被认定违法，但欧洲裔美国白人在人口和经济上占据了主导地位。

19—20 世纪的经济移民，见证了欧洲人口前往新世界的大规模迁徙。面对着 1848 年革命失败的余波和经济相对落后的德国人，美国向他们承诺了一个更光明的未来，这些移民追随弗里德里希·李斯特的脚步去了美国。法国移民数量有限，因为稳定的人口对长途旅行的推动作用较小。但总的来说，这些欧洲移民创造了一种远离欧洲大陆的海外欧洲人身份，在远方影响着欧洲的统一，尤其是对英国而言。

散居在新大陆的欧洲移民，改变了欧洲人的自我认知。在 1800 年，只有 4% 的欧洲人生活在欧洲以外，而到了 1914 年，这一数字急剧攀升到了 21%。现在居住在其他大陆的庞大欧洲人群体，通过已经建立起来的联系影响着祖国的文化和经济。英国与美国的文化交流就是一个最明显的例子，共同的语言加强了这种交流。此外，许多欧洲移民返回祖国，带回了海外国家的新经验。在截至 1914 年的 50 年间，约有 40% 的英国移民返回了祖国。

虽然欧洲总人口从 1850 年的 2.65 亿人增长到 1950 年的 5.15 亿人，但与美国和亚洲相比，欧洲的人口年增长率依然较低。随着时间的推移，这可能会让欧洲人感觉到，与更具活力的经济区相比，欧洲处于相对衰落之中。的确，欧洲净移民与美国净移民相比，扩大了潜在的人口差异。在这一时期，欧洲人口年增长率仅为 0.67%，而强劲的美国人口年增长率为

1.72%。在欧洲，法国长期以来为静止的人口感到焦虑，担心他们会越发落后于人口更加稳健的德国、英国和俄国。

法国，人口挑战和殖民地移民

对法国来说，早期的帝国经历促生了一种被称为欧洲过去200年来"最长、最多样化移民经历"的文化。与其他国家相比，法国更愿意庇护政治移民和经济移民。无法确定原因是法国人口的停滞，还是法国政策背后有更多的意识形态思维。当然，在世界大战中损失了大量男性人口之后，法国的人口减少比其他参战国更为严重。来自意大利、波兰和西班牙的欧洲移民，冲淡了法国人口传统上的同质性。此后，战后迅速发展的去殖民化，加上阿尔及利亚周边国家的内部危机，促使大量非洲和亚洲移民进入法国。

到了1994年，大约25%的法国人的祖父母或父母是移民身份，这反映了20世纪的殖民潮和欧洲移民潮。同年，法国开始限制移民，特别是针对阿拉伯和伊斯兰国家。这些措施是为加入欧洲经济与货币联盟做准备，对应了法国一段时期内表现相对欠佳的经济、居高不下的失业率，以及剧烈波动的汇率。由于失业人口众多，法国欢迎移民的动力已经减弱，扩大共和国影响范围的意识形态信念也被推翻。事实上，法国的极端政治已经在选举中取得了立足之处。让－玛丽·勒庞于1972年创立了自己的国民阵线党，1984年被选为欧洲议会的法国代表，但在2002年前的总统选举中都表现不佳。

这些因素结合起来激化了法国大城市的种族问题。紧张局势持续到了21世纪，在总统萨科齐任内出现了具有象征意义的重大变化时达到了顶峰，例如禁止在某些公共场所和学校穿罩袍。法国回归了更传统的欧洲认同观念，与去殖民化后期的责任保持了距离。事实上，20世纪80—90年代法国在非洲的投资有所下降，到了 2013 年非洲仅占法国出口的 3%。法国的军事介入也在收缩。但是，密特朗和他的继任者们强调了法国在非洲法语区的作用，冷战期间不堪重负的美国政府欢迎法国承担这一责任。马里和利比亚是法国最近进行军事干预的例子。

奥朗德总统延续了社会党密特朗在非洲和中东的参与政策。奥朗德也欢迎叙利亚内战中来自前殖民地的移民。他在欧盟内部坚定地支持建立边界自由的欧洲申根区，因为开放的边界和对申根区的热情与法国的社会主义和保持欧洲领导地位的愿望天然契合。然而，穆斯林移民在法国产生了政治后果。马琳·勒庞追随父亲，利用"光辉三十年"的终结做文章，加强了人们在选举中对国民阵线的支持，此时的法国经济增长低迷且失业率居高不下。她把叙利亚难民危机比作古罗马的"野蛮入侵"，更是把法国的穆斯林比作 1940 年的纳粹占领军，这些说法引发了争议。事实上，在对前殖民地人民开放了多年边界之后，法国现在是欧洲最大的穆斯林和犹太人社区。这使得勒庞的温和反对者声称，法国的帝国遗产是一个更加外向的国家，尽管自 1958 年以来法国的政策一直是专注于欧洲。

对于大多数法国选民来说，作为一个优秀的欧洲人和支持同族移民（以及一些外族移民）不会冲突。但是，勒庞在 2017 年的总统竞选中质疑了这些假设，她认为这两件事都要避免。相反，她提倡一个封闭民族主义的法国，其根源早于移民时期或欧洲经济共同体时期。在 2017 年第二轮总统选举中，34% 的支持率似乎表明了相当多的法国选民同意她的观点。在那次选举中获胜的埃马纽埃尔·马克龙，反而承诺将推动法国加强欧洲一体化，同时在非洲大陆进一步推广法语。

欧洲移民与流动身份

西非和北非移民进入法国，改变了巴黎、马赛等大城市的民族格局。

与此同时，英国从 20 世纪 50 年代开始发生了类似的变化，它乐于接受廉价的帝国劳动力到新的国民医疗服务体系、交通运输业和难以吸引本地居民的低收入岗位上工作。出于此目的，英国政府在 20 世纪后期剥削了南亚和加勒比移民。实际上，这一时期南亚移民总数达到了 2000 万人，占全世界移民总数的 25%。考虑到英国与殖民地的联系，它成了一个重要的移民目的地。现在的情况依然如此，移民们留在印度、巴基斯坦、斯里兰卡和孟加拉国的家族成员加入了移民英国的队伍。

英国突出的南亚、加勒比非洲裔人口改变了欧洲人的身份特征，鼓励欧洲人跳出狭隘的"种族"分类看待"欧洲性"。然而，英国和法国不时受到种族主义和种族偏见的摧残，需要政府采取敏感的政策。相比之下，联邦德国没有一个额外的欧洲帝国可以依靠，在 20 世纪 60—70 年代艾哈德创造的"经济奇迹"中出现了严重的劳动力短缺，因此，联邦德国政府只能依靠通过所谓的客籍劳工计划短期引进移民。联邦德国利用德意志帝国与奥斯曼土耳其的联系获得了廉价、不受限制的土耳其劳动力。随着时间的推移，这些"客籍劳工"中的许多人永久定居在了德国，形成了现在约 400 万人的土耳其（主要是穆斯林）少数民族群体。尝试融合这些多民族社区的行为，使欧洲人的身份更加复杂。

除了土耳其移民，德国也经历了大规模的欧洲内部移民潮。19 世纪的欧洲民族主义加强了被随意的边界隔开的种族和语言群体之间的联系。波兰被（四次）瓜分以及奥斯曼帝国逐渐撤出欧洲，使日耳曼人、斯拉夫人和穆斯林被困在了暴露的飞地上。1919 年，美国总统伍德罗·威尔逊秉承着对"民族自决"的支持试图进行补救，但未能解决德国人滞留在苏台德和波罗的海国家的问题。希特勒野蛮的"生存空间"思想努力将这些领土"德国化"。然而，随着 1945 年德国战败，讲德语的人口被困在了苏联占领的俄国、波兰和捷克斯洛伐克。苏联影响下的东欧政权要求将这些不受欢迎的德国人遣返回德国，以便一劳永逸地解决东欧的"民族问题"。这些战后移民的人数超过 1200 万人，是战争和民族主义的遗产，而不是与帝国相关的经济移民。

事实上，战后所有大规模自东向西的移民都以联邦德国为最终目的地。规模最大的是民主德国到联邦德国（1950—1993 年间有 527.5 万人），波兰、苏联独联体国家、罗马尼亚、捷克斯洛伐克和南斯拉夫都有明显的人口外流联邦德国。随着经济的强劲增长，需要劳动力来创造"经济奇迹"的德国欢迎移民。当然，这些移民中大多数人都有德意志民族血统，让融合更加容易。此外，在阿登纳的领导下，德国努力避免发生过去的灾难——德国曾因民族主义对移民和外国人产生了敌意。事实上，战后这些大规模的日耳曼人移民，加强了德意志民族的同质性；与此同时，斯拉夫人和穆斯林移民增加了民族多样性。这一特殊的经历给德国带来了一个信念，即必须维护欧盟内部宝贵的"人员自由流动"。

当然，在希特勒的领导下，德国利用捷克斯洛伐克、波兰和奥地利的少数民族飞地为掠夺欧洲土地辩护。但对今天的德国来说，虽然移民往往是被迫的，但结果却使国家受益。德国在移民问题上比英国或法国更加开放，尽管最近的叙利亚移民浪潮考验了右翼的政治决心。

欧洲人口定时炸弹对一体化的威胁

马尔萨斯人口理论在一个正朝着 100 亿到 120 亿人口发展的世界里普遍引发了激烈的争论。在欧洲和其他地方，人们对人口过剩和气候变化导致的粮食、水和燃料短缺展开了激烈辩论。多民族性的社会困难和经济困难，使移民成为所有欧洲国家的主要议题。随着来自中东和非洲战区的移民人数激增，欧洲申根区已成为争议的焦点。作为地中海对岸的难民和寻求庇护者的最近目的地，欧洲面临着持续的压力。根据联合国的数据，撒哈拉以南非洲的人口将从目前的 10 亿人持续增长到 2050 年的 20 亿人，使得移民欧洲的潜在规模难以想象。这将使申根区等欧盟国家的"一刀切"政策难以维系。申根区等政策以及各国人民的自由流动政策将有足够的影响力，让欧盟在"民主赤字"不改变的情况下难以实施这些政策。政策需要果断地转向非洲和亚洲的发展，以供养这些不断增长的人口。幸运的是，马尔萨斯人口理论几个世纪以来一直习惯性地犯错。欧盟各国政府明白，欧洲目前最紧迫的人口问题源于人口老龄化和日益增长的被抚养人口，尤其是在德国。事实上，如果没有更多的移民，德国人口预计将在未来 30 年内大幅下降。人口密集的欧洲国家由于被抚养人口比例不断上升，也需要增加人口以支付巨大的福利成本。退休年龄或许必须提高，养老金不能再过于慷慨。但是，在三个欧洲大国中，让退休人口陷入困顿的措施是有政治危险的，尤其是因为退休人员的投票率往往最可靠。

为了应对不断加重的福利负担，法国、英国和德国很可能会在削减退休金和欢迎年轻移民以扩大税基之间采取不同程度的平衡，但必须找到解决办法。认为这些问题只会影响欧洲未来经济的观点是错误的。我们有理由将欧洲（和其他地方）长期政府债券收益率不断走低的原因至少部分归咎于人口增长驱使人们购买养老金固定收益证券以保证退休基金。这反过来又使养老金领取人能否获得充足的退休收入成了问题，因为证券收益不足以创造退休收入。年金利率暴跌是整个欧洲人寿保险业面临的一个问题，有时政府似乎需要加大投入来增加资金。这将推动欧洲福利预算不断提高。

因此，人口统计数据鼓励最新的东欧向西欧移民浪潮，但移民人数远比政府最初的估计要多。例如，自 2004 年以来，大约有 85 万名波兰经济移民定居在英国。自 2014 年初以来，来自罗马尼亚和保加利亚的移民超过了 20 万人，给英国的某些公共服务业带来了压力。英国认为法国甚至德国都无法理解这种经济移民的规模，因为英国在令人窒息的欧元区之外创造了绝大部分的欧盟新增就业岗位。这在一定程度上是因为英国的货币有竞争力，不受欧元区主权债务危机的影响。然而，法国和德国认为英国近年来的

就业记录好坏参半，低质量、不安全的工作岗位很多，但其低失业率令人
羡慕。

英国人在移民问题上的不情愿情绪经常复发。它对 20 世纪 50 年代来
自加勒比海的"疾风一代"①移民，印度和巴基斯坦在独立和分治后的移民
流动，以及后来从东非的侨民地流亡回国的人都有种族主义反应。然而，
2004 年欧盟"扩张"后的东欧移民或许会被积极看待，情况类似于 17 世
纪的胡格诺派运动。更普遍地说，东欧人口可能会激励其他机敏的欧洲人
跨越国界、学习新语言。这将加强欧洲一体化，并促进实现"人员自由流
动"。欧洲将更接近罗伯特·蒙代尔 50 年前所阐述的成功货币联盟。

欧洲难民危机与人员自由流动

2015 年，大卫·卡梅伦出乎意料地赢得了英国大选，并就欧盟成员国
身份问题举行了"去留"公投。英国社会的某些阶层担心东欧人会移民到
英国工作。然而，一场规模更大的非欧洲难民和寻求庇护者的流动正在发
生，给整个欧洲造成了一场生存性移民危机。欧洲与相关地区接壤的地理
位置，明显使其成为中东和北非战争难民的目的地。欧盟边界开放的申根
区制度意味着，难民一旦抵达巴尔干半岛或南欧就可以自由穿越欧洲，畅
通无阻地前往既定目的地。起初，由于安格拉·默克尔的欢迎言论，德国
成了目的地的不二选择。相对富裕、人口较少、政治自由的瑞典，也欢迎
大量的移民。

正如我们所见，德国在一些人的记忆中有着特殊的大规模移民经历。
在 20 世纪 90 年代战争期间的（规模较小的）巴尔干移民中，重新统一的
德国尽管失业率居高不下，但还是接收了超过合理范围的定居者。但是，

---

① 1948 年，面对第二次世界大战后的劳动力短缺，英国政府重新授予加勒比殖民地区居民公民身份，并派出
了"帝国疾风号"船舰带回近 500 名加勒比海人来英国工作。——译者注

目前的难民危机要求欧洲大国承担一些殖民历史责任。事实上，在所有重大的难民危机中，欧洲殖民主义和分裂的去殖民化印记都很突出：叙利亚（法国）、伊拉克（英国）、阿富汗（英国）、索马里（英国）、尼日利亚（英国）、利比亚（法国—意大利）和埃及（英国）。

2003 年的伊拉克战争和 2001—2014 年美国领导的对阿富汗的军事干预，使一些旧殖民地的局势更加不稳定。塔利班和其他伊斯兰武装力量在阿富汗和巴基斯坦持续壮大，导致联军对"叛乱分子"采取了秘密行动，包括在巴基斯坦西北部发动的无人机袭击。2010 年 12 月在突尼斯开始的阿拉伯之春运动中，西方支持的非洲和中东国家首脑纷纷下台。许多人认为阿拉伯之春预示会出现一些更加世俗化、温和、民主的政府，这样的政府可能会让某些中东国家的领导人显得多余；同样，冷战结束后，也不再需要西方或苏联支持的专制领导人。但事实并非如此。相反，这些国家的暴力和宗教不容忍，造成了巨大的人道主义问题。许多来自这些无政府主义国家的人认为，冒险前往欧洲要比待在近乎永远的战区更可取。

值得注意的是，关于欧洲内部移民的《申根协定》让问题更加复杂。1985 年，所有的欧共体国家都签署了这项协议，承诺最终旅行者无需签证即可自由穿越欧共体边界。它为欧盟内的所有人创造了可以自由出入的无国界毗连区，减少了繁文缛节和行程延误。该协定最终于 1995 年实施，一些非欧盟国家（挪威、冰岛和瑞士）也加入了，但英国和爱尔兰除外。所有欧盟新成员国都将加入这个协定，除非它们在加入欧盟时选择对协定进行具体谈判，但这种谈判是不会受到鼓励的。多年来这项举措似乎效果良好，但 2001 年 9 月 11 日后的恐怖主义警报引起了人们对欧盟国家之间非法犯罪行为的担忧，尤其是有消息表明许多"9·11事件"凶犯曾在所谓的"汉堡支部"居住和训练过。

到了 2011 年，人们已经清楚地认识到，阿拉伯之春在伊斯兰中东和北非还远远不是"历史的终结"。欧洲不能指望美国来解决这些邻国的所有问题。奥巴马政府试图规避布什—切尼政府采取的伊拉克和阿富汗政策中特有的巨额军事干预。但是，英国和法国空军为了赶走卡扎菲将军而轰炸利比亚的行动，在北非引发了骚动。利比亚现在被视为一个"失败宿命的"国家。

2011 年，由于巴沙尔·阿萨德及其复兴党的统治受到来自多方面的挑战，叙利亚出现了示威游行，内战开始。据估计，迄今为止，在内战期间流离失所的人数高达 750 万，其中许多人通过土耳其、巴尔干半岛和匈牙利到达欧盟国家。默克尔的友好言论鼓励了移民们进行危险的旅行。事实上，仅在 2015 年德国就惊人地接收了 100 万名难民，其中大部分来自叙利亚。这大大增加了德国的穆斯林人口，在一定程度上抑制了该国不断上升的赡养比。然而，默克尔领导的基民盟在 2017 年的选举中受到了这一争议政策的影响，她勉强争取到了联合政党的支持，在联邦议院组建了新政府。反移民的德国的选择党（AFD）获得了联邦议院 13% 的席位，因此大联合政府进行讨论的紧迫性更加突出，且主要集中在萨克森州。与此同时，默克尔的政策在欧洲其他地区，尤其是东欧，也引发了激烈的争议。

地中海穆斯林地区目前的不稳定局势和相关的移民危机，需要结合欧洲殖民时期的背景加以考虑。自 1979 年伊朗革命以来，所有经历动荡的地区都是旧的（正式的或非正式的）欧洲殖民地。但公平地说，法兰西帝国和大英帝国在其鼎盛时期在非欧洲世界里无处不在，因此这样定义因果关系可能过于简单。

即使不是坚定的后殖民社会科学家，我们也能发现殖民统治道路加速了去殖民化进程，可能会造成不稳定的政治和经济局面。（16 世纪侵占墨西哥和秘鲁的）西班牙征服者在身后留下了明显的经济屠杀和社会屠杀痕迹，他们携带的病菌造成了中美洲和南美洲文明的生物崩溃。然后，他们严重破坏了墨西哥和秘鲁的资源。奴隶制度把数以百万计的非洲黑人带到了世界的新区域，在那里他们努力适应气候和条件，遭受了无数的折磨。然而，（欧洲人试图为之辩护的）法兰西帝国和大英帝国却站在了奴役非洲人和经济剥削的前沿。

来自欧盟以外的移民，正在过分地耗尽目的地国家（如德国和瑞典）的资源。与此同时，欧盟促进了欧洲境内人员的自由流动。尤其是在欧元区，人们希望劳动力流动将有助于解决贫困地区的结构性问题。例如，由于德国的经济表现远远优于希腊，劳动力应该从相对低增长、高失业率的希腊转移到高增长、低失业率的德国。但很明显，语言和其他文化障碍降低了欧盟内部的移民效率。事实上，到了 20 世纪 80 年代，欧共体内的移民相对于单一语言的联邦美国正在下降，这反映出欧洲经济与货币联盟存在的结构性难题。但是，随着寻求庇护问题日益严重，《申根协定》开始遭到放弃。这将逆转欧洲的劳动力整合形势，恶化劳动力迁移，并阻碍联邦主义者建立一个与美国模式相当的欧洲合众国。

与此同时，像意大利和希腊这样经济增长缓慢、失业率居高不下的国家，往往是寻求庇护者和难民进入欧盟的入口。由于无法为这些人提供就业机会，意大利和希腊将他们通过申根区送去了失业率相对较低的德国和瑞典。由于无可损失，这些难民的劳动力流动性明显高于来自欧盟内部的求职者。但是，正如欧盟委员会承认的那样，目前的形势是不可持续的。放弃申根区将再次表明，欧洲一体化如今一如既往地面临着挫折和倒退。条约不是永恒的，各种事件合力促发着变革。

默克尔与移民：德国的最后救赎

安格拉·默克尔是一位来自联邦德国的路德派牧师的女儿，这位牧师大部分时间在民主德国工作，过着田园生活。这段经历使她在 1990 年德国统一时能够抓住联邦德国的优势，开启自己的化学研究员生涯，后来又投身政治。德国工业发展提供的机会迅速增加，旧的德意志民主共和国（民主德国）被尘封。在一体化的大德国，默克尔实际上是欧盟的政治首脑。她利用这一点来维持单一货币，但也维持了与欧洲其他国家的巨大贸易失衡。她支持对生产力较低的国家实行紧缩政策，认为这些国家可以效仿民主德国与新德国融合，以便参与竞争。事实上，她的财政部部长沃尔夫冈·朔伊布勒正是根据自己在谈判德国统一条款方面的经验，来阐述他对希腊和其他陷入困境的欧元区国家的看法的。

然而，在叙利亚移民危机中，默克尔冒着巨大的政治资本风险向难民开放了德国边境。她对基督教世界的看法似乎比匈牙利的欧尔班·维克托更为宽容，也许是她自己在"无神论"社会中的经历启发了这一点。这招致她所在的基民盟和基社盟党内保守阵营的批评，以及维克托和其他中欧老伙伴的嘲笑。许多人担忧叙利亚和阿富汗难民蜷缩在慕尼黑郊外的达豪集中营里，因为这具有象征意义。然而，2016 年的穆斯林难民所处的环境与 20 世纪 40 年代的犹太人截然不同。只有德国开放了边境支持这些人。许多人认为，对于寻求在西方行使"道德领导力"的统一国而言，这是最终的救赎。1939—1945 年对其他欧洲平民和士兵的大屠杀可能最终被搁置（但不会被遗忘），因为德国在公共场合重新连接了 18—19 世纪德国文化中的文明使命。

德国这样做展现了无私。毕竟，这些流离失所的人来自的地区，在很大程度上是英、法的前殖民势力范围。当初，英、法从这些地区获取了原材料和商品，以及贸易优势和军事优势，但最重要的是得到了权力和地位。正如爱德华·萨义德所说，这是殖民列强拥有人口及其资源的一个机会，这种不对称关系被他称为"东方主义"。一旦维持这些举措变得过于困难或昂贵，英、法就匆忙退出。当然，英、法仓促撤退的起因是与德国发起的两次世界大战。现在德国正试图帮助收拾残局，但这样做有可能破坏这三个大国再次走到一起的一体化进程。

在帝国和移民中，和其他方面一样，三大国关系一直是欧洲发展的核心。由于德国有大量萨义德所谓的被剥夺权利的民族，穆斯林和基督徒的混居将再次考验欧洲在继续融合的同时实施宗教宽容的决心。这是我们最后一章的主题。

第七章

宗教与欧洲的"他者"（1648－2018）

宗教和"他者"是最后一章的重点。宗教在现代欧洲似乎没有那么重要。毕竟，"基督教世界"的概念已经被移民带来的世俗化和多元文化主义冲淡了。相比之下，在早前的几个世纪里，基督教世界定义了欧洲，有意将大多数非基督教奥斯曼地区排除在外。然而，即使在今天，基督教世界仍然是一个重要概念。匈牙利总理欧尔班·维克托和东欧的盟友们欢迎基督教世界，尽管这在一定程度上是为了在文化上防御穆斯林难民。匈牙利宪法用基督教教义来定义国家，该国在20世纪后半段的几十年里曾是无神论世界的一部分。考虑到哈布斯堡—奥斯曼战争史以及奥匈帝国的多民族性，匈牙利对穆斯林移民的抵制具有启发性。历史在当下仍有回响。

当然，基督教世界的概念可以追溯到1648年以前。教皇的权力和合法性源于罗马的第一任教皇圣彼得。据说圣彼得和圣保罗一起建立了罗马天主教会，在公元64年左右遭到罗马皇帝尼禄迫害并被钉死在十字架上。此后，基督教世界的影响力受到了周期性的挑战。基督教经历了东西罗马共存的动荡时期、1453年君士坦丁堡落到伊斯兰教手中，以及后来的新教改革。到了18世纪的理性时代，欧洲抛弃了泛滥的宗教热情。艾萨克·牛顿、亚当·斯密和伏尔泰在科学和哲学上的成果破坏了天主教、路德教派、加尔文教派和圣公会对欧洲国家的影响。1917 年，在"无神的布尔什维克主义"的信条下，这种世俗化得到进一步发展。

但是，我们将探讨这样一种观点，即到 18 世纪末，"欧洲和基督教世界不再是同义词"。在这种情况下，法国大革命对世俗思想的影响，将被用来研究基督教的延续性。值得注意的是，法国的第一阶层在革命余烬熄灭后表现出极大的恢复力。此外，德国的阿登纳与法国的戴高乐在第二次世界大战后的世俗化欧洲仍然建立了令人震惊的工作伙伴关系，部分原因是他们都信奉罗马天主教。事实上，我们将证明基督教是随机应变的，它以各种各样的形式重塑自己，反映经济和社会的变化。

与此同时，在法国，共和党世俗主义和天主教右派政治之间的紧张关系，因为臭名昭著的德雷福斯案达到了顶点。然而，法国政治提供了"神圣和世俗"的空间。事实上，法国因需要调和法国忏悔派、反忏悔派的关系，打着欧洲的旗帜来达成政治共识。1981 年，弗朗索瓦·密特朗当选总统时，倾向苏联的无神论共产党人甚至也被包括在内。

同时，本章将强调以伊斯兰教及更广泛概念为呈现形式的"他者"概念。欧洲大国经常把自己与其他大国对立起来，这为欧洲一体化注入了活力和目标。欧洲和伊斯兰国家的这些冲突对欧洲历史至关重要。例如，随着 1453 年君士坦丁堡的沦陷和东罗马帝国的解体，欧洲在奥斯曼帝国"异教徒"面前遭遇了失败。但到了 1683 年，神圣罗马帝国终于扭转了与土耳其人长达近 300 年的冲突局面，将他们赶出了维也纳的城门。随着威胁的消退，被称为"高门"的奥斯曼帝国统治层成了"欧洲病夫"。

一般来说，随着时间的推移，"他者"的概念是欧洲统一的核心。欧洲一直在寻找一个可靠的对手来保持使命感，这个"他者"从土耳其变为苏联，再到美国以及（短暂的）日本，现在则是中国。同样，正如我们所见，欧洲三大国经常在它们的三国集团中挖掘"差异性"。

伊斯兰和世俗主义对欧洲基督教世界的挑战："文明的冲突"

在宗教改革、反宗教改革和各种宗教战争之后，欧洲基督教继续与其内部的教派分裂势力进行斗争。与其他宗教，特别是伊斯兰教，也存在关系紧张的情况。然而正如我们所见，世俗化可以说是作为欧洲统一力量的基督教世界面临的最明显的威胁。这影响了文艺复兴时期的人文主义，在启蒙运动后期和随后的法国大革命中也很突出。社会主义和最后的布尔什维克主义还产生了更多的无神论浪潮，颠覆了基督教，或是不加以处理地将有组织的宗教推向了地下。

1996年，萨缪尔·亨廷顿预言欧洲和其他地方会重新出现宗教狂热。在《文明的冲突与世界秩序的重建》一书中，这位著名美国学者认为，美欧与伊斯兰世界和中国的权力、财富之争将日益激烈。当无神论布尔什维克主义退出时，这种情况就会发生。简而言之，随着无神论的衰落，伊斯兰教和基督教的宗教活动将再次兴旺。亨廷顿甚至认为，当社会主义撤退时，一个中国—伊斯兰世界可能会在与西方资本主义的斗争中找到共同使命。伊斯兰教不惧怕基督教世界。相反，从先知穆罕默德的诞生到1683年奥斯曼帝国维也纳围城战失败，它已经挑战了西方1000多年。此后，奥斯曼帝国陷入了长期衰落，最终在第一次世界大战后解体。但是，正如我们所见，随着欧洲的去殖民化和苏联的解体，西方无法再继续通过驯服旧殖民的世俗独裁者来镇压伊斯兰教。

到了1996年，遏制社会主义不再是西方的主要关注点了，宗教回到了舞台的中心。对亨廷顿这样的观察家来说，20世纪90年代的波黑战争代表欧洲世俗社会的分裂。以前，波斯尼亚穆斯林、塞尔维亚东正教基督徒和克罗地亚天主教徒在（由不结盟社会主义者铁托团结在一起）南斯拉夫国家联盟领导下，共同生活在相对和平的环境中。然而，当回顾历史时，亨廷顿认为，巴尔干和平协议在俄亥俄州的代顿市谈判达成后不久，波黑成了广义"文明的冲突"的缩影。事实上，波黑和后来的科索沃暴露了欧洲的种族和民族主义紧张关系，以及欧洲列强的内部分歧。例如，巴尔干地区的民族移民，特别是前往德国的移民，造成了动荡局势。与此同时，巴尔干地区的东正教和天主教基督教社区担忧波黑等国的穆斯林高出生率。他们害怕穆斯林会统治东南欧。

放弃了布尔什维克无神论的俄罗斯，现在回到了它在 19 世纪作为东正教反奥斯曼穆斯林的捍卫者角色。与此同时，新统一的德国在该地区展示了自己的力量，保持了传统的亲克罗地亚立场，而欧洲伙伴英国和法国仍然维持与塞尔维亚人的联系。简而言之，围绕着英、法对波黑、塞尔维亚族人的支持，1914 年前的三国集团迅速重现。但是，这已经不足以分裂《爱丽舍宫条约》伙伴关系，也不足以形成一个相互竞争的英、法伙伴关系了。

亨廷顿可能夸大了波黑危机的总体意义，但他吸引了很多同行。尤其是在"9·11 事件"和随后美国领导的"反恐战争"之后，伊斯兰激进组织对欧洲人来说显得更加危险。最近，在叙利亚和伊拉克战乱之后，欧洲宗教激进主义使欧洲东道国惊慌失措。当然，亨廷顿和他的追随者没有完全承认，中东国家许多最严重的暴行都是由西方支持的政治势力犯下的。这是自去殖民化以来欧洲外交的一个特点。

土耳其因过于穆斯林化而无法加入欧盟吗？

欧洲目前也许没有文明的冲突，但宗教对于欧洲身份认同的重要性在基督教—穆斯林紧张关系中是显而易见的。例如，在 20 世纪 90 年代的战争中，巴伐利亚的天主教徒支持他们在克罗地亚的宗教盟友。后来，克罗地亚在 2013 年因为德国的支持获得了正式欧盟国地位。相比之下，德国和法国反对伊斯兰教国家土耳其加入欧盟的申请，这一申请早于克罗地亚或任何其他"欧盟扩张"国家。亨廷顿认为，欧盟拒绝土耳其可能会将现代土耳其国父阿塔图尔克的世俗土耳其推回到奥斯曼式的哈里发国家。此外，土耳其是领导逊尼派伊斯兰世界的合法候选者，其对手沙特阿拉伯和巴基斯坦由于不同的原因无法发挥地区性的穆斯林领导作用。但在2018年，这些更广泛的担忧被算数问题压倒。特别是法国和德国认为，土耳其有7500万穆斯林人口，主要是亚洲人和其他人种，不适合基督教文化的欧盟。

然而，土耳其继续在欧洲故事中扮演着核心角色。例如，在2015—2016年的欧洲移民危机中，大约80%的来自叙利亚的穆斯林经由土耳其抵达欧盟申根区边界。2016年，欧盟与土耳其总统埃尔多安达成协议，用60亿欧元资金换取关闭这条路线，不过这笔资金迟迟未兑付。至关重要的是，欧盟希望给土耳其的资金是给相关领域的非政府组织，而不是直接给土耳其政府。这种对峙危及移民交易的诚信，暴露了欧盟、土耳其之间长期存在的不信任。毕竟，在法、德的破坏下，几十年来土耳其、欧盟的谈判结果令人沮丧。相比之下，英国有支持土耳其加入欧盟的传统。很明显，英国对土耳其的支持引起了法、德的怀疑，它们认为英国的做法类似于20世纪90年代英国对"欧盟扩张"的支持。毕竟，英国追求欧盟扩张是为了阻止欧洲一体化的进一步深化，"扩张"反而得到了鼓励。但最近英国也加入了法、德的行列。自2004年以来，随着波兰和波罗的海移民人数的增加，英国不再热衷于欧盟的扩张。事实上，在英国脱欧公投期间，关于土耳其移民的恐慌情绪蔓延开来，英国作为土耳其加入欧盟的赞助者角色受到了质疑。

更重要的是，约翰·雷德蒙德教授在2007年强调了土耳其与欧盟公众的问题。土耳其"太大，太穷，太远，太伊斯兰"。但他也强调了经济现状在欧盟压倒一切，出于此目的，土耳其加入欧盟比一些最近加入欧盟的国家更合理。事实上，土耳其可能会在一个"多速欧洲"中有良好的表现，准备好选择单一货币和申根区自由边界。简而言之，雷德蒙德谴责道，欧盟的公开身份在事实上是一个"基督教俱乐部",但在法律上并非如此。相反,他认为欧盟需要接受"多元文化身份";而在目前的移民危机中,德国也明显正在这样做。

因此,对于主要的欧盟国家来说,土耳其参加欧洲体育和音乐比赛无可厚非,但土耳其并没有因此被纳入欧洲联盟。这种对土耳其成员国身份的反感,不仅仅是因为土耳其的规模和相对的落后。拥有7500万人口的土耳其,将成为仅次于德国的欧盟第二大成员国。然而,仅有3900万人口、人均国内生产总值较低的波兰在2004年受到了欧盟的欢迎,其经济活力并不如危机前制造了"经济奇迹"的土耳其。但波兰是天主教国家,土耳其是伊斯兰教国家。随着埃尔多安带领土耳其走向一个世俗化减弱的方向,也许加入欧盟的时机已经过去了。当然,马克龙让欧洲的"专制东方""自由西方"之间的潜在分歧更加明显。他不太可能欢迎"东方独裁主义",尤其是带有非基督教色彩的"东方独裁主义"抬头。

欧洲伊斯兰恐惧症的根源

事实上,法国和德国反对土耳其加入欧盟的根源,可以追溯到更久远的历史。可以说,它源自庞大的奥斯曼帝国和波斯帝国内的前伊斯兰势力。简略回顾欧洲的基督教和伊斯兰教对抗史,可以让我们更好地理解欧洲经久不衰的基督教特征,以及看似棘手的、影响了欧盟许多领域政策的伊斯兰恐惧症。

事实上,早在奥斯曼帝国统治伊斯兰教国家之前,伊斯兰信仰的传播就对基督教世界构成了挑战。例如,费尔南·布罗代尔指出,与基督教的缓慢发展相比,伊斯兰教传播迅速。到了公元750年,即穆罕默德诞生后不到180年,阿拉伯半岛的伊斯兰军队的扩张程度,就超过了活力十足的奥斯曼帝国早期的所有成就。随着时间的推移,奥斯曼帝国的经济表现令人印象深刻。当奥斯曼帝国在 1453 年攻陷东正教东罗马帝国时，君士坦丁堡有 8 万居民。随着奥斯曼帝国在 16 世纪的扩张，这座城市成了有约 70 万人口的繁荣大都市。在土耳其 17 世纪末实现军事逆转前，基督教欧洲面对军事和经济上充满活力的伊斯兰教都处于下风。事实上，伊斯兰教和基督教持续千年的对抗，给基督教文化注入了对伊斯兰教的不适。今天，像塞缪尔·亨廷顿这样对伊斯兰教危言耸听的知识分子，似乎利用了这些潜意识中的不安全感。

亨廷顿认为，伊斯兰教对基督教世界的威胁一直持续到 1683 年土耳其最终退出维也纳。然而，对立的一神论宗教之间的相似性使得这两个宗教无法融合。毕竟，一神论中神具有排他性，这导致了罗马和伊斯坦堡—巴格达之间的宗教竞争。亨廷顿这样总结困难：

> 两者都是普世主义的，声称是所有民族都能坚持的唯一信仰。它们都是传道宗教，坚持信徒有义务让不信教的人皈依自己的真正信仰。伊斯兰教从创立之初就通过征服不断扩张，基督教在机会允许时也是如此。"圣战"和"十字军东征"这两个对应概念不仅相似，而且将这两种信仰与世界其他主要宗教区分开来。

伊斯兰教与宗教改革

欧洲人在十字军东征中输给了伊斯兰教"异教徒"，奥斯曼帝国的经济实力威胁到了基督教欧洲。然而，在 1453 年后，欧洲人对奥斯曼人宽容以待。欧洲的穆斯林被鼓励与占主导地位的基督教群体共存。但是宽容是有限的，没能减轻基督教的传教热忱。一个例证就是，人文主义者艾伊尼阿斯·西尔维乌斯·比科罗米尼，在 1458 年当选为教皇庇护二世，在 1464 年十字军东征开始之前，他恳求奥斯曼帝国苏丹苏里曼一世皈依基督教，相信这将为欧亚大陆带来永久的和平，不过他甚至还没离开意大利就去世了。与此同时，欧洲的基督教传教士，试图统一欧洲其他地区。例如，1492 年，在伊比利亚半岛，在欧洲占统治地位的西班牙，摩尔人被迫皈依，摩尔人皈依基督教成了整个欧洲的当务之急。

到了 16 世纪，奥斯曼帝国在欧洲积累了足够的实力使国土上的基督徒皈依伊斯兰教。奥斯曼帝国凭借海陆力量扩张到了希腊和爱琴海周边，沿着波斯尼亚的达尔马提亚海岸，穿过摩尔多瓦和巴尔干半岛，直到特兰西瓦尼亚和匈牙利中部。到了 16 世纪中叶，奥斯曼帝国的统治给欧洲基督徒可能带来了好处，特别是对于神圣罗马帝国：奥斯曼帝国展示了一个开明的司法制度，摆脱了欧洲封建主义的过激行径。早期的新教徒，包括路德派和加尔文派，认为奥斯曼帝国入侵天主教世界只是基督教上帝在警告腐败的罗马教廷。

因此，到了 16 世纪中叶，天主教受到穆斯林和新教徒的一致攻击。然而，对于哈布斯堡皇帝查理五世来说，奥斯曼帝国的威胁是基督教世界的最大危机。事实上，查理五世因为与奥斯曼帝国的战斗，分散了对路德教在德国兴起的注意力，这为宗教改革提供了空间。查理五世试图说服欧洲，基督教和伊斯兰教是截然不同的文化，其分歧不可弥合。与此同时，与查理五世竞争"普世之君"头衔的法国国王弗朗索瓦一世（1515—1547年在位），欣然接受了与奥斯曼帝国打交道的基督教重担。法国承诺保护朝圣圣地和拉丁基督教徒不受伊斯兰"异教徒"的伤害。简而言之，欧洲人通过反伊斯兰教的言论，表明了他们要求基督教享有至高无上地位的主张。欧洲比以往任何时期都偏向基督教，而不是伊斯兰教。

对法国来说，奥斯曼帝国的威胁似乎在 17 世纪初已经消退。1492 年，奈斯尔王朝在西班牙的统治，随着格拉纳达的失守而结束。1571 年，奥斯曼舰队被神圣同盟击败时，基督教和奥斯曼帝国在地中海的竞争进入白热化阶段。神圣同盟主要由信奉基督教的西班牙和威尼斯军队组成。后来恢复元气的奥斯曼帝国在 1572 年夺取了塞浦路斯，1574 年又夺取了突尼斯。西班牙在佛兰德斯战争中付出了代价，从 1577 年开始频繁寻求为期一年或三年的停火协议，这为欧洲提供了宝贵的喘息时间。后来，被迫皈依基督教的摩尔人的后裔摩里斯克人，在 1609 年被逐出西班牙。由于法国对奥斯曼帝国的态度越来越矛盾，欧洲内部的竞争压倒了基督教世界的团结。事实上，在路易十四统治时期，反奥地利情绪占据了主导。正如我们所见，"太阳王"路易十四直到 1683 年都支持奥斯曼帝国对抗哈布斯堡王朝。简而言之，当两个天主教国家宁愿互相争斗而不是与入侵的穆斯林为敌时，就不再有人相信基督教是欧洲的统一意识形态了。

路易十四在表象上抛弃了亨利四世的所有统一基督王国的设想，因此破坏了与罗马教皇的关系。路易十四又一次抵制了对伊斯兰教进行十字军东征，相反，他试图通过攻击新教徒来修复对自己天主教徒资格的损害。1685 年，路易十四将胡格诺派驱逐出法国，撤销了亨利四世的南特敕令。这巩固了法国作为一个近乎排外的天主教国家的地位，对法国人的身份有着深远的影响。相比之下，在 16 世纪，神圣罗马帝国及其继承者德意志诸国同意了《奥格斯堡宗教和约》（1555），根据该协议，德意志亲王们自主决定宗教归属。同样，英国也没有宗教垄断，"光荣革命"之后也没有大批天主教徒离开。然而，这离不偏不倚的宗教宽容还有距离，在 1688 年的政治解决方案下，英格兰圣公会仍然占据支配地位。然而，英国却保留着一个重要的天主教少数群体和不信奉英国国教的新教运动，这两个群体将在随后的几个世纪里逐渐壮大。因此，在主要大国中，只有天主教法国坚持宗教排他。我们将看到，只有世俗主义才能挑战天主教在法国的社会统治地位。

与此同时，到了 17—18 世纪初，当宗教改革在三大国之间制造了分歧之时，伊斯兰世界与欧洲有了更广泛的接触。这个伊斯兰世界囊括了奥斯曼帝国、波斯萨非王朝和印度莫卧儿帝国。然而，当时的伊斯兰教在经济和军事方面表现不佳，基督教欧洲通过探险和建立帝国获得了新大西洋财富。1683 年奥斯曼帝国在维也纳战败后，土耳其王室的地位急剧下降，在 1699 年将匈牙利和特兰西瓦尼亚输给了哈布斯堡王朝。此后，正如我们所见，法国和英国为奥斯曼帝国提供的支持，时断时续，且不可靠。与此同时，东正教俄罗斯和不安的天主教维也纳，仍然对土耳其苏丹怀有敌意。

事实上，法国与土耳其的友谊比与英国的更加可靠，在 1798 年拿破仑入侵埃及前，它们几乎一直保持着同盟关系。法国的支持对土耳其来说不可或缺。当时的土耳其很疲弱，经济上依赖欧洲贸易。作为"大分岔"的一部分，土耳其倾向于在包括埃及和叙利亚的奥斯曼帝国内生产初级产品。例如，在埃及，奥斯曼人种植原棉以支付从欧洲进口成品纺织品的费用。可悲的是，法国和欧洲在土耳其和莫卧儿印度对伊斯兰教的控制，让这些欧洲以外地区努力追求"去工业化"。这表明了欧洲在"所向披靡"的理性时代在科学和经济上的优势。

奥斯曼帝国出现经济疲软和军事退步后，欧洲感到更加安全。1683 年后，教皇建立神圣同盟对抗奥斯曼帝国的雄心壮志逐渐瓦解。很明显，到了 1714 年，《乌得勒支和约》是最后一个提到基督教"欧洲共和国"的欧洲条约。由于失去了一个值得信赖的"他者"，"欧洲共和国"不再被需要。无论如何，宗教改革让"基督徒"这个词变得更加棘手。此后，人们认为奥斯曼人脱离了强大的《威斯特发里亚和约》基督教民族国家群。欧洲人反而开始认为伊斯兰土耳其是异国风情和衰退的国家，并不是好战国家。随着时间的推移，土耳其这个有着众多女眷和华丽的陶器及瓷砖的地方，被视为奥斯曼帝国虚荣和衰落的见证。正如我们所见，这种观念是西方的"东方主义者"对伊斯兰教的部分看法，后来爱德华·萨义德对此进行了解构。

简言之，在新教改革之后，信奉天主教的法国和奥地利发现统一的反宗教改革运动无法继续。当时,土耳其这个伊斯兰"他者"还没有强大到足以激发一个统一的基督教欧洲。令人惊讶的是,路易十四在1683年支持土耳其对抗奥地利,表明了法国在宗教上的冷漠。

诚然,新教徒军队在奥地利被围攻时,应征与天主教哈布斯堡人作战。然而,一旦奥地利得救,欧洲面临的直接威胁消除时,基督教联合军就解散了。此后,我们将发现天主教徒、新教徒和穆斯林努力在一个日益世俗化的世界中共存。事实上,在1683年以后,主宰世界的不是宗教冲突,而是贸易和均势冲突。但是,基督教世界作为欧洲的统一性力量远未消亡,事实上它表现出了非凡的活力和适应力。

伏尔泰在伦敦的伟大的宗教交流

基督教改革破坏了早期在教皇和帝国统治下欧洲形成的某种意义上的统一。后来,新教分裂成不同的教派,欧洲基督教文化更加支离破碎。但是,新教的多样性身份使得基督教的信仰和实践得以"联合"。这让基督徒尝到了选择的味道,至少在英国和德意志诸国如此。

从18世纪20年代的法国来看,在伏尔泰的著作《哲学通信》中,英国的宗教信仰自由尤为突出。例如,在伦敦皇家交易所,伏尔泰声称见证了强劲的宗教宽容和商业活力,这有助于获得经济和精神上的福祉:

在那里,犹太人、伊斯兰教徒和基督教徒一起交易,因为他们都信奉同一种宗教,不会给除了破产者外的任何人扣上异教徒的帽子。在那里,长老会派成员向再洗礼派吐露心声,而牧师则信赖贵格会教徒的话。

当然,伏尔泰把英国描绘成新教教派良性共存的世界宗教熔炉是有点理想主义的。然而,从专制主义法国的角度来看,他察觉到了令人耳目一新的商业和不同信仰的融合。毕竟,英国的"众多"信仰都在防范由单一的不容忍宗教造成的"专断"权力。同样，英国也避免了两个宗教团体独大会产生的后果，即竞争关系的宗派团体会"互相残杀"。引人注目的是，英国的奥利弗·哥德史密斯宣称伏尔泰是"欧洲的诗人和哲学家"。欧洲哲学家在英国认识到了一个宽容的多信仰欧洲，这样的欧洲可以实现差异统一。

伏尔泰最钦佩的是英国的贵格会教徒。与其他长老会教派一样，这个"低教会派"团体是在英国内战期间的一次"创造性破坏"中逐渐发展而来的，当时精神和政治的争辩迅速蔓延。对伏尔泰来说，没有牧师或礼拜仪式的精神宗教仪式在争议中蓬勃发展，代表了一个"非凡的民族……值得好奇的人去关注"。事实上，像威廉·佩恩这样的贵格会教徒在天主教斯图亚特王朝复辟时幸存了下来，后来在奥兰治亲王威廉统治下得到了宽容。与此同时，正如我们所见，佩恩的宽容贵格会主义影响了他关于欧洲统一的著作。

更普遍地说，伏尔泰认为对英国人而言"自由是天生的"，他们可以"按自己的方式去天堂"。但是，他担心英国人的宽容可能会在英格兰圣公会的统治下瓦解：英国国教可能会随着时间的推移"吞并"其他宗教，包括贵格会；还可能将非圣公会教徒排除在议会之外，必须宣誓效忠坎特伯雷大主教才能在英国社会中获得地位的情况破坏了公正性。事实上，英国一直将英格兰圣公会作为国家教会，而在很早之前拿破仑就在法国抛弃了英格兰圣公会的概念。在英国，这意味着对非国教徒的歧视一直持续到了 20 世纪，而且英国庞大的天主教团体只是勉强得到了容忍。

尽管有这样的缺陷，拥有约翰·洛克、牛顿和培根的英国值得成为欧洲的楷模。毕竟，在英国，科学和理性高于宗教"热情"。伏尔泰认为，这是比法国路易十四的专制主义更优越的欧洲模式。此外，随后孟德斯鸠（1730）和卢梭（1765）对英国的访问，反映了法国哲学家与英国的接触。英国从信奉加尔文主义的阿姆斯特丹继承了宗教宽容的庇护所，尽管旧体制的法国正在步履蹒跚地走向革命。事实上，在启蒙运动时期，英国的智慧投入对法国思想界的影响最为深远。苏格兰政治经济学家与英国科学家和哲学家的组合，激发了法国哲学家的灵感；他们反过来又在欧洲传播这些观念，支持世俗思想。

洛克与孟德斯鸠谈宽容：欧洲人的渴望

孟德斯鸠在长期逗留英国之前就于1721年出版了《波斯人信札》，对宗教宽容做出了贡献，但启发他的人是约翰·洛克。"太阳王"死后不久，在介绍法国有洞察力的波斯游客的思想时，他批评了法国的专制主义。孟德斯鸠这位波尔多政治家和作家，用欧洲文化和精神相对主义对抗伊斯兰教。1685年路易十四流放胡格诺派之后，波斯贵族郁斯贝克批评法国丧失了规划和活力。到1714年郁斯贝克给他在士麦那的朋友伊本写信时，有迹象表明路易十四的放纵得到了某种程度的补救。郁斯贝克指出，法国的宽容给犹太人带来了前所未有的"和平"，并对犹太人被逐出西班牙后法国胡格诺派的待遇表示了"遗憾"；在波斯，他希望看到相互竞争的伊斯兰先知教义出现类似的宽容。此外，郁斯贝克谴责驱逐波斯的帕西人的做法，认为这是一个"勤奋的种族"。帕西人和其他勤奋工作的外来人口，被激励着"只有拥有富裕的生活方式才能脱颖而出"。在此过程中，他们让每个人的生活变得更好。

孟德斯鸠以这种颠覆性的方式，含蓄地批评了路易十四对新教徒的压迫。毕竟，如果一个到法国的波斯游客发现到处都是"不宽容"，那欧洲人一定会感到羞耻，因为他们认为穆斯林才是落后的不宽容者。这可以追溯到洛克早期关于欧洲人身份中的容忍观点。事实上，洛克在《论宗教宽容》一书中指出，不容忍其他宗教团体是不合理的：

如果一个罗马天主教徒相信别人眼中的面包是基督的身体，他也不会因此改变任何人的公民权利。如果一个异教徒对这两份经文都持怀疑态度，那么他就不会被当作一个恶毒的公民而受到惩罚。

当然，当洛克 1689—1693 年的信件面世后，宗教宽容在欧洲的发展起起伏伏。

尽管此时宗教宽容还没有普及到全欧洲，法国哲学家们仍在努力为欧洲定义更远大的志向。正如我们所见，欧洲思想家们一直在以各种名义制定推进欧洲一体化进程的方案。例如，对伏尔泰而言，洛克设想的欧洲方案是可取的。毕竟，这位经验主义哲学家是一位"有条不紊的天才"和"敏锐的逻辑学家"。洛克以解剖学家和物理学家的身份揭示人体和自然世界运作的方式，对"人类灵魂"进行了审问和解剖。重要的是，对于启蒙思想家来说，洛克首先在灵魂上是一个欧洲人，他可能对其他民族甚至是"高贵的野蛮人"表现出宽容。

普鲁士的宽容：腓特烈大帝和安格拉·默克尔

伏尔泰和孟德斯鸠在当时的知识分子界宣扬宗教宽容，却没有对专制国家法国行使任何权利。然而，作为"欧洲哲学家"的伏尔泰影响了思想家和政客们，其中受影响最深的莫过于他说法语的学生、"开明的专制主义者"腓特烈大帝。1750 年伏尔泰移居波茨坦，担任普鲁士国王的作家和顾问。这就是欧洲文化的相互联系。伏尔泰继承了英国楷模牛顿和洛克在科学和宗教方面的宽容，他反过来向最强大国家德国的君主灌输这些思想。当然，我们看到了启蒙运动因种族主义和偏见而受到损害。事实上，伏尔泰本人对犹太人和穆斯林持怀疑的观点，但他与腓特烈大帝（和叶卡捷琳娜大帝）的书信往来体现出一股向善的力量。对于腓特烈大帝来说，宗教宽容与扩张他的普鲁士霍亨索伦王朝有着密切联系。

腓特烈大帝在1740年掌权后准备兼并西里西亚的新教徒土地，天主教哈布斯堡皇帝在那里实施最低限度的容忍。他表达了对洛克和自己的哲学启蒙者的感恩：

> 所有的宗教都是平等的和良善的，只要它们的信奉者是诚实的人；如果土耳其人和异教徒来这里定居，我们应该给他们修建清真寺和教堂。

令人吃惊的是，安格拉·默克尔在考虑2015—2016年间从巴尔干半岛到整个欧洲申根区的叙利亚难民潮时也是持同样的态度。受到德国宗教宽容的吸引，叙利亚难民前往欧洲最繁荣、最受欢迎的国家，即一个腓特烈大帝普鲁士的"开明"继承者。

早期，腓特烈大帝欢迎新教徒、天主教徒和伊斯兰移民进入普鲁士和西里西亚，这反映了普鲁士对工人的需求。18世纪德国的纺织厂需要劳动力，但随着宗教和经济移民受到日益严重的抵制，实现这一点很有挑战性。默克尔在2015年也有过类似的担忧，考虑到德国的人口老龄化，她需要一个新政策来继承20世纪60—70年代的客籍劳工政策。这两位德国领导人都效仿洛克提高对商业利益和经济活力的容忍度。在如今欧盟关于穆斯林移民和土耳其加入欧盟的讨论中，行政人员和技术官僚们努力解决着与普鲁士在18世纪40年代面临的类似的难题。在这场危机中，默克尔认为欧盟将洋溢着欧洲的宗教容忍文化。她的政策与路易十四或克伦威尔的政策大相径庭，也许更接近洛克和腓特烈大帝的思想。

新教徒的创造性和选择

在英国和德国，新教教派的激增加深了欧洲的基督教身份。尤其是在英国，伏尔泰对他访问伦敦皇家交易所时清晰可见的多样性宗教活动表示钦佩。然而，英国在宗教问题上还远远不能摆脱部落不容忍的影响。早前在英国内战中，加尔文派克伦威尔和他的"圆颅党"战胜了查理一世的"高教会"派英格兰圣公会。英国内战和1649年清教徒弑君事件中的暴行，考验了新教徒的容忍度。克伦威尔自己的容忍度，在屠杀苏格兰和爱尔兰的天主教徒时一目了然。然而，英国内战中虽然发生了恶劣的暴力事件，但它通过千禧年主义者和非国教徒内部的辩论成了英国创造性宗教思想的孵化器。

这有助于推动建立伏尔泰所说的"宗派主义国家"，宣扬"在我父的家里，有许多住处"的信念。事实上，到了17世纪中叶，在伏尔泰眼中的另一位英国英雄弗朗西斯·培根的著作的启迪下，英国接受了富有创造力的加尔文主义。尤其是培根淡化了加尔文主义者的"宿命"论和"原罪"说，堕落者不再背负着罪孽和"人类堕落"的重担；相反，通过上帝的恩典，礼拜者可以在今生和来世创造更好的东西。这并没有完全消除"决定论"的影响，但它鼓励人们更加自信坚定地接受艰苦的工作，这可能会克服因无所事事而带来的无知和贫困。

在其他地方，基督教保持了伏尔泰对英国有"许多精神大厦"的看法。约翰·卫斯理于18世纪创立的卫理公会，主要是工人阶级的新教教派。卫理公会在采矿业和工业区蓬勃发展，传统的圣公会和衰落的加尔文主义在这些地区受到了冷遇。卫斯理本人来自传统的圣公会。一些人认为后来的灵恩运动是颠覆工人阶级激进主义的愤世尝试。在这一版本中，卫理公会在经济困难地区宣传"当权者"权力。就像卫斯理普遍遵循效仿的路德教一样，卫理公会教徒放弃了社会地位，让工人阶级可以接受基督教。这是一种论"心"而非论"智"的宗教，预示着欧洲文化从理性主义向浪漫主义的转变。

与此同时，卫斯理布道在情感上渗透着与加尔文主义相关的禁欲主义和"无趣"。然而，卫理公会研究的是新教，满足了当时传教运动吸引工业化人民的需要。这些早期的"无产阶级"往往远离英国的国际化大都市。

它需要传统的信仰，甚至是"独裁主义"来维系这场运动。值得注意的是，爱德华·帕尔默·汤普森在卫理公会和功利主义中看到了"工业革命主导意识形态的构成"。

与此同时，德国的敬虔派与卫理公会有很多相似之处，它是一种易于实现的加尔文主义形式，也是方兴未艾的路德教会礼拜仪式的替代品。在德国工业化之际，这为德国的宗教实践提供了一条"第三道路"。简而言之，欧洲新教经历了发展和分裂，留住了大量的会众。这是一个所有宗教组织都受到世俗主义威胁的世界。新教教会愿意适应形势、打破规则，这与罗马天主教在法国的做法形成了鲜明对比。可以说，在严格的规章制度下，这种规范宗教事务的做法符合法国的广义卡特尔主义。

欧洲与世俗主义

诚然，新教展现了选择性和适应性，但1648年后建立新基督教世界的努力在世俗主义的光芒下黯然失色。事实上，欧洲的现实政治和均势政治是在一个非宗教环境中蓬勃发展起来的。在欧洲与奥斯曼帝国的联盟和宗教容忍的发展中，这一点是显而易见的。欧洲世俗化是通过非宗教的人文主义、启蒙运动、法国大革命和社会主义而发展的。即使在法国，基督教通过天主教实现团结，世俗主义也在推动变革。事实上，法国激进主义与人们强烈反对反动势力的天主教有关。

以马克思主义为代表的欧洲无神论世俗主义，在1882年促使德国哲学家弗里德里希·尼采发表了著名宣言"上帝死了"。但是，欧洲世俗主义已经超越了19世纪的虚无主义。相反，世俗主义将宗教仪式推向了欧洲活动的私人领域而非公共领域。它淡化了基督教各宗派间的分歧，鼓励了更大的宗教宽容。随着时间的推移，这消除了欧洲联盟的障碍，但这是一个缓慢的进程，欧洲的宗派主义仍然存在分歧。例如，启发了《爱丽舍宫条约》缔结国的右翼分子、充满了天主教文化色彩的法国及德国的基督教民主党，在英国是完全不存在的。相反，英国保留了英格兰圣公会作为高等新教，或者说在"祈祷时是保守党身份"。令一体化主义者沮丧的是，英国保守党没能与德国的基民盟和基社盟、法国的基督教民主党和戴高乐主义天主教派找到共同点。

影响所有宗教的吉本瘟疫

大卫·休谟、亚当·斯密、伏尔泰和卢梭，在欧洲启蒙主义运动中发文支持"自然神论"思想。与以往一样，哲学家们间接地影响了欧洲政府，但追究因果仍有困难。诚然，在普鲁士独裁统治者弗里德里希二世和哈布斯堡皇帝约瑟夫二世的行为中，我们可以看到强烈的、开明的世俗信仰，但在其他地方这种联系并不那么清晰。

爱德华·吉本是启蒙运动中的主要历史学家。他信奉一种"所有宗教都染上了瘟疫"的信条。吉本在瑞士待了很长时间，在那里遇到了伏尔泰。后来他成了英国国会议员，在英国商务部任职。他有着十分泛欧化的学识背景，把英国归入一个西欧"基督教共和国"。他在《罗马帝国衰亡史》中百科全书式地描述了罗马帝国和君士坦丁堡超过一千年的历史。这一伟大的历史著作解决了早期泛欧狂热者和英国帝国主义者所关心的问题。《罗马帝国衰亡史》的第一卷出版于1776年，同年斯密出版了自己的重要著作，美国也签署了《独立宣言》。毫无疑问，吉本希望自己的史书能鼓励人们将罗马帝国与当代大英帝国进行比较。但宗教、基督教世界和欧洲也是这本书的中心主题。

像孟德斯鸠因伊斯兰游客沉思欧洲一样，吉本试图强调基督教与其他一神论宗教的相似缺点。吉本对伊斯兰教起源的转述，从先知穆罕默德在6世纪诞生于阿拉伯开始。他全面地展示了先知最初从麦加幸运起步，到后来迁徙麦地那，再到建立伊斯兰教国家政权的历程。但他强调，自己看到了在先知的经历中，战争和宗教热情交织在一起。

伊斯兰教进入了基督教在欧洲和其他地区失利后留下的真空地带。据说，《福音书》在基督和穆罕默德之间提供了"真理和救赎之道"。但在那600年里，基督徒"不知不觉地遗忘了这些规则和其制定者的典范"。此后，欧洲基督教国家的情况没有得到改善。1453年，穆斯林对君士坦丁堡发起了最后一次冲击，欧洲的"基督教共和国"面临最严重的生存危机。基督教欧洲未能在东方拯救残存的罗马帝国，无法阻止奥斯曼人，也无法反对利凡特各竞争部落吞并这个极其成功的帝国的残余。然而，在十字军东征失败许久之后的15世纪，基督教国家之间还是无法实现一致的目标。

吉本指出，欧洲在军事和政治上抵抗伊斯兰教存在分歧：

> 要有怎样的雄辩之术才能在同一标准下把这么多不和谐的敌对势力联合起来呢？即便他们能武装起来，谁敢当将军？可以维持什么样的秩序？实施怎样的军事纪律？谁来养活这么多人？谁能听懂他们的各种语言，或监督他们奇怪的、互斥的举止？哪一个凡人能调和英国人和法国人、热那亚人和阿拉贡人、德国人和匈牙利人及波希米亚人的关系呢？

吉本关于统一欧洲失败的沮丧独白，读起来就像是理查德·库登霍夫·卡勒吉伯爵在20世纪30年代后期的绝望恳求，当时后者的泛欧计划被欧洲发生的一系列事件所压倒。但是，吉本毫不怀疑基督教已经衰落了很长一段时间。后来的宗教改革没能创造一个充满活力的欧洲文化。它缺乏给人以使命感的"创造性张力"。相反，欧洲在1517年之后继续衰落。事实上，在君士坦丁大帝到路德的1200多年间，"对圣人和遗物的崇拜破坏了基督教模式的纯粹和完美简约"，这种宗教"退化"在宗教改革的"有害创新"中表现得很明显。

事实上，从吉本攻击所有的宗教狂热可以明显看出他对宗教的怀疑。然而，基督教也走了一条类似的道路，因为教会有"异端"，包括"使徒"和"改革者"在内的所有追随者都受到了诱惑。事实上，吉本在分析欧洲基督教世界及其眼中钉奥斯曼伊斯兰教的衰落时，其对帝国和宗教组织的担忧集中表现了出来。

因此，根据启蒙运动主要历史学家的观点，欧洲应该关注所有肤色人种的宗教热情。宗教使基督教国家分裂成各个宗派，早期的民族主义又促成进一步的分裂。吉本认为，一个全欧洲范围的"基督教共和国"比君士坦丁大帝统治的范围更大，后者在公元 313 年颁布了《米兰敕令》，迈出了正式承认基督教的第一步。随着查理曼大帝在公元 800 年从教皇手里接过罗马王冠，他的神圣罗马帝国又近了一步。的确，伊斯兰教使基督教的问题更加复杂了，但它绝非破坏欧洲统一的首要"他者"。

相反，各种形式的宗教都有建立内部有矛盾的、不可持续的帝国的倾向，任何统一都无法持久。反而正是在吉本的启蒙运动中的朋友休谟和斯密的中立自然神论中，才有可能寻求一体化和欧洲福祉。事实上，正如我们所见，英国通过贸易和商业实现了欧洲一体化，得到了热烈的追捧。

欧洲自然神论与两次革命间的托马斯·潘恩

如果基督教和伊斯兰教都不太可能支撑吉本的"基督教共和国"，那么他所偏爱的自然神论或无神论能否实现统一呢？欧洲历史中有许多宗教热情消长的例子能验证吉本的观点，即基督教及其分支让强大的帝国崩溃。然而，法国大革命是一次极端的尝试，试图通过革命军队将宗教组织首先从法国再从欧洲（虽然不那么显著）消除。正如我们所见，法国大革命的起因是复杂的，引起了无休的争论。然而，这种激进主义爆发在启蒙运动末期不可能只是巧合，在此期间知识分子界鼓励对专制主义的弊病和宗教组织的缺点进行辩论。

粗略地说，法国大革命是律师和职业中产阶级试图推翻两个精英阶层——神职人员和贵族——的统治的革命。从这个意义上说，对基督教的攻击是意料之中的。此外，正如我们所见，理性时代质疑所有形式的宗教组织。这种质疑包括英国经验主义哲学家的宗教怀疑论、伏尔泰和狄德罗在法国的"自然神论"，以及吉本将基督教的兴起与世界上最伟大的罗马帝国和（后来的）君士坦丁堡帝国的衰落联系在一起。尽管吉本有生之年目睹了法国大革命的爆发，但自他在洛桑退休后，他与欧洲知识分子界的接触就逐渐消失了。英国的埃德蒙·伯克取而代之，成为批评欧洲新"无神论"的主要声音。

1789 年 8 月，新革命国民议会在巴黎通过的《人权与公民权宣言》明确了启蒙自然神论，宣称"人生而自由"，应该期待有"自由、财产、安全和反抗压迫"的国家保护自己。卢梭的影响明显体现在他将"法律"定义为"公共意志的表达"。此外，该文件甚至暗示了后来的边沁功利主义思想，声称"自由"应该被视为"不伤害他人"的行为方式。然而，支撑这种法国共和主义观点的并不是基督教的上帝，而是一个自然神论的"最高主宰"。1790 年神职人员的"民事宪法"充实了这一文件，意味着革命者向天主教会宣战。简而言之，罗马教皇拒绝了法国人的服从，而这是自反宗教改革和 1563 年特利腾大公会议以来法国政府的信条。

虽然法国大革命受到了几年前美国独立战争的启发，但其宗教内涵却有所不同。本杰明·富兰克林在美国提倡宗教宽容，避免出现基督教的过度热情和"狂热的宗教主义者"。但是，这位美国开国元勋、博学者接受了基督教的"道德体系"。事实上，1776 年 7 月美国《独立宣言》的首要影响是洛克的政治哲学。然而，与法国的《人权与公民权宣言》不同的是，自由的美洲殖民地将在"自然法则和自然之神"的监护下追求彻底改变，包括与英国国王乔治三世的"绝对专制"分道扬镳。

在两次大革命中都声名显赫的英国激进派托马斯·潘恩的待遇，体现了这两场伟大革命中的宗教混乱。事实上，潘恩在1794年就已经失去了在法国国民议会的席位，并因反对处决国王路易十六被法国革命派监禁。他写了一封"致我的美利坚合众国同胞"的公开信，在信中提倡法国革命的自然神论。毕竟，对潘恩来说，"所有的国有教会机构——无论是犹太人、基督徒还是土耳其人的——都只不过是人类的发明创造，目的是恐吓和奴役人类以及垄断权力和利益"。他强调了摩西、耶稣的故事和《古兰经》中"真主的话"之间存在矛盾。他认为基督教迎合了更古老的异教徒信仰。神圣的三位一体类似于多神教，而圣母玛利亚效仿了以弗所的狄安娜。同样，圣人的封圣只是对"英雄神化"的重新想象。对潘恩来说，宗教只有在通过"运用理性"发现上帝的时候才有意义。

不出所料，潘恩失去了清教徒美国人和包括华盛顿在内的昔日美国革命朋友的同情，他们抛弃了在监狱里等待上断头台的潘恩。他们拒绝乞求释放一个不虔诚的激进分子，因为美国转向了一个更加保守的方向。1798—1802年，潘恩为拿破仑提供法国革命入侵腐朽的君主制英国的建议，这是他传奇人生中的最后一次转折。失败后，他逃回了美国，在那里度过了余生。他的革命自然神论无法将法国和美国统一起来，也没能支撑泛欧洲主义。但是，他作品中的世俗主义反映了欧洲最强大的团结力量。

去基督化与法国大革命的"最高主宰"

与美国不同，革命中的法国走了一条不同的道路：激进的"去基督化"。事实上，这种对抗法国第一阶级的极端方法让历史学家们强调，不宽容的世俗主义是对革命最具破坏性的误判。洛克的宗教宽容被灌输到美国宪法里，鼓励 13 个殖民地和后来更多的国家团结起来。但是，法国革命者几乎没有表现出宽容，引发了宗教界的反应。毕竟，将法国或欧洲"去基督化"不太可能取得长久的成功。

1789 年，天主教仍然是法国的主要信仰，渗透到社会的各个阶层。的确，自然神论革命者关闭教堂和废除神职人员的举动，是对罗马天主教会高层的攻击。这些神职人员行使了不正当的政治权力和财政权力，但乡村牧师与这种宗教腐败毫不相干。事实上，法国 4 万名神父中约 70% 是其教区的本地人。这些牧师更像是当地农民和工匠，而不是法国古代的贵族，后者在当地购买头衔和特权，并控制主教。从这个意义上说，"去基督化"和对第一阶级的攻击是一种生硬的手段。激进的世俗主义与已经在人们的生活中渗透了 1800 多年的基督教世界文化背道而驰。宗教怀疑论以如此粗暴的方式实施启蒙运动，不太可能实现建立吉本的欧洲"共和国"，无论是基督教的还是非基督教的。

1793 年之后法国的"去基督化"达到了高潮，在此之前埃德蒙·伯克就开始担心欧洲文明。他害怕无神论会有传染性。对伯克和亚当·斯密来说，美国独立战争截然不同。美国的开国元勋们保护宗教自由，尤其是通过政教分离的方法。诚然，法国的"去基督化"并没有受到法国宗教界的普遍谴责。1789 年，法国仅存的一小部分新教团体，因欢迎波旁天主教的宗教不容忍受到了攻击。一些在英国的新教徒表示了支持，至少直到"去基督化"完全开始前如此。但是，伯克的母亲是天主教徒。他在 18 世纪的都柏林所受的英国 - 爱尔兰教育使他具有普世观，同时强烈反对自然神论和无神论者。

事实上，伯克认为法国大革命不仅仅是法国的事，同时也影响了欧洲，他强调了法国被无神论所取代后的"多米诺理论"。事实上，他认为，"当我们邻居的房子着火时，我们自己也肯定会受到一点影响"。这是一场"巨大的危机，不仅仅是法国的问题，而且是整个欧洲的危机……法国大革命是迄今为止世界上发生的最令人震惊的革命"。伯克在谈到激发法国革命的思想家时，嘲笑这种描述是"哲学的"。这些人被理解为"无神论者和异教徒"更为合理，他们是英国过去就了解但也拒绝的人，其思想现在已被遗忘。

英国继续向前，理解了"宗教是公民社会的基础，是一切善的源泉"这一普遍真理。伯克认为，在所有国家，"根据宪法，人都是宗教动物……无神论不仅违反了我们的理性，而且违反了我们的本能……它不可能长久盛行"。在英国，这种宗教是已经上升为国家宗教的新教，但所有基督教教派都需要宽容。法国拒绝了欧洲式的宽容，革命者没收教会财产是一种武断的行为。相反，法国革命者本来更应该反对"部长、金融家和银行家，这些人变得富裕，但国家因他们的交易和建议而变得贫穷"。

简而言之，对伯克来说，基督教世界的重生不局限于欧洲疆界，它是一种文化和政治必要性，是欧洲文明的基础。虽然欧洲国家可能会尝试无神论，但并不会持久。事实上，19 世纪 90 年代中期之后，"去基督化"形势被逆转，随后教皇在欧洲复兴，这种情况下，法国大革命的道路将证明伯克的预言。但发生的前提是，法国革命在日益绝望之中尝试烧灼欧洲的宗教身份认同。

1793 年，法国大革命进入一个更激进的阶段，超越了伯克三年前写《对法国大革命的反思》时所担心的一切。法国引入了"公民宗教"的概念，禁止公众崇拜，墓地里禁止了所有的宗教标志。此后，法兰西共和国取消了基督教历法，1792 年 9 月被重新定义为元年。作为基督教传统安息日的星期日，已经消失了。七日制历法被替换成了每月三个十天的新历法。人们期望这些神职人员融入法国社会，扩大革命爱国者人数，放弃独身生活。巴黎圣母院被改名为"理性圣殿"，以纪念启迪革命者的哲学家。最后，法国政府宣布所有宗教团体一律平等，打消了启蒙运动对宗教宽容的担忧。但是，这种宽容没有吸引欧洲同胞，因为他们有着千百年的基督教信仰。

事实上，伯克不是唯一一个担忧无神论意识形态成为新欧洲文明寄托的人。就连恐怖时期的缔造者、雅各宾派的马克西米连·罗伯斯比尔也推动男性普选，但他反对"去基督化"。例如，1793 年旺代地区发生了大规模的反抗"去基督化"活动，不幸的是，在接下来的三年里大约有 24 万人死于保护乡村牧师社区的农民斗争，这反映了 18 世纪晚期欧洲基督教强烈的统一认同仍有争论。这一时期的特点是，面对过度的恐怖行为，暴力更加普遍，其中也有非宗教方面的因素。

当然，在法国革命时期，关闭教堂、赶走大约 2 万名牧师、强迫 6000名单身牧师结婚，这些举动是对第一阶级的大规模攻击。这与托马斯·克伦威尔的过激行为和英国都铎王朝的破坏性改革可以相提并论。毕竟，托马斯·克伦威尔解散了修道院以加强英格兰的国家财政，并不再敌视对亨利八世构成威胁的教皇。这是为了加强新圣公会的债务清偿能力和安全性，怀疑论者称圣公会为"没有教皇的天主教"。但在 200 多年后的法国，革命者们面对的是单一的、深植于修道院之外的罗马天主教信仰，任何精英对自然神论"最高主宰"的追求都注定难以传播。

罗伯斯比尔反对"去基督化"，但抨击罗马教会的腐败。他用自然神论的"最高主宰"理念吞噬了基督教传统；人们在一周十天结束后的休息日祈祷；灵魂不朽的概念被接受，正义和美德必须坚守。这也是遵从了基督教实践和卢梭的"公民宗教"。然而，在基督教的残余上构建这种新的宗教，引发了不快的对比。事实上，罗伯斯比尔在国民议会的同事们，嘲笑他教皇式的自命不凡和"保守主义"。到了 1795 年，人们普遍反对"去基督化"。对宗教崇拜的容忍重见天日，但教区现在自费供养自己的牧师和教会。这一点很重要，这为法国的政教分离铺平了道路。

克伦威尔的不宽容与拿破仑的机会主义宽容：欧洲基督教世界的持久性

英国也经历了革命，对宗教采取了教条主义的态度。在英国宗教改革和内战之后，奥利弗·克伦威尔的加尔文主义军事保护区里出现了一种不快乐的苦行僧文化。后来，随着 1660 年国王查理二世复辟，人们对圣公会和天主教产生了宽容之心。英国的剧院重新开放，人们可以庆祝圣诞节，英国乡村也允许跳舞。在被压抑的基督教环境中，常见的生活文化活动得到了解放。同样在法国，到 18 世纪 90 年代中期，沾满鲜血的雅各宾派自然神论正在式微。事实上，波旁王朝在 1815 年复辟后，法国又恢复了天主教传统。值得注意的是，在英、法两国，革命者低估了基督教传统的持久性。

当法国军队试图向其他欧洲国家输出以自然神论和"去基督化"为形式的好战世俗主义时，基督教传统的这种持久性是显而易见的。在这场战争中，士兵们面对来自基督教会的抵抗。法国军队在 1792—1793 年占领奥地利、荷兰，然后在 1795 年占领比利时领地时，新的无神论法兰西共和国抓住了吞并领土这一手段。这些土地被用来征收战争税、粮食和其他物资。这些土地上的人们最初尊重天主教徒，但很快教堂遭到洗劫。到了 1796 年，大多数修道院的装饰品和贵重物品都遭到劫掠，全面的"去基督化"对比利时人构成了威胁。此后，法国军队转移到莱茵河左岸，在那里遭到礼贤会的抵抗。礼贤会对法国的新欧洲帝国至关重要。该地区经济繁荣，服务于东边德意志各国的天主教法庭和教会。天主教神父作为抵抗势力的主力受到迫害，神职人员也被驱逐，这与 1797 年法兰西共和国的反教权主义一致。

拿破仑在意大利取得决定性的军事胜利后强行控制了法国，比早期法国占领军体现出更多的对欧洲基督教的宽容。毕竟，拿破仑是个实用主义者，他认为天主教在法国比世俗主义更强大。与此同时，他追求中央政府集权，到1801年天主教会将与国家结盟，主教成了神职人员的长官。拿破仑时代政教合一的法国与英国相似，尽管国情迥异。事实上，两国到1905年才会分道扬镳。

简而言之，拿破仑担忧"去基督化"以及法国、意大利和被占领区的教皇权威受到攻击。在拿破仑建立欧洲帝国的过程中，基督教在教皇的支持下给予帮助对他来说是一个福音。拿破仑控制了梵蒂冈的介入，限制罗马和法国教士之间的直接交流；但是，教堂的财产将得到保护，过度的"去基督化"行为也会降温。在拿破仑的宗教宽容下，天主教会打下了在1815年帝国垮台后发展的基础。

奥利弗·克伦威尔的宗教和政治影响力受到了遏制。他的清教徒传教活动仅限于苏格兰和爱尔兰。但是，天主教在法国以及圣公会—天主教在英国的存留表明，欧洲的基督教世界比尖锐的世俗主义或加尔文主义还要持久。此后，基督教复兴的时机在后拿破仑时代的欧洲成熟了，人们有了选择。正如我们所见，英国"凯尔特外缘"的工人阶级运动，将卫斯理的卫理公会主义视为虔诚的圣公会分支。与此同时，路德派、改革宗和天主教在德意志各国蓬勃发展，出现了新的分支，如敬虔派。

因此，基督教文化在包括法国和英国的欧洲各国，以及清教徒的美国，都表现出惊人的持久性。这是托马斯·潘恩没能弄清的，但拿破仑有更好的理解。诚然，在一段时间内，欧洲已经看到专制政权扼杀了基督教信仰。在这种情况下，基督教已经转入地下，但它并没有被消灭，也没有被潘恩、伏尔泰或休谟的自然神论所取代。欧洲基督教文化在面对法国革命的"去基督化"和后来的俄国布尔什维克主义时表现出非凡的弹性，而无神论一直在努力展示巩固不涉及宗教信仰的欧洲团结所必要的虔诚。

夏多布里昂与贵族宗教复兴主义

1800 年，拿破仑对法国旧统治阶级实施实用主义。他特赦了革命期间逃离法国的流亡贵族。数千名前贵族地主离开英国和德国，回到拿破仑的法兰西第一共和国。这使军事独裁者拿破仑得以在传统的法国及其辖区建立一个更为一致的权力基础。

弗朗索瓦·雷内·德·夏多布里昂是回到法国的一位杰出知识分子贵族。他在恐怖时期失去了许多朋友和家人。事实上，他参与了"反启蒙运动"。与法国、普鲁士和英国的许多思想家一样，他对过激的理性时代的幻想破灭了，而理性时代最令人厌恶的结局似乎就是血腥的法国大革命。他早年曾考虑过当牧师，后来在保皇党的英国过着长期贫困的生活，最后从革命时期的法国流亡到了美国。这是漫长的 18 世纪里英、法之间的另一种知识联系，这在本书记录的故事中反复出现，尽管 1945 年之后在戴高乐主义的法国不再突出。

在拿破仑时代的法国，夏多布里昂作为一名作家和政治家，信奉了在地下蓬勃发展的法国天主教。他反对基督教在十字军东征和宗教改革中的过激行为。同样，他也谴责路易十四对胡格诺派的不宽容。1802 年，他出版了《基督教真谛》，这本书拒绝了启蒙运动的世俗主义，相反，天主教被定位为法国文化和政治的中心：上帝的法则构成了最完美的自然正义准则。

托马斯·潘恩曾抨击基督教也是通过迷信和讲故事来获得政治权力的，但对于夏多布里昂来说，天主教凌驾于之前的异教之上：

> 古人在荷马的基础上创造诗歌，而基督徒则站在《圣经》的基础上；《圣经》的榜样超过了荷马的榜样。

拿破仑有理由怀疑归国的法国贵族的忠诚。他担心他们会同情波旁王朝的复辟。在夏多布里昂的例子中，这些怀疑是有根据的：基督教的热情与君主主义天然共存。1804年拿破仑下令处决路易十六的堂兄时，夏多布里昂辞去了在拿破仑政府的职务以示抗议。俄国女沙皇伊丽莎白一世为夏多布里昂提供了一个"信仰捍卫者"的角色，使他能够在欧洲和利凡特地区推广天主教的价值观，直到拿破仑将他驱逐出法国。夏多布里昂对受到的轻视感到愤怒，于是挑战拿破仑的权威，把他比作臭名昭著的罗马暴君尼禄。后来，当拿破仑流亡厄尔巴岛时，夏多布里昂支持国王路易十八复辟波旁王朝。

随着路易十八在滑铁卢战役后的归来，夏多布里昂推动了天主教的复辟。归还所有被没收的教堂土地和财产可能代价太大，但神职人员得到了政府的补助金。他们现在是中央政府的雇员，被纳入一个政府部门里。天主教会重新获得了在革命中失去的对法国教育的控制权。法国的宗教组织的复兴，在普鲁士和英国重演。全欧洲都对过度的"理性"做出了反应。1815年之后，欧洲人接受了"崇高和感性"。这是否创造了一个统一的欧洲基督教文化还有争议，但可以肯定的是，基督教欧洲已经死亡的论调"非常夸张"。

1815年后，三大国都支持在教皇庇护七世统治下复兴教皇的权威。这发生在罗马遭到拿破仑羞辱之后。教皇的连续性是新的欧洲均势的一部分，加强了维也纳设计的协调机制。天主教给整个基督教欧洲带来了稳定。很明显，欧洲已经远离了三十年战争中的宗派主义。革命自然神论以及后来拿破仑带来的创伤，鼓舞了基督教教派间的宽容，甚至是普世主义。

被基督教传教活动定义的欧洲

甚至当基督教进入欧洲的"私人空间"时，用基督教文化使世界其他地区"欧洲化"的愿景还是很突出的。多样的欧洲新教教派性使得这种传教活动具有竞争性。圣公会、路德派、改革宗和耶稣会传教团在欧洲各大帝国争夺受众。推广宗教与在世界各地推销欧洲出口商品相安无事。非洲、亚洲和拉丁美洲的佛教、儒家和异教文明,是欧洲传教士的肥沃猎场。法国、德国和英国的神职人员在世界各地传教。在此过程中,法国担负了全球教会中一半的宗教秩序责任。

当传教士努力让非欧洲人皈依基督教时,不可避免地会恐吓、排斥和煽动民族主义。例如,英国在印度努力让印度教徒、锡克教徒、耆那教徒或穆斯林皈依基督教就明显失败了。事实上,在 1857 年,这些努力激发了印度兵变(或称"第一次独立战争")中的反欧洲情绪。在印度次大陆重建英格兰的"自由实验",遭到了数千名印度士兵和平民的抵抗,他们努力消除英格兰圣公会和苏格兰长老会的宗教压迫及文化压迫。

同时,在非洲,传教士和探险家戴维·利文斯敦,成功地使当地人皈依。利文斯敦为苏格兰自由教会(加尔文派)工作。在赞比亚和其他非洲中部的未开发区,传教士将商业发展及反奴隶干涉和基督教皈依结合起来。同样,利文斯敦和其他传教士利用反奴隶制来强化他们的使命伦理。苏格兰传教士声称与废除奴隶贸易协会(主要是贵格会教徒)和反奴隶制协会有联系。然而令人尴尬的是,利文斯敦还与美国内战逃兵、比利时国王利奥波德二世的助手亨利·莫尔顿·斯坦利有关系。

虽然传播基督教教义在各个方面统一了基督教欧洲,但传教士的工作往往是有宗派性的。尼日利亚人皈依英格兰圣公会或其他西非人皈依法国天主教创造了文化联系,这些文化联系对个别国家有利,而不是对整个欧洲。事实上,正如我们所见,霍布森将这些帝国主义的努力视为欧洲列强外化的民族主义。但是,在基督教各教派之间,传教活动有一些一致性,尤其体现在苏格兰教会和英格兰圣公会在非洲协调划分它们的地区势力范围上;与此同时,英国国教高派教会教徒与罗马天主教徒密切合作。最后，路德派传教士愿意减少宣扬欧洲民族主义，因为至少在德国统一之前他们相对于政府保持了独立。然而总的来说，欧洲各帝国之间普遍认为欧洲基督教世界四分五裂。

马克思与统一世俗主义思想的社会主义者

随着 19 世纪的发展和对拿破仑的记忆逐渐消失，欧洲基督教面临着一个新的挑战：社会主义。正如我们所见，工业革命早在英国（于 1760 年左右）就开始了，在拿破仑战争之后席卷了整个西欧。这对数百万欧洲人产生了深刻影响，他们经历了城市化和波动的经济形势。在欧洲三大国中，农业社区比工业和制造业社区更加信奉宗教。

原因是多方面的。农村社区更愿意接受出世或迷信的观点。农村人口的流动性较小，以教区为基础，更亲近本地教会。与此相反，新的工业社区支持虔诚的基督教教派，如英国的卫理公会教徒和德意志各国的虔诚派。此外，这些福音派运动善于吸引工厂工人和矿工，他们往往因重复的专业化工业生活而筋疲力尽、士气低落，这种幻灭同样会助长不可知论或无神论。

与此同时，工业和科学的进步，鼓励人们质疑《圣经》故事的合理性。例如，达尔文在 1859 年发表的《物种起源》一书中提出了进化论，这是欧洲拥抱科学的重要一步，城市化和世俗化也随之而来。

事实上，卡尔·马克思承认达尔文所宣扬的科学方法有功劳。马克思的科学方法把无神论和社会主义联系起来，暴露了欧洲基督教和犹太教的缺点。《共产党宣言》出版时正值欧洲 1848 年革命的高潮，当时基本上没有引起人们的注意。但是，随着 19 世纪的发展，在法国、英国和普鲁士德国发展起来的社会主义借鉴了他的思想。到了 19 世纪中叶，他的无神论在城市无产阶级社区中流传开来。事实上，在 1844 年，他认为欧洲工人过度关注美好来世，分散了对更紧迫问题的注意力。提高低收入体力劳动者的生活水平，就是一个更为紧迫的问题。正如马克思的名言：

宗教是被压迫生灵的叹息，是无情世界的感情，正像它是没有精神的制度的精神一样。宗教是人民的鸦片。

马克思和恩格斯希望社会主义能够比支离破碎的基督教提供更大的统一力量。毕竟，社会主义可以消除几个世纪以来宗教组织逐渐发展出的文化装饰和点缀。而且，社会主义者可能会接受"国际主义"和泛欧洲主义。工业革命的伤痕在西欧是显而易见的。恩格斯曾记载过，像兰开夏郡棉纺厂这样丑陋的工业场景已经成为整个欧洲的弊病。曼彻斯特工厂是对来自普鲁士和法国工人的一个警告。后来，当1871年巴黎公社革命在街垒中爆发时，马克思希望这种精神能够给英、德受压迫的工厂工人带来想象力。

但当革命未能跨越国界时，马克思和恩格斯一点也不惊讶，他们意识到基督教会反抗。欧洲在无产阶级叛乱中无法团结一致，不得不考虑几十年前宗教在普鲁士的作用。令人沮丧的是，基督教损害了劳动人民改善地位的本能。在古代制度下，神职人员一直是大地主，通过维护封建主义保有既得利益。随着工业革命的发展，资产阶级日渐显赫和富裕，这些工厂主和神职人员一起压榨工人。幸好，普鲁士、英国和其他地方的新中产阶级表现出对自由思想甚至是无神论的渴望。他们希望社会现代化，但受到了宗教"鸦片"效应的挑战。这扼杀了工人阶级的能量。

因此，无产阶级宿命论帮助了资产阶级剥削工人。工人们开始接受这样一个事实：他们悲惨的命运源于基督教所说的人类的堕落。这些信仰在马克思亲眼见证的普鲁士新教中尤为突出。改革宗（加尔文主义）扼杀了工业工人的精神。对宿命论的信仰伴随着对不平等的被动接受，人们将被选中的精英视为世界的继承者。

马克思看到了在基督教文化中实现社会主义的困难，但是基督教的局势也是分裂的，社会主义努力成为欧洲统一的意识形态。特别是有大量天主教少数派的普鲁士和英国，基本上通过广泛的新教传统实现了社会民主主义。与此同时，法国在大革命后从天主教或更常见的世俗传统走向了社会主义。到了 20 世纪初，不遵奉圣公会的加尔文基督教徒帮助英国工党和德国社会民主党内部定义了社会民主主义，英国和德国的社会主义者在工业革命后都关注不平等现象和工人的状况。

在这种不认同主流的情况下，教会攻击了困扰马克思的不平等和不公平问题。例如，改革教会试图尽可能地减少牧师作为精神交流媒介的作用。在平等问题上更为老练的是贵格会教徒，他们在英国粉刷过的静谧房间受到了世俗派伏尔泰的称赞。在低教会派的建筑中，进行精神冥想不需要任何牧师作媒介。加尔文主义者认为这种对教会等级制度的排斥更加体现了平等，在某种程度上路德派和圣公会教徒也认为如此。此外，减少中间人角色能使人们更关注《圣经》中的问题，如贫困和财富分配，包括天主教会巨额财富造成的侮辱。

然而，加尔文主义仍然被其精英和绝望的宿命论所摧残。与此同时，天主教鼓励通过"善行"提升有社会意识的进步观念。简而言之，欧洲哪个信仰最适合社会主义是一个微妙的问题。与以往一样，欧洲强国的文化和历史有助于欧洲统一。法国、英国和普鲁士德国的社会主义，都是围绕着现有的宗教怪癖而工作的，有时还会与教会合作。

后来，在英国，托尼·本恩发现了基督教和社会主义传统之间的联系。本恩在 1979 年撰文时，看到自己的工党从一个纯粹的英国基督教党派果断地向左翼靠拢。对本恩来说，欧洲大陆社会党的发展归功于"卡尔·马克思的著作"，而英国工党则是英国例外主义的又一个例子，它借鉴了"基督教社会主义、费边主义、欧文主义、工会主义，甚至是激进自由主义"。本恩特别强调了英国社会主义者要感激非圣公会新教徒。例如，平等派挑战了查理一世和克伦威尔，攻击了 17 世纪英国的所有特权。平等派早期的新教激进主义，针对的是古代诺曼贵族土地所有者及他们的过多财富。随着这些财富的再分配，普通人可能会通过教育普及、医院和福利国家的建立而获得平等。

对本恩来说，启迪英国社会主义的是 17 世纪一场有强烈基督教根源的革命。然而，社会主义思想盛行的非圣公会新教徒团体，在一个政教统一的国家内被边缘化了。尤其是，自 1559 年国家君主伊丽莎白一世成为英格兰教会最高领袖之后，英格兰圣公会扮演了社会反动分子的角色。随着时间的推移，长老会教徒、贵格会教徒、卫理公会教徒，当然还有罗马天主教徒，在教育和获得国家公职方面所遭受的不平等待遇将减少。但实现这一点更多地是依靠世俗化，而不是国教内部更大的宽容或普世主义。事实上，工党拿出了一个充满活力的无神论信仰，科学和战争的安抚经验起了助力作用。简而言之，本恩和其他英国社会主义者的愿景是建立一个宽容的"大厦"，不同的宗教信仰可以在欧洲社会主义国际主义的保护伞下共存。

与此同时，在法国，社会主义者接受了世俗主义。毕竟，18 世纪革命的灵感以及在此之前的理性时代都是世俗的。事实上，拿破仑之后天主教的复兴与保皇党的复辟，和极端保守主义有关。法国社会主义者在马克思主义无神论的指引下，推动了 19 世纪的工团主义和工会主义。1871 年，马克思和恩格斯在巴黎几乎没有理会蒲鲁东或巴黎公社，但他们都厌恶宗教组织。

法国的社会党人努力寻找一种政治手段来表达世俗的平等主义。然而，在英国和德国，独立工党和社会民主党取得了早期突破，我们将对此进行探讨。到了 1902 年，法国出现了两个主要的反天主教的社会主义政党。温和派的法国社会党（PSF），在让·饶勒斯的领导下与非社会主义的左翼结成联盟；对立的另一个法国社会党，反对资产阶级联合政府，奉行纯粹的马克思主义。1905 年，这两个政党合并成立了工人国际法国分部

（SIFO）。但是，法国社会主义难以像英国和德国一样由有新教倾向的对等群体去夺取政权，反动的天主教使法国成了一个异类。这扼杀了欧洲社会主义的统一信条。

因此，1945 年后，法国与德国（和意大利）通过右翼天主教进行统一。在左派方面，欧洲社会主义的实验是在国家孤立情况下进行的，比如 1945 年英国的艾德礼或 1981 年法国的密特朗。这些都不是泛欧运动。到了 20 世纪 80 年代中期，欧盟委员会主席雅克·德洛尔将委员会作为泛欧洲社会主义的平台。密特朗执政期的财政部部长德洛尔曾在一个国家放弃了社会主义，但通过管理跨国委员会，他可以与欧洲民族国家的右翼势力展开较量。作为法国少有的信奉天主教的社会主义者，德洛尔是跨越世俗与宗教界限的理想人选。

韦伯的加尔文主义与资本主义欧洲身份

本书强调经济和宗教是激发了欧洲的思想和集体行动的两个重要主题。但是，除了致力于解决脱贫和不平等问题之外，"枯燥的科学"及人们对其暂时性的关注与宗教问题之间的联系还不明确。然而，早期德国社会学家马克斯·韦伯在 1904—1905 年的著作中就仔细研究过欧洲的经济和宗教，人们发现它们是相辅相成的。此外，人们认为经济和宗教在工业革命中发展了一种新的欧洲文化，可以与欧洲早期文艺复兴的方式相统一。

韦伯认为，新教——尤其是加尔文主义——鼓励通过努力工作来追求财富、权力和地位。例如，17 世纪后期英国的清教主义，以及工业化时期英国的矿场、工厂中出现的早期卫理公会，表现出令人印象深刻的商贸活力。韦伯观察到这些影响遍及整个新教欧洲，他认可英国政治经济学的"分工"和"专业化"可以作为释放"资本主义精神"的发动机。很明显，这种政治经济学起源于爱丁堡的加尔文主义者柯克所推动的苏格兰启蒙运动。事实上，休谟和斯密是"自然神论者"，而不是长老会教徒，加尔文主义的影响还远远没有普及。毕竟，法国胡格诺派已经在英国和德国定居，带去了纺织和手工技能。因此，天主教法国仍然与韦伯的精神脱节。从这个意义上说，韦伯考察了一个不完整的"泛欧"概念；但它通过欧洲的跨国经济竞争渗透到了英、法、德三大国。

与此同时，韦伯的"资本主义精神"也招致了批评。他的论据较有争议，研究也偏向于盎格鲁-撒克逊世界。同样，他也没有在莱茵兰、荷兰、瑞士和巴伐利亚等天主教徒极为兴旺的地方寻找反例。对韦伯来说，加尔文主义代表了欧洲文化中一种独特的"召唤"，在其中当选者努力获得上帝的恩典，显示出精英地位。值得注意的是，这种"召唤"刺激了德国新教徒以一种与对手哈布斯堡帝国的天主教徒不同的方式去争取财富和权力。可惜，天主教倾向于精神实践和禁欲主义实践，而不是物质上的努力。为了缓和这一点，生活在新教统治下的天主教徒可能会模仿精力充沛的新教。在德国便是如此，但这也为少数民族提供了方法，如法国胡格诺派教徒、英国的非圣公会教徒、贵格会教徒和欧洲犹太人。此外，加尔文主义和犹太教有同样的欧洲经济野心。和加尔文主义者一样，犹太人也是一个在工业和商业领域表现出色的宗教族群。同样，德国的虔诚派也信奉"宿命论"，而卫理公会也因"恩典与选则的教义"而与加尔文主义捆绑在一起。简而言之，"资本主义精神"全面影响了欧洲文化的各个方面，并可能潜移默化地实现统一。

对韦伯来说，这种潜移默化的影响在德国、英国、美国等资本主义国家都是非常有成效的。天主教徒圣托玛斯·阿奎那的禁欲主义可能会被抛弃，因为忙碌的商人"砰的一声关上了修道院的大门"，转而"大踏步进入市场生活"，信心坚定、"有条不紊"。选择"温顺地接手尘世"只会助长贫困，这无法实现健康和赞美造物主。对欧洲人来说，最大的罪过就是在短暂的不稳定的生活中"浪费时间"，可能是徒劳无益地沉溺于"社交、闲聊、奢侈享受……超过六至八小时的睡眠"。相反，加尔文主义者可以通过辛勤的工作积累财富，同时避免"快乐无忧生活"的颓废。最后，加尔文主义的商业精神避免了其他积极宗教运动的过激行为，尤其是韦伯表现出的极其普遍的欧洲反犹太主义。人们称犹太人践行"投机性的冒险资本主义"或"贱民资本主义"，而清教徒的"精神"则被引导成"资本和劳动有机组合的风貌"。

公平地说，韦伯对新教与资本主义之间的冲突非常敏感。约翰·卫斯理在这里提供了一些有益的见解，早在英国第一次工业革命时他就提出了在经济起飞时可以实现"真正的宗教"。在这个周期的早期，"勤俭节约"占据主流，而利润被重新投入不断增长的行业中。但随着财富的积累，存在着这样一种危险，即"世界上的骄傲、愤怒和爱"可能会损害资本主义的利益。宗教可能因此崩溃，除非那些受益于有储蓄积累倾向的人能够转向慈善事业并将他们的财富赠予他人。卫斯理和韦伯提出了关于不平等和慈善事业的有趣问题。他们像霍布森和后来的凯恩斯一样，都为了储蓄低迷和开支草率而烦恼。

当然，慈善事业在美国（清教徒）资本主义中的表现比在欧洲混合经济中更为突出，集体主义在欧洲降低了贫困，减少了求助。事实上，富裕的欧洲人不愿意重新分配财富，他们通过逃税来囤积财富的欲望表明，韦伯的"资本主义精神"还需努力才能成为一种统一的文化。

德国新教引领欧洲：重拳出击的加尔文主义

尽管韦伯强调加尔文主义是欧洲资本主义的主要意识形态，但它即使在德国也不是首要宗教。实际上，从宗教改革开始，路德教在德意志各国得到了认可。1530年，《奥格斯堡宗教和约》正式确立了路德教的地位，《协和信条》（1577）中详细阐述了细节。与此同时，加尔文主义者认为，路德教只不过是效力日益衰弱的教皇权威而已，还保留了不恰当的热情。与此同时，天主教徒认为，改革宗教会是一个更加异端的新教信仰，它承诺进行激进的政治变革，符合宿命论。宗教改革后，加尔文主义者在普鲁士继续得到支持，但路德教在德意志"第二大国"萨克森的统治地位扼杀了加尔文主义的发展。1613年，勃兰登堡－普鲁士选帝侯约翰·西格蒙德皈依了改革宗。虽然王室追随了他作为榜样，但贵族们却没有。因此，在1615年，他给予路德教会宗教自由。此后，普鲁士变成了一个双宗教国家。有了《威斯特发里亚和约》，加尔文主义者得到的保护，类似于路德教信仰受到的保护，这也被纳入帝国的法律中。

最后，普鲁士在1817年合并了路德教和改革宗，建立了"福音派联合教会"。这个联盟在统一的德国统治着新教。许多路德教徒抗拒此举，逃离德国去了美国的宾夕法尼亚等地重新定居，在那里他们摆脱了加尔文主义的污染。但是，在福音派新教教会的保护下，加尔文主义和韦伯的"苦行僧使命"有机会影响普鲁士和后来的德国文化。德国统一后，韦伯的"资本主义精神"随着第二次工业革命得到了自由发挥。

德国新教资本主义的经济潜力，在福音派教会的加持下比法国的罗马天主教甚至是英国的圣公会都更令人瞩目。英国没有一个与普世的福音派教会相媲美的机构，英国的非圣公会新教徒直到20世纪初都在与歧视作斗争。此外，加尔文派在德国福音派教会中仍然有很强的影响力。今天，在德国3000万名福音派教徒中，改革宗和联合长老会信徒占了1450万。

韦伯的加尔文主义影响了寒冷的北欧，这与早期欧洲作家的想法是一致的。例如，孟德斯鸠会把禁欲的加尔文主义和狂热的伦理道德与北方的寒冷气候联系在一起。然而，韦伯和孟德斯鸠都担心南北欧之间的经济差异以及欧洲的长期均衡形势的影响。事实上，早前我们曾质疑，为什么欧洲经济一体化已经演变成永久性的贸易失衡和种类囤积。重商主义这一无所不在的经济教条，为德国希望建立长期贸易顺差提供了一个现成的解释。然而，韦伯的"资本主义精神"也有作用。用韦伯的话说，德国一直在努力超越加尔文主义的"勤俭节约"阶段，走向资本主义的慈善事业。与此同时，德国新教的"资本主义精神"还没有渗透到整个欧洲，尤其是信奉天主教的南欧。

但是，韦伯的想法也只能让我们理解欧洲成功整合的障碍。毕竟，德国有和新教徒一样多的天主教徒。今天信奉天主教的南欧，除其他来源外，还得到了来自富裕的德国天主教地区和（日益世俗化的）名义上的天主教法国的贷款以及外国直接投资。"新教徒的伦理"是推动欧洲统一的特殊力量的说法是错误的。事实上，正如我们所见，德国总理阿登纳和法国总统戴高乐的天主教伙伴关系，让一体化项目具有了更多"善举"和"悔罪"的色彩。然而，韦伯的新教教义，尤其是加尔文式的"召唤"，曾启迪了欧洲工业革命，现在也仍然具有重要的文化影响。基督教新教教派普遍有着共同的法律标准，支持宗教分歧的创造性竞争。

法国宗教政治与欧洲统一的天主教

把天主教法国描述为经济表现长期不佳的欧洲国家是误导。法国的表现很好，尤其是在观察、模仿和偶尔超越新教资本主义方面。事实上，欧共体在 1958 年推动法国走向了最成功的经济时期，完全直面来自北欧新教资本主义的竞争。

正如我们所看到的，法国政治在右派天主教和左派世俗主义之间表现出中立。事实上，法国天主教缓和了源自法国大革命时期的激进主义。法国这种"保守的"基督教民主，打消了德国等寻求建立长期合作关系的伙伴的疑虑；德国渴望避免动荡的政治或是"坎坷的生活"。我们将看到，即使在去教堂的人数持续下降的情况下，法国天主教依然有持久的生命力。这种天主教文化的幸存和无神论的降温，使法国得以与德国天主教徒和路德教徒结成伙伴。但是，在法国世俗主义和社会主义迅猛发展的背景下，法国天主教是如何生存下来，并在 1958 年成为法国总统戴高乐和德国总理阿登纳的共通之处的？

正如我们所见，法国在经历了彻底"去基督化"的创伤后重建了天主教。然而，到了 19 世纪 80 年代，法国天主教会对新的法兰西第三共和国的世俗化趋势越来越感到担忧。1871 年战败的耻辱仍在困扰法国，法国希望将自己重建为一个世俗化的共和国。这促使教会和君主主义反对派一起发起运动去阻止无神论，并回归右倾传统。事实上，当时大约 90% 的法国人出生时就是罗马天主教徒，尽管天主教的仪式要温和得多。

法国天主教面对的是软弱的新教，路德教和加尔文教的成员从未从路易十四的统治中恢复过。到了 19 世纪 80 年代，只有 65 万法国人接受新教洗礼，这与英国和德国形成了惊人的对比，新教以各种名义在英、德两国占据着主导地位。法国天主教在农村保持着统治地位，但和其他地方一样，世俗化在城镇迅速发展。然而，1789 年的无神论革命留下了遗产。由于法国大革命时期对"最高主宰"的崇拜，教会被关闭，农村地区的教堂甚至减少了出入率。这种宗教参与度之低冒犯了罗马的教皇督查，他们认为不去教堂是一种严重的罪过。相比之下，新教教会倾向于尊重个人的宗教选择。

此外，在信奉天主教的法国，关于教会教育与世俗教育的争论甚嚣尘上，就像在信奉圣公会的英国一样。教会对小学的控制在 1881 年被取消。但是，天主教会仍然掌权，开办私立学校，为五分之一的人口提供教育。中学教育是自愿的，侧重于天主教私立教育，许多福音派天主教教师在中学工作，其中包括 1880 年遭镇压后留在法国的耶稣会教师。此后，法国天主教因自己敏锐的生存意识获得了回报。在教皇利奥十三世（1878—1903）的领导下，教会与左翼政客接触。这位最具有自由主义的教皇，鼓励法国天主教徒在法兰西第三共和国工作，以宣扬基督教价值观。

然而，1894—1906 年的德雷福斯事件，使法国教会内部出现了潜在的紧张局势。简单概括，一位名叫阿尔弗雷德·德雷福斯的法国犹太陆军上尉被诬陷向德国驻法国大使馆传递军事机密。天主教会在随后发生的危机中表现出强烈的反犹太情绪。右翼的天主教权威们试图谴责这名无辜的军官，引发了反教权主义情绪。由小说家爱弥尔·左拉发起的一场支持德雷福斯的自由运动，抨击了天主教内部的偏执。此后，法国反教权的总理埃米尔·孔布（1902—1905），被动员开启了一个世俗化的议程。孔布知道他的敌人是谁。他受过牧师培训，但放弃了教会而改信共济会。1905 年，他下令关闭法国各地多达 1 万所天主教学校，法国反教权主义因此达到了高潮。他得到了一个激进的左翼政府的支持。这些共同遏制天主教权力的努力，最终导致他颁布了关于政教分离的法律。

法国的天主教再次展现出惊人的韧性。在第一次世界大战的血雨腥风中，由于神职人员应征入伍和大家对战争的普遍反感，法国再次经历了宗教复兴。1919 年，信奉天主教的阿尔萨斯 – 洛林被从德国夺回，扩大了罗马教皇在法国的影响力。这促使法国重建了与罗马教廷在 1904 年被孔布切断的外交关系。此后，法国天主教在 1925 年通过全国天主教联合会（FNC）联合之前，经历了一系列的反犹太主义浪潮。的确，莱昂·布鲁姆的非宗教性质的人民阵线在 1936 年上台执政，在正常情况下可能会削弱教会。但是，当时法国的激进左翼观点比罗马教皇更令人担忧。

在第二次世界大战中，随着法国的陷落和投敌的贝当在 1940 年建立维希政府，天主教徒在法国重新掌权，他们颂扬"贝当奇迹"，而维希政府则推翻了孔布的世俗法律。法国私立学校欢迎神职人员回来当教师。诚然，维希政府领导皮埃尔·赖伐尔对教士有矛盾的看法，天主教徒对德国为维希政府撑腰感到焦虑。但是，教皇庇护十二世保持了中立。于是，天主教和维希政府更自然地成了意想不到的伙伴。到 1945 年纳粹德国溃败时，天主教在法国和罗马的声誉已经崩溃。此外，天主教维希政府还受到反犹太主义的影响。当然，这一点从德雷福斯事件开始就在法国出现了。1940—1944 年，这是维希法国和法国沦陷区的通敌者的共同立场。因此，当戴高乐在战争结束掌权时，不仅致力于恢复法国的声誉，而且还重建了天主教会。在随后新的法、德天主教联合体中，教会将再次自我革新。

德国普世政治的根源，克服不宽容

正如我们所见，法国基督教民主对街头的激进主义进行了宗教检查，因为中产阶级天主教法国不允许再次陷入混乱，否则会有重大损失。第二次世界大战后，德国也在天主教徒和路德教徒的支持下建立了强大的基督教民主。事实上，这种天主教—路德派的伙伴关系是稳定的，足以在之后与德国社会主义者结成一致的"大联盟"，得到世俗主义和加尔文主义的支持。与法国一样，德国政党政治的基本结构仍然是宗教，早些时候给稳定制造了难以解决的障碍。自宗教改革以来，德意志各国再次出现宗教分歧，奥地利被迫充当德语世界里占少数的天主教徒的守护者。

到了 1869 年，德国的宗教参与度急剧下降。令人震惊的是，德国只有约 1% 的工人阶级教会成员参加周日的礼拜。普鲁士大范围缺失神职人员，移民放松了对教牧的忠诚，城市化让物质追求高于精神关怀。接下来的一年，在意大利和法国天主教复兴的鼓舞下，梵蒂冈宣布教皇绝对正确的信条，挑战欧洲的新教。反宗教改革再次开始。宗教有可能成为欧洲解体的新因素。俾斯麦一向是机会主义者，他利用反天主教的情绪来吸引国内自由派的支持，从而恢复宗派主义。他利用种族和宗教偏见煽动人们反对居住在东普鲁士的 250 万名信奉天主教的波兰人，引起了巨大分歧。

这是俾斯麦臭名昭著的反天主教"文化斗争"。统一德国的自由主义者反对俾斯麦的容克贵族保守主义，但他们和俾斯麦一样抗议"专制主义"和"奴隶制"，据说这两点与罗马教皇必胜论相伴而生。与此同时，俾斯麦的分而治之策略失控，因为他攻击了天主教、在德国的外国团体、社会主义者和左倾自由主义者。俾斯麦在德国统一的三次战争中，没有把对外国敌人采取的民族主义用在他与国内敌人的冲突中。事实上，许多德国人反对污名化波兰和阿尔萨斯－洛林的天主教徒。同样，俾斯麦关于马克思主义者和社会主义者是危险的无神论者的言论，并没有引起恐慌。1890年，俾斯麦向新德皇威廉二世提出辞职，德国放弃了反社会主义和反天主教。至此，德国已经足够世俗化，可以避免宗教宗派主义。

随着文化斗争的失败，德国的天主教徒恢复了地位。事实上，在第一次世界大战期间，天主教徒与新教徒并肩作战，取得的成就得到了所有人的认可。在法国十分突出的神职人员分歧，在德国则没有那么明显。相反，德国在1918年末进入了马克思主义革命。受俄国的启发，许多左翼的世俗党派为战后百废待兴的德国而努力奋斗。德国的少数犹太人口（1918年约为1%）在1871年获得了平等的法律地位，但他们在1918年之后的政治旋涡中受到越来越多的歧视，有人抓住"背后捅刀"理论指责他们要为战败负责。

到了1919年1月，在女性获得选举权的情况下，民主党在德国国民议会选举中获得70%以上的选票。极端政治在德国曾一度被边缘化，但宗教怨恨的余烬仍在燃烧。社会民主党以38%的得票率成为最大党，这是它最为成功的一次选举成绩。这个社会主义主导的世俗政府起草了《魏玛宪法》，一直使用到1933年希特勒掌权。天主教徒在魏玛政府中获得了高级职位。相比之下，没有霍亨索伦或俾斯麦的支持，新教教会失去了地位。但任何可持续的德国政治力量，都需要新教徒的支持，仅仅让社会主义者和无神论者满意是远远不够的，希特勒明白这一点。

对欧洲来说可悲的是，德国的新教徒和天主教徒之间的创造性竞争，曾经为韦伯的"资本主义精神"注入了活力，而现在却面临着资本主义的全面崩溃。基督教作为德国统一的力量，对这个绝望和贫穷的非教会信徒国家没有益处。相反，德国人会转向世俗法西斯主义的扭曲思想，一种既不是资本主义也不是社会主义的泛欧洲主义。

希特勒与基督教绥靖政策

希特勒和墨索里尼一样，都以罗马天主教徒的身份出生和长大，但两人都没有任何宗教倾向。德国有 58% 的新教徒和 32% 的天主教徒，任何表现突出的宗教信仰都会对获得民主支持产生反作用。在 1933—1934 年，希特勒致力于包容德国基督教传统的两个分支，命令纳粹冲锋队官员参加教堂仪式，与天主教会签署协约，并创建了一个新的帝国教会来监督各个新教教派。

1933 年，三分之二参加普鲁士会议的新教徒穿着纳粹制服。一个新的帝国主教职位被设计出来归集新教徒的支持。事实上，新教教会与德国早期的民族主义有关。他们在魏玛时期支持保守党，起到了与法国天主教徒相当的反动作用。与此同时，德国天主教会的权力更小，分布更集中，因此更容易被纳粹控制。1933 年的纳粹—天主教协议确保了梵蒂冈承认德国的纳粹政府，作为回报，德国同意不插手教会事务。基督教徒对希特勒和纳粹主义的反对，对迫害犹太人的反对，都是零散的。这一可疑记录产生的影响，一直持续到今天。例如，以色列反对将战时的教皇庇护七世封为圣徒，而由本笃十六世开始的赐福仪式也陷入停滞。教皇方济各暗示，他正在努力寻找前任的圣迹证据。应该指出，本笃十六世是一位德国教皇，他自己的战时表现记录也存在争议。

因此，德国教会在反对纳粹主义、法国维希政府和罗马法西斯主义的声音中保持沉默，在此情况下，1945 年之后基督教（尤其是天主教）在欧洲的复兴如此迅猛或许令人惊讶。这是恢复欧洲一体化的一个关键因素。这是怎么发生的？法国取得了关键的发展，经久不衰的天主教再次成为一个统一主题。

天主教的弹性与实用主义：戴高乐与舒曼

1945 年以后，欧洲的天主教表现出非凡的恢复力，正如其在 1815 年之后的表现。这表明，数百年的改革辩论加上广泛的世俗主义，已经让神职人员决心重塑自己。天主教与韦伯创造性的新教资本主义合作，在 20 世纪 50 年代及之后法、德的最终和解中发挥了至关重要的作用。

在受到维希政府的毒害之后，教权主义于 1945 年在法国强势兴起。在 1830 年、1871 年和 1880 年的法国危机之后，与右翼独裁和不宽容联系在一起的天主教会失去了影响力，1945 年却重振了活力。伏尔泰可能早在 18 世纪就嘲笑过天主教会，然而法国的教权主义却不容小觑。爱弥尔·左拉在 19 世纪 90 年代是反教权主义、反犹太主义、反共和主义的，但在生命的最后时刻接受了天主教。不过，罗马因为德雷福斯事件永远不会原谅左拉。左拉曾 20 次试图赢得选举进入有声望的法兰西学院，但总是被宗教因素阻挠。在法国"自然神论"革命 100 年后，教会仍然控制着法国的权势阶级。

1945 年，正如我们所见，法国期望自由法国的领袖戴高乐将这个战败的国家重建为名义上的民族主义天主教国家。戴高乐的宗教背景是他实施中间偏右的民族主义政治的主要原因。他曾在天主教学校接受教育，后来又去了巴黎的圣灵感孕耶稣会，这所学校凭借私人信托公司的身份无视宗教教育的限制。在关于德雷福斯事件的重要牧师辩论中，戴高乐同情的是军方，而不是德雷福斯。后来，天主教徒在 1944—1946 年的戴高乐临时政府中担任了三分之一的高级职位。值得注意的是，戴高乐本人成为自 19 世纪 70 年代以来法兰西共和国第一位信奉天主教的国家元首。但在 1946 年 1 月，他错误地估计了自己不可或缺的程度，以退为进，突然宣布辞职。于是，他一直被放逐在政治权力之外，直到1958年第五共和国成立之前；不过，他的天主教人民共和运动党（MRP）在内阁仍有大量代表。

基督教民主主义政党，被描述为"天主教徒和共和国之间的和解"。该政党作为戴高乐的政党获得了法国退伍军人的大力支持。起初，这些老兵反对总理皮埃尔·孟戴斯－弗朗斯与联邦德国一起努力推动欧洲一体化，转而支持法国的狭义天主教民族主义。此外，他们在1954年反对欧洲防务共同体（EDC）的提议，担心盎格鲁－撒克逊人继续在军事上压制有独立思想的法国。幸运的是，戴高乐重塑法国战争格局的努力帮助了天主教会。从1944年起，天主教在法国战时抵抗运动的贡献受到了赞扬。在欧洲防务共同体计划失败后，MRP中的法国天主教徒转而提出了国防军计划。

孟戴斯－弗朗斯是一位亲英的犹太总理，与共济会的反教势力有联系，成了戴高乐主义的MRP和法国政坛宗教势力的众矢之的。此外，他在1954年组织法国从中南半岛的最后撤军，触碰了MRP的殖民敏感点。他对犹太教和英国的双重重视，不太可能在天主教法国获得支持。此外，他还打乱了法国政界中一个长期强大的压力集团——军队，后者是戴高乐支持力量的腹地。毕竟，戴高乐将军首先是个军事领袖。他在战后英国或德国政界中没有明显的对手（丘吉尔在第一次世界大战前是内阁部长）。事实上，法国政坛的这种军国主义渐渐让法国与英国、德国区分开来。例如，让－玛丽·勒庞的右翼政治信誉，很大程度上归功于他在中南半岛的战绩和在阿尔及利亚问题上的参与。事实上，在非洲和中东的军事冒险是法国治国方略的一个突出方面，1945年后德国人容忍了这一点。

因此，天主教和戴高乐主义的观点仍然是民族主义的。民族主义权威对孟戴斯－弗朗斯这样的非天主教徒持怀疑态度。戴高乐的天主教民族主义使他一开始反对欧洲一体化。当时，他在《罗马条约》签订后成为法兰西第五共和国的第一任总统。与此同时，其他天主教徒更加务实。此外，对于不那么宗派主义的法国人来说，舒曼计划中的联邦制提供了两个世界的最佳选择，国家认同感在集权的欧共体的保护伞下得以保留。事实上，罗贝尔·舒曼是这种非宗派天主教的象征。在 1919 年阿尔萨斯－洛林易手之前，这位 20 世纪 50 年代的一体化建筑师实际上是一名德国公民。然后，他作为 MRP 的基督教民主党人领导了早期法国的欧洲经济共同体谈判。

但是，舒曼能够把法国所有的天主教观点都统一起来。在 1954 年召开的天主教国际组织会议上，他向党内的民族主义天主教徒保证：

关键要保持文化丰富的民族多样性，并且不能创造一个新的、跨国的怪物，它会将自己的想法强加在众多的民族主义小怪物身上。

这种形式的权力下放，是为了让天主教支持欧洲一体化而做的妥协。同时，舒曼在法国教权主义和反教权主义这两个对立势力之间促成了妥协。法国及时地围绕欧洲一体化达成了共识，因为法国（像联邦德国一样）面临着无神论苏联社会主义的"威胁"。事实上，对于战后的法国来说，考虑到苏联人的逼近和法国共产党在选举中的表现，社会主义接管法国成了长期的焦虑。在苏联与西方展开经济竞争之际，来自苏联的这一致命挑战是天主教法国和天主教路德派德国进一步凝聚的原因。这种反社会主义的欧洲宗派主义是伙伴关系的另一个来源，第三势力英国也再次被排除在外。

一些法国天主教观察家甚至把舒曼的欧洲一体化计划视为一个机会，可以以天主教为基础打造一个重获新生的"希腊－拉丁文明"。这样的大国可能会再次抵挡住东方"野蛮亚洲"的全部力量。这产生了长远的历史影响。

欧洲的基督教民主为这两个欧洲大陆强国提供了强大的支撑。然而，在其他地方，20 世纪 50 年代法国教士运动的一些成员继续认为，德国总理阿登纳和他的德国天主教徒不是天主教法国的正确伙伴，即使有舒曼的联邦制衡存在。德国天主教沾染了普鲁士"虔敬主义过度"的污点以及与法国天主教维希政府的邪恶联系。这些法国天主教徒建议,与欧洲政治的腐败旧世界彻底决裂。他们采取了一种更加大西洋主义的方法,尤其是在防御方面。此外,感召力十足的阿登纳却被法国许多教士所怀疑,虽然他们有着共同的信仰。有人担心法国可能会再次与俾斯麦或里宾特洛甫这样的人结盟:阿登纳似乎支持法兰西帝国迅速解体,并与不信教的苏联建立更密切的联系。

戴高乐遇上阿登纳:基督教民主与欧洲统一

1958 年 9 月,戴高乐和康拉德·阿登纳首次见面,当时正值阿尔及利亚危机前后,法国国内局势陷入紧张,但和解的精神也存在。阿登纳出乎意料地被邀请到戴高乐的私人住所,两位领导人立即热络起来。阿登纳比戴高乐大 14 岁,两人在战争中的经历也大不相同,但他们都来自靠近法国边境的莱茵兰天主教地区。阿登纳出生于 1876 年,能够记得俾斯麦的"文化斗争",当时他的家庭遭到普鲁士新教徒的迫害。在成为科隆市市长之前,他曾是魏玛共和国中央党的主要政客。戴高乐后来回忆道:"我们都明白,欧洲不能没有我们的意见。"

此时,戴高乐对一些法国基督教民主党人继续渴望与盎格鲁-撒克逊的伙伴关系感到非常失望,因为法国被排除在美、英"特殊关系"之外。与此同时,随着去殖民化进程的加快,天主教对维系法兰西帝国的担忧也不再紧迫,尤其是在阿尔及利亚。简而言之,基督教民主在法国和德国将是一种持久而灵活的意识形态。它后来将影响《爱丽舍宫条约》。在共同的莱茵兰天主教背景下,这两个新朋友开始追求韦伯充满活力的新教资本主义。

但是,想要通过这种基督教民主伙伴关系实现一体化,需要的不仅仅是一个联邦德国的阿登纳。他有幸领导了一个近代德国历史孕育出的政党。事实上，随着右翼政党的合并，德国在1945年后重建了右翼基督教政治，其中有跨教派的基督教民主联盟（CDU，简称基民盟）及其天主教巴伐利亚人民姐妹党派基督教社会联盟（CSU，简称基社盟）。基民盟为天主教徒和路德教徒腾出了空间，但鲜少吸引德国加尔文主义追随者，后者加入了政治左派的无神论者。但在1945年之后，基民盟与更加成熟的社会民主党自愿共存。社会民主党为德国世俗化的社会主义提供了一个政治平台，有时与宗教性的基民盟–基社盟结成"大联盟"。事实上，这些德国大联盟得到了路德派和加尔文主义者的支持，利用了韦伯所称赞的创造性新教资本主义。2017年极右翼势力在德国重新出现，结成大联盟变得更具挑战性。德国社会民主党和加尔文–世俗主义德国勉强对抗默克尔和她的基民盟。但在2018年经过数周的谈判后，大联盟得以重建，再次反映出德国反对极端主义政治的共识。

　　欧洲的基督教民主带来了令人瞩目的稳定。它得益于广泛的人口基础：天主教代表了90%的法国人和30%的德国选民，而路德派信徒又代表了德国30%的选民。这种源自戴高乐法国和阿登纳德国的宗教政治，是另一股推动欧洲一体化的力量，而英国在其中没有扮演任何角色。考虑到教会的历史，这并不奇怪。毕竟，英国宗教改革的重点在于发起一个民族主义的新教—天主教（英格兰圣公会）运动。英格兰圣公会源于教皇时期欧洲的交流。圣公会尽管间或因宗教不宽容受挫，但其混合起源意味着它可以在宗教领域发挥作用。与此同时，欧洲的宗派基督徒和世俗宗教政治仍然与英国议会制度格格不入。

工党、英格兰圣公会和欧洲

　　英国一如既往地与众不同。宗教影响了英国政治，但并没有占据主导地位。英国避免了出现在法国和德国的世俗—宗教紧张关系，将少数天主教人口纳入了保守党的高教派圣公会。诚然，托尼·本恩等人在英国左翼政治中发现了一个更为突出的基督教元素。这与法国和德国的世俗左翼政治主导形成了鲜明对比，后者的宗教信仰与政治权力联系在一起。

然而，即使在英国，独立工党及其继任者工党的世俗主义也显而易见。费边主义者、凯尔·哈迪、拉姆齐·麦克唐纳、西德尼和比阿特里斯·维伯、萧伯纳等19世纪末至20世纪初英国社会主义的领军人物，都受到了自然神论、无神论或不可知论的传统影响。具有传奇色彩的本恩等人的平等主义政治思想，在早期社会主义思想中根深蒂固。令人惊讶的是，克莱德赛德造船工人、诺丁汉矿工和约克郡钢铁工人的宗教仪式感很低，德国的工业工人和法国北部的无产阶级也是同样的情况。简而言之，任何宗教组织的信条都没有欧洲世俗化更具统一性。

西方工会对平均主义、社会保障、和平主义采取的伦理立场体现了基督教教义，但是，只有通过摒弃宗教组织机构，欧洲才能围绕左翼政策团结起来。可悲的是，1914年的事件表明，这种新的统一工会主义以及随之而来的各种"国际组织"，并不是以老式的宗教方式组建起来或得到资助的，它们没能将统一倾向转变为外交解决方案。

英国当然缺乏基督教民主。相反，作为英格兰圣公会的政治代表，保守党是一种独特的政治生物。正如我们所见，帝国的遗产对保守党外交政策的影响，是法国和德国的基督教右翼政党可能形成的任何泛欧主义都无法比拟的。丘吉尔的欧洲合众国旨在排除英国。即使是最欧洲化的托利党人，比如有犹太背景的里奥·艾默里，也认为帝国是卓越非凡的。在苏伊士运河事件之后，几乎无人反对麦克米伦关于英国的"帕特农神庙"和美国的"古罗马广场"的设想。与此同时，英格兰圣公会在英国以外的最强影响力并非体现在欧洲，而是体现在美国和英联邦。这进一步巩固了大西洋主义。

在英国，英格兰圣公会的魅力从来没有达到足以影响政治辩论的地步，尤其是对左翼政治。事实上，工党掌权是战后英国在欧洲道路上做出的至关重要的决定。早期，随着艾德礼的改革派工党政府掌权，英国教会似乎也参与了这场辩论。尤其是欧内斯特·贝文，一位在工会创建之初就已去世的浸礼会教徒，他在 1948 年提出一个西方联盟的设想，以之作为加速欧洲一体化的工具。根据贝文的说法，这是为了把统一的欧洲重建成"基督教世界"——自宗教改革以来就存在这个问题重重的欧洲愿景。

英国外交大臣贝文向美国国务院的乔治·马歇尔力荐"一种西方精神联盟"。贝文的担忧主要是对社会主义的恐惧，同样的恐惧在基督教民主派法国和联邦德国激励着欧洲一体化。但他的"精神"创新并不是特别具有基督教性质，它纯粹是反无神论的，试图利用世界各个宗教进行远征，这些宗教曾在 1939—1945 年联合起来打败了无神论的纳粹德国。与此同时，贝文领导的西方联盟不允许产生危害英、美"特殊关系"或损害英联邦贸易文化联系的重大风险。在这些地区，圣公会通过英国和美国的圣公会教徒及其他教会信徒保持着强大的力量，都与坎特伯雷会议有关联。

法国和联邦德国的基督教民主超越了原有的宗教改革分歧，跨越了天主教和部分路德教会。但在英国，人们怀疑基督教是否能将反苏联基督教派别联合起来。正如我们所见，宗教改革以来英国基督教的发展，让不同的阶级和文化派别得以参与到精神层面来。但是，这种分裂意味着英国难以让整个教会统一目标。与此同时，在 19—20 世纪统治欧洲的世俗主义和民族主义，在两次残暴的世界大战中使欧洲大陆一败涂地。

欧洲一体化计划还有吸引英国决策者的其他方面。它可能有普世的好处，吸引了英国 275 万人的天主教少数派。英国天主教徒更倾向于与欧洲基督教民主联盟一起雄心勃勃地建立联邦欧洲。同时，对于英格兰圣公会来说，它寻求更多的是一个"统一的欧洲"而不是"欧洲合众国"。因此，在 1947 年的坎特伯雷会议上，费舍尔大主教说，一个统一的欧洲将吸引

"所有希望看到不需要任何一个政治解决方案就能在某种程度上恢复欧洲悠久文化传统的人"。从法国和德国基督教民主党人的角度来看，这种相当模糊的设计，不太可能有吸引力。这显然与莫内和舒曼在法国所追求的联邦制相去甚远，后者通过欧洲煤钢共同体和 1957 年的《罗马条约》推动了实质性的变革。

在其他地方，正如我们所见，英国已经拿走了马歇尔计划 25% 的资金。同样，英国越来越依赖美国经济来应对英镑危机和相关的去殖民化问题。美国控制的北约是一个跨国组织，可能会限制英国的国防开支。这使得贝文的西方同盟计划显得多余。英国教会和英国政府拒绝了基督教民主主导的一体化进程。当然，当时艾德礼的工党政府需要去推进一个艰巨的国内改革和去殖民化议程。欧洲右倾的基督教民主党人不太可能理解英国把集体主义、国家计划、国有化和国营全民医疗等作为优先事项。虽然威廉·贝弗里奇本人也参与了早期的欧洲一体化讨论，但他的战后重点是重建英国。

考虑到战后法国多届政府的左翼形象，艾德礼的英国激进政府内部对欧洲一体化的不满是具有讽刺意味的。但是，正如我们所见，法国的社会主义者和激进分子有着不同的优先事项，尤其是希望远离效忠苏联的法国共产党人。当然，后来艾德礼式的集体主义会篡夺《罗马条约》的基督教民主根源。讽刺的是，从 20 世纪 60 年代起，在沃尔特·哈尔斯坦和后来的雅克·德洛尔的领导下，欧共体委员会的政策本应从艾德礼的工党那儿受益。

艾德礼政府也怀疑欧洲一体化计划是由温斯顿·丘吉尔发起的。丘吉尔这位战时领导人有英格兰圣公会高层背景，与欧洲基督教民主党关系更为密切。事实上，在 19 世纪，英格兰圣公会通过牛津运动等活动与英国天主教建立了伙伴关系，使天主教与英格兰圣公会更加兼容。然而，在英国——尤其是苏格兰——的任何欧洲统一计划中，更为正统的新教观点仍然难以与罗马天主教统一。与合并后的联邦德国的路德－加尔文教会相比，英国在这方面的困难更大。与此同时，英国工党仍然憎恶联邦制。工党拒绝了基督教民主文化占压制性地位，甚至把权力下放给了世俗的社会主义英国政府。

此外，英国工党将横跨英联邦的"国际主义"概念视为压倒一切的优先考虑。这可能会促进和平与经济繁荣。自 1947 年印度独立以来，工党迅速推动去殖民化，这将使更多的前大英帝国成员加入英联邦，这对英国的世界形象和英镑区的前景至关重要。1948 年，英国前财政大臣休·道尔顿在工党关于可能建立欧洲合众国的辩论中，将英联邦和英格兰圣公会优于欧洲事务的论点提上了台面。他认为，英联邦国家会让你"觉得像在家一样舒适自在，如果你不去一个与海外英国社区截然不同的外国，你就无法体会到这种感觉"。

一些人认为，艾德礼在其多年的改革中缺乏欧洲远见，让英国错失了与法国和联邦德国建立统一欧洲的机会。但是，艾德礼政府反映了当时的情况。英国正在面对世界上最大的现代帝国的解体，这是在两次世界大战中付出惨重经济代价赢得胜利带来的后果。大西洋主义提供了一种盎格鲁－撒克逊伙伴关系，为打击布尔什维克主义的威胁提供了安全保障和财政援助，同时搭建了一个平台，以建立一个独特的英国式的"一国社会主义"。艾德礼不得不与一个与罗贝尔·舒曼和康拉德·阿登纳的基督教民主格格不入的教会和政治机构共事。如果西欧转向社会主义，以世俗和国际主义的形式建立欧洲合众国，那么 1945 年的工党可能就会表示支持。但是，艾德礼政府——用欧洲术语来说——是"英国特殊主义"的另一个例证。

欧洲的新天主教霸权，同样的英国问题

正如我们所见，基督教民主在建立法、德同盟方面发挥了重要作用，

推动了《罗马条约》后的欧洲一体化进程。因此，欧洲一些新教徒发现了欧洲统一体中的"耶稣阴谋"就不足为奇了。与此同时，欧洲内外的穆斯林都抱怨存在一个更为普遍的"基督教俱乐部"，它让土耳其牢牢地留在了自己的位置。

教权主义在很多重要时刻都出现在泛欧政治中。例如，雅克·德洛尔不同寻常地将法国社会主义与虔诚的天主教结合起来。他说基督教是"欧洲的心脏和灵魂"，而教会是"正义与和平的专家"。此外，在担任欧盟委员会主席期间，他目睹了柏林墙的倒塌、苏联的解体，以及天主教在东欧各国的复兴，现在这些国家已经放弃了无神论。事实上，波兰、罗马尼亚和民主德国（现在都在欧盟内）的天主教徒，在颠覆自己的国家政权方面发挥了重要作用。这一结果受到德洛尔和其他重要天主教人士的欢迎，在扩张的欧盟内扩大了天主教信徒队伍。

在这些新加入欧盟的东欧天主教国家中，波兰是最大的一个，该国在2004年欧盟扩张时与其他9个国家一起加入。波兰的天主教，虽然在华约统治时期长期转入地下，但仍然保持着旺盛的生命力。事实上，波兰教皇约翰·保罗二世于1978年被任命为1523年以来第一位非意大利人教皇，让天主教在欧洲和世界范围内受到了更多关注。1980年，教皇约翰·保罗二世访问祖国波兰后不久，团结工会运动就在波罗的海岸边的格但斯克造船厂爆发了。

对团结工会运动的镇压，以及一位在全世界都有巨大公众影响力的罗马教皇的存在，对在华约集团内部削弱苏联方面发挥了重要作用。到了1989年，在"天鹅绒革命"之后，一个团结工会领导的政府在华沙掌权。波兰随后选出了右翼和更左翼的联合政府，然后加入了欧盟。作为一个拥有3800万人口的国家，它将成为欧盟成员国人口第六大国。

我们目前还无法确定2004年依照德洛尔的建议大规模扩大天主教信徒人口将在多大程度上重振欧盟的天主教，但是，在波兰加入欧盟的第二年去世的教皇约翰·保罗二世生前认为东欧国家是基督教民主复兴的先锋。此前，在科尔和密特朗等人的领导下，法、德的教权主义活力似乎逐渐减弱。因此，到了 1997 年，约翰·保罗二世根据《圣经》的内容，就欧洲一体化问题向波兰、德国、匈牙利、捷克共和国、立陶宛、斯洛伐克和乌克兰（除乌克兰外现在都是欧盟成员国）的领导人发表了讲话，他宣称："除非有一个精神共同体，否则欧洲就不会统一。欧洲认同的框架是建立在基督教基础上的。"

当然，人们很难指望教皇会低估天主教对欧洲的重要性。但是，教皇约翰·保罗二世的领导魅力，以及他在结束冷战中发挥的关键作用，无疑抑制了法国和其他地方的反教权主义。教皇相当保守的社会政策信念并没有影响到这一点。

今天，随着欧洲人民党（EPP）在布鲁塞尔的欧盟总部和斯特拉斯堡的欧洲议会大厦的成立，基督教民主在欧盟有了一个政治载体，可以凝聚右翼基督教徒的支持。2014 年，在让－克洛德·容克担任主席期间，欧洲人民党在 28 个欧盟专员职位中占据了 14 个。欧洲人民党的成员来自除英国以外的所有欧盟国家的政党，英格兰圣公会保守主义与欧洲基督教民主依然脱节。现在英国的宗教"特殊主义"很可能会继续存在于欧盟之外。与此同时，欧洲人民党也面临着来自东方天主教国家的威权主义挑战。这是马克龙在警告欧洲面对新一轮东西内战时强调的威胁。毕竟，法国有独特的能力提供关于欧洲天主教—世俗主义分歧挑战的建议。

结　语

在我们探讨的1648—2018年的370年时间里，欧洲一体化发展依靠的力量是不那么正式的互联性，后来演变成了条约，而最近则是对建立欧洲宪法的尝试。欧洲三大主导力量法国、英国和德国（以及之前的德语国家）之间的差异，让我们得以洞察巩固这种互联性的不同途径。然而，这些语言不同的大国的历史和文化表明，欧洲联邦主义者在寻求建立欧洲合众国这样的体制时面临着挑战。语言、历史、文化、宗教、政治制度、实践、帝国、民族、移民、战争和革命都起到了作用。

这些独特的历史表明，忽视民族特殊性的超民族主义，将难以克服遗留下来的民族主义。尽管英国脱欧只是代表了三大国中最怀疑欧洲一体化的人的反应，但它也警示了"一体适用"的欧洲仍然是虚幻的。

然而，尽管民族主义在法国、英国和德国经久不衰，欧洲一体化这种对欧洲统一的长远观点证明了联邦主义者是有动力的。在欧洲，战争、冲突、债券和货币危机、殖民遗留问题、移民和环境等问题，带来了越来越大的风险。随着民族国家的失败风险增加，结盟和一体化变得更加理性和必要，关于欧洲和平、超民族主义和经济学的作家们支持这种想法。忽视这些实现一体化的长远力量会助长另一种形式的欧洲幻觉，这种幻觉正是极端英国脱欧者所追求的，他们希望重建早前有大英帝国的荫庇时维持的过时体制。

事实上，在我们探讨的历史时期中，有过许多制定欧洲宪法、拒绝民族主义和宗派主义的理想主义尝试。在毁灭性的欧洲战争之后发生了这些跨国的努力。正如我们所见，法国的亨利四世经历了 16 世纪最严重的宗教战争和帝国竞赛，威廉·佩恩反对路易十四的专制和欧洲野心。康德和圣西蒙在法国大革命和革命战争的阴影下写作，对他们来说，拿破仑的"反基督"形象威胁着整个欧洲。最后，在 20 世纪，白里安、库登霍夫·卡勒吉、阿登纳、莫内和舒曼都经历了世界大战。他们逐渐意识到，现代战争技术蔓延到全球已经使西欧的战争触碰了底线。即使是英国人，在比较安稳的时期也认可这种评价，并同意需要采取措施。

但是，让欧洲一体化进程复杂化的是各国的"特殊性"。法、英、德三大国走向互联互通的道路相当独特。曾几何时，法国和英国自称是"自由"国家，反对普鲁士、俄罗斯和奥地利的"保守"专制本能。在三大国这三种力量中，自由放任经济学与重商主义作斗争，而欧洲帝国则扮演着不同的角色。重要的是，英国对帝国的依赖比法国更严重，对于法国来说，欧洲帝国的重要性总是高于欧洲以外地区。也许，伏尔泰为法国主张的查理曼大帝的遗产——拿破仑参考的典范保留了法国的欧洲本能。同时，尽管去宗教的积极性下降了，但围绕天主教、路德教、加尔文教和圣公会的宗教分歧帮助界定了国家间的差异。

帝国遗产给欧洲的旧殖民国家带来了更多的挑战。最近一段时间，欧洲与近东、中东和北非的老"殖民地腹地"之间的紧张关系，给寻求安全的欧洲国家带来了共同的挑战。"9·11 事件"、美国的"反恐战争"和 2011 年的中东地区动荡，都推动了集体安全。在欧洲国内，20 世纪 90年代，欧洲的基督徒与穆斯林的紧张关系在巴尔干战争中重新燃起，并因兴起的伊斯兰原教旨主义、叙利亚移民以及与埃尔多安的土耳其的紧张关系而转移为另一种焦虑。发人深省的是，英国脱欧公投中的"留欧"活动人士，强调了独立自主的风险和互通互联的安全带来的好处。虽然英国作为一个中等规模的单一国家在过去可能管理良好，但亲欧盟主义者认为欧洲一体化这种团结统一的势头现在已经不可抵挡。此外，尽管英国试图"分而治之，各个击破"，但自2016年6月英国脱欧公投以来，欧盟其余27国在英国脱欧谈判一事上表现出了显著的共识。就像过去一样，英国希望与荷兰、北欧国家或东欧经济较为自由的国家建立有意义的伙伴关系，但希望常常破灭。相反，法国对各国一致捍卫单一市场、人员自由流动以保护拿破仑式欧盟法规的呼吁，再次得到了响应。事实上，欧盟的行动具有许多类似欧洲合众国的特征。对英国而言，脱离这些法律和宪法制度似乎更接近于脱离民族国家，而不是欧洲关税同盟。右派的尼尔·弗格森在辩论中注意到了这些难题，他认为这更像是一场"离婚"，类似于英格兰国王、爱尔兰国王亨利八世在1532年摆脱教皇统治下的欧洲。考虑到离开的经济成本，2016年英国离开欧盟遭到了反对，在弗格森看来，欧盟的对抗和英国脱欧过程中的僵化似乎反映了"法国和德国政治精英"的野心，他们渴望一个"联邦欧洲"。于是，英国脱欧显得"不可避免且必要"。

英国的脱欧谈判揭示了几十年来围绕欧盟积累到一定程度的监管规则和经济规则。已有的单一市场和欧洲关税同盟等概念，加上细致入微的架构，让英国撤出欧盟的种种举动令人费解。对一些人来说，这样一个组织，在经历了本书中思考过的所有错误开端后，取得了推动真正一体化的惊人成功；制度安排只反映了一体化的基本力量；欧盟是让各国从规模经济和互联互通中获益的脚手架。对另一些人来说，它反映了欧盟议程中无声的"使命发展"，从欧洲煤钢共同体到欧洲关税同盟，再到充分运行的国家，但也背负着常年的"民主赤字"负担。

例如，单一市场的影响范围足以扼杀国家决策。在这种情况下，国家援助规则影响到主权国家的政策议程，破坏了在铁路、水务公司和艾德礼认为的"经济制高点"等方面重新实现国有化的自由。无论哪种解释都有吸引力，自1973年加入欧共体以来，英国一直在自己的"欧洲幻觉"下艰难前进。2016 年的公投可以说是卡梅伦为赢得 2015 年英国首相大选采取的补充手段，但事实证明这次公投的重要性远远超过了 2015 年的全国民调。然而，全民公投中的争议本身就是狭隘和肤浅的，反映出人们未能全面把握 1973 年之后以及当前欧洲一体化的发展。今天一些英国人仍然把欧盟称为"共同市场"。

然而，尽管建立欧洲合众国的力量在聚集，但是英国的民族主义已经证明很有恢复力。值得注意的是，英国在与《爱丽舍宫条约》缔约国为 2016 年全民公投做准备时，将重点放在了双边谈判上。这多少反映了政策制定考虑到三大国的动态机制。英国首相卡梅伦非常重视与德国总理默克尔的关系，并在公投的各个方面征求了默克尔的意见，但很少得到这位德国总理的支持。英国人也没有从法国总统奥朗德和马克龙那里得到多少支持。与此同时，法国在英国脱欧问题上加强了不妥协的态度，技术官员把重点放在了欧盟法律规定和实践的完整性上。与此同时，法国增强了国家野心。加强的《爱丽舍宫条约》伙伴关系，以及伦敦金融城在欧洲金融服务业脆弱的领头地位，鼓励了法国的雄心壮志。在其他方面，欧盟依靠各国政府的活力和民主合法性来解决问题，法国和德国在其中起了带头作用。最近一段时间，希腊债务重组、乌克兰民族冲突、气候变化谈判、全球金融危机后的复苏、与俄罗斯的关系、人口问题以及难民和移民危机，都需要欧洲各国领导人的参与。

本国的思想家

这种特殊性和互联性的共存，在欧洲思想家中表现得尤为突出。随着时间的推移，一个欧洲统一国家的思想渗入了其他国家的文化，影响了欧洲共同的身份认同。我们这一时期的欧洲思想，吸收了笛卡尔的演绎推理和洛克与休谟的英国经验主义。在普鲁士，康德在伦理学哲学中提出了与这两个学派相斗争的见解。在这篇关于欧洲一体化的论述中，即使是在最新的版本中，我们也看到了亚当·斯密、弗里德里希·李斯特和弗朗索瓦·魁奈都影响着全欧洲的相互联系。事实上，如果没有这些联系，《单一欧洲法令》、欧洲关税同盟和共同农业政策将难以存在。

但是，国籍决定了这些思想家在哪里的影响最大，因为理论是建立在对国内的观察上的。例如，斯密的"扣针工厂"位于早期英国工业革命的中心，现在他被印在 20 英镑纸币的背面。后来，李斯特关注德国关税同盟和保护措施，反对傲慢专横的英国制造商。魁奈和他的重农主义同胞们研究法国农业和经济角色划分的问题，反映了法国的封建。同样，法国丰富的社会主义思想也巩固了法国的集体主义和国有部门的主导地位。相比之下，英国通过工会推行社会主义，新自由主义的冲击淡化了这一努力，特别是自 20 世纪 80 年代以来。与此同时，在帝国联邦制和三个基督教教派的影响下，德国朝着一致的混合经济发展。令人印象深刻的是，德国总理艾哈德的新自由主义与社会民主党的社会主义传统并存，社会民主党是欧洲历史最悠久、最成功的社会党。

特殊事件

同时，欧洲的故事超越了思想史的范围，进入了哈罗德·麦克米伦所强调的"特殊事件，亲爱的孩子"阶段。麦克米伦非常清楚，阿登纳和戴高乐促成的天主教欧洲和解进程在 1963 年签订《爱丽舍宫条约》时达到高潮，欧洲正在发生意义深远的"特殊事件"。这项条约与欧洲丰硕的知识成就没有什么关系。这是和平与合作的共识。在本书涉及的 370 年历史中，以及更久之前，欧洲饱受战争和冲突之苦。第二次世界大战影响了阿登纳和戴高乐，他们的合作对欧洲来说是一个跨得太大的步子。两人都在冷战初期看到了暗淡的未来。欧洲大陆面对的问题对世界来说无关紧要，可以说，从古希腊青铜时代的爱琴文明起，它就从未遇到过这样无奈的情况。

三大国之间潜在的不相干关系引起了各国的反应，而这些反应能体现各国的经验。德国和法国可以回顾一下，在查理曼大帝的儿子——虔诚者路易去世后，以及在 843 年查理曼大帝的三个孙子签订了《凡尔登条约》之后，它们最初的帝国查理曼帝国是如何分裂的。几个世纪以来，法兰西人和德意志人分道扬镳，并在 20 世纪互相争斗，酿成了灾难。但是，共同的天主教信仰、重商主义和对苏联的厌恶，以及后来摆脱帝国主义的干扰，都是这两国的共同点。与此同时，"半脱离"的英国也常常是特立独行的。英国被最初的罗马帝国征服，却游离在查理曼的神圣罗马帝国之外。后来，英国展现出在欧洲的野心，在 1337—1453 年间与法国的瓦卢瓦王朝国王们进行了最初的百年战争。后来，亨利八世希望从加莱保留的桥头堡开始，在法国重建一个大英帝国。

后来，英国在欧洲大陆采取了"遏制"行动。英国的主要交往对象是它在北美洲和印度的孪生帝国。后面这两个强大帝国源于 1600 年英国东印度公司被授予的一项特许经营权，以及 1620 年"五月花号"的航行。相比之下，德意志国家没有大西洋海岸，但是进行了大规模的扩张，让神圣罗马帝国变得更复杂。在 1555 年查理五世退位后，德语和德意志文化在帝国占据着主导地位。与此同时，法国正在与制定了保护主义《航海条例》的海上强国英国进行第二次百年战争。美洲的法兰西帝国解体了，残留的地区在 1803 年的路易斯安那购地案中被卖掉。像后来的俾斯麦一样，拿破仑把他的"非洲版图"看作欧洲大陆。后来，由于普鲁士 1806 年在耶拿受辱，加之 19 世纪民族主义的推动，法、德加深了对欧洲霸权的关注。1870—1945 年的 75 年间发生的三次战争，意味着这一关注达到了顶峰。疏忽大意的英国缺席了第一次战争，但在后两次大战结束前加入，并且陷入了无力偿还债务的结局。

在欧洲事务上，法国仍然是最积极的国家。法国利用统一国家权力来增强经济实力。这个专注于整个欧洲的国家，在1950年后成为建立重商主义主导的欧洲的基础。这个引擎是一个混合经济体，源于柯尔培尔、魁奈和法国社会主义者。但是，法国的社会主义和国家的经济方向影响了所有的欧洲文化。事实上，英、法、德三国在20世纪都接纳了社会主义，而今天则转向了混合经济。在每个领域，国有经济占GDP的比例都在35%—50%。"社团主义"的法国仍处于高端，而"自由放任"的英国则处于低端。无论在欧盟内部还是外部，这种共同的混合经济都是某种形式的一体化。

凡尔登、松姆和亚眠

具有讽刺意味的是，英国脱欧公投后没几天就是不朽的松姆河战役100周年纪念日。事实上，英国在松姆的行动主要是为了让德国将资源和注意力从在凡尔登步履维艰的法、德身上转移出来。在1984年凡尔登战役的周年纪念活动上，赫尔穆特·科尔和弗朗索瓦·密特朗携手并肩，宣布他们"永远不会"在欧洲开战。然而，在松姆河上还没有类似的三个欧洲大国都参加的纪念活动。2018年5月，马克龙总统没有和特雷莎·梅及威廉王子一起参加盟军在法国亚眠取得重大胜利的100周年纪念仪式，这也说明了问题；100年前鲁登道夫所称的德军的"黑色一天"对马克龙来说，还不足以促使他回到出生地。相比之下，凡尔登战役这场可怕的对峙，丢掉了沙文主义和胜利民族主义，是一个适合法、德回忆往事的平台。1984年，密特朗和科尔重启法国和德国的关系，这种关系将向前看而不是向后看。建立这种伙伴关系是为了确保能使所有人从欧洲和平中受益。同时，英国的守夜活动孤独地纪念着发生在松姆和亚眠的战役，表现了民族的孤立和怀旧。可以说，它象征着英国在欧盟中不平等的三国集团中的形象。

到2018年11月第一次世界大战停战100周年之际，欧洲的纪念活动主题自然集中在马克龙和默克尔避免再次发生法、德战争灾难的共同决心上。与此同时，特雷莎·梅在白厅路上的阵亡战士纪念碑前举行的纪念仪式上留下了一个孤独的身影。当初，戴高乐曾在凡尔登与德国士兵作战，并在 1940 年惨败给德军装甲师，但他对战争的记忆要追溯到 1898 年在法绍达受到的英国人的羞辱；后来，这位将军与松姆河战役老兵哈罗德·麦克米伦的关系不尽如人意，最终的崩盘发生在 1963 年，法国羞辱性地否决了英国的欧洲经济共同体成员国资格；其后，没有一位英国首相与法国总统有过真正的亲密关系。同样，英、德关系即使在最和睦时也依然脆弱。阿登纳怀疑英国的意图，赫尔穆特·科尔与撒切尔夫人（德国总理称其为"那个女人"）的关系也很脆弱。尽管科尔和撒切尔夫人都是欧洲右翼出身，但撒切尔夫人对科尔的"欧洲合众国"热情不屑一顾。此外，撒切尔夫人还抱怨科尔在其错误的野心中误解了欧洲和美国之间的差异。对她来说，欧洲的幻想是这样的：

这一类比既有深刻的缺陷，又有深刻的意义。它有缺陷，是因为美国从一开始就建立在共同的语言、文化和价值观的基础上——这些是欧洲没有的东西。它有缺陷，还因为美国建立于 18 世纪，并在 19 世纪由于各种特殊事件，尤其是战争的必要性和结果，转变成了一个真正的联邦制国家。相比之下，"欧洲"是计划的产物。事实上，它是一个典型的乌托邦计划，是知识分子虚荣心的纪念碑，是一个无法避免失败命运的计划：唯一不确定的只不过是最终损害的规模有多大。

撒切尔夫人的观点渗透在英国传统的经验实用主义中。这牵扯到从特殊事件中学习，并怀疑自诩有推理能力的"知识分子"制订的宏大"计划"。撒切尔夫人的遗产是欧盟的单一市场。讽刺的是，在撒切尔夫人去世三年后，这个单一市场吸收了"人员自由流动"，正是"人员自由流动"对英国决定离开欧盟起到了决定性作用。早些时候，单一市场旨在鼓励欧洲摆脱传统的社团主义，接受英国的自由贸易和自由经济传统。到了 1988 年，撒切尔夫人担心由德洛尔赞助的法式社团主义将主导欧共体。在其 1988 年著名的布鲁日演讲中，她谈到英国没有"退回到国境内……却看到他们在欧洲层面上重新实施欧洲超级大国计划"。然而，只有结合英国的历史背景，人们才能理解撒切尔夫人认为自由贸易是实现欧洲和其他地区繁荣的最佳途径。毕竟，英国是工业革命的发祥地，也是一个拥有丰富稀缺资源的帝国。英国帝国主义支持跨国贸易和跨洋贸易，这是为了确保国际专业化和"比较优势"的成果。事实上，到了 19 世纪，自由贸易成为英国经济和政治辩论的主题，而法国和德国从来没有做到这一点。例如，理查德·科布登从兰开夏郡的"黑暗的撒旦磨坊"中认识世界，他认为自由贸易使欧洲国家加深了相互依存，从而避免欧洲战争。

与撒切尔夫人的帝国遗产形成鲜明对比的是，德国女政治家安格拉·默克尔从一个以德国旧"中欧"势力范围为中心的历史遗产中受到了启发。德国仍然向东关注着俄罗斯，现在目光又放到了更远的印度和中国的巨大"商业"出口市场。德国已经在东欧营造出自己是美国"耳目"的形象。虽然德国有一小支北约军事力量，但俄罗斯的注意点是德国在东方的经济实力。与此同时，在美国内部，法国被视为南欧事务上的一个有力盟友，尽管特朗普和马克龙之间不稳定的关系会有影响。

半脱离和"慢车道上的生活"

由于英国准备离开撒切尔夫人的单一市场，以及德国和法国将自己定位为美国青睐的欧盟国家，英国有可能从半脱离走向完全孤立。事实上，本书已经表明，半脱离政策很少能使英国对欧洲大陆免疫。值得注意的是，在英国试图置身于欧洲之外的时期，比如 1789 年、1871 年或 1938 年等时期，权力的平衡被重新配置，这要求英国后来以更昂贵的方式重新参与欧洲事务。我们已经看到，在孤立于欧洲的情况下，英国对帝国的追求或跨欧洲参与事务是更大的幻想。这两个势力范围相互影响。今天，在北爱尔兰边界问题或直布罗陀问题的背景下，欧洲帝国的遗留问题仍待解决。欧盟其余 27 国在处理这些问题时一致保护爱尔兰，西班牙也多少受到庇护，27 国表现得非常像一个联邦整体。一般认为，英国孤岛的光荣孤立，从来就没有真正实现过。即使是最具有帝国主义色彩的首相也承认这一事实，如索尔兹伯里勋爵和迪斯雷利。诚然，英国在 1973 年加入欧共体后就参与了欧共体事务，但通常是通过否决票来抵制"超民族主义"的。尽管在超民族主义进程中受阻，也没有在一体化方面取得进展，但欧洲从未倒退。与此同时，英国淡化法国、德国欧盟霸权的总计划，激励了欧盟的扩大。讽刺的是，这将东欧移民带到了英国，对公投结果产生了至关重要的影响。

然而，尽管英国方面努力稀释《爱丽舍宫条约》国家在欧洲的势力，但法、德伙伴关系仍是欧盟改革的关键。马克龙和默克尔再次成为欧盟的"引擎"。作为国家政治领导人，他们可以合法地降低欧盟的"民主赤字"。相比之下，无论是欧盟委员会主席还是欧洲理事会主席，都不能渴求民主合法性。事实上，在未来有关希腊救助、乌克兰军事危机或类似英国脱欧式挫折的谈判中，法、德两国领导人可能会代表欧洲发声。

与此同时，英国在一个由德国和法国主导的欧盟内部集团和美国之间扮演着桥梁的角色。然而，德国和法国完全有能力自己与美国保持双边关系。事实上，英国在没有德国和法国参与的情况下追求与美国的"特殊关系"，最近最突出的例子就是灾难性的伊拉克"反恐战争"，这场战争至今仍有影响。

此外，因为历史上都是古老的"保守势力"，"第四大国"俄罗斯与德国的关系比与英国的关系更为密切。虽然英国和苏俄在两次世界大战中名义上是同盟国，但它们在很长一段时间内是敌对帝国关系。随着大英帝国的消失，尽管英国和俄罗斯的关系仍然糟糕，但两国之间的旧冲突逐渐平息。不过，德国和俄罗斯在经济和战略上的共同点更多，尤其是俄罗斯天然气和德国汽车的贸易巩固了两国关系。相比之下，英国在这一战略关系上几乎没有什么可供欧洲参考的。

欧盟中的"绅士资本家"

由于在俄罗斯或美国周围几乎没有谈判资本，英国这个老牌帝国在欧盟之外的生活可能并不容易。英国的地位持续下降，联合国安理会常任理事国的地位似乎越来越名不副实。在 1945 年，英国首相丘吉尔还与罗斯福、斯大林坐在"三巨头"位置上，戴高乐还在接受丘吉尔的恩惠；而现在，英国正努力寻找自己的角色。伦敦金融城作为英国最强的谈判游说团体，在英国脱欧辩论中占据显著地位。这表明，英国可能会转而依赖帝国及伦敦金融城的经纪与代理职能。

英国新的"绅士资本家"仍希望通过"护照"进入单一市场，从伦敦金融城以外的渠道为其欧洲交易提供融资、保险和对冲。英国成为欧洲技术中心的愿望可能会支持这一点，因为英国本身就有一批优秀大学的优势。但是这个平台也有附加成本，英国将付出 390 亿英镑左右的赔偿金，虽然不比德国的《凡尔赛和约》赔偿责任沉重，但它可能迟早会遭到怨恨，并成为不满者的焦点。在重新调整与欧盟的贸易关系时，英国希望缩小英国对欧盟的国际收支逆差，这一逆差到 2013 年已攀升至惊人的 650 亿英镑。

事实上，由于欧盟约 400 万个就业岗位依赖于向英国的出口，加上英国每年 90 亿英镑的欧盟会费，脱欧者希望英国能在与欧盟其余 27 国的谈判中掌握筹码。尤其是德国在出口方面似乎将有很大的损失，而且可能成为剩下的国家中负担过重的净出资国。然而，德国对失去向英国的出口并不感到焦虑。相反，德国政府相信在一个市场上的损失都可能在另一个市场得到弥补，尤其是在中国和印度。简而言之，英国脱欧谈判暴露了英国制造业的潜在弱点和对服务业的过度依赖，这些问题在很大程度上仍然是出于历史原因。在英国脱欧后，由英国的"绅士资本家"再次掌舵的英国项目，有可能在欧盟以外地区继续走弱。

正如我们所见，德国很久以前就专注于制造业和金融资本主义，甚至在 1914 年对欧洲的工业出口额就已经超过了英国。当然，在法国，英国的证券经纪文化是魁奈所推荐的健康经济做法所反感的。法国的精英外交官员发挥了国家的代理作用，但是，法国在整个经济领域都没有把代理作为一种生活方式。虽然马克龙希望利用伦敦金融城的弱点，但法国的核心产业规划将继续专注于制造业，这就是柯尔培尔、拿破仑三世和戴高乐计划建立的重商主义法国。

把制造业委托给德国和法国，退出欧盟，回到经纪业和服务业，对英国来说风险重重。英国将没有代表出席欧元区会议，19 个（以及越来越多的）欧元国计划向更接近欧洲合众国的方向发展。欧洲央行的经济影响力将超过英格兰银行。英国将一如既往地继续与法国竞争，两国均力争国内生产总值排名世界第五。英国的人口和国内生产总值与法国大体相当，不过按面积计算还不到其一半。这部分解释了法国对农业的偏见，以及英国对移民增多的敏感。同时，在外交领域，法国可能会与德国一起加强与美国、中国、印度和俄罗斯的互惠互利。当然，法国技术官僚一直以来都有能力和外交手段。这一点从路易十四的宫廷、《拿破仑法典》、国际联盟和近年来欧洲委员会和理事会的"走廊"计划上都能明显看出。

英国没有免费午餐

我们注意到，半脱离对英国来说并不是什么新鲜事。自 1945 年以来，英国对欧洲的重大决策往往置身事外，通常在最后一刻才对变化做出反应，几乎没有谈判能力。早期的帝国和工业革命中遗留的先发优势，让英国维持了在欧洲的边缘地位。1918年和1945年之后，英国的民族主义重新被点燃。英国视自己为两次世界大战的胜利者，尽管代价包括丧失了帝国，以及经济的崩溃。到了1973年，英国经济跌跌撞撞地走向国际货币基金组织的救助（三年后实施），欧洲经济共同体为这个不情愿的欧洲人提供了一个重新调整自己世界角色的机会。但43年来，英国继续实行"退出"的半脱离政策。英国试图遏制欧洲一体化，只在自身重大利益受到影响时才出面。

现在，英国寻求商谈单一市场准入，但拒绝人员自由流动和欧盟的专家政治。即使有了欧盟的"离婚法案"款项，法国和德国也拒绝英国的挑三拣四。毕竟，法国和德国为欧元区主权救助做出了贡献。它们付出了时间和外交筹码来维系欧元区的运转。与此同时，英国将自己排除在欧盟谈判之外，无法与其他共同解决问题的国家（特别是欧洲经济与货币联盟成员国）发展强有力的外交关系。

这一直制约着英国发展与欧盟伙伴的亲密关系。例如，在1978年，欧盟委员会主席、前工党大臣罗伊·詹金斯，因其前同事拒绝加入汇率机制感到犹豫。詹金斯认为，英国工党首相卡拉汉的不情不愿，在法国总统吉斯卡尔·德斯坦对该项目的热情以及赫尔穆特·施密特的密切参与前相形见绌。这是因为"法国比英国自信得多。它们相信自己能成功，而我们却不能"。德斯坦和施密特在欧洲汇率机制项目内通过日常货币危机的磨砺建立了信任，随后在货币联盟问题上的科尔与密特朗也是如此。在未来，保持半脱离状态可能会让英国避免做出艰难的决定，通过避免冲突与更多的欧洲国家成为朋友。但是，这并不能发展出真正的影响力。早年英国在1648年后谈判达成的大多数欧洲和平条约中都表现突出，其中包括在乌得勒支、维也纳、凡尔赛和雅尔塔达成的普适条约；相比之下，1992年，当欧洲在为冷战结束和德国统一后的世界构建欧洲大陆的架构时，英国就在马斯特里赫特更多地讨论"退出"；后来，在布莱尔时代，有言论称英国将成为"欧洲中心"，但英国却因缺席欧元区被削弱了力量。更糟糕的是，在小布什的"反恐战争"中，英国与法国、德国分道扬镳。

现在，英国脱欧赋予了法、德引擎新的动力。但是，欧洲一体化计划仍然面对着很多像扩张和移民问题的挑战，法、德将一个"核心欧洲"带回了某种白人基督教民主欧洲视野。这可能在《罗马条约》最初的六个缔结国家之间实现，也许可以再加上西班牙、芬兰和其他一两个坚定的欧元支持国。英国脱欧可能会成为这种提炼的催化剂。但是，这意味着一个更加孤立的欧洲或许会基于种族和共同的神话回到欧洲身份认同的危险中。最近，马克龙做出警示，欧洲东西部间的"内战"加剧了人们对放弃扩张而转向"小欧洲"的担忧。他在推特上与特朗普就爱国主义和民族主义的含义展开的辩论，扩展了他对一个致力于拯救世界的欧洲的愿景。当然，这样的欧洲视角在本书讲述的故事中无处不在，它的基础是欧洲作为世界中心的问题意识，这一看法在两次以欧洲为中心的世界大战后遭到沉重的打击。没有这种文化领导意识，欧洲一体化将失去所需的发展动力。然而，对于许多人来说，这显得有点傲慢，表现了欧洲幻想的本质。让 – 保罗·萨特在他为弗朗茨·法农的伟大著作《全世界受苦的人》所作的序言中指出了这一点。欧洲是一个"肥胖苍白的大陆"，在阿尔及利亚和其他地方屈从于"自恋"和"种族主义式人道主义"。法国是一座"自始至终都在讨论自己的城市"。

联邦制，以及一如既往的主题历史

在回顾三大国的政治时，我们看到，欧洲联邦主义、欧洲合众国和欧洲经济与货币联盟从未得到英国任何一个主要政党的支持。相比之下，德国的国家统一历史很短，是由早期的德语联邦帝国实验发展而来的。1871年，后俾斯麦和普鲁士霍亨索伦王朝的国王强迫德国人产生的民族认同感，在 20 世纪德国民族主义和军国主义骇人听闻的暴行中迅速瓦解。1945年后建立的德意志联邦共和国，以及两德统一的进程，使德国乐于接受共享和下放的权力，以及随之而来的制约与平衡。

法国与联邦制同样几乎没有历史和思想联系。但是，在第一次世界大战中，这个国家遭受了可怕的损失，当时战争主要发生在法国境内。1919年后英、美撤销担保后，法国产生了一种民族孤立和不安全感。社会党总理白里安在 1930 年制订了建立欧洲合众国的宏伟计划。这个国际联盟的倡议，代表法国领导的泛欧洲主义。温和派的施特莱斯曼领导下的德国感激地遵循了这一倡议，但他在计划获得推动之前就去世了。倡议实施失败之后，这两个欧洲大国再次开战；第二次世界大战后，法国认为，与德国通过欧洲联邦主义实现和解，是解决两国经济政治竞争的长远办法。

坚定的民族主义者戴高乐反对联邦主义。在战争期间，他把莫内和舒曼视为德国的绥靖者，认为他们就像社会主义者白里安一样。然而，当亲法的天主教徒阿登纳重建德国之际，戴高乐却认为改造法国的机会来了。法国接受了法国架构的联邦制。毕竟，法国设计"拥有"了欧洲经济共同体的各个机构。事实上，今天的法国人在欧盟的主人翁感是显而易见的。奥朗德在英国脱欧公投前及时警告英国，禁止篡改欧盟核心架构。欧盟仍然是法国引以为傲的设计，是法国思想家、政治家、艺术家和将军们不断努力的成果。

但是，2018 年，法国没有了戴高乐、蓬皮杜甚至是吉斯卡尔·德斯坦总统任期时的经济实力。法国失业率和低经济增长率使得偿还国债困难重重。法国面临着巨额的短期养老金支出责任和严重的社会福利责任。与此同时，本土圣战分子在法国制造的恐怖主义和法国不断恶化的种族关系超出了白人的掌控，给这个每况愈下的第五共和国带来了挑战。法国极右翼势力的崛起就是其中一个方面。现在，马克龙正试图解决这些深层次的问题，部分原因是为了讨好德国。作为对法国经济改革的回报，他希望德国能为欧洲经济与货币联盟成员国提供类似于财政联盟的帮助。

英国可能在脱欧前就断定，法国疲软提供了一个机会；毕竟在过去的370年里，英国在法国脆弱时进行突袭的例子不胜枚举。我们看到过英国加入了奥格斯堡联盟，在1689年成立了大联盟反对路易十四的疯狂扩张。后来英国又联合起来反对拿破仑，特别是在1812年博罗季诺战役之后，法国失去了盟友。在漫长的七年战争、后来的1882年格莱斯顿入侵埃及、法绍达事件和1904年将埃及完全赠予英国的协约中，英国得到了对自己有利的帝国边界划定。然而，在上述任何一种情况中，法国都没有与一个像今天的德国那样占主导地位的欧洲大国结盟。与此同时，在经历了两次世界大战和现在的欧洲孤立之后，英国自身的外交力量变得无比薄弱。

遏制德国

德国2018年也面临着欧盟的挑战。通过现有的货币联盟秘密建立财政联盟，有可能会把德国推向全球"最后贷款人"的角色。这将给德国带来更大的财政负担，德国已经在欧洲目前的难民危机中完成了大部分工作。事实上，法国要求德国支持法国在南欧的"势力范围"，这让人们想起早些时候德国针对法国需求的抗议。尤其是密特朗坚持要欧洲经济与货币联盟在德国统一一事上补偿法国，这促使德国主要的商业日报《商报》在1993年写道：

> 目的是将德国与一个在政治、经济、行政和货币上由法国主导的欧共体绑在一起。正是通过遏制德国的战略，法国的高等商学院精英们希望能够管理和代表新的、更大的欧洲。

法国希望遏制德国在欧洲的货币控制权是可以理解的。正如我们所见，欧洲长期以来在固定汇率机制或钉住汇率机制下发生货币危机，反映出国际资本市场上民族自治的局限性。随着德国经济实力支撑起欧洲经济与货币联盟，一体化倾向被放大。例如，近年来，德国原马克的存在和现在位于法兰克福的欧洲央行在经济上的主导地位，制造了欧洲小国行动受限的宿命论。事实上，最后一次"反抗市场"的协同努力发生在1981年密特朗执政初期，当时他曾短暂地追求"一国社会主义"。这最终以失败告终，这位法国社会党总统在欧洲汇率机制内恢复了正统的法兰克福准则，这是与一位基督教民主党德国总理合作完成的。讽刺的是，密特朗本人是后来演变为欧洲经济与货币联盟的货币束缚体制的首席设计师。

在欧洲其他地区，2008年金融危机的影响尚未显现。在美国第四大投资银行雷曼兄弟公司破产前的几年里，欧洲一体化的雄心壮志在一定程度上是通过扩张监管不力的银行、促成资产价格泡沫和欧盟成员国举债扩张实现的。欧盟《稳定公约》原本旨在防止过度借贷和主权破产，但这一点被轻易忽视了，即使是法国和德国也因为不同的原因超过了规定的数字。欧盟《稳定公约》的目标是技术官僚们在欧盟经过长时间谈判后制定的。他们试图将笛卡尔逻辑强加于欧洲的一体化经济。然后，在更务实的欧盟风格下，这些目标在追求"政治"一体化的过程中被遗忘了。

讽刺的是，到了2008年，西班牙和爱尔兰这样似乎创造了可持续经济增长的国家，却在《马斯特里赫特条约》规定的3%的财政赤字、60%的国债与GDP的比率范围内运行。只有当债务持续增长和相关税收收入暴跌时，这种经济增长的虚幻一面才会显露出来。毕竟，它的基础是膨胀的房地产和其他资产的估值。欧盟随后自然抨击了伦敦金融城的"轻拿轻放式监管"，这使英国与法国和德国的关系更加紧张。

现在，欧洲的货币和国债市场已经削弱了主权，这些束缚甚至出现在最大和最重商主义的欧洲国家法国。毕竟，法国和其伙伴需要在海外出售政府债券，并通过积累外汇来弥补贸易赤字。几十年来，像比利时和意大利这样负债累累的政府，通过哄骗（利用减税手段）、贿赂他国让它们购买了巨额的国债。1999 年后以欧元出售的比利时和意大利政府债券最初增加了投资者受众，因为现在储户可以在欧洲各地购买，不受货币风险的影响，欧洲央行将全力支持这些市场。

然而，比利时和意大利政府债券隐含的信用风险，现在难以量化。这些国家发行的货币不由自己的中央银行控制，由 19 个欧洲经济与货币联盟国家提供若干担保支持的欧洲央行掌握着控制权。事实上，欧洲央行作为一个独特的跨国中央银行，现阶段缺乏财政联盟，是一个新的、未经考验的机构。欧元区危机后，欧盟并不十分希望看到比利时和意大利保险公司被迫购买本国的政府债券。系统性金融风险受到了更严格的审查。有了财政联盟，或是来自包括德国在内的所有欧洲经济与货币联盟国的有效联合担保，德国将承担这些风险。如果发生这种情况，德国政府将希望在整个欧洲范围内对货币和财政政策施加更大的影响力，以支撑这些责任。事实上，法国想要"遏制"这个庞大的"最后贷款人"将变得更加困难。

与此同时，由于缺乏财政联盟，欧洲央行已介入购买南欧政府债券和各种其他的银行不良债务。这为法国和德国的银行提供了救助，但欧洲央行的资产负债迅速从零增长到接近 5 万亿欧元。如果投资者假设德国支持跨国欧洲央行，那么这种安排是可行的。毕竟，德国 3000 多亿欧元的往来账户盈余甚至比中国都多 50%。它消除了其他 18 个欧元区成员国（甚至更多）的总赤字。但是，金融投机者迟早会攻击金融军械库的裂缝，缺乏财政联盟就是一个弱点。这就是马克龙如此专注于在这个方向上进一步整合的原因。一旦这一点实现了，几个世纪以来联邦主义者、经济学家、和平主义者、社会主义者和国际主义者梦想的欧洲合众国就更接近现实了。

财政联盟是欧洲合众国的最后边界

因此，2018 年，与以往一样，三大国被危险、紧张和不兼容性围绕着。与此同时，1999 年的欧洲经济与货币联盟，以及 2008 年金融危机之后的欧元危机，使得 19 个欧元国之间几乎不可避免地结成了某种财政联盟和更大的政治联盟。尽管受到"半脱离"的局限，但英国在欧盟外仍努力以有效的方式集结着全球化的力量。英国脱欧派将英国视为离岸的"欧洲新加坡"未必准确，因为亚洲岛国新加坡类似一个城邦。但是，一个步伐敏捷、有着自己的货币和统一国家制度的英国，希望在欧洲扮演创造性的"他者"角色。事实上，在过去 370 年经历过帝国、英联邦统一、自由主义经济的岛国历史中，英国已经表现出愿意扮演这样一个角色的意愿。如果查理曼大帝的帝国也通过欧盟一体化复原，对于一个希望向欧盟关税同盟出售商品和服务的贸易国来说，未必是灾难性的。然而，这取决于英国围绕欧盟单一市场和关税同盟的架构谈判达成的贸易协议的质量。

事实上，通过推进自由贸易和全球化，英国的管理者们将追随亚当·斯密、大卫·李嘉图和理查德·科布登的脚步。1914 年，由于欧洲大国的竞争，欧洲内部对抗阻碍了科布登的早期自由贸易全球化；现在，如果欧洲能够维持自 1945 年以来运作良好的三国均势，且英国恢复到 1973 年之前在欧共体之外的形象，欧洲可能会重现和平与经济福祉。事实上，英国的"半脱离"形象可能会为那些不再幻想"一体适用"的欧洲的欧元区成员国提供一个榜样。或许，英国脱欧为其他因在国家主权上妥协而遭到挫败的国家提供了一个安全阀，随后将建立货币和财政联盟。

继货币联盟之后，法国巴黎精英圈今天对财政联盟的热情完全可以理解。法国目前经济疲软，它仍然担心，欧洲一体化除非继续向前推进，否则就将夭折。法国自然会抵制德国在南欧推行的紧缩政策，而被视为这些国家捍卫者的法国则在南欧积累了实力。与此同时，安格拉·默克尔试图在信奉天主教的南欧国家打造类似韦伯"资本主义精神"的东西。但有争议的是，这一政策意味着欧盟经济增长的放缓，可能会持续数十年，德国将通过欧洲央行为大部分的附随公债提供融资，但它自己对欧盟的出口市场也会随之低迷。迄今为止，默克尔一直在抵制全面的财政联盟。对于德国基民盟中更保守的成员来说，这一步迈得太大。事实上，随着德拉吉从欧洲央行下台，并有可能出现第一位德国人欧洲央行行长，且他会把重点放在欧洲央行，似乎德国的控制比以往任何时候都更加有力。但是，欧洲和欧盟一直围绕着妥协和谈判而努力，财政联盟的逻辑似乎不能忽视。法国将这些制度正式化的努力，符合我们所记录的文化特殊主义以及现代金融市场的要求。同样，德国在经济上的领先地位可能比人们认识到的要脆弱。

毕竟，德国面临着比英国或法国更严峻的人口挑战。由于目前的低出生率，德国人口可能会下降。因此，德国的赡养比将比其他地方恶化得更快。德国继续需要东欧移民补充纳税人口。对比之下，英国凭借年轻化的人口和更具活力的劳动力市场，很可能在 40 年内超过德国。事实上，这些人口统计数据可能主导着各方的长远决策：德国需要获得移民劳工，因此拒绝了英国对欧盟劳动力自由流动的挑战。

三大国都需要明确自己的角色，满足对形象和声望的长期渴望。对于《爱丽舍宫协约》的伙伴们来说，这一点似乎更容易实现。与此同时，英国在欧盟之外的角色预期也不那么清晰，对英国没有明确的战略重要性。然而，英国需要在欧洲的游戏中"半依附"，在不确定的世界里保留选择权。几个世纪以来，这些选择的存在，一直是这三个欧洲大国外交方式的特点之一。几个世纪以来，我们目睹了欧洲一体化的历史潮流，三大国中任何一个打算完全脱离欧洲的想法，都成了自满的欧洲幻觉。

附录一　参考资料

前　言

1　M. Burgess, 'Introduction: Federalism and Building the European Union', *Publius: The Journal of Federalism*, xxvi/4 (1996), pp. 1-15. A. Teasdale and T. Bainbridge, *The Penguin Companion to the European Union* (London, 2012), pp. 769-72. 'Supranationalism'implies more federalism, with separate institutional architecture above the level of the nation state.

Supranationalism developed after 1957 with the signing of the Treaty of Rome and the setting up of the institutions of the new eec with (increasingly) more power shifted to Brussels.

2　G. Ionescu, ed., *The Political Thought of Saint-Simon* (Oxford, 1976), pp. 83-98.

3　C. Clark, *Iron Kingdom: The Rise and Downfall of Prussia,* 1600-1947 (London, 2007), pp. 4-5; P. Wilson, *The Holy Roman Empire*, 1495-1806 (London, 2011), pp. 1-11. D. Blackbourn, *History of Germany*, 1780-1918 (Oxford, 2003), pp. 10-11.

4　A. Hamilton, J. Madison and J. Jay, *The Federalist Papers* (Oxford, 2008), p. 94. Federalist Paper 19.

5　N. Nugent, *Government and Politics of the European Union* (Basingstoke, 2003), p. 475. Intergovernmentalism is a looser form of integration, said to exist when'nation states ... cooperate with one another on matters of common interest but maintain vetoes on significant legislative change that might diminish their own sovereignty.

第一章 从神圣罗马帝国到德意志帝国：战争、政治和外交（1648—1864）

1　H. Eulau, 'Theories of Federalism under the Holy Roman Empire', *American Political Science Review*, xxxv/4 (1941), pp. 647, 657-8.

2　E. E. Hale, *The Great Design of Henry iv: From the Memoirs of the Duke of Sully and The United States of Europe* (Boston, ma, 1909), pp. 32, 36.

3　M. Greengrass, *Christendom Destroyed: Europe 1517-1648* (London, 2015), pp. 21-2.

4　Eulau, 'Theories of Federalism under the Holy Roman Empire', p. 647.

5　H. H. Rowen, '"L'Etat c'est à moi": Louis xiv and the State', *French Historical Studies*, ii/1 (1961), pp. 91-2.

6　T. Blanning, *The Pursuit of Glory*, 1648-1815 (London, 2008), p. 544.

7　Hale, *The Great Design of Henry iv*, pp. 1, 32-6, 50-52.

8　Ibid., pp. 547, 536.

9　W. Penn, 'An Essay towards the Present and Future Peace of Europe, by the Establishment of an European Dyet, Parliament or Estates', in *The Peace of Europe: The Fruits of Solitude and Other Writings*, ed. Edwin B. Bronner (London, 1993), pp. 6, 12-18.

10　B. Simms, 'Why We Need a British Europe, not a European Britain', *New Statesman*, 9 July 2015.

11　Blanning, *Pursuit of Glory*, p. 556.

12　Ibid., p. 564; A. Coville and H. Temperley, *Studies in Anglo-French History during the 18th, 19th, and 20th Centuries* (Cambridge, 1935), pp. 3-16.

13 Charles-Irénée Castel de Saint-Pierre, *Abrégé du projet de paix perpetuelle* (London, 1927), pp. 15-49.

14 D. Blackbourn, *History of Germany*, 1780-1918 (Oxford, 2003), pp. 16-17.

15 C. Clark, *Iron Kingdom: The Rise and Downfall of Prussia*, 1600-1947 (London, 2007), pp. 4-5; Wilson, *Holy Roman Empire*, pp. 48-9.

16 Blanning, *Pursuit of Glory*, pp. 570-75; B. Simms, *Europe: The Struggle for Supremacy*, 1453 *to the Present* (London, 2013), pp. 97-103.

17 D. McKay and H. Scott, *The Rise of the Great Powers* (Harlow, 1983), pp. 219-20.

18 A. Smith, *The Wealth of Nations*, Book iv (London, 1999), pp. 198-202.

19 N. Machiavelli, *The Prince* (London, 1981), p. 77.

20 A. Smith, *The Wealth of Nations*, Book v (London, 1999), pp. 210-28.

21 J. Darwin, *Unfinished Empire: The Global Expansion of Britain* (London, 2012), pp. 308-9.

22 McKay and Scott, *Rise of the Great Powers*, p. 266.

23 E. Burke, *Reflections on the Revolution in France* (London, 1982), p. 100, where the Declaration of Right in Britain's conservative Glorious Revolution is approvingly compared to the better known version in France.

24 McKay and Scott, *Rise of the Great Powers*, pp. 269-83.

25 I. Kant, *To Perpetual Peace: A Philosophical Sketch* (1795), trans. Ted Humphrey (Indianapolis, in, 2003), pp. 343-68.

26 Ibid., p. 347.

27 P. Dwyer, *Citizen Emperor* (London, 2014), p. 308.

28 J. M. Thompson, ed., *Napoleon's Letters* (London, 1998), pp. 224 (letter 200) and 228 (letter 201) .

29 G. Ionescu, ed., *The Political Thought of Saint-Simon* (Oxford, 1976), pp. 84-96.

30 A. Chebel d'Appolonia, 'European Nationalism and European Union', in *The Idea of Europe: From Antiquity to the European Union*, ed. A. Pagden (Cambridge, 2002), pp. 175-6.

31　G. Stone and T. G. Otte, *Anglo-French Relations since the Late Eighteenth Century* (London, 2008), pp. 15-18.

32　F. Engels, *The Condition of the Working Class in England* (Oxford, 2009), p. 37, observed all British industrial cities as displaying'barbarous indifference, hard egotism on one hand, and nameless misery on the other, everywhere social misery'.

33　M. Taylor, 'The 1848 Revolutions and the British Empire', *Past and Present*, 166 (2000), pp. 146-80; see also the novels of Dickens and Gaskell.

34　E. Kedourie, *Nationalism* (Oxford, 1960), pp. 48-51.

35　C. Bastide, 'The Anglo-French Entente under Louis Philippe', *Economica*, 19 (March 1927), pp. 91-8.

36　Stone and Otte, *Anglo-French Relations*, p. 24.

37　T. Malthus, *An Essay on the Principle of Population and Other Writings* (London, 2015), pp. 18-21.

38　Simms, *Europe: The Struggle for Supremacy*, p. 219.

39　A. J. P. Taylor, *The Course of German History* (London, 2004), p. 71; Clark, *Iron Kingdom*, p. 501.

40　K. Marx and F. Engels, *The Communist Manifesto* (London, 1983), pp. 120-21.

41　A. J. P. Taylor, *The Struggle for Mastery in Europe*, 1848-1918 (Oxford, 1971), p. 13.

42　Ibid., pp. 61 and 78. By 1856 France's greatest speculator, Morny, saw Russia as ripe for exploitation with French capital.

43　H. C. G. Matthew, 'Disraeli, Gladstone, and the Politics of Mid-Victorian Budgets', *Historical Journal*, xxii/3 (1979), pp. 615-43.

第二章　从俾斯麦到英国脱欧：战争、政治和外交（1864—2018）

1　A. J. P. Taylor, *The Struggle for Mastery in Europe*, 1848-1918 (Oxford, 1971), p. 198.

2　C. Clark, *Iron Kingdom: The Rise and Downfall of Prussia*, 1600-1947 (London, 2006), pp. 531-52.

3　Taylor, *Struggle for Mastery in Europe*, pp. xxv, xxxv.

4　Ibid., pp. 227, 287, 308.

5　B. Simms, *Europe: The Struggle for Supremacy*, 1453 *to the Present* (London, 2013), pp. 260-61.

6　C. Clark, *The Sleepwalkers: How Europe Went to War in* 1914 (London, 2012), p. 181.

7　Stalin used this metaphor in 1941. It was used by Russia about Britain (and France) in the First World War.

8　P. Kennedy, *Rise and Fall of the Great Powers* (London, 1989), p. 261.

9　Taylor, *Struggle for Mastery in Europe*, pp. 265-7, 355-73.

10　Clark, *The Sleepwalkers*, pp. 130-31, 153.

11　Taylor, *Struggle for Mastery in Europe*, p. 382.

12　Kennedy, Rise and Fall of the Great Powers, p. 261.

13　D. Stevenson, 1914-1918: *The History of the First World War* (London, 2004), pp. 129-30.

14　Ibid., pp. 147-8.

15　Ibid., pp. 142-9.

16　M. Macmillan, *Peacemakers* (London, 2002), p. 201.

17　D. Thomson, *Europe since Napoleon* (Harmondsworth, 1975), p. 643.

18　G. Stone and T. G. Otte, *Anglo-French Relations since the Late Eighteenth Century* (London, 2008), pp. 81, 88; Macmillan, *Peacemakers*, pp. 92-3, 154, 208-9

19　O. Figes, *A People's Tragedy: The Russian Revolution*, 1891-1924 (London, 1996), pp. 661-5.

20　R. Scheck, *Germany*, 1871-1945 (Oxford, 2008), p. 124.

21　Ibid., p. 130.

22　Ibid., p. 128.

23　I. G. Aguado, 'The Creditanstalt Crisis of 1931 and the Failure of the Austro-

German Customs Union Project', *Historical Journal*, xliv/1 (2001), pp. 199-221.

24 J. Fenby, *The General: Charles de Gaulle and the France he Saved* (New York, 2012), p. 95.

25 J. Macmillan, *Modern France* (Oxford, 2003), pp. 59-60.

26 R. Overy, *Russia's War* (London, 1997), pp. 55-7.

27 Even after Dominique Strauss-Kahn.

28 Fenby, *The General*, pp. 277-317.

29 A. Shlaim, *Britain and the Origins of European Unity* (Reading, 1978), pp. 114-42.

30 S. Greenwood, *Britain and European Integration since the Second World War* (Manchester, 1996), pp. 14-15, 34-5.

31 A. Hovey Jr, 'Britain and the Unification of Europe', *International Organization*, ix/3 (1955), p. 332.

32 P. Wilding, *What Next: Britain's Future in Europe* (London, 2017), p. 24, highlights Spaak's awareness of Britain's intellectual isolation in an inductive rather than deductive tradition: 'There is one thing you British will never understand: an idea. And there is one thing you are supremely good at grasping: a hard fact. We will have to make Europe without you but then you will have to come in and join us. '

33 U. W. Kitzinger, 'Europe: The Six and the Seven', *International Organization*, xiv/1 (1960), pp. 20-36.

34 J. Gillingham, *European Integration*, 1950-2003 (Cambridge, 2003), p. 16.

35 S. A. H., 'The United States of Europe', *Bulletin of International News*, vii/6, 11 September 1930, pp. 3-14.

36 H. Deutsch, 'The Impact of the Franco-German Entente', *Annals of the American Academy of Political and Social Science*, 348 (1963), p. 87.

37 T. Barman, 'Britain, France and West Germany: The Changing Pattern of their Relationship in Europe', *International Affairs*, xlvi/2 (1970), p. 271.

38 Gérard Saint-Paul highlighted the importance of Elysée: 'The friendship. between Paris and Berlin is more demanding than any other on the continent because it

influences them ... A share of soul and dreams which the Europeans need can only come from France and Germany united in a joint effort towards creating "more Europe". 'Gérard Saint-Paul, '50th Anniversary of the Elysée Treaty: the "Golden Wedding" of the FrancoGerman Couple', Fondation Robert Shuman, European Issue no. 264, 21 January 2013, www. robert-schuman. eu, accessed 19 July 2018.

39   Barman, 'Britain, France and West Germany', p. 272.

40   H. Deutsch, 'The Impact of the Franco-German Entente', p. 84, highlights that de Gaulle viewed Charlemagne as French rather than German, one of the abiding controversies between the two nations.

41   Just as Maastricht highlights'ever closer European union'.

42   H. Schmidt, 'Miles to Go: From American Plan to European Union', *Foreign Affairs*, lxxvi/3 (1997), pp. 213-21.

43   U. Krotz and J. Schild, *Shaping Europe: France, Germany and Embedded Bilateralism from the Elysée Treaty to Twenty-first Century Politics* (Oxford, 2013), now taken further by the authors to look at post-Brexit bilateralism.

44   M. Glenny, *The Balkans*, 1804-1999: *Nationalism, War and the Great Powers* (London, 1999), pp. 639-42.

45   W. Hitchcock, *The Struggle for Europe: The History of the Continent since* 1945 (London, 2004), pp. 469-71.

46   Ibid., p. 472.

47   Donald Tusk, as President of the Council since 2014, has been more effective.

48   See R. Youngs, *Europe's Decline and Fall: The Struggle against Global Irrelevance* (London, 2010) and M. Leonard, *Why Europe Will Run the 21st Century* (London, 2005) for contrasting perspectives.

49   A. Zemach, 'Alexis de Tocqueville on England', Review of Politics, xiii/3 (1951), pp. 329, 332 and 343.

第三章 从官房主义到科布登－谢瓦利埃：欧洲一体化经济学（1648—1871）

1 I. Bog, 'Mercantilism in Germany', in *Revisions in Mercantilism*, ed. D. C. Coleman (London, 1969), p. 166.

2 C. Clark, *Iron Kingdom: The Rise and Downfall of Prussia*, 1600-1947 (London, 2006), p. 6.

3 A. W. Small, *The Cameralists: The Pioneers of German Social Polity* (Chicago, il, 1909) ; J. Backhaus and R. Wagner, 'The Cameralists: A Public Choice Perspective', *Public Choice*, liii/1 (1987), pp. 3-20.

4 D. Blackbourn, *History of Germany*, 1780-1918 (Oxford, 2003), pp. 9-14.

5 A. Smith, *The Wealth of Nations*, Book iv (London, 1999), p. 5.

6 W. Grampp, 'The Liberal Elements in English Mercantilism', *Quarterly Journal of Economics*, lxvi/4 (1952), pp. 472-4.

7 R. Hatton, *Louis xiv and Europe* (London, 1976) .

8 Smith, *The Wealth of Nations*, Book iv, pp. 44-5.

9 E. Heckscher, 'Mercantilism', in *Revisions in Mercantilism*, ed. Donald Cuthbert Coleman (London, 1969), pp. 23, 172-3.

10 D. Hume, 'Of the Balance of Trade', in Selected Essays, ed. S. Copley and A. Edgar (Oxford, 1998) ; S. Ambirajan, *Political Economy and Monetary Management, India* 1766-1914 (New Delhi, 1984), pp. 228 and 265-6.

11 Voltaire, *Letters Concerning the English Nation*, ed. N. Cronk (Oxford, 2009) .

12 D. D. Raphael, *Adam Smith* (Oxford, 1985), pp. 20-21.

13 A. Bloomfield, 'The Foreign-trade Doctrines of the Physiocrats', *American Economic Review*, xxviii/4 (1938), pp. 716-35.

14 F. Quesnay, 'The Physiocratic Formula', in *The Portable Enlightenment Reader*, ed. I. Kramnick (New York, 1995), pp. 498-501.

15 Smith, *The Wealth of Nations*, Book iv, pp. 259-60.

16 F. Quesnay, 'General Maxims for Economic Government', in *The Age of Enlightenment*, ed. S. Eliot and B. Stern (London, 1979), pp. 146-53.

17 J. Mokyr, 'Accounting for the Industrial Revolution', in *The Cambridge Economic History of Modern Britain*, ed. R. Floud and P. Johnson, vol. i (Cambridge, 2004), pp. 1-27.

18 Smith, *The Wealth of Nations*, Book iv, pp. 50-51, 125-8; D. Ricardo, *The Principles of Political Economy and Taxation* (London, 2005), pp. 84-8, 262-3.

19 J. J. Van-Helten, 'Empire and High Finance: South Africa and the International Gold Standard 1890-1914', *Journal of African History*, xxiii/4 (1982), pp. 529-48.

20 A. Silver, *Manchester Men and Indian Cotton*, 1847-1872 (Manchester, 1966)

21 Smith, *The Wealth of Nations*, Book iv, pp. 172-201.

22 C. Bastide, 'The Anglo-French Entente under Louis-Philippe', *Economica*, 19 (March 1927), pp. 91-8.

23 K. Marx, 'Contribution to the Critique of Hegel's Philosophy of Right: Introduction', in *The Marx-Engels Reader*, ed. Robert C. Tucker (New York, 1972), pp. 15-16.

24 D. Levi-Faur, 'Friedrich List and the Political Economy of the Nation-state', *Review of International Political Economy*, iv/1 (1997), p. 167; 'Friedrich List on Globalization versus National Interest', *Population and Development Review*, xxxiii/3 (2007), pp. 593-605.

25 Blackbourn, *History of Germany*, pp. 76 and 87; R. Gildea, *Barricades and Borders: Europe*, 1800-1914 (Oxford, 1987), pp. 12-13.

26 S. Pollard, *European Economic Integration*, 1815-1970 (London, 1974), pp. 112-14.

27 D. J. Harreld, ed., *A Companion to the Hanseatic League* (Leiden, 2015) .

28 P. Cain and A. Hopkins, *British Imperialism*, 1688-2000 (Harlow, 2002) .

29 T. Malthus, *Observations on the Effects of the Corn Laws* (London, 2015) .

30 E. L. Woodward, *The Age of Reform*, 1815-1870 (Oxford, 1962), p. 61.

31　Cain and Hopkins, *British Imperalism*, p. 85.

32　J. S. Mill, *Principles of Political Economy* (Oxford, 1998), pp. 335 and 347; J. B. Brebner, 'Laissez Faire and State Intervention in Nineteenth-century Britain', *Journal of Economic History*, Supplement 8 (1948), p. 69, described Mill as'the Benthamite interventionist, not the apostle of laissez faire'.

33　A. Trollope, The Way We Live Now (London, 2001), p. 82.

34　P. Bernstein, 'The Economic Aspect of Napoleon iii's Rhine Policy', *French Historical Studies*, i/3 (1960), pp. 335-47; R. E. Cameron, 'Economic Growth and Stagnation in France, 1815-1914', *Journal of Modern History*, xxx/1 (1958), pp. 1-13.

35　A. A. Iliasu, 'The Cobden-Chevalier Commercial Treaty of 1860', *Historical Journal*, xiv/1 (1971), pp. 67-98.

36　Bernstein, 'The Economic Aspect of Napoleon iii's Rhine Policy', pp. 335-47.

37　A. de Tocqueville, *Democracy in America* (New York, 1956) .

第四章　从俾斯麦的金本位制到欧洲经济与货币联盟：欧洲一体化经济学（1871—2018）

1　K. Hardach, *Fontana Economic History of Europe* (London, 1975) .

2　D. Hume, 'Of the Balance of Trade', in Selected Essays, ed. S. Copley and A. Edgar (Oxford, 1998) .

3　E. White, 'Making the French Pay: The Costs and Consequences of the Napoleonic Reparations', *European Review of Economic History*, v/3 (2001), pp. 337-65.

4　Parliamentary Papers 1898, Indian Currency Commission.

5　D. Naoroji, *Poverty and Un-British Rule in India* (New Delhi, 1996) .

6　H. Willis, *A History of the Latin Monetary Union* (New York, 1968); F. X. Diebold, M. Rush and S. Husted, *Real Exchange Rates under the Gold Standard*, Discussion paper 32, Federal Reserve Bank of Minneapolis, October 1990; T. R. Metcalf, *Ideologies of the Raj* (Cambridge, 2003) .

7   A. Porter, 'The South African War (1899-1902) : Context and Motive Reconsidered', *Journal of African History*, xxxi/1 (1990), pp. 43-57; J. J. Van-Helten, 'Empire and High Finance: South Africa and the International Gold Standard 1890-1914', *Journal of African History*, xxiii/4 (1982), pp. 529-48; T. Balogh, 'The Import of Gold into France: An Analysis of the Technical Position', *Economic Journal*, xl/159 (1930), pp. 442-60.

8   L. Tolstoy, *War and Peace* (London, 1982), p. 931.

9   V. Lenin, *Imperialism: The Highest Stage of Capitalism* (London, 2010), pp. 35, 60-64.

10   D. N. Collins, 'The Franco-Russian Alliance and Russian Railways, 1891-1914', *Historical Journal*, xvi/4 (1973), pp. 777-88.

11   M. Hewitson, 'Germany and France before the First World War: A Reassessment of Wilhelmine Foreign Policy', *English Historical Review*, cxv/462 (2000), pp. 570-606.

12   O. Crisp, 'The Russian Liberals and the 1906 Anglo-French Loan to Russia', *Slavonic and East European Review*, xxxix/93 (1961), pp. 497-511.

13   Britain's population doubled from 18. 5 million between 1811 and 1891. Germany also saw her population double from 25 million to 50 million over 1815-90. Meanwhile, France, which had been by far the largest European nation in the dominant era of Louis xiv, saw a marginal rise from 29 million to 38. 5 million over 1806-96.

14   J. S. Mill, 'Chapters on Socialism', in *Principles of Political Economy*, ed. Jonathan Riley (Oxford, 1998), p. 376.

15   A. J. P. Taylor, 'Introduction'to Karl Marx and Friedrich Engels, *The Communist Manifesto* (London, 1983) .

16   K. Marx, 'The Civil War in France', in *The Marx-Engels Reader*, ed. Robert C.

Tucker (New York, 1972), pp. 526-7.

17 Ibid., pp. 533-4.

18 F. Braudel, *A History of Civilizations* (New York, 1993), p. 398.

19 Quoted in Taylor, 'Introduction', p. 15.

20 M. Blyth, *Austerity: The History of a Dangerous Idea* (New York, 2015), p. 52.

21 J. M. Keynes, *The General Theory of Employment Interest and Money* (Cambridge, 1983), p. xxvi.

22 Ibid., pp. xxxxiv-xxxxv.

23 F. A. Hayek, *The Road to Serfdom* (London, 2001), pp. 21-3, 48 and 176-7.

24 L. Neal, 'Impact of Europe', in *The Cambridge Economic History of Modern Britain*, ed. R. Floud and P. Johnson, vol. iii (Cambridge, 2004), pp. 270-73.

25 S. Ambrose, *Rise to Globalism: American Foreign Policy*, 1938-1980, 2nd revd edn (Harmondsworth, 1980), pp. 121-45.

26 Neal, 'Impact of Europe', p. 274; and J. Tomlinson, 'Economic Policy', in *The Cambridge Economic History of Modern Britain*, ed. R. Floud and P. Johnson, vol. iii (Cambridge, 2004), pp. 196-8.

27 Mayor of London, *The Europe Report: A Win-win Situation* (London, 2014), p. 105.

28 S. Talbott, 'Monnet's Brandy and Europe's Fate', *The Brookings Essay*, 2 July 2014, http: //csweb. brookings. edu, accessed 19 July 2018.

29 J. Gillingham, *European Integration*, 1950-2003: *Superstate or New Market Economy*? (Cambridge, 2003), pp. 16-43.

30 L. Erhard, 'Germany's Economic Goals', *Foreign Affairs*, xxxvi/4 (1958), p. 612.

31 K. Kellen, 'Adenauer at 90', *Foreign Affairs*, xliv/2 (1966), p. 277.

32 Gillingham, *European Integration*, pp. 46-9.

33 Erhard, 'Germany's Economic Goals', pp. 611-17.

34 J. Macmillan, *Modern France* (Oxford, 2003), pp. 76-81; N. Crafts and K. O'Rourke, 'Twentieth Century Growth', *Discussion Papers in Economic and Social History*, University of Oxford, 117 (2013), pp. 39-41, points to cossetted protected British

labour in the years up to eec entry in 1973, then sudden rises in labour productivity in the uk thereafter, helped by the European Single Market and the dismantling of trade protection.

35　Obituary of François Mitterrand, *Daily Telegraph*, 9 January 1996, summarized the President's varied career and preoccupations thus: 'he flirted with Catholicism and agnosticism, republicanism, Pétainism and socialism ... In 1943, it became evident that Germany would lose the war, and Mitterrand joined the Resistance.'

36　M. Thatcher, *Statecraft* (New York, 2002), pp. 329-31.

37　Gillingham, *European Integration*, pp. 230-31.

38　J. Steinberg, *Bismarck: A Life* (Oxford, 2012) .

39　Gillingham, *European Integration*, p. 445.

40　M. Feldstein, 'The Political Economy of the European Economic and Monetary Union: Political Sources of an Economic Liability', *Journal of Economic Perspectives*, xi/4 (1997), pp. 23-42.

41　J. Jones, 'Dominic Raab Reveals Britain's True Debt Burden', *The Spectator*, 14 May 2013, highlights a controversial conclusion by Reinhardt and Rogoff that 90 per cent national debt to gdp as 'tipping point' beyond which debt drags growth down sufficiently to preclude the robust economic growth required to eradicate growth, without high price inflation. At the same time, banking debt, which peaked in the uk at 586 per cent of gdp in 2010, dwarfs all other liabilities.

42　Landon Thomas Jr, 'Uncertainty over Impact of a Default by Greece', *New York Times*, 27 April 2015.

43　A. Teasdale and T. Bainbridge, *The Penguin Companion to the European Union* (London, 2012), pp. 454, 758.

第五章 从帝国种植园到布尔人和义和团：帝国、移民和欧洲（1648—1904）

1 A. J. P. Taylor, *The Struggle for Mastery in Europe*, 1848-1918 (Oxford, 1971), p. 294, quotes Bismarck in 1884: 'My map of Africa lies in Europe. Here lies Russia and here lies France, and we are in the middle. This is my map of Africa. '

2 J. Darwin, *Unfinished Empire*: *The Global Expansion of Britain* (London, 2013), pp. 307-9.

3 Taylor, *Struggle for Mastery in Europe*, p. 294, distinguished between empire and European powers: 'France and Germany were essentially continental powers; colonial ventures were for them a diversion of energy, as the French turned to colonies only when they could do nothing else. With Russia and England it was the other way round. Both adjoined Europe rather than belonging to it; both asked nothing of Europe except to be left alone. '

4 J. G. A. Pocock, 'Some Europes in Their History', in *The Idea of Europe: From Antiquity to the European Union*, ed. A. Pagden (Cambridge, 2002), p. 65, highlights Raynal and Diderot; and A. Chebel d'Appolonia, 'European Nationalism and European Union', in ibid., p. 175, highlights Voltaire's view of European uniqueness in *Le Siècle de Louis xiv* (1756) as one'great republic divided into several states, all with common religious bases, all with the same legal and political principles unknown in other parts of the world'.

5 Montesquieu, *Persian Letters* (Oxford, 2008) was an exception to the myopically European-orientated Enlightenment view of 'noble savages' patronized by Rousseau and Diderot.

6 D. Defoe, *Robinson Crusoe* (London, 2001), pp. 170-71.

7 I. Kramnick, ed., *The Portable Enlightenment Reader* (New York, 1995), pp. 629, 637-8 and 664.

8　J. Tully, 'The Kantian Idea of Europe', in *The Idea of Europe*, ed. Pagden, pp. 342-3 and 332-4.

9　D. Judd, *The Lion and the Tiger* (Oxford, 2005), pp. 6-18.

10　N. Ferguson, *Empire* (London, 2004), p. 23.

11　P. Kennedy, *The Rise and Fall of the Great Powers* (London, 1989), pp. 128 and 255.

12　M. Duffy, 'World-wide War and British Expansion, 1793-1815', in *The Oxford History of the British Empire*, vol. ii, ed. P. J. Marshall (Oxford, 1998), pp. 185 and 204.

13　T. Paine, *Rights of Man, Common Sense and Other Political Writings* (Oxford, 1995), pp. 22-3 and 27.

14　T. R. Metcalf, *Ideologies of the Raj* (Cambridge, 2003), p. 32; Glendinning, Simon, 'The work of J. S. Mill shows the danger in eliminating the differences between European nations', *lse European Politics and Policy (europp) Blog*, 30 September 2013, available at http: //blogs. lse. ac. uk.

15　Paine, *Rights of Man*, pp. 22-3.

16　Quoted ibid., pp. 66-8.

17　E. Said, *Orientalism* (London, 2003), p. 7.

18　Ibid., pp. 81-8.

19　Ibid., p. 41.

20　Ibid., pp. 84 and 31-4.

21　Ibid., p. 92.

22　J. Hobson, *Imperialism: A Study* (New York, 2006), pp. 8-11 on nationalism in empire.

23　The *Daily Telegraph* announced on 24 July 2008 that the European Commission had seen reason and decided to drop their guidance on curtailing bent bananas and curved cucumbers.

24　Said, *Orientalism*, pp. 211-12.

25 C. Hall, *Civilising Subjects: Metropole and Colony in the English Imagination*, 1830-1867 (Cambridge, 2002), pp. 378-9; Metcalf, *Ideologies of the Raj*, p. 53, on Carlyle.

26 D. Naoroji, *Poverty and Un-British Rule in India* (New Delhi, 1996) .

27 R. Williams, 'The Cape to Cairo Railway', *Journal of the Royal African Society*, xx/80 (1921), pp. 241-58; S. Sweeney, *Financing India's Imperial Railways*, 1875-1914 (London, 2011) .

28 L. Davis and R. Huttenback, *Mammon and the Pursuit of Empire* (Cambridge, 2003) .

29 J. Rose, *Life of Napoleon I* (London, 1934), p. 36.

30 L. Dopp, 'Europe and Egypt', *World Affairs*, xcix/3 (1936), pp. 160-64.

31 J. P. T. Bury, 'Gambetta and Overseas Problems', *English Historical Review*, lxxxii/323 (1967), pp. 291-3.

32 J. Adam, 'France and England in Egypt', *North American Review*, clix/452 (July 1894), pp. 40-41; M. Blyth, *Austerity: The History of a Dangerous Idea* (New York, 2013), pp. 114-15.

33 C. W. Newbury and A. S. Kanya-Forstner, 'French Policy and the Origins of the Scramble for West Africa', *Journal of African History*, x/2 (1969), pp. 272, 273 and 275.

34 Dopp, 'Europe and Egypt', p. 162.

35 J. Fenby, *The General* (New York, 2012), p. 132.

36 D. Thomson, *Europe since Napoleon* (London, 1975), p. 508.

37 C. J. Lowe, *The Reluctant Imperialists* (London, 1967), pp. 225-51.

38 H. -U. Wehler, 'Bismarck's Imperialism, 1862-1890', *Past and Present*, 48 (1970), pp. 119-55.

39 J. M. Thompson, ed., *Napoleon's Letters* (London, 1998), p. 91 (letter 81) .

40 C. Andrew, 'The French Colonialist Movement during the Third Republic: The Unofficial Mind of Imperialism', *Transactions of the Royal Historical Society*, xxvi (1976), pp. 144 and 147.

41 Newbury and Kanya-Forstner, 'French Policy and the Origins of the Scramble for West Africa', pp. 254-5 and 265.

42 B. Porter, *The Absent-minded Imperialists* (Oxford, 2007), p. 25.

43 Ibid., p. 150; Bury, 'Gambetta and Overseas Problems', pp. 280-81 and 290. J. Macmillan, *Modern France* (Oxford, 2003), p. 105.

第六章 从英法协约到欧盟扩张：帝国、移民和欧洲（1902—2018）

1 J. Hobson, *Imperialism: A Study* (New York, 2006), pp. 7-13.

2 Ibid., pp. 7, 193-5.

3 S. Heffer, *Power and Place: The Political Consequences of King Edward vii* (London, 1999), pp. 162-3.

4 C. Andrew, 'France and the Making of the Entente Cordiale', *Historical Journal*, x/1 (1967), pp. 89-90.

5 M. Herzfeld, 'The European Self: Rethinking an Attitude', in *The Idea of Europe from Antiquity to the European Union*, ed. A. Pagden (Cambridge, 2002), p. 149.

6 R. Aldrich, *Greater France: A History of French Overseas Expansion* (New York, 1996), p. 34.

7 F. Roberts, *Forty-one Years in India: From Subaltern to Commander-in-Chief* (London, 1898) .

8 R. Scheck, *Germany*, 1871-1945 (Oxford, 2008), pp. 71 and 76.

9 *The Local*, 28 April 2015; C. Davies, 'How Do we Know David Cameron has Slave Owners in Family Background?', *The Guardian*, 29 September 2015.

10 J. Conrad, *Heart of Darkness* (London, 1995), p. 20; L. Passerini, 'From the Ironies of Identity to the Identities of Irony', in *The Idea of Europe*, ed. Pagden, p. 196.

11 Conrad, *Heart of Darkness*, p. 20.

12 Quoted in A. J. P. Taylor, *The Course of German History* (London, 2001), pp. 187-8.

13 S. Pedersen, *The League of Nations and the Crisis of Empire* (Oxford, 2015) .

14 R. von Coudenhove-Kalergi, *Pan-Europe* (New York, 1926), p. 132.

15 L. Amery, *The Empire at Bay: The Leo Amery Diaries*, 1929-1945 (London, 1987), pp. 473 and 477.

16 Churchill College, Cambridge, amel 2/2/5 (Amery) ; 5/4/55 Amery to Macadam; Memorandum of the European Question, New York, November 1944.

17 S. A. H., 'The United States of Europe', *Bulletin of International News*, vii/6, 11 September 1930, pp. 3-14.

18 R. Holland, *European Decolonization*, 1918-1981 (Basingstoke, 1985), pp. 2-3.

19 L. Amery, 'The British Empire and the Pan-European Idea', *Journal of the Royal Institute of International Affairs*, ix/1 (1930), p. 11. Churchill College, amel 2/2/5 (Amery) ; 5/4/55 Amery to Macadam; Memorandum of the European Question, New York, November 1944.

20 C. Andrew, 'The French Colonialist Movement during the Third Republic: The Unofficial Mind of Imperialism', *Transactions of the Royal Historical Society*, xxvi (1976), p. 155.

21 L. Davis and R. Huttenback, *Mammon and the Pursuit of Empire* (Cambridge, 1988).

22 T. Smith, 'A Comparative Study of French and British Decolonization', *Comparative Studies in Society and History*, xx/1 (1978), p. 100.

23 P. Pasture, *Imagining European Unity since 1000 ad* (Basingstoke, 2015), pp. 188-91.

24 Ibid., p. 73.

25 A. Clayton, *The Wars of French Decolonization* (London, 1994), pp. 79-87.

26 R. Holland, *European Decolonization*, 1918-1981 (Basingstoke, 1985), p. 166.

27 Ibid., pp. 162-3.

28 For example the opinions of Jeremy Corbyn, Tony Benn and Owen Jones.

29 J. Gillingham, *European Integration*, 1950-2003: *Superstate or New Market*

Economy? (Cambridge, 2003), pp. 249-58. Astonishingly, the cap still absorbs 30 per cent of the EU budget.

30 Ibid., p. 271.

31 Ibid., pp. 279-80.

32 T. Benn, *Arguments for Socialism* (London, 1979), p. 93; S. Greenwood, *Britain and European Integration since the Second World War* (Manchester, 1996), p. 168.

33 Holland, *European Decolonization*, p. 292.

34 Smith, 'Comparative Study of French and British Decolonization', pp. 84 and 89-90.

35 J. Tully, 'The Kantian Idea of Europe: Critical and Cosmopolitan Perspectives', in *The Idea of Europe*, ed. Pagden, pp. 337-8.

36 F. Fukuyama, *The End of History and the Last Man* (London, 1992), pp. 65-7.

37 T. Malthus, *An Essay on the Principle of Population and Other Writings* (London, 2015), pp. 51-3.

38 Hobson, *Imperialism*, pp. 41-5.

39 D. Eltis, 'Free and Coerced Transatlantic Migrations: Some Comparisons', *American Historical Review*, lxxxviii/2 (1983), pp. 251-80.

40 D. Baines, 'European Emigration, 1815-1930: Looking at the Emigration Decision Again', *Economic History Review*, xlvii/3 (1994), pp. 527 and 535.

41 G. de Lusignan, 'Global Migration and European Integration', *Indiana Journal of Global Legal Studies*, ii/1 (1994), available at www. repository. law. indiana. edu, accessed 19 July 2018; A. McKeown, 'Global Migration, 1846-1940', *Journal of World History*, xv/2 (2004), p. 159; W. Hitchcock, *The Struggle for Europe* (London, 2004), p. 417, argues this French welcome for immigrants comes with strings attached: 'immigration policy was deeply informed by a republican tradition that sought to forge the people into one united, homogenous and patriotic nation ... Multiculturalism is anathema to the French state because it stresses ethnic, religious or cultural difference in a society that has long prided itself on the universal

enduring appeal of French ideals. '

42　Ibid., pp. 185-6.

43　See www. rt. com; 15 September 2015.

44　McKeown, 'Global Migration', p. 183.

45　H. Fassmann and R. Munz, 'European East-West Migration, 1945-1992', *International Migration Review*, xxviii/3 (1994), pp. 524 and 533.

46　A. Sharp, 'Reflections on the Remaking of Europe: 1815, 1919, 1945, Post-1989', *Irish Studies in International Affairs*, 8 (1997), p. 12.

47　See www. migrationwatchuk. org.

48　Some journalists have interpreted the collapse of the old order in Syria, Iraq and Kurdistan as the end of the Anglo-French Sykes-Picot arrangement of 1916; see *London Review* of Books, 6 June 2013.

49　M. Haynes and K. Pinnock, 'Towards a Deeper and Wider European Union?', *Economic and Political Weekly*, xxxiii/8, 21-7 February 1998, p. 421; F. Abraham and P. Van Rompuy, 'Regional Convergence in the European Monetary Union', *Papers in Regional Science*, lxxiv/2 (1995), pp. 125-42.

第七章　宗教与欧洲的"他者"（1648—2018）

1　J. van der Dussen, ed., *The History of the Idea of Europe* (Milton Keynes, 1993), p. 58.

2　S. Woolf, 'French Civilization and Ethnicity in the Napoleonic Empire', *Past and Present*, 124 (1989), p. 97.

3　M. Glenny, *The Balkans*, 1804-1999 (London, 1999), p. 661.

4　S. Huntington, *The Clash of Civilizations and the Remaking of World Order* (London, 2002), pp. 144-9.

5　J. Redmond, 'Turkey and the European Union: Troubled European or European Trouble?', *International Affairs*, lxxxiii/2 (2007), pp. 308-13.

6   Huntington, *Clash of Civilizations*, pp. 210-11.

7   J. Huizinga, *The Waning of the Middle Ages* (Harmondsworth, 1968), p. 92; F. Braudel, *A History of Civilizations* (London, 1993), pp. 71, 74-5 and 88-90.

8   Ibid., pp. 90-91.

9   M. W. Baldwin, 'Western Attitudes toward Islam', *Catholic Historical Review*, xxvii/4 (1942), p. 403.

10   Huntington, *Clash of Civilizations*, p. 211.

11   G. Woodward, 'The Ottomans in Europe', History Today, Review Issue 39 (March 2001); P. Pasture, *Imagining European Unity since 1000 ad* (London, 2015), pp. 21, 27.

12   M. Greengrass, *Christendom Destroyed: Europe*, 1517-1648 (London, 2015), pp. 10-12.

13   M. Yapp, 'Europe in the Turkish Mirror', *Past and Present*, 137 (November 1992), p. 143.

14   J. Darwin, *The Rise and Fall of Global Empires*, 1400-2000 (London, 2008), pp. 137-41.

15   P. Rich, 'European Identity and the Myth of Islam: A Reassessment', *Review of International Studies*, xxv/3 (1999), pp. 436-7, 442-5; T. Naff, 'The Ottoman Empire and the European States System', in *The Expansion of International Society*, ed. H. Bull and A. Watson (Oxford, 1984), p. 143.

16   Voltaire, *Letters Concerning the English Nation*, ed. N. Cronk (Oxford, 2009), p. 30.

17   Division of state and Church in France was not achieved until long after the *Declaration of the Rights of Man* and Napoleon, arguably not until legislation in 1905 after the Dreyfus Affair.

18   Voltaire, *Letters Concerning the English Nation*, pp. 30 and vii.

19   Ibid., pp. 9 and 24-5.

20   Ibid., pp. 25-6.

21   E. Curley, 'From Locke's Letter to Montesquieu's Letters', *Midwest Studies in*

Philosophy, xxvi/1 (2002), pp. 280-306.

22 Charles de Secondat, Baron de Montesquieu, *Persian Letters*, trans. M. Mouldon (Oxford, 2008), Letters 58 and 83.

23 I. Kramnick, ed., *The Portable Enlightenment Reader* (New York, 1995), p. 88.

24 Voltaire, *Letters Concerning the English Nation*, pp. 54-6.

25 P. Gay, *The Enlightenment: An Interpretation* (New York, 1966), p. 348.

26 C. Hill, *The World Turned Upside Down* (Harmondsworth, 1975), pp. 164 and 342-3.

27 Voltaire, *Letters Concerning the English Nation*, p. 26.

28 E. P. Thompson, *The Making of the English Working Class* (Harmondsworth, 1977), pp. 45, 385, 399, 441.

29 E. Gibbon, *The History of the Decline and Fall of the Roman Empire: Abridged Edition* (London, 2000), p. 652.

30 Ibid., pp. xxiii, 618 and 736.

31 Ibid., p. 355.

32 Ibid., pp. 668-9 and 672-3.

33 'The Declaration of the Rights of Man and the Citizen', in *The Portable Enlightenment Reader*, ed. Kramnick, pp. 466-8.

34 E. Todd, *The Making of Modern France* (Oxford, 1991), p. 41.

35 S. Schama, *Citizens* (London, 1989), p. 47.

36 Kramnick, ed., *The Portable Enlightenment Reader*, pp. 166-7 and 448-52.

37 Ibid., pp. 174-80.

38 Schama, *Citizens*, pp. 349-50.

39 E. Burke, *Reflections on the Revolution in France* (London, 1986), pp. 92, 186-7 and 215.

40 W. Doyle, *The Oxford History of the French Revolution* (Oxford, 1990), pp. 259-61.

41 Schama, *Citizens*, p. 489; Doyle, *Oxford History of the French Revolution*, pp. 261-4.

42　Ibid., pp. 276-7 and 288.

43　Ibid., pp. 348-53.

44　Ibid., pp. 386-9.

45　J. Byrnes, 'Chateaubriand and Destutt de Tracy: Defining Religious and Secular Polarities in France at the Beginning of the Nineteenth Century', *Church History*, lx/3 (1991), pp. 317-18; F. -R. de Chateaubriand, *The Genius of Christianity* (1802), quoted in H. H. Rowen, ed., *From Absolutism to Revolution, 1648-1848* (New York, 1968), pp. 246-7.

46　S. J. Brown, 'France the Missionary', Irish *Quarterly Review*, xvii/68 (1928), pp. 650-51.

47　Ferguson, *Empire*, pp. 153-62.

48　K. Marx and F. Engels, *On Religion* (Moscow, 1972), p. 38.

49　K. M. Kurian, 'Marxism and Christianity', *Social Scientist*, ii/8 (1974), pp. 6-9; Todd, *Making of Modern France*, pp. 51-2.

50　Ibid.

51　T. Benn, *Arguments for Socialism* (Harmondsworth, 1980), pp. 29-37.

52　J. Burkhardt, *The Civilization of the Renaissance in Italy* (London, 1990) .

53　M. Weber, *The Protestant Ethic and the Spirit of Capitalism* (London, 2001), p. 7.

54　Ibid., pp. 46, 65-8, 80 and 89-91.

55　Ibid., p. 101.

56　Ibid., pp. 104-11.

57　C. Clark, *Iron Kingdom: The Rise and Downfall of Prussia, 1600-1947* (London, 2006), pp. 115-21.

58　Ibid., pp. 124-39.

59　Ibid., pp. 118-19.

60　M. Larkin, 'Religion, Anticlericalism, and Secularization', in *Modern France*, ed. J. McMillan (Oxford, 2003), pp. 204-11.

61 Ibid., pp. 213-18.

62 Clark, *Iron Kingdom*, p. 570.

63 D. Cofrancesco, 'Ideas of the Fascist Government and Party on Europe', in *Documents on the History of European Integration*, vol. i: *Continental Plans for European Union*, 1939-1945, ed. W. Lipgens (Berlin, 1984), pp. 179-99.

64 J. Fenby, *The General: Charles de Gaulle and the France he Saved* (New York, 2012), pp. 43-4 and 50-51; Larkin, 'Religion, Anticlericalism, and Secularization', pp. 218-19.

65 E. Godin and C. Flood, 'French Catholic Intellectuals and the Nation in Post-war France', *South Central Review*, xvii/4 (2000), pp. 46-51.

66 Ibid., pp. 53-5.

67 Fenby, *The General*, pp. 410-11.

68 P. Coupland, 'Western Union, "Spiritual Union", and European Integration, 1948-1951', *Journal of British Studies*, xliii/3 (2004), pp. 366-9; A. Shlaim, *Britain and the Origins of European Unity*, 1940-1951 (Reading, 1978), p. 141.

69 P. Coupland, 'Western Union, "Spiritual Union", and European Integration', pp. 371-5.

70 J. Gillingham, *European Integration*, 1950-2003: *Superstate or New Market Economy?* (Cambridge, 2003), pp. 74-5.

71 P. Coupland, 'Western Union, "Spiritual Union", and European Integration', pp. 385-94.

72 J. D'Arcy May, 'European Union, Christian Division? Christianity's Responsibility for Europe's Past and Future', *Studies: An Irish Quarterly Review*, lxxxix/354 (2000), p. 118.

73 A. Karatnycky, 'Christian Democracy Resurgent: Raising the Banner of Faith in Eastern Europe', *Foreign Affairs*, lxxvii/1 (1998), pp. 13-18.

结 语

1 Niall Ferguson, 'The Tudor Approach would Execute Brexit', *Sunday Times*, 18 November 2018.

2 There is some debate about the accuracy of this oft-used quote.

3 P. Cain and A. Hopkins, *British Imperialism*, 1688-2000 (Harlow, 2001), p. 136.

4 M. Thatcher, *Statecraft* (New York, 2002), pp. 358-9.

5 Ibid., pp. 325-8.

6 Ulrich Speck, Senior Fellow at the Transatlantic Academy, Washington, dc, argued that Britain's role, given German and French profiles, might be as a broker between the EU and u. s. and a liberalizing force, not dissimilar to London's traditional role; U. Speck, 'We'll miss you if Britain leaves the EU - and you'll be diminished too', *The Guardian*, 3 January 2016.

7 Cain and Hopkins, *British Imperialism*, pp. 149 and 157.

8 *Financial Times*, 7 June 2017.

9 R. Jenkins, *A Life at the Centre* (Basingstoke, 1991), pp. 484-4.

10 Frantz Fanon, *The Wretched of the Earth* (London, 2001), p. 22.

11 Quoted in B. Connolly, *The Rotten Heart of Europe* (London, 1995), p. 385.

12 Mayor of London, *The Europe Report: A Win-win Situation* (London, 2014), p. 105.

附录二　参考书目

图　书

Aldrich, Robert, *Greater France: A History of French Overseas Expansion* (New York, 1996)

Ambrose, Stephen E., *Rise to Globalism: American Foreign Policy, 1938-1980*, 2nd revd edn (Harmondsworth, 1980)

Baugh, Daniel A., *The Global Seven Years War, 1754-1763* (Harlow, 2011)

Beik, William, *Louis xiv and Absolutism* (Boston, ma, 2000)

Benn, Tony, *Arguments for Socialism* (London, 1979)

Bergin, Joseph, *The Seventeenth Century* (Oxford, 2001)

Beschloss, Michael R., and Strobe Talbott, *At the Highest Levels: The Inside Story of the End of the Cold War* (Boston, ma, 1993)

Black, Jeremy, *The British Seaborne Empire* (New Haven, ct, 2004)

Blackbourn, David, *History of Germany, 1780-1918* (Oxford, 2003)

Blanning, Tim C. W., *The Culture of Power and the Power of Culture* (Oxford, 2003)

——, *The French Revolutionary Wars, 1787-1802* (London, 1996)

——, *The Pursuit of Glory: Europe, 1648-1815* (London, 2008)

Blyth, Mark, *Austerity: The History of a Dangerous Idea* (New York, 2015)

Bog, Ingomar, 'Mercantilism in Germany', in *Revisions in Mercantilism*, ed. Donald

Cuthbert Coleman (London, 1969)

Bootle, Roger, *The Trouble with Europe* (London, 2015)

Braudel, Fernand, *A History of Civilizations* (London, 1993)

Brewer, John, *The Sinews of Power: War, Money and the English State, 1688-1783* (London, 1989)

Brinkley, Douglas, and Clifford Hackett, eds, *Jean Monnet: The Path to European Unity* (Basingstoke, 1991)

Burke, Edmund, *Reflections on the Revolution in France* [1790] (London, 1982)

Burkhardt, Jacob, *The Civilization of the Renaissance in Italy* [1860] (London, 1990)

Cain, Peter J., and Antony G. Hopkins, *British Imperialism, 1688-2000* (Harlow, 2002)

Ceadel, Martin, *Living the Great Illusion: Sir Norman Angell, 1872-1967* (Oxford, 2009)

Clark, Christopher M., *Iron Kingdom* (London, 2007)

——, *The Sleepwalkers: How Europe Went to War in 1914* (London, 2012)

Clarke, Stephen, *1000 Years of Annoying the French* (London, 2015)

Clayton, Anthony, *The Wars of French Decolonization* (London, 1994)

Clements, Paul H., *The Boxer Rebellion: A Political and Diplomatic Review* (New York, 1914)

Cofrancesco, Dino, 'Ideas of the Fascist Government and Party on Europe', in *Documents on the History of European Integration*, vol. i: *Continental Plans for European Union, 1939-1945*, ed. Walter Lipgens (Berlin, 1984), pp. 179-99

Cohen, Samy, ed., *Democracies at War against Terror* (Basingstoke, 2008)

Connolly, Bernard, *The Rotten Heart of Europe* (London, 1995)

Conrad, Joseph, *Heart of Darkness* [1899] (London, 1995)

Coudenhove-Kalergi, Richard von, *Pan-Europe* (New York, 1926)

Coville, Alexandre, and Harold Temperley, *Studies in Anglo-French History During the 18th, 19th and 20th Centuries* (Cambridge, 1935)

Darwin, John, *The Rise and Fall of Global Empires, 1400-2000* (London, 2008)

——, *Unfinished Empire: The Global Expansion of Britain* (London, 2012)

Davis, Lance E., and Robert A. Huttenback, *Mammon and the Pursuit of Empire* (Cambridge, 1988)

Defoe, Daniel, *Robinson Crusoe* [1719] (London, 2001)

Doyle, William, *The Oxford History of the French Revolution* (Oxford, 1989)

——, *Venality: The Sale of Offices in Eighteenth Century France* (Oxford, 1996)

Duffy, Michael, 'World-wide War and British Expansion, 1793-1815', in *The Oxford History of the British Empire,* vol. 11, ed. Peter J. Marshall (Oxford, 1998)

Duindam, Jeroen, *Vienna and Versailles: The Courts of Europe's Dynastic Rivals, 1550-1780* (London, 2005)

Dwyer, Philip, *Citizen Emperor: Napoleon in Power, 1799-1815* (London, 2013)

Elliott, John H., *Empires of the Atlantic World: Britain and Spain in America, 1492-1830* (New Haven, ct, 2006)

Engels, Frederick, *The Condition of the Working Class in England* [1845] (Oxford, 2009)

Esherick, Joseph W., *The Origins of the Boxer Rebellion* (London, 1987)

Fenby, Jonathan, *The General: Charles de Gaulle and the France he Saved* (New York, 2012)

Ferguson, Niall, *Empire* (London, 2004)

——, *The Pity of War* (London, 1999)

Figes, Orlando, *A People's Tragedy: The Russian Revolution, 1891-1924* (London, 1996)

Fukuyama, Francis, *The End of History and the Last Man* (London, 1992)

Gibbon, Edward, *The History of the Decline and Fall of the Roman Empire: Abridged Edition* (London, 2000)

Gildea, Robert, *Barricades and Borders: Europe, 1800-1914* (Oxford, 1987)

Gillingham, John, *European Integration, 1950-2003*: *Superstate or New Market Economy?* (Cambridge, 2003)

Glenny, Misha, *The Balkans 1804-1999: Nationalism, War and the Great Powers* (London, 1999)

Gow, James, *Triumph of the Lack of Will: International Diplomacy and the Yugoslav*

War (London, 1997)

Gowan, Peter, and Perry Anderson, eds, *The Question of Europe* (London, 1997)

Greengrass, Mark, *Christendom Destroyed, Europe 1517-1648* (London, 2015)

Greenspan, Alan, *Age of Turbulence: Adventures in a New World* (London, 2008)

Greenwood, Sean, *Britain and European Integration since the Second World War* (Manchester, 1996)

de Haan, Jakob, *The History of the Bundesbank: Lessons for the European Central Bank* (London, 2012)

Hale, Edward Everett, *The Great Design of Henry iv: From the Memoirs of the Duke of Sully and the United States of Europe* (Boston, ma, 1909)

Hall, Catherine, *Civilising Subjects: Metropole and Colony in the English Imagination, 1830-1867* (Cambridge, 2002)

Hamilton, Alexander, James Madison and John Jay, *The Federalist Papers* (1787-8) (Oxford, 2008)

Hardach, Karl, *Fontana Economic History of Europe* (London, 1975)

Harreld, Donald, J., ed., *A Companion to the Hanseatic League* (Leiden, 2015)

Harris, Kenneth, *Attlee* (London, 1982)

Hatton, Ragnhild, ed., *Louis xiv in Europe* (London, 1976)

Hayek, Friedrich A. von, *The Road to Serfdom* (London, 2001)

Heater, Derek, *The Idea of European Unity* (Leicester, 1992)

Heckscher, Eli F., 'Mercantilism', in *Revisions in Mercantilism*, ed. Donald Cuthbert Coleman (London, 1969)

Heffer, Simon, *Power and Place: The Political Consequences of King Edward vii* (London, 1999)

Henderson, William Otto, *Friedrich List: Economist and Visionary, 1789-1846* (London, 1983)

Herzfeld, Michael, 'The European Self: Rethinking an Attitude', in *The Idea of Europe from Antiquity to the European Union*, ed. Anthony Pagden (Cambridge, 2002)

Hill, Christopher, *The World Turned Upside Down* (Harmondsworth, 1975)

Hitchcock, William I., *The Struggle for Europe* (London, 2004)

Hobson, John A., *Imperialism: A Study* [1902] (New York, 2006)

Holland, Roy Fraser, *European Decolonization, 1918-1981* (Basingstoke, 1985)

Horne, Alistair, *Macmillan* (London, 1988)

Huizinga, Johan, *The Waning of the Middle Ages* [1924] (Harmondsworth, 1968)

Hume, David, 'Of the Balance of Trade', in *Selected Essays*, ed. Stephen Copley and
    Andrew Edgar (Oxford, 1998)

Huntington, Samuel P., *The Clash of Civilizations and the Remaking of World Order*
    (London, 2002)

Ionescu, Ghita, ed., *The Political Thought of Saint-Simon* (Oxford, 1976)

Jenkins, Roy, *A Life at the Centre* (Basingstoke, 1991)

Johnson, Gaynor, ed., *Locarno Revisited: European Diplomacy, 1920-1929* (London and
    New York, 2004)

Judd, Denis, *The Lion and the Tiger* (Oxford, 2005)

Kagan, Richard L., and Geoffrey Parker, eds, *Spain, Europe and the Atlantic World*
    (Cambridge, 1995)

Kant, Immanuel, *To Perpetual Peace: A Philosophical Sketch* [1795], trans. Ted
    Humphrey (Indianapolis, in, 2003)

Kedourie, Elie, *Nationalism* (Oxford, 1960)

Kennedy, Paul M., *The Rise and Fall of the Great Powers* (London, 1988)

Keynes, John Maynard, *The General Theory of Employment Interest and Money* [1936]
    (Cambridge, 1983)

Krotz, Ulrich, and Joachim Schild, *Shaping Europe: France, Germany and Embedded
    Bilateralism from the Elysée Treaty to Twenty-first Century Politics* (Oxford, 2013)

Landes, David S., *The Wealth and Poverty of Nations* (London, 2002)

Langer, William L., *European Alliances and Alignments* (New York, 1950)

Lee, John, *The Warlords: Hindenburg and Ludendorff* (London, 2005)

Lenin, Vladimir, *Imperialism: The Highest Stage of Capitalism* (London, 2010)

Leonard, Mark, *Why Europe Will Run the 21st Century* (London, 2005)

Lowe, Cedric James, *The Reluctant Imperialists* (London, 1967)

MacCulloch, Diarmaid, *Silence: A Christian History* (London, 2014)

Machiavelli, Niccolò, *The Prince* [1513] (London, 1981)

McKay, Derek, and H. M. Scott, *The Rise of the Great Powers* (Harlow, 1983)

Mackesy, Piers, *The War for America* (London, 1964)

McLean, Roderick R., *Royalty and Diplomacy in Europe,* 1890-1914 (Cambridge, 2001)

McMillan, James, *Napoleon iii* (London, 1991)

——, ed., *Modern France* (Oxford, 2003)

Macmillan, Margaret, *Peacemakers* (London, 2002)

Macshane, Denis, *Brexit: How Britain Will Leave Europe* (London, 2015)

Malthus, Thomas, *An Essay on the Principle of Population and Other Writings* [1798] (London, 2015)

——, *Observations on the Effects of the Corn Laws* [1814] (London, 2015)

Marks, Sally, *The Illusion of Peace: International Relations in Europe 1918-1933, The Making of the Twentieth Century* (New York, 1976)

Marx, Karl, 'Contribution to the Critique of Hegel's Philosophy of Right: Introduction', in *The Marx-Engels Reader*, ed. Robert C. Tucker (New York, 1972)

——, 'The Civil War in France', in *The Marx-Engels Reader*, ed. Robert C. Tucker (New York, 1972)

——, and Friedrich Engels, *The Communist Manifesto* (London, 1983)

——, and Friedrich Engels, *On Religion* (Moscow, 1972)

Mayne, Richard, Douglas Johnson and Robert Tombs, eds, *Cross Channel Currents: One Hundred Years of the Entente Cordiale* (London, 2004)

Mayor of London, *The Europe Report: A Win-win Situation* (London, 2014)

Meek, James, *Private Britain: Why Britain now Belongs to Someone Else* (London, 2014)

Metcalf, Thomas R., *Ideologies of the Raj* (Cambridge, 2003)

Mierzejewski, Alfred C, *Ludwig Erhard* (Chapel Hill, nc, 2004)

Mill, John Stuart, 'Chapters on Socialism' (1879), in *Principles of Political Economy*, ed. Jonathan Riley (Oxford, 1998), pp. 369-436

——, *Principles of Political Economy*, ed. Jonathan Riley (Oxford, 1998)

Minton, Rob, *John Law: The Father of Paper Money* (New York, 1975)

Mokyr, Joel, 'Accounting for the Industrial Revolution', in *The Cambridge Economic History of Modern Britain*, ed. Roderick Floud and Paul Johnson, vol. i (Cambridge, 2004), pp. 1-27

Montesquieu, Charles de Secondat, Baron de, *Persian Letters* [1721], trans. Margaret Mouldon (Oxford, 2008)

Naff, Thomas, 'The Ottoman Empire and the European States System', in *The Expansion of International Society*, ed. Hedley Bull and Adam Watson (Oxford, 1984), pp. 143-69

Naoroji, Dadabhai, *Poverty and Un-British Rule in India* (New Delhi, 1996)

Neal, Larry, 'Impact of Europe', in *The Cambridge Economic History of Modern Britain*, ed. Roderick Floud and Paul Johnson, vol. iii (Cambridge, 2004), pp. 267-98

Nobles, Gregory H., *American Frontiers: Cultural Encounters and Continental Conquest* (London, 1997)

Nugent, Neill, *Government and Politics of the European Union* (Basingstoke, 2003)

Orwell, George, 'The Lion and the Unicorn' (1941), in *Essays* (London, 2000)

Overy, Richard, *Russia's War* (London, 1997)

Pagden, Anthony, ed., *The Idea of Europe* (Cambridge, 2002)

Paine, Thomas, *Rights of Man, Common Sense and Other Political Writings* (Oxford, 1995)

Parsons, Craig, *A Certain Idea of Europe* (Ithaca, ny, 2003)

Passerini, Luisa, 'From the Ironies of Identity to the Identities of Irony', in *The Idea of Europe from Antiquity to the European Union*, ed. Anthony Pagden (Cambridge,

2002), pp. 191-208

Pasture, Patrick, *Imagining European Unity since 1000 ad* (Basingstoke, 2015)

Pederson, Susan, *The League of Nations and the Crisis of Empire* (Oxford, 2015)

Penn, William, 'An Essay towards the Present and Future Peace of Europe, by the Establishment of an European Dyet, Parliament or Estates' [1693], in *The Peace of Europe: The Fruits of Solitude and Other Writings*, ed. Edwin B. Bronner (London, 1993), pp. 5-22

Pestana, Carla Gardina, *Protestant Empire: Religion and the Making of the British Atlantic World* (Philadelphia, pa, 2009)

Platt, Desmond C. M., *Britain's Investment Overseas on the Eve of the First World War* (London, 1986)

Pocock, John G. A., 'Some Europes in Their History', in *The Idea of Europe: From Antiquity to the European Union*, ed. Anthony Pagden (Cambridge, 2002), pp. 55-71

Pollard, Sidney, *European Economic Integration, 1815-1970* (London, 1974)

Pomeranz, Kenneth, *The Great Divergence* (Princeton, nj, 2000)

Porter, Bernard, *The Absent-minded Imperialists* (Oxford, 2007)

Preston, Diana, *The Boxer Rebellion* (New York, 2000)

Price, Roger, *Economic History of Modern France, 1730-1914* (London, 1981)

Pugh, Martin, *Lloyd George* (London, 2006)

Quesnay, François, 'General Maxims for Economic Government' [1768], in *The Age of Enlightenment*, ed. Simon Eliot and Beverley Stern (London, 1979)

——, 'The Physiocratic Formula' [1758], in *The Portable Enlightenment Reader*, ed. Isaac Kramnick (New York, 1995)

Raphael, David D., *Adam Smith* (Oxford, 1985)

Ricardo, David, *The Principles of Political Economy and Taxation* (London, 2005)

Richards, Eric, *Britannia's Children* (London, 2004)

Roberts, Frederick, *Forty-one Years in India: From Subaltern to Commander-in-Chief*

(London, 1898)

Rose, John Holland, *Life of Napoleon i* (London, 1934)

Ross, George, *Jacques Delors and European Integration* (Cambridge, 1994)

Ross, Stephen T., *European Diplomatic History, 1789-1815: France against Europe* (New York, 1969)

Rowen, Herbert H., ed., *From Absolutism to Revolution, 1648-1848* (New York, 1968)

Said, Edward W., *Orientalism* [1978] (London, 2003)

Saint-Pierre, Charles-Irénée Castel de, *Abrégé du projet de paix perpetuelle* [1729] (London, 1927)

Sarotte, Mary E., *Dealing with the Devil: East Germany, Détente, and Ostpolitik, 1969-1973* (Chapel Hill, nc, 2001)

Seeley, John Robert, *The Expansion of England* (London, 1888)

Schama, Simon, *Citizens* (London, 1989)

Scheck, Raffael, *Germany 1871-1945* (Oxford, 2008)

Schroeder, Paul, *Austria, Great Britain and the Crimean War: The Destruction of the European Concert* (Ithaca, ny, 1972)

Schumann, Matt, and Karl W. Schweizer, *The Seven Years War: A Transatlantic History* (London, 2008)

Scott, Hamish, *The Birth of a Great Power System, 1740-1815* (London, 2006)

——, ed., *Enlightened Absolutism* (London, 1989)

Selsdon, Anthony, and Peter Snowden, *Cameron and Number 10: The Inside Story, 2010-2015* (London, 2015)

Shlaim, Avi, *Britain and the Origins of European Unity, 1940-1951* (Reading, 1978)

Silver, Arthur W., *Manchester Men and Indian Cotton, 1847-1872* (Manchester, 1966)

Simms, Brendan, *Europe: The Struggle for Supremacy, 1453 to the Present* (London, 2013)

——, *Unfinest Hour: Britain and the Destruction of Bosnia* (London, 2001)

Small, Albion Woodbury, *The Cameralists: The Pioneers of German Social Polity*

(Chicago, il, 1909)

Smith, Adam, *The Wealth of Nations* [1776] (London, 1999)

Sperber, Jonathan, *The European Revolutions, 1848-1851* (Cambridge, 1993)

Steinberg, Jonathan, *Bismarck: A Life* (Oxford, 2012)

Steiner, Zara S., *Britain and the Origins of the First World War* (Basingstoke, 2003)

Stevenson, David, *1914-1918: The History of the First World War* (London, 2004)

Stiglitz, Joseph E., *Freefall: Free Markets and the Sinking of the Global Economy* (London, 2010)

Stone, Glyn, and Thomas G. Otte, *Anglo-French Relations since the Late Eighteenth Century* (London, 2008)

Stuart, Robert C., *Marxism at Work: Ideology, Class and French Socialism during the Third Republic* (Cambridge, 1992)

Taylor, Alan J. P., *The Course of German History* [1945] (London, 2004)

——, 'Introduction' to Karl Marx and Friedrich Engels, *The Communist Manifesto* (London, 1983)

——, *The Struggle for Mastery in Europe, 1848-1918* (Oxford, 1971)

Teasdale, Anthony, and Timothy Bainbridge, *The Penguin Companion to the European Union* (London, 2012)

Thatcher, Margaret, *Statecraft* (New York, 2002)

Thompson, E. P., *The Making of the English Working Class* (1963) (Harmondsworth, 1977)

Thompson, J. M., ed., *Napoleon's Letters* (London, 1998)

Thompson, John Lee, *A Wider Patriotism: Alfred Milner and the British Empire* (London, 2007)

Thomson, David, *Europe since Napoleon* [1957] (Harmondsworth, 1975)

Tocqueville, Alexis de, *Democracy in America* [1835-40] (New York, 1956)

Todd, Emmanuel, *The Making of Modern France* (Oxford, 1991)

Tolstoy, Leo, *War and Peace* [1869] (London, 1982)

Trollope, Anthony, *The Way We Live Now* [1875] (London, 2001)

Trout, Andrew, *Jean-Baptiste Colbert* (Boston, ma, 1978)

Tully, James, 'The Kantian Idea of Europe', in *The Idea of Europe: From Antiquity to the European Union*, ed. Anthony Pagden (Cambridge, 2002), pp. 331-58

van Creveld, Martin, *Supplying War: Logistics from Wallenstein to Patton* (Cambridge, 2004)

van der Dussen, Jan, ed., *The History of the Idea of Europe* (Milton Keynes, 1993)

Vardi, Liana, *The Physiocrats and the World of the Enlightenment* (Cambridge, 2012)

Voltaire, *Letters Concerning the English Nation*, ed. Nicholas Cronk (Oxford, 2009)

Weber, Max, *The Protestant Ethic and the Spirit of Capitalism* (London, 2001)

Weiler, Peter, *Ernest Bevin* (Manchester, 1993)

Willis, Henry P., *A History of the Latin Monetary Union* (New York, 1968)

Wilson, Keith, ed., *The International Impact of the Boer War* (Chesham, 2001)

Wilson, Peter H., *The Holy Roman Empire, 1495-1806* (London, 2011)

Winder, Simon, *Danubia* (London, 2013)

Woodward, Ernest Llewellyn, *The Age of Reform, 1815-1870* (Oxford, 1962)

Wright, Jonathan, *Gustav Stresemann: Weimar's Greatest Statesman* (Oxford, 2002)

Youngs, Richard, *Europe's Decline and Fall: The Struggle against Global Irrelevance* (London, 2010)

期刊与网站

Abraham, Filip, and Paul Van Rompuy, 'Regional Convergence in the European Monetary Union', *Papers in Regional Science*, lxxiv/2 (1995), pp. 125-42

Adam, Juliette, 'France and England in Egypt', *North American Review*, clix/452 (July 1894), pp. 34-45

Aguado, Iago Gil, 'The Creditanstalt Crisis of 1931 and the Failure of the Austro-

German Customs Union Project', *Historical Journal*, xliv/1 (2001), pp. 199-221

Amery, Leo S., 'The British Empire and the Pan-European Idea', *Journal of the Royal Institute of International Affairs*, ix/1 (1930), pp. 1-23

Andrew, C. M., 'The French Colonialist Movement during the Third Republic: The Unofficial Mind of Imperialism', *Transactions of the Royal Historical Society*, xxvi (1976), pp. 143-66

Andrew, Christopher, 'France and the Making of the Entente Cordiale', *Historical Journal*, x/1 (1967), pp. 89-105

Backhaus, Juergen, and Wagner, Richard E., 'The Cameralists: A Public Choice Perspective', *Public Choice*, liii/1 (1987), pp. 3-20

Baines, Dudley, 'European Emigration, 1815-1930: Looking at the Emigration Decision Again', *Economic History Review*, xlvii/3 (1994), pp. 525-44

Baldwin, Marshall W., 'Western Attitudes toward Islam', *Catholic Historical Review*, xxvii/4 (1942), pp. 403-11

Balogh, Thomas, 'The Import of Gold into France: An Analysis of the Technical Position', *Economic Journal*, xl/159 (1930), pp. 442-60

Barman, Thomas, 'Britain, France and West Germany: The Changing Pattern of their Relationship in Europe', *International Affairs*, xlvi/2 (1970), pp. 269-79

Bastide, Charles, 'The Anglo-French Entente under Louis-Philippe', *Economica*, 19 (March 1927), pp. 91-8

Bernstein, Paul, 'The Economic Aspect of Napoleon iii's Rhine Policy', *French Historical Studies*, i/3 (1960), pp. 335-47

Bloomfield, Arthur, 'The Foreign-trade Doctrines of the Physiocrats', *American Economic Review*, xxviii/4 (1938), pp. 716-35

Brown, Stephen J., 'France the Missionary', *Irish Quarterly Review*, xvii/68 (1928), pp. 649-63

Burgess, Michael, 'Introduction: Federalism and Building the European Union', *Publius: The Journal of Federalism*, xxvi/4 (1996), pp. 1-16

Bury, J.P.T., 'Gambetta and Overseas Problems', *English Historical Review*, lxxxii/323 (1967), pp. 277-95

Byrnes, Joseph F., 'Chateaubriand and Destutt de Tracy: Defining Religious and Secular Polarities in France at the Beginning of the Nineteenth Century', *Church History*, lx/3 (1991), pp. 316-30

Cameron, Rondo E., 'Economic Growth and Stagnation in France, 1815-1914', *Journal of Modern History*, xxx/1 (1958), pp. 1-13

Collins, David N., 'The Franco-Russian Alliance and Russian Railways, 1891-1914', *Historical Journal*, xvi/4 (1973), pp. 777-88

Coupland, Philip M., 'Western Union, "Spiritual Union", and European Integration, 1948-1951', *Journal of British Studies*, xliii/3 (2004), pp. 366-94

Crafts, Nicholas, and Kevin H. O'Rourke, 'Twentieth Century Growth', *Discussion Papers in Economic and Social History*, University of Oxford, 117 (2013)

Crisp, Olga, 'The Russian Liberals and the 1906 Anglo-French Loan to Russia', *Slavonic and East European Review*, xxxix/93 (1961), pp. 497-511

Curley, Edwin, 'From Locke's Letter to Montesquieu's Letters', *Midwest Studies in Philosophy*, xxvi/1 (2002), pp. 280-306

D'Arcy May, John, 'European Union, Christian Division? Christianity's Responsibility for Europe's Past and Future', *Studies: An Irish Quarterly Review*, lxxxix/354 (2000), pp. 118-29

de Lusignan, Guy, 'Global Migration and European Integration', *Indiana Journal of Global Legal Studies*, ii/1 (1994), available at www.repository.law. indiana.edu, accessed 19 July 2018

Deutsch, Harold C., 'The Impact of the Franco-German Entente', *Annals of the American Academy of Political and Social Science*, 348 (1963), pp. 82-94

Diebold, Francis X., Mark Rush and Steven Husted, *Real Exchange Rates under the Gold Standard,* Discussion Paper 32, Federal Reserve Bank of Minneapolis, October 1990

Dietl, Ralph, 'Suez 1956: A European Intervention?', *Journal of Contemporary History*, xliii/2 (2008), pp. 259-78

Dopp, Lloyd H., 'Europe and Egypt', *World Affairs*, xcix/3 (1936), pp. 160-64

Dorpalen, Andreas, 'The European Polity: Biography of an Idea', *Journal of Politics*, x/4 (1948), pp. 712-33

Eltis, David, 'Free and Coerced Transatlantic Migrations: Some Comparisons', *American Historical Review*, lxxxviii/2 (1983), pp. 251-80

Erhard, Ludwig, 'Germany's Economic Goals', *Foreign Affairs*, xxxvi/4 (1958), pp. 611-17

Eulau, Heinz H. F., 'Theories of Federalism under the Holy Roman Empire', *American Political Science Review*, xxxv/4 (1941), pp. 643-64

Fassmann, Heinz, and Rainer Munz, 'European East-West Migration, 1945-1992', *International Migration Review*, xxviii/3 (1994), pp. 520-38

Feldstein, Martin, 'The Political Economy of the European Economic and Monetary Union: Political Sources of an Economic Liability', *Journal of Economic Perspectives,* xi/4 (1997), pp. 23-42

'Friedrich List on Globalization versus the National Interest', *Population and Development Review*, xxxiii/3 (2007), pp. 593-605

Gallagher, John, and Ronald Robinson, 'The Imperialism of Free Trade', *Economic History Review*, n.s., vi/1 (1953), pp. 1-15

Glendinning, Simon, 'The Work of J. S. Mill Shows the Danger in Eliminating the Differences between European Nations', *lse European Politics and Policy (europp) Blog*, 30 September 2013, available at http://blogs.lse.ac.uk Godin, Emmanuel, and Christopher Flood, 'French Catholic Intellectuals and the Nation in Post-war France', *South Central Review*, xvii/4 (2000), pp. 45-60

Grampp, William D., 'The Liberal Elements in English Mercantilism', *Quarterly Journal of Economics*, lxvi/4 (1952), pp. 465-501

Haynes, Michael, and Katherine Pinnock, 'Towards a Deeper and Wider European

Union?', *Economic and Political Weekly*, xxxiii/8, 21-7 February 1998, pp. 415-17 and 419-30

Hewitson, Mark, 'Germany and France before the First World War: A Reassessment of Wilhelmine Foreign Policy', *English Historical Review*, cxv/462 (2000), pp. 570-606

Hovey, Allan, Jr, 'Britain and the Unification of Europe', *International Organization*, ix/3 (1955), pp. 323-37

Iliasu, A. A., 'The Cobden-Chevalier Commercial Treaty of 1860', *Historical Journal*, xiv/1 (1971), pp. 67-98

Jones, Jonathan, 'Dominic Raab Reveals Britain's True Debt Burden', *The Spectator*, 14 May 2013

Karatnycky, Adrian, 'Christian Democracy Resurgent: Raising the Banner of Faith in Eastern Europe', *Foreign Affairs*, lxxvii/1 (1998), pp. 13-18

Kellen, Konrad, 'Adenauer at 90', *Foreign Affairs*, xliv/2 (1966), pp. 275-90

Keynes, John, 'The Economic Transition in India', *Economic Journal*, xxi/83 (1911), pp. 27-33

Kitzinger, Uwe W., 'Europe: The Six and the Seven', *International Organization*, xiv/1 (1960), pp. 20-26

Kurian, K. Mathew, 'Marxism and Christianity', *Social Scientist*, ii/8 (1974), pp. 3-21

Levi-Faur, David, 'Friedrich List and the Political Economy of the Nationstate', *Review of International Political Economy*, iv/1 (1997), pp. 154-78

McKeown, Adam, 'Global Migration, 1846-1940', *Journal of World History*, xv/2 (2004), pp. 155-89

Matthew, H.C.G., 'Disraeli, Gladstone, and the Politics of Mid-Victorian Budgets', *Historical Journal*, xxii/3 (1979), pp. 615-43

Newbury, C. W., and A. S. Kanya-Forstner, 'French Policy and the Origins of the Scramble for West Africa', *Journal of African History*, x/2 (1969), pp. 253-76

Okey, Robin, 'Central Europe/Eastern Europe: Behind the Definitions', *Past and Present*,

137 (1992), pp. 102-33

Porter, Andrew, 'The South African War (1899-1902): Context and Motive Reconsidered', *Journal of African History*, xxxi/1 (1990), pp. 43-57

Redmond, John, 'Turkey and the European Union: Troubled European or European Trouble?', *International Affairs*, lxxxiii/2 (2007), pp. 305-17

Rich, Paul, 'European Identity and the Myth of Islam: A Reassessment', *Review of International Studies*, xxv/3 (1999), pp. 435-51

Riley, Patrick, 'Three 17th Century German Theorists of Federalism: Althusius, Hugo and Leibniz', *Publius*, vi/3 (1976), pp. 7-41

Saint-Paul, Gérard, '50th Anniversary of the Elysée Treaty: the "Golden Wedding" of the Franco-German Couple', Fondation Robert Shuman, European Issue 264, 21 January 2013, www.robert-schuman.eu, accessed 19 July 2018

Rowen, Herbert H., '"L'Etat c'est à moi": Louis xiv and the State', *French Historical Studies*, ii/1 (1961), pp. 83-98

S.A.H., 'The United States of Europe', *Bulletin of International News*, vii/6, 11 September 1930, pp. 3-14

Schmidt, Helmut, 'Miles to Go: From American Plan to European Union', *Foreign Affairs,* lxxvi/3 (1997), pp. 213-21

Sharp, Alan, 'Reflections on the Remaking of Europe: 1815, 1919, 1945, Post-1989', *Irish Studies in International Affairs*, 8 (1997), pp. 5-19

Simms, Brendan, 'Why We Need a British Europe, Not a European Britain', *New Statesman*, 9 July 2015

——, and Timothy Less, 'A Crisis Without End: The Disintegration of the European Project', *New Statesman*, 9 November 2015

Smith, Tony, 'A Comparative Study of French and British Decolonization', *Comparative Studies in Society and History*, xx/1 (1978), pp. 70-102

Talbott, Strobe, 'Monnet's Brandy and Europe's Fate', *The Brookings Essay*, 2 July 2014, http://csweb.brookings.edu, accessed 19 July 2018

Taylor, Miles, 'The 1848 Revolutions and the British Empire', *Past and Present*, 166 (2000), pp. 146-80

Thompson, Martyn, 'Ideas of Europe during the French Revolution and Napoleonic Wars', *Journal of the History of Ideas*, lv/1 (1994), pp. 37-58

Van-Helten, Jean Jacques, 'Empire and High Finance: South Africa and the International Gold Standard 1890-1914', *Journal of African History*, xxiii/4 (1982), pp. 529-48

Wehler, Hans-Ulrich, 'Bismarck's Imperialism, 1862-1890', *Past and Present*, 48 (1970), pp. 119-55

White, Eugene, 'Making the French Pay: The Costs and Consequences of the Napoleonic Reparations', *European Review of Economic History*, v/3 (2001), pp. 337-65

Williams, Robert, 'The Cape to Cairo Railway', *Journal of the Royal African Society*, xx/80 (1921), pp. 241-58

Woodward, Geoffrey, 'The Ottomans in Europe', *History Today*, Review Issue 39 (March 2001)

Woolf, Stuart, 'French Civilization and Ethnicity in the Napoleonic Empire', *Past and Present*, 124 (1989), pp. 96-120

Yapp, Malcolm, 'Europe in the Turkish Mirror', *Past and Present*, 137 (November 1992), pp. 134-55

Zemach, Ada, 'Alexis de Tocqueville on England', *Review of Politics*, xiii/3 (1951), pp. 329-43

Ziblatt, Daniel, 'Rethinking the Origins of Federalism: Puzzle, Theory, and Evidence from Nineteenth-century Europe', *World Politics*, lvii/1 (2004), pp. 70-98